普通高等教育立体化新形态教材

隧道施工技术（第二版）

主编　王道远
主审　冯卫星　朱永全

中国水利水电出版社
www.waterpub.com.cn
·北京·

内 容 提 要

本书讲述了铁路和公路隧道工程的构造、设计、施工方法、施工技术以及隧道运营管理知识。全书共分9章，主要内容包括：隧道基本知识，隧道构造，隧道设计，围岩稳定性，隧道施工方法，隧道施工技术，不良和特殊地质地段隧道处治技术，超前地质预报及现场监控量测，以及隧道营运管理与常见病害防治等方面内容。本书注重图文并茂，设置“知识拓展”部分，并附以大量工程实例。

本书适于高职高专院校隧道及地下工程、城市轨道交通、道路桥梁工程、造价工程及相关专业学生作为教材使用，亦可作为相关领域工程技术人员和管理人员参考使用。

图书在版编目（CIP）数据

隧道施工技术 / 王道远主编. -- 2版. -- 北京 : 中国水利水电出版社, 2020.6
普通高等教育立体化新形态教材
ISBN 978-7-5170-8649-9

Ⅰ. ①隧… Ⅱ. ①王… Ⅲ. ①隧道施工—施工技术—高等学校—教材 Ⅳ. ①U455

中国版本图书馆CIP数据核字(2020)第106282号

书　名	普通高等教育立体化新形态教材 **隧道施工技术**（第二版） SUIDAO SHIGONG JISHU
作　者	主编　王道远 主审　冯卫星　朱永全
出版发行	中国水利水电出版社 （北京市海淀区玉渊潭南路1号D座　100038） 网址：www. waterpub. com. cn E-mail：sales@waterpub. com. cn 电话：(010) 68367658（营销中心）
经　售	北京科水图书销售中心（零售） 电话：(010) 88383994、63202643、68545874 全国各地新华书店和相关出版物销售网点
排　版	中国水利水电出版社微机排版中心
印　刷	清淞永业（天津）印刷有限公司
规　格	184mm×260mm　16开本　22.5印张　548千字
版　次	2014年1月第1版　2014年1月第1次印刷 2020年6月第2版　2020年6月第1次印刷
印　数	0001—5000册
定　价	**63.00**元

第二版前言

交通是兴国之要、强国之基。2019 年 9 月 19 日，中共中央、国务院印发《交通强国建设纲要》，明确从 2021 年到本世纪中叶，我国将分两个阶段推进交通强国建设，到 2035 年，基本建成交通强国，形成三张交通网、两个交通圈。《交通强国建设纲要》的提出势必将有更多的交通基础性隧道工程跨越高山峡谷、深海长河等复杂地质地段，为隧道工作者带来了新的机遇，也带来了新的挑战。

本版在第一版校企双元主体开发、内容全面充实、大量工程案例引入、基础知识与前沿技术结合等特点的基础上，进一步依托国家级道路养护与管理专业教学资源库资源，联合近 40 家高校和企业共同编写，体现立体化新形态活页式特点，力求使学生全面掌握隧道知识，并注重培养学生的职业能力，以实现高职高专学生所学知识与就业岗位需求相贴合。本书适用于高职高专院校隧道及地下工程、城市轨道交通、道路桥梁工程、造价工程及相关专业学生作为教材使用，亦可作为相关领域工程技术人员和管理人员参考使用。

全书共包含九章，重点讲述了：隧道基本知识，隧道构造，隧道设计，围岩稳定性，隧道施工方法，隧道施工技术，不良和特殊地质地段隧道处治技术，超前地质预报及现场监控量测，以及隧道营运管理与常见病害防治等方面内容，并于“知识拓展”部分附以大量工程实例。

本书由王道远任主编，李现者、刘佳、袁金秀、申骞任副主编，冯卫星、朱永全任主审。具体编写人员分工如下：第一章由河北交通职业技术学院王道远和黑龙江交通职业技术学院孙伟编写；第二章由青海交通职业技术学院李晓龙和广西交通职业技术学院孙宗丹编写；第三章由河南交通职业技术学院郑云鹏和河北交通职业技术学院刘佳编写；第四章由山东交通职业学院陈争、北京交通职业技术学院王璐和河北交通职业技术学院袁金秀编写；第五章第一节、第二节及第三节由河北交通职业技术学院王道远和内蒙古交通职业技术学院颜炳玲编写；第五章第四节、第五节及第六节由河北交通职业技术学院王道远、李现者、刘柳和云南交通职业技术学院吴永健编写；第五章

第七节、第八节由河北交通职业技术学院李现者、刘佳、袁金秀和申骞编写；第五章第九节、第十节由黄河水利职业技术学院杨志刚编写；第六章由河北交通职业技术学院王道远和山西交通职业技术学院张佳编写；第七章由郑州铁路职业技术学院孙洪硕、刘阳编写；第八章由安徽交通职业技术学院罗敬平和四川交通职业技术学院王路编写；第九章由江苏建筑职业技术学院崔蓬勃、王庆磊和河北交通职业技术学院袁金秀、申骞编写；各章知识拓展部分由太原市轨道交通发展有限公司李栋、中国铁建昆仑投资集团有限公司曹立波、中铁七局集团有限公司马军辉、中铁十一局集团有限公司李博理、中铁十五局集团有限公司侯振兴、中铁十六局集团有限公司田小路、中铁十八局集团有限公司曹玉斌、中铁九局集团有限公司燕万红、中建路桥集团有限公司王海蛟、中铁第四勘察设计院集团有限公司马涛、中铁第五勘察设计院集团有限公司孙元国、河北交通投资集团公司李强、河北省交通规划设计院王朝杰、廊坊市中铁物探勘察有限公司赵光敏、河北建设勘察研究院有限公司戴光寿提供素材和编写。

本书在编写过程中，编者参考引用了本书所列参考文献的一些内容，在此向文献的作者深表谢意。

由于编者水平有限，书中不当和错误之处，恳请专家和读者批评指正。

编　者

2020 年 3 月

第一版前言

1996 年 4 月在美国华盛顿召开的“国际隧道协会第 22 届年会和学术讨论会”，会议重点讨论了隧道及地下工程在可持续发展战略中的重要性。会议确定 21 世纪将是把地下工程作为资源开发的时代，地下空间是人类生存活动的第二个空间。一些有识之士预测 21 世纪末将有 1/3 的世界人口工作、生活在地下空间中。如何树立正确的建设理念，开展经济、实用、高效、环保的隧道与地下工程建设，还有很多问题需要研究，还有许多技术与方法需要开拓。

本书是为适应我国高等职业技术教育教学改革的发展趋势、职业资格培训的需要，综合多所高职院校与多家一线设计施工企业经验编写而成的。本书注重图文并茂，引入大量工程实例，拉近课堂与现场距离，避免专业理论的枯燥，易读易懂。内容涵盖铁路、公路和城市轨道交通知识，力求使学生全面掌握隧道知识，并注重培养学生的职业能力，以实现高职高专学生所学知识与就业岗位要求相贴合。本书可作为高职高专院校隧道及地下工程、城市轨道交通、道路桥梁工程、造价工程及相关专业学生教材使用，亦可作为相关领域工程技术人员和管理人员参考使用。

全书共包含九章，重点讲述了：隧道基本知识，隧道构造，隧道设计，围岩稳定性，隧道施工方法，隧道施工技术，不良和特殊地质地段隧道处治技术，超前地质预报及现场监控量测，以及隧道营运管理与常见病害防治等方面内容，并于“知识拓展”部分附以大量工程实例。

本书由王道远任主编，李现者、申骞、袁金秀、孙伟任副主编，冯卫星、朱永全任主审。具体编写人员分工如下：第一章、第二章由黑龙江交通职业技术学院孙伟和河北交通职业技术学院王道远编写；第三章由石家庄铁道大学朱正国、张素敏、孙明磊、贾晓云编写；第四章由河北交通职业技术学院袁金秀和梁艳编写；第五章第一节、第二节及第三节由河北交通职业技术学院王道远和黑龙江交通职业技术学院孙伟编写；第五章第四节、第五节及第六节由河北交通职业技术学院袁金秀和曹文龙编写；第五章第七节、第八节由河北交通职业技术学院王道远和刘柳编写；第五章第九节、第十节由河北交通职业技术学院李现者和李冬编写；第六章由河北交通职业技术学院王道远和王慧聪编写；第七章由河北交通职业技术学院袁金秀和黑龙江交通职业技术学院孙伟编写；第八章由河北交通职业技术学院申骞和山东交通职业技术学院张震平编写；第九章由河北交通职业技术学院李现者和黑龙江交通职业技术学院孙伟编写；各章知识拓展部分由中铁十四局集团有限公司李栋、中铁七局集团有限公司马军辉、中铁十一局集团有限公司李博理、中铁十五局集团有限公司侯振兴、中铁十六局集团有限公司宋宝禄、中铁九局集团有限公司燕万红、廊坊市中铁物探勘察有限公司赵光敏、河北建设勘察研究院有限公司戴光寿、河北华能京张高速公路有限责任公司李强提供素材和编写。

本书在编写过程中，编者参考引用了本书所列参考文献的一些内容，在此向文献的作者深表谢意。

由于编者水平有限，书中不当和错误之处，恳请专家和读者批评指正。

编　者

2013年12月

目 录

第一章　隧 道 基 本 知 识

● **教学目标：**

1. 了解隧道及地下工程历史、现状、发展及特点。

2. 理解隧道的定义和分类。

第一节　隧道的基本概念及分类

一、隧道的基本概念及组成

进入 21 世纪，地下工程建设任重道远，如何树立正确的建设理念，开展经济、实用、高效、环保的隧道与地下工程建设，还有很多问题需要研究，还有许多技术与方法需要开拓。

1996 年 4 月在美国华盛顿召开的“国际隧道协会第 22 届年会和学术讨论会”，会议重点讨论了隧道及地下工程在可持续发展战略中的重要性。会议确定 21 世纪将是把地下工程作为资源开发的时代，地下空间是人类生存活动的第二个空间。一些有识之士预测 21 世纪末将有 1/3 的世界人口工作、生活在地下空间中。

1970 年，国际经济合作与发展组织（OECD）召开的隧道会议综合了各种因素，对隧道所下的定义为：“以某种用途、在地面下以任何方法按规定形状和尺寸修筑的断面面积大于 $2m^2$ 的洞室均为隧道。”

隧道是埋藏于地面以下的条形建筑物，被岩土体围绕。在隧道周围一定范围内，对洞身的稳定有影响的岩（土）体，即由于受开挖影响而发生应力状态改变的岩（土）体我们称为围岩。

隧道在岩土体开挖后，自身很难保持稳定，为了达到洞室稳定及施工安全的目的，而在洞室开完后对洞室围岩采取的支撑、加强作用的构件和其他处理措施总称为支护。

现代隧道施工技术采取的支护手段按支护作用效果可分临时支护和永久支护两类，包括喷锚支护、钢木支撑、模筑混凝土衬砌、锚杆加固，超前管棚、注浆支护等多种类型。

隧道结构是由主体结构和附属结构组成的。其中主体结构包括隧道洞门及洞身衬砌部分。为了满足隧道的使用功能，隧道除应有主体结构外，还应具有其他的一些设施，包括（铁路隧道）大小避车洞、（公路隧道）紧急停车带、人行横道、洞内排水系统、电力电缆系统、通风系统等。

二、隧道的分类

隧道包括的范围广，根据不同的作用角度，可以把隧道分为不同的种类，下面介绍几种工程中常见的隧道分类方法。

（1）按照隧道埋深分类：可分为深埋隧道和浅埋隧道。深埋隧道和浅埋隧道的临界深度是以隧道顶部覆盖层能否形成压力拱（自然拱）为原则确定。因此，不同类别围岩的分界深度也是不一样的，一般采用塌方平均高度 h_q 的 2～2.5 倍为深浅埋的临界高度。

（2）按照隧道所处地理位置分类：可分为山岭隧道、浅埋及软土隧道、水底隧道等。

（3）按照隧道所处的地层情况分类：可分为岩石隧道或岩质隧道、土质隧道或软土隧道。

（4）按照隧道用途分类：可分为交通隧道、市政隧道、水工隧道和矿山隧道等。

交通隧道是目前隧道种类中应用得最多的一类隧道，主要是用于公路、铁路交通运输，其作用是为公路、铁路运输提供通道。交通隧道又分为铁路隧道、公路隧道、水底隧道、地下铁道、航运隧道、地下人行通道等。

市政隧道是修建在城市地下，用作敷设各种市政设施、地下管线的隧道。由于城市中供市政设施用的地下管线越来越多，如自来水、污水、暖气、煤气、通信、供电等。管线系统的发展，需要大量建造市政隧道，以便从根本上解决各种市政设施的地下管线系统的经营水平问题。在布置地下通道、管线、电缆时，应有严格的次序和系统，以免在进行检修和重建时要开挖街道和广场。

水工隧道又称水工隧洞，是在山体中或地下开凿的过水隧洞。水工隧道可用于灌溉、发电、供水、泄水、输水、施工导流和通航等。水流在洞内具有自由水面的，称为无压隧洞；水流充满整个断面，使洞壁承受一定水压力的，称为有压隧洞。

矿山隧道是在矿山开采中，在地表与矿体之间钻凿出各种通路，用来运矿、通风、排水、行人以及为冶金设备采出矿石新开凿的各种必要准备工程等。这些通路，统称为矿山隧道。

（5）按隧道断面形式分类：主要有圆形断面隧道、多心圆断面隧道、马蹄形断面隧道、矩形断面隧道等断面形式。

（6）按隧道的长度分类：隧道长度是指进出口洞门端墙面之间的距离，以端墙面或斜切式洞门的斜切面与设计内轨顶面的交线同线路中线的交点计算。双线隧道按下行线长度计算，位于车站上的隧道以正线长度计算，设有缓冲结构的隧道长度应从缓冲结构的起点计算。

1）根据《铁路隧道设计规范》（TB 10003—2005），铁路隧道按其长度分为四类。

特长隧道　全长 10000m 以上；

长隧道　全长 3000m 以上至 10000m；

中长隧道　全长 500m 以上至 3000m；

短隧道　全长 500m 以下。

2）根据《公路隧道设计规范》（JTG D70—2004），公路隧道按其长度可分为四类。

特长隧道　全长 3000m 以上；

长隧道　全长1000m以上至3000m；

中隧道　全长500m以上至1000m；

短隧道　全长500m以下。

第二节　隧道计算理论简介

隧道结构是埋藏于地面以下的建筑物，它的受力和变形与围岩密切相关，支护结构与围岩作为统一的受力体系，共同承受围岩荷载。这一点正是地下工程与地面以上工程结构物的主要区别之一。在隧道工程理论方面，传统的理论是“松弛荷载理论”，但在长期的隧道工程实践中，随着人们对地下工程理论和实际问题的不懈探索和理解的加深，也由于在对隧道围岩和支护结构（地质、岩体和结构）的力学研究中应用了弹塑性理论和有限元方法，以及在隧道施工过程中对围岩应力应变动态的量测、分析和总结，已经提出了现代隧道工程“围岩承载理论”，基本形成了隧道及地下工程理论体系，并表现出广阔的发展前景和应用空间。现代围岩承载理论是对传统松弛荷载理论的继承和发展。同样的，现代隧道工程施工方法和施工技术等也是对传统方法和技术的改进、继承和发展。

一、松弛荷载理论

松弛荷载理论是20世纪20年代提出的，也称为传统隧道工程理论。其核心内容是：稳定的岩体有自稳能力，不产生荷载；不稳定的岩体则可能产生坍塌，需要用支护结构予以支承。这样，作用在支护结构上的荷载就是围岩在一定范围内由于松弛并塌落（或可能塌落）的岩体重力（即最不利荷载）。其代表性的人物有太沙基（K. Terzaghi）和普氏（M. Лромобьяконоб）等人。松弛荷载理论是在总结传统矿山法原理的基础上提出来的，它类似于地面工程考虑问题的思路，已经发展到一个相当高的水平，至今仍被广泛地应用着。

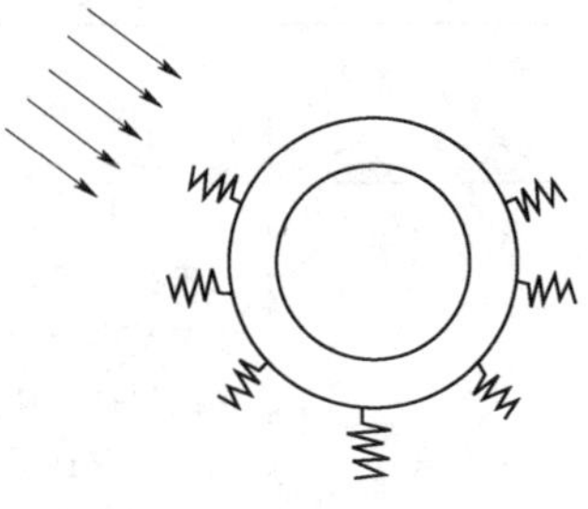

图1-1　荷载—结构模型

松弛荷载理论对应的力学计算模型为荷载—结构模型（图1-1），又称为传统的结构力学模型。它将支护结构和围岩分开来考虑，认为围岩是荷载的来源，支护结构是承载主体。隧道的支护结构与围岩的相互作用是通过弹性支撑对支护结构施加约束来体现的，而围岩的承载能力则在确定围岩压力和弹性支撑的约束能力时间接考虑。围岩的承载能力越高，它给予支护结构的压力越小，弹性支撑约束支护结构变形的抗力越大，相对来说，支护结构所起的作用就越小。这一类计算模型主要适用于围岩因过分变形而发生松弛和崩塌，支护结构主动承担围岩松动压力的情况。所以说，利用这类模型进行隧道支护结构计算的关键问题是如何确定作用在支护结构上的主动荷载，其中最主要的是围岩所产生的松动压力，以及弹性支承作用于支护结构上的弹性抗力，由于这个模型概念清晰，计算简便，易于被工程师们所接受，故至今仍很通用，尤其是对模筑衬砌。

二、围岩承载理论

围岩承载理论是20世纪60年代提出的，也称为现代隧道工程理论。其核心内容是：围岩稳定显然是岩体自身有承载自稳能力；不稳定围岩丧失稳定是有一个过程的，如果在这个过程中提供必要的帮助或限制，则围岩仍然能够保持稳定状态，如此就更有利于“充分发挥围岩的自承能力”。其代表性人物有腊布希维兹（K. V. Rabcewicz）、米勒·菲切尔（Miller Fecher）、芬纳·罗勃（Fenner Talobre）和卡斯特奈（H. Kastener）等人。围岩承载理论是在总结新奥法原理的基础上提出来的，它已经脱离了地面工程考虑问题的思路，而更接近于地下工程实际，近半个世纪以来已被广泛接受和推广应用，并且表现出了广阔的发展前景。

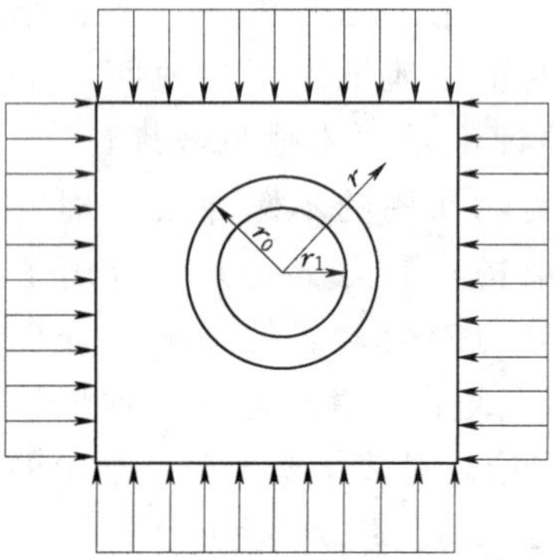

图1-2 地层—结构模型

围岩承载理论对应的力学计算模型为地层—结构模型（图1-2），又称为现代的岩体力学模型和复合整体模型。它将支护结构与围岩视为一体，作为共同承载的隧道结构体系。在这个模型中围岩是直接的承载单元，支护结构只是用来约束和限制围岩的变形，这一点和第一类模型正好相反。地层—结构模型是目前隧道结构体系中力求采用的或正在发展的模型，因为它符合现在的隧道施工技术水平。采用快速和早强的技术可以限制围岩的变形，从而阻止围岩松动压力的产生。

三、两大工程理论的比较说明

经长期的应用、研究和充实，这两种理论已逐步形成为两大理论体系，并且在原理、措施和方法上表现出不同的特点。表1-1是对两大理论体系的比较说明。

表1-1　两大理论体系的比较说明

理论 比较项	松弛荷载理论	围岩承载理论
认识	围岩虽然有一定的承载能力，但极有可能因为松弛的发展而致失稳，结果是对支护结构产生压力作用；视围岩为荷载的来源，采取直观的方法和结构来承受围岩压力，以期维持围岩的稳定； 更注重结果和对结果的处理，不能被动接受开挖坑道后围岩的任何变化结果	围岩虽然可能产生松弛破坏而致失稳，但在松弛的工程中围岩仍有一定的承载力，具有“三位一体”特性；视围岩为结构的主体和荷载主体；对其承载能力不仅要尽可能地利用，而且应当保护和增强； 更注重过程和对过程的控制，应主动控制开挖坑道后围岩的变化过程
施工方法	传统矿山法，日本称之为“背板法”	新奥法，我国隧道施工规范称为“锚喷构筑法”

续表

比较项 \ 理论		松弛荷载理论	围岩承载理论
工程措施	支护	根据以往工程队围岩稳定性的经验判断，进行工程类比，确定临时支撑参数；考虑到隧道开挖后，围岩很可能松弛坍塌，常用型钢或木构件等刚度较大的构件进行临时支撑，盾构是临时支撑的最佳形式； 待隧道开挖成型后，逐步将临时支撑撤换下来，而用单层衬砌作为永久性衬砌	根据测量数据提示的围岩动态发展趋势，确定初期支撑参数；为了控制围岩松弛变形的过程，维护和增强围岩的自承载能力，获得坑道的稳定，常用锚杆和喷射混凝土等柔性构件组合起来加固围岩，必要时可增加超前锚杆或钢筋网、钢拱架、预注浆，称为初期支护，然后采用混凝土或钢筋混凝土内层衬砌承受后期围岩压力并提供安全储备；初期支护、内层衬砌与围岩共同构成隧道的复合式承载结构
工程措施	开挖	常用分部开挖，以便构件支撑的施作；钻爆法或中小型机械掘进	常用大断面开挖，以减少对围岩的扰动；钻爆法或大中型机械掘进
工程措施	优缺点	构件临时支撑直观、有效、容易理解，工艺简单，易于操作； 临时支撑的拆除既麻烦又不安全，不能拆除时，既浪费又使衬砌受力条件不好； 当围岩松散破碎甚至有水时，满铺背柴，也能奏效； 一般必须在开挖后再支撑，故一次开挖断面的大小受围岩稳定性好坏的限制，因而开挖与支护之间的相互干扰较大，施工速度较慢	锚喷初期支护按需设置，适应性强，工艺较复杂，对围岩的动态量测要求较高； 初期支护无须拆除，施工较安全，支护结构受力状态较好； 当围岩松散破碎甚至有水时，需采用辅助方法（如管棚、注浆）来支持，才能继续施工； 由于采用了一系列初期支护措施，故一次开挖断面可以加大，因而减少了开挖与支护之间的相互制约，给快速掘进提供了较为便利和安全的条件，施工速度较快
力学原理		土力学：视围岩为散粒体，计算其对支撑或衬砌产生荷载的大小和分布状态； 结构力学：视支撑和衬砌为承载结构，检算其内力，并使之受力合理； 建立的是“荷载—结构力学体系”，以最不利荷载作为衬砌结构的设计荷载；但衬砌实际工作状态很难接近其设计工作状态； 以往据此所做的大比例隧道荷载—结构模型试验，并无多大参考价值	岩体力学：视围岩为具有弹塑性的应力岩体，分析计算围岩在开挖坑道前后的应力—应变状态及变化过程； 视支护应力岩体的边界条件，起调节和控制围岩的应力—应变的作用，检验作用的效果并使之优化； 建立的是“围岩—支护力学体系”，以实际的应力—应变状态作为支护的设计状态；实际工作状态较易接近设计工作状态
理论要点		开挖隧道后，围岩产生松弛是必然的，但产生坍塌却是偶然的，故应准确判断各类围岩产生坍塌的可能性大小； 围岩的松弛和坍塌都向支撑和衬砌施加压力，故应准确判断压力的大小和分布；但在实际中对以上两种判断的准确程度很难把握； 为保证围岩稳定，应根据荷载的大小和分布，设计临时支撑和永久衬砌作为承载结构，并使承载结构受力合理（但实际上只能以最不利荷载作为设计荷载）； 尽管承载结构是按承受最不利荷载来设计的，但它是在开挖后才施作的，故为保证施工的顺利进行，应尽可能地防止围岩的松动和坍塌	围岩是主要承载部分，故在施工中应尽可能地减少对围岩的扰动，以保护其固有承载能力； 初期支护主要用来加固围岩，它应既允许围岩承载能力的充分发挥，又能防止围岩因变形过度而产生失稳；故初期支护应先柔后刚，适时、按需提供； 围岩的应力—变形动态预示着它是否能进入稳定状态，因此应以量测作为手段掌握围岩动态，进行施工监控，或据此修改支护参数； 整体失稳通常是由局部破坏发展所致，故支护应该能够既加固局部以防止局部破坏，又全面约束围岩以防止整体失稳，从而使支护与围岩共同构成一个力学意义上的封闭和稳定的承载环

由此不难看出，两种理论的根本区别是：在解决隧道施工及地下工程问题时，传统的松弛荷载理论更注重结果和对结果的处理，即将围岩视为荷载的来源，继而被动接受开挖坑道后围岩的任何变化结果，并采取直观简单的方法和结构来承受围岩压力，以期维持围岩的稳定。而现代围岩承载理论则更注重过程和对过程的控制，即将围岩视为隧道的结构主体和承载主体，继而主动控制开挖坑道后围岩的变化过程，并采取积极有效的方法和措施以加固围岩，以期充分利用围岩固有的自稳能力。

也可以这样来表述，现代围岩承载理论与传统松弛荷载理论的区别在于：开挖坑道后或预计围岩稳定能力不足时，究竟是对围岩进行外部支撑，还是对围岩进行内部加固。传统的松弛荷载理论由于当时的技术、材料的限制和对围岩的认识不透彻，主要着力研究如何对围岩施加外部的支撑（包括临时性的钢木构件和永久性的混凝土衬砌）。现代围岩承载理论则是由于新技术、新材料的成功应用和对围岩认识的加深，主要着力研究如何对围岩施加内部的加固。

应当注意的是，隧道工程都是在应力岩体中开拓地下空间，在实际隧道工程中，并不介意采用什么理论和方法，而应当根据具体工程的各方面条件综合考虑，选择最经济、最合理的设计和施工方案，甚至是多种理论、方法和措施的综合应用。这是一个受多种因素影响的动态的择优过程。

第三节　隧道及地下工程的历史与发展概况

一、隧道工程的历史

隧道的发展历程与人民生活的水平和生产能力密切相关。人类最早在远古时代就学会了把洞穴作为住处，当社会发展到能制造挖掘机具时，就出现了人工挖掘的隧道。古代隧道修建在自身稳定而无须支撑的岩层内，靠人的双手和原始的简单工具开挖。炸药的发明，使得隧道的开挖进入了快速发展的阶段。机械钻孔出现后，用机械开挖取代了人工开挖。混凝土这种建筑材料的出现，将支护坑道的方法由砌筑的砖石结构改为混凝土衬砌结构。随着铁路、公路、城市地铁等的发展，更是推动了隧道工程的发展建设。

纵观世界历史，隧道的发展大体可分为四个阶段。

第一阶段为原始时代：即从人类的出现到新石器时代。这是人类主要利用隧道来防御自然威胁的穴居时代。这个时期的隧道开始是利用天然的洞穴，逐渐地人类开始挖掘一些窑洞来居住。这些洞穴主要修建在自身稳定而无须支撑的地层内。

第二阶段为远古时代：从新石器时代到 5 世纪。这是一个以生活和军事防御为目的而利用隧道的时代。这一时期的隧道是现代隧道技术的基础。如我国的帝王将相都修建了大量的地下陵墓，我国古籍《左传》中曾记载“隧而相见”，说明当时已经有通道式的隧道了。国外如古巴比伦王朝在公元前 2200 年为连接宫殿和神殿修建了约 1km 长的隧道，施工时将幼发拉底河水流改道，采用明挖法施工。

第三阶段为中世纪时代：从 5 世纪到 14 世纪。这一时期隧道技术发展缓慢，隧道技术没有显著的进步，隧道主要用于对地下矿产的开采。

第四阶段为近代和现代：从16世纪的产业革命开始至今。这一时期由于炸药的发明，加速了隧道的发展。人类对于交通的发展需求、矿产开采的需要、城市发展的要求等加速了隧道设计和施工的水平。而随着其他相关学科的发展，更进一步加快了隧道的发展技术。

1. 世界隧道工程建设简史

国外的隧道最早是用于矿山的开采。用于交通的第一座隧道是公元前2180年古巴比伦城中幼发拉底河下修建的一个地下人行道。

随着铁路的发展，1826～1830年英国利物浦至曼彻斯特的铁路修建了隧道，全长1190m。1857～1871年，建立了连接法国和意大利的仙尼斯山隧道，长为12850m。瑞士圣哥达基线隧道是世界最长隧道（包含铁路隧道和公路隧道），全线贯穿阿尔卑斯山脉，全长57090km，整座隧道耗时17年完工，其亦为全世界距地面最深的铁路隧道，最大埋深2300m，整座隧道于2016年6月1日正式开通。日本修建的青函隧道，全长53850m，其中有23300m穿越津轻海峡水底，是目前世界上最长的海底隧道。

2. 我国隧道工程建设简史

我国隧道工程的建设历史较长，最早用于交通的隧道为“石门”隧道，位于今陕西省汉中市褒谷口内，建于东汉明帝永平九年（公元66年）。但我国隧道工程整体发展较慢，隧道设计和施工水平也较落后，建成的隧道规模也较小。1889年在台湾的台北至基隆修建的窄轨铁路上修建了狮球岭隧道，长261m，是我国第一座铁路隧道。此后在京汉、中东等铁路上修建了一些隧道。1908年，京张铁路关沟段建成了4座隧道，这是我国通过自己的技术力量修建的第一批铁路隧道，其中八达岭隧道长1091m。

自20世纪50年代后期，我国才开始了隧道的大量建设，铁路隧道、公路隧道、输水隧道、城市地铁等各种隧道相继建设，隧道的设计和施工水平也达到了世界先进水平。目前我国是世界上铁路隧道最多的国家。

二、我国隧道发展现状

当今，中国已经是世界上隧道及地下工程建设规模最大、数量最多、地质条件及结构形式最复杂、修建技术发展最快的国家，中国的隧道施工技术及建设成就已经走在世界前列。而随着城市人口的急剧增加，城市生活空间拥挤，交通堵塞等生活交通问题凸显，大量地发展建设地下空间成为解决城市生活拥堵问题的重要手段之一。据统计，我国目前正以每年10%的速度进行城市化发展。需要我们建设大量的地下停车场、地下商业街、人行地下通道、城市地铁等地下工程。

从我国修建第一条隧道至今，我国隧道发展可以大体划分为三个阶段：第一阶段是1949年新中国成立前，我国整体建设水平落后，这一时期隧道施工主要采用人力，施工机具非常简单，施工速度慢，养护维修水平低；第二阶段为新中国成立后至20世纪70年代这一时期，这一时期隧道施工技术得到了一定的发展，施工由以前的人力开挖转变为采用中小型机具施工，施工水平整体提升；第三阶段为80年代至今，隧道技术得到了飞速发展，这一时期隧道施工由传统的施工方法转变为现代先进的施工技术，主要以光面爆破、喷锚支护、复合式衬砌、盾构施工等为特征，施工中采用监控量测手段，采用信息反馈模式指导施工。采用新奥法、盾构法、掘进机法等一系列先进的施工方法。从这一时期的隧道施工中取得了一系列隧道施工的新技术、新设备、新工艺等，隧道施工形成了大型、配套的机械化施工。目前我国隧道施工技术已经达到了国际先进水平。

近年来，我国隧道在勘察、设计、施工、运营管理等方面都取得了很多重大突破。修建了秦岭隧道、乌鞘岭隧道、秦岭终南山隧道、太行山隧道、西格二线新关角隧道等越岭特长隧道和跨越江河湖泊海洋的港珠澳大桥海底隧道、武汉长江隧道、上海崇明岛隧道、南京长江隧道、厦门翔安海底隧道、青岛海底隧道等水底隧道，北京、上海、深圳等30多个城市地铁的建设如火如荼，截至2019年9月30日，我国内地累计已有39个城市开通轨道交通，线路运营里程达6333.3km，预计到2019年年底，全国城市轨道交通运营总里程将达6600km。

我国幅员辽阔，山地占国土总面积的2/3，水系发育，江河纵横，有漫长的海岸线。隧道建设具有数量多、发展速度快、地质条件及施工环境复杂等特点。目前我国建成的最长的铁路隧道为青藏铁路西格二线新关角隧道，隧道全长32.605km；最长的公路隧道为秦岭终南山隧道，全长18.02km；世界上最长的输水隧道为辽宁大伙房水库输水隧道，全长85.32km；世界上海拔最高的冻土铁路隧道是我国青藏铁路位于青海可可西里无人区的风火山隧道，平均海拔4900m，年均气温零下7℃，寒季最低气温达零下41℃，空气中氧气含量只有内地的50%左右，被喻为“生命禁区”，目前均已经建成使用。表1-2为我国部分已建长大隧道名称。

表1-2　　　我国已建成的部分长大隧道

序号	线　路	隧道名称	长度（m）	建设年份	线　洞
1	青藏铁路西格二线	新关角隧道	32605	2013	单线双洞
2	兰渝铁路	西秦岭铁路隧道	28236	2013	单线双洞
3	石太客专	太行山铁路隧道	27839	2007	单线双洞
4	兰武铁路	乌鞘岭铁路隧道	20050	2006	单线双洞
5	西康铁路	秦岭铁路隧道	18456	1999	单线双洞

三、我国隧道发展前景及技术创新要点

1. 我国隧道发展前景

我国隧道目前发展前景主要表现为以下三个方面。

（1）我国幅员辽阔，西部地区是我国经济落后地区，也是山岭纵横的地区。由于特殊的地理条件，使得这一地区公路相对比较落后，尤其是西南、西北地区，公路、铁路都比较落后。随着国家对西部大开发的力度加大，这一地区的公路、铁路建设将迎来新的高潮，西南、西北地区多山区，山岭隧道比例很大。

（2）厦门海底隧道、青岛海底隧道、港珠澳大桥海底隧道全线贯通，开启了我国海底隧道的工程大门，沿江、沿海许多城市开始大量修建水底隧道。

（3）随着我国城市化进程的推进，城市交通成为我们城市面临的最主要问题之一，解决这一问题的途径之一便是开发立体交通体系，目前全国各大城市纷纷开始修建地铁，缓

解城市交通压力。

2. 我国隧道技术创新要点

中国已成为名副其实的隧道大国，在以往的工程实践中，积累了丰富的隧道建设经验，但在工程质量和技术水平上，与先进水平相比还存在差距，我们要在未来的工程实践中，不断探索，开拓创新，积极学习吸取国外隧道建设的先进技术。具体指导思想是：坚持新时代中国特色社会主义思想，树立服务运输和以人为本的设计理念，以加大科技创新、技术创新和引进吸收再创新为指导，大力推进我国隧道技术的进步。

(1) 推进城市隧道和水下隧道技术的发展。采用隧道下穿城市区域，具有可大量减少城市拆迁、减少对既有建筑物的影响、大大降低铁路噪声、促进铁路与城市和谐发展等诸多优越性。铁路和公路采用隧道方案穿越江河、海湾，在不影响河道的环境、通航和保证列车的全天候运营等方面具有明显优势。在未来的道路建设中，应大力推进城市隧道和水下隧道技术的发展。

(2) 提高隧道机械化施工水平，减轻劳动强度。隧道工程的现代化，必须实现主要工序施工的机械化，要研究开发适合中国隧道作业的专用设备，以先进的机械设备代替大量的人工作业，减轻施工人员的劳动强度，改善隧道工程的施工作业环境，实现文明施工和快速施工，从而保证工程施工的安全和质量。在未来的隧道建设中，对有条件的特长隧道宜优先采用掘进机法施工，对其他长或特长隧道也应采用配套的大型机械化施工，研制开发适合喷射混凝土、架设钢拱架、铺设防水板、钻孔注浆等作业的小型机械进行辅助施工。在有可能的隧道中，要积极采用皮带输送机出渣技术，减少施工干扰，提高施工效率。

(3) 提高隧道防排水技术，减少隧道病害。应进行合理的防排水系统设计，严把防排水材料质量关，进一步提高防排水系统施工工艺，积极推广应用可维护防排水系统，确保隧道不渗水、不漏水，减少隧道病害。

(4) 推进隧道信息化施工，发展隧道的超前地质预报技术，加强现场动态设计与科学的施工管理。隧道工程的特点是修建环境和地质条件等不确定因素较多，需要在施工过程中不断优化调整，所以应综合利用超前地质预报技术，完善现场的设计与加强科学管理，推进信息化施工。

(5) 隧道防灾救援措施系统化。目前，中国铁路隧道的运营防灾系统还不完善，随着高速铁路隧道和更多长或特长隧道的建设，我们应加强铁路隧道防灾技术的研究，使隧道的防灾救援措施系统化。

(6) 做好隧道洞口的景观设计。隧道的建设应尽量减少对周围环境的影响，减少洞口边、仰坡的开挖，保护洞口的植被和生态，并选择简洁的洞口结构形式，做好洞口与周围景观协调的设计。

知 识 拓 展

一、日本青函铁路隧道

长久以来，日本本州的青森与北海道的函馆两地隔海相望，中间横着水深流急的津轻海峡。两地的旅客往返和货运，除了飞机以外，就只能靠海上轮渡。从青森到海峡对岸的函馆，海上航行要4.5 h，到了台风季节，每年至少要中断海运80次。于是，人们迫切希望海峡两岸除飞机和轮渡之外，能有更经济、更方便的交通把两岸联系起来。青函隧道工程（图1-3）的设想也就应运而生。

图1-3 青函隧道

1964年5月，青函隧道开始挖调查坑道。经过7年的各种海底科学考察，专家们才最终选定了安全的隧道位置，并于1971年4月正式动工开挖主坑道。经过12年的施工，1983年1月27日，南起青森县今别町滨名，北至北海道知内町汤里，世界上最长的海底隧道——青函隧道的先导坑道终于打通了。1988年3月13日，青函隧道正式通车，从而结束了日本本州与北海道之间只能靠海上运输的历史。3月13日清晨，首班电气化列车满载乘客分别从青森站和函馆站相对发出。电车从海底通过津轻海峡只用了大约30min。

青函隧道是一条十分重要的通道，目前日本铁路当局打算在隧道里铺设具有大容量的光纤通信电缆、高压输电线、天然气管道等，以对隧道加以综合利用，提高经济效益。

青函隧道最大水深140m，最小覆盖层厚100m，采用超前导坑和平行导坑法施工，以便提前探明地质情况并作通风、排水和出渣之用。平行导坑与正洞的中线间距30m，两者之间每隔600m用横向通道连接。青函隧道由3条隧道组成。主隧道全长53.9km，其中海底部分23.3km，陆上部分本州端长13.55km，北海道端长17km，各设3座斜井和1座竖井，由斜井底部开挖位于正洞与平行导坑下方居中的超前导坑。主坑道宽11.9m，高9m，断面80m^2。除主隧道外，还有两条辅助坑道：一是调查海底地质用的先导坑道，二是搬运器材和运出砂石的作业坑道。这两条坑道高4m、宽5m，均处在海底。现在，先导坑道用于换气和排水，漏到隧道的海水会被引到先导坑道的水槽，然后再用高压泵排出地面；作业坑道则用作列车修理和轨道维修的场所。

修建这条青函隧道的代价是极其高昂的。1971年主隧道动工兴修时，预算工程的全部费用为8.3亿美元，但后来多次追加费用，估计到隧道竣工，整个工程需用27亿美元，平均每公里5000多万美元。青函隧道的工期长达24年。

由于海底复杂的地质断层和软岩构造，隧道曾出现多次严重渗水事故，自隧道动工以来，已有33名工人丧生，1300人伤残。隧道两度被海水淹没，第一次发生在1969年，海水将岩缝冲大，每分钟涌入 11t，水在斜井里上升了 150m。工人们花了近 5 个月时间将积水抽出，后来在整个隧道周围灌上一层厚达 4.5m 的水泥浆，并用钢板把岩缝堵住。第二次发生在 1976 年，海水再次以每分钟 70t 的流量冲入供应隧道，工人们又足足奋斗了 5 个月才控制住这次水害，共死亡 20 余名工人，仅后一次水害的影响，使整个工程至少被推迟了两年。

二、中国乌鞘岭铁路隧道

乌鞘岭特长隧道（图 1－4）全长 20.05km，于 2006 年 8 月 23 日实现双线开通，兰新铁路兰武段（兰州西至武威南）新增二线铁路全面建成，欧亚大陆桥通道上的“瓶颈”制约被消除。乌鞘岭隧道位于兰新线兰武段打柴沟车站和龙沟车站之间，为两座单线隧道，隧道出口段线路位于半径为 1200m 的曲线上，右、左缓和曲线伸入隧道分别为 68.84m 及 127.29m，隧道其余地段均位于直线上，两隧道线路纵坡相同，主要为 1.1%的单面下坡，右线隧道较左线隧道高 0.56～0.73m，洞身最大埋深 1100m 左右。隧道左、右线均采用钻爆法施工，右线隧道先期开通。隧道辅助坑道共计 15 座，其中斜井 13 座，竖井 1 座，横洞 1 座。

图 1－4　乌鞘岭隧道

乌鞘岭隧道工程地质条件极为复杂，建设过程中遇到的最大难题就是乌鞘岭位于山脉断层之上，洞身穿越 4 条断裂带组成的挤压构造带，处于地震基本烈度为 8 度的高地震烈度区。建设者们开展科研攻关，提出不同区段围岩物理力学参数的建议采用值，用于设计和施工，提高了施工质量。乌鞘岭特长铁路隧道的顺利完工，改变了铁路选线中不敢采用特长隧道的观念，可以说，没有乌鞘岭特长隧道的施工经验，就不敢选择 27km 长的太行山隧道和 32km 长的新关角隧道。同时，乌鞘岭隧道中积累的施工经验，对今后线路的走向和隧道的快速施工具有借鉴作用。

三、风火山隧道工程“世界第一高隧”

1. 工程概况

隧道施工技术标志性成果是建成青藏铁路多年冻土带风火山隧道（图 1-5）。它是世界上海拔最高的隧道（轨面标高 4905m），也是青藏铁路上的一项重大关键工程。隧道长 1338m，全部穿越多年冻土区，洞口及浅埋段属富冰冻土，含冰量达 50%以上，洞身段裂隙冰发育，隧道施工没有经验可以借鉴，技术难度极大。风火山地处青海可可西里无人区，海拔 5010m。这里气候严酷，年平均气温只有零下 7℃。氧气极为稀薄，低于人类生存极限，被称为生命的禁区。风火山实际上是一座冰山，多年冻土成为施工过程中最难以解决的问题。

图 1-5　风火山隧道

2. 施工设计

风火山高原冻土隧道设计和施工中，研制、使用了适应冻土隧道施工的低温早强混凝土。采用了防水、保温等新技术和新工艺，攻克了浅埋冻土隧道进洞、冰岩光爆等技术难关，掌握了高原冻土路基和隧道施工的有效办法，使之达到了国内外冻土隧道施工的领先水平。在风火山不良地质地区打隧道，关键是解决围岩热融问题。施工单位把攻克饱冰冻土地质施工作为首选目标，并借鉴国内外冻土隧道施工的经验，研制、投产了两台特大型隧道空调机组，形成洞内空气冷冻室和冷气空调室，把洞内温度控制在±5℃之间，从而解决了不同冻土地质条件下的热融问题，为确保工程顺利进展探索出了新路。先后购进了 400 余台（套）一流的高原施工机械，实现了机械化作业，大大降低了职工劳动强度，提高了生产效率。风火山隧道是青藏线上浅埋层最长的隧道，为避免出现塌方，针对不同地质的喷护和支护提出了一揽子工法方案。在富冰冻土地段，采用大管棚加小管棚的双层超前超强支护法，利用中空锚杆和加温后的水泥浆锚注，使围岩上层形成一种相对稳定的环境。同时，实行“弱爆破，快支护、快初衬”，使富冰冻土区段得以安全通过。对裂隙冰地质，采用“先抢格栅架，快焊钢筋网，边焊边喷护”的方法，取得了良好效果。对融冻泥岩地质，采取“用水玻璃进行双液注浆，首先稳定山体结构，待水玻璃与水泥浆凝固后，再进行谨慎开挖”，很快就防止了融冻泥岩的塌落，保证了施工的正常进行。

3. 科技创新

（1）高原多年冻土隧道施工制氧、供氧技术。研制建成的风火山隧道制氧站，氧气产量大于 $20m^3/h$，氧气浓度达到92%以上；提出了隧道掌子面弥散式供氧和隧道氧吧车供氧的新方法。

（2）研制了SDTK－100型高原隧道专用空调机组，使隧道内的温度控制在±5℃之间，保证了掌子面的冻土热扰稳定及混凝土施工质量。

（3）首次研究了高原多年富冰冻土、冻岩条件下隧道湿喷混凝土施工技术及工艺，研制了低温早强抗冻复合型速凝剂，使喷混凝土在负温下迅速凝结硬化，达到抗冻临界强度。

（4）研究总结了多年富冰冻土浅埋段开挖、支护成洞施工技术。

（5）首次采用“防水板＋隔热层＋防水保护层”的防水、保温结构形式，沿隧道全长全断面铺设，形成隧道二次衬砌完全和地层隔离；保温复合结构的“无钉法铺设”施工新工艺，确保风火山隧道不渗、不漏。

（6）研究低温耐久性混凝土施工技术，成功解决了低（负）温条件下混凝土硬化初期不被冻坏，且强度持续增长的难题；取得了一整套在严酷条件下混凝土的施工方法及养护工艺。

（7）首次研究了高原多年冻土隧道施工机械设备的选型、合理配套技术及维修保养方法，为风火山隧道的顺利建成提供了保障。

（8）通过对温度、压力、变形、冻融圈等施工信息的监测，根据数据指导施工，保证风火山隧道施工质量控制，提出了一套高原多年冻土隧道信息化施工方法及工艺。

（9）首次采用盐水水炮泥封堵炮孔的技术措施，达到降低工作面温度和降尘的效果，测试分析，在冻土边坡中的最大爆破振动速度控制在2～5cm/s为宜，在隧道掘进中对围岩最大爆破振动速度控制在5～10cm/s为宜。

第二章　隧　道　构　造

● **教学目标：**

1. 掌握隧道洞门、衬砌、明洞及附属结构的构造。
2. 能识读隧道构造图。

第一节　洞　　门

一、洞门作用及建筑材料

（一）洞门的作用

隧道两端洞口处的结构部分称为洞门。它是在隧道洞口利用圬工材料等建筑用以保护洞口稳定、引离地表水、并对周围环境起到装饰作用的支挡结构物。它联系隧道衬砌与隧道外路基部分，是隧道的主题结构物之一。洞门有以下几方面的作用：

（1）减少洞口土石方的开挖量。洞口外的路堑部分是根据边坡的稳定性按照一定的坡度开挖的，当隧道埋深较深时，开挖量很大，设置洞门可以起到挡土墙的作用，同时又可以减少路堑土石方的开挖量。

（2）稳定边仰坡。由于边坡上的岩体不断受到风化，坡面松石极易脱落滚下；或者边坡太高，边坡难于自身稳定，仰坡上的石块也会沿着坡面向下滚落，有时会堵塞洞口，甚至破坏线路轨道，对行车造成威胁。修建洞门可以减小引线路堑的边坡高度，缩小正面仰坡的坡面长度，从而使边坡及仰坡得以稳定。

（3）引离地表水。地表水往往汇集洞口，如果不予排除，将会侵害线路，妨碍行车安全。修建洞口时，洞门上方女儿墙应有一定高度，同时设有排水沟，以便将流水引入侧排水沟排走，保证洞口的正常干燥状态。

（4）装饰洞口。洞口是隧道唯一外漏的部分，是隧道的正面外观，修建洞门也可以对洞口起到一定的装饰作用。特别在城市附近、风景区及旅游区等处的隧道，洞门的设计更应与当地的环境相适应，予以美化处理。

公路隧道在照明上有较高的要求，为了处理好司机在通过隧道时的一系列视觉上的变化，有时可考虑在入口一侧设置减光棚等减光构造物，对洞外环境做某些减光处理。

（二）洞门建筑材料

隧道洞门所采用的建筑材料及强度等级见表 2-1。

表 2-1　　隧道洞门建筑材料及强度等级

工程部位＼材料种类	混凝土	钢筋混凝土	片石混凝土	砌　　体
端墙	C20	C25	C15	M10 水泥砂浆砌片石、块石镶面或混凝土预制块镶面
顶帽	C20	C25	—	M10 水泥砂浆砌粗料石
翼墙和洞口挡土墙	C20	C25	C15	M7.5 水泥砂浆砌片石
侧沟、截水沟、护坡等	C15	—	—	M5 水泥砂浆砌片石

注　1. 护坡材料可采用 C20 喷射混凝土。2. 最冷月份平均气温低于-15℃的地区，表中水泥砂浆的强度应提高一级。

二、洞门类型

1. 端墙式洞门

端墙式洞门（图 2-1）俗称一字墙洞门或一字式洞门，这是一种传统的洞门形式，也是最常见的洞门形式之一。适用于稳定的Ⅰ、Ⅱ和Ⅲ级围岩地区，要求地形开阔，石质较稳定。这种洞门只在隧道洞口的正面设置一面能抵抗山体纵向推力的端墙。它不仅起到挡土墙的作用，而且能支持洞口正面的仰坡，并将从仰坡流下来的地表水汇集在洞门上部的排水沟内排走。

图 2-1　端墙式洞门

端墙的构造一般采用等厚度的直墙。体积圬工比其他形式都小，而且施工方便。墙身微微向后倾斜，斜度一般为 1∶10，这样可以受到较竖直墙小的土石压力，而且对端墙的倾覆稳定有利。

端墙的构造有如下要求：

（1）端墙的高度应使洞身衬砌上方有 1m 以上的回填层，以减缓山坡滚石对衬砌的冲击，洞顶水沟深度应不小于 0.4m，为保证仰坡滚石不致跳跃超过洞门落到线路上去，端墙应适当上延形成挡渣防护墙，其高度从仰坡坡脚算起，应不小于 0.5m，在水平方向不应小于 1.5m，端墙基础应设置在稳固的地基上，其深度视地质情况、冻害程度而定，一般应在 0.6～1.0m，按照上述要求，端墙的高度约为 11m。

（2）端墙厚度应按挡土墙的方法计算，但不应小于：浆砌片石 0.4m；现浇片石混凝土 0.35m；预制混凝土砌块 0.3m；现浇钢筋混凝土 0.2m。

（3）端墙宽度与路堑横断面相适应。下底宽度应为路堑底宽加上两侧水沟及马道的宽度。上方则依边坡坡度按高度比例增宽。端墙两侧还要嵌入边坡以内约 30cm，以增加洞门的稳定。

2. 翼墙式洞门

当洞门边仰坡稳定性较差（Ⅲ级以上围岩），山体纵向推力较大时，可以在端墙式洞门以外，增加单侧或双侧的翼墙（挡墙），称为翼墙式洞门，又称八字式洞门，如图 2-2 所示。翼墙起支撑端墙及保持路堑边坡稳定的作用，同时又有支撑端墙的作用，翼墙和端墙共同作用，抵抗山体纵向推力，增加洞门抗滑和抗倾覆的能力。

图 2-2　翼墙式洞门

翼墙式洞门的正面端墙一般采用等厚度的直墙，微向后倾斜，斜度为 1∶10。翼墙前面与端墙垂直，顶帽斜度与仰坡坡度一致，墙顶上设水沟，将洞顶水沟汇集的地表水从水沟引至路堑边沟内排出，翼墙基础应设在稳固的地基上，其埋深与端墙基础相同。

洞门顶部、端墙与仰坡坡脚之间的排水沟一般采用 60cm 宽，40cm 深的槽形，沟底应设不小于 3%的排水坡，排水坡有单项式排水坡和双向式排水坡两种。汇集在排水沟内的水沿排水坡流到端墙两侧，从端墙后面预留的泄水孔流出端墙进入翼墙的排水沟内，从而沿着翼墙排水沟流入路堑边沟。

3. 削竹式洞门

削竹式洞门因形似削竹而得名，是将洞身衬砌直接接长，伸出洞外，并斜截成削竹形式，同时取消端墙的一种洞门，如图 2-3 所示。这种洞门形式目前在公路隧道中应用较多。近年来随着我国高速铁路的快速发展，在削竹式洞门的基础上多使用将洞门断面增大形成喇叭口削竹式洞门，这样做主要是为了减缓列车进洞时的气动冲击力。在实际工程中取得了良好的效果。

4. 柱式洞门

当洞口仰坡较陡，岩体稳定性较差，山体纵向推力较大，仰坡有可能下滑，但又受到地形条件的限制，无法设置翼墙时，可在端墙中部设置两个断面较大的柱墩。这样可以增加端墙的稳定性，又可不受地形条件限制，同时柱式洞门雄伟壮观，还可作为景观的一部分进行设计。柱式洞门如图 2-4 所示。

图 2-3 削竹式洞门

图 2-4 柱式洞门

5. 其他洞门形式

(1) 环框式洞门。当洞口石质坚硬、整体性好、节理不发育，且不易风化、地形陡峻、坡面稳定且无排水要求时，可将洞口段衬砌加厚形成洞口环框，环框与洞口段衬砌整体浇筑混凝土，将这种环框直接作为隧道的洞门，如图 2-5 所示。这种洞门主要对洞口段衬砌起加固作用。环框微向后倾斜，与自然地面坡度相一致，这样有利于洞内散射自然光，增加洞口入口处的亮度。环框四周恢复自然植被或重新栽种其他植被，既可保护边仰坡、绿化环境，高大的植被又可起到对洞口段的减光作用。

图 2-5 环框式洞门

(2) 台阶式洞门。在傍山侧坡修建隧道洞门时，可将端墙一侧顶部做成逐步升级的台阶形式，这样可减少土石方开挖量，同时可减小仰坡高度及外露坡长，同时台阶方便端墙上部的检修。台阶式洞门如图 2-6 所示。

图 2-6 台阶式洞门

(3) 遮光棚式洞门。遮光棚式洞门（图 2-7）又称调光洞门。公路隧道在隧道入口及出口处形成“黑洞现象”及“亮光效应”，会给驾乘人员带来了不良影响。如果将隧道洞门设计为逐渐减光的形式将会很好地缓解这一问题。

遮光棚式洞门是将隧道出入口外伸很远。通过外伸部分的透光性实现隧道的逐步减光。根据遮光构造物的形式又可分为开放式和封闭式两种，前者遮光板之间是透空的，后者则用透光材料将前者的透空部分封闭。但考虑到透光材料上容易被尘土落叶等覆盖，影响透光性，且日常养护维修困难，因此很少采用。

图 2-7 遮光棚式洞门

(4) 斜交洞门。当线路方向与地形等高线斜交时，可使洞门端墙与线路斜交（即与地形等高线方向一致），这种洞门称为斜交洞门。斜交洞门与洞口段衬砌受力情况复杂，施工不便，所以很少采用，斜交洞门端墙与线路中线的交角不应小于 45°，斜交洞门端墙应与洞口段衬砌混凝土整体浇筑。

第二节 洞 身 衬 砌

一、衬砌建筑材料

1. 素混凝土与钢筋混凝土

混凝土是目前隧道施工中采用得最广泛的建筑材料之一。这种材料的主要优点是：整体性好和抗渗性较好，抗压强度高，既能在现场浇筑，也可以在加工厂预制，而且能采用机械化施工。当在混凝土中掺入外加剂后，可以提高相应的性能。掺入早强剂可以提高混凝土的初期强度；掺入密实性附加剂，可以提高混凝土的密实度，从而提高混凝土的抗渗性和防水性能。此外，还可在混凝土中加入其他的外加剂，如低温早强剂、常温早强剂、缓凝剂、减水剂等。但现浇混凝土的缺点是：混凝土浇筑后需一定的养护时间，而不能立即承受荷载。

钢筋混凝土主要用于洞门、明洞衬砌及地震区，偏压、通过断层破碎带或淤泥、流砂等不良地质地段的隧道衬砌中，其强度等级对于衬砌段不应低于C20，对于洞门不应低于C15。在特殊情况下可采用旧钢轨或焊接钢筋骨架进行加强。

2. 片石混凝土

片石混凝土主要用于仰拱填充及超挖回填，其他部位不许采用片石混凝土。片石混凝土中的片石要坚硬，严禁使用风化片石，片石强度等级不应低于MU40，片石混凝土内片石掺量不应大于总体积的20%。

3. 喷射混凝土

喷射混凝土早期强度和密实性均较普通混凝土高，能封闭围岩的裂隙，尽快地起到支护围岩的作用。其施工过程全部采用机械化，且不需要模板和拱架，在软弱、不稳定围岩中还可与锚杆、钢筋网等配合使用形成喷锚支护，是一种理想的衬砌材料。

喷射混凝土应优先选用硅酸盐水泥或普通硅酸盐水泥，强度等级采用C20。粗骨料应采用坚硬耐久的碎石或卵石，不得使用碱活性骨料，喷射混凝土中的骨料粒径不宜大于15mm，骨料宜用连续级配，细骨料应采用坚硬耐久的中砂或粗砂，细度模数宜大于2.5。钢筋网材料可采用HPB235（Q235）钢，直径宜为4～12mm。

喷射钢纤维混凝土中的钢纤维宜采用普通碳素钢制成，钢纤维可采用方形或圆形断面，等效直径宜为0.3～0.5mm，长度宜为20～25mm，并不得大于25mm，抗拉强度不得小于600MPa，并不得有油渍和明显的锈蚀，掺量宜为混合料重量的3.0%～6.0%。

4. 锚杆

锚杆是用机械方法加固围岩的一种金属材料，锚杆杆体的直径宜为16～32mm，杆体材料宜采用HRB335（20MnSi）钢，锚杆端头应设垫板，垫板可采用HPB235（Q235）钢板；砂浆锚杆用的水泥砂浆强度等级不应低于M20。

5. 装配式材料

采用盾构施工时，其衬砌材料往往采用装配式材料，如钢筋混凝土预制块，有加筋肋的铸铁预制块。在修筑棚式明洞时，又可用预制板或预制梁装配板式棚洞或梁式棚洞。

6. 石料

目前隧道施工中已很少使用石料作为衬砌材料，因为石料砌缝多，容易漏水，无法机械化施工，施工进度慢，费时费力。石料主要用于隧道洞门挡墙等。

隧道工程常用的建筑材料，可选用下列强度等级：

（1）混凝土：C15、C20、C25、C30、C40、C50；

（2）喷射混凝土：C20、C25、C30；

（3）片石混凝土：C15、C20；

（4）水泥砂浆：M7.5、M10、M15、M20；

（5）石材：MU40、MU50、MU60、MU80、MU100；

（6）钢筋：HPB235（Q235）、HRB335（20MnSi）。

隧道衬砌各工程部位所用建筑材料的强度等级应满足耐久性要求，见表 2－2。

表 2－2　　衬砌建筑材料的强度等级要求（不低于）

材料种类 / 工程部位	混凝土	钢筋混凝土	喷射混凝土	
			喷锚衬砌	喷锚支护
拱圈	C25	C30	C25	C20
边墙	C25	C30	C25	C20
仰拱	C25	C30	C25	C20
底板	—	C30	—	—
仰拱填充	C20	—	—	—
水沟、电缆槽	C25	—	—	—
水沟、电缆槽盖板	—	C25	—	—

注　1. 砌体包括粗料石砌体和混凝土块砌体，用 M10 水泥砂浆砌筑。

2. 严寒地区洞门用混凝土整体灌注时，其强度等级不应低于 C30。

3. 片石砌体的胶结材料采用小石子混凝土灌注时，其最低强度等级相应的适用范围与水泥砂浆相同。

修建隧道衬砌的材料应具有足够的强度和耐久性，在某些环境中，还必须具有抗冻、抗渗、耐侵蚀性。此外，还应满足就地取材，降低造价，施工方便及易于机械化施工等要求。

二、隧道衬砌结构类型

隧道开挖后，为了避免隧道变形或岩石风化，都需修建支护结构，即衬砌。

根据衬砌的支护方式可分为：外部支护，即从外部支撑着坑道的围岩，如模筑混凝土整体式衬砌、装配式衬砌、喷射混凝土衬砌等；内部支护，即对围岩进行加固以提高其稳定性，如锚杆支护、注浆加固等；混合支护，即采用内部支护与外部支护相结合的方式，如喷锚支护等。

从衬砌施工工艺方面将隧道衬砌的形式分为以下几类。

1. 整体式衬砌

整体式衬砌是指就地灌注混凝土施工衬砌，也称模筑混凝土衬砌。其施工工艺流程为：立模—灌筑—养护—拆模。模筑衬砌的特点是：对地质条件的适应性强，易于按需要成形，整体性好，抗渗性强，并适用于多种施工条件，如可用木模板、钢模板或衬砌模板台车等。

整体式衬砌按照不同的围岩类别采用不同的衬砌厚度，其形式有直墙式和曲墙式两种，而曲墙式又分为仰拱和无仰拱两种。当有较大的偏压、冻胀力、倾斜的滑动推力或施工中出现大量坍方以及七度以上地震区等情况时，则应根据荷载特点进行个别设计。

（1）直墙式衬砌。这种类型的衬砌适用于地质条件比较好，垂直围岩压力为主而水平围岩压力较小的情况。主要适用于Ⅰ～Ⅲ级围岩，在短距离的高级别围岩相同的Ⅳ级围岩区段也可采用。衬砌由上部拱圈、两侧竖直边墙和下部铺底三部分组合而成。图 2-8 为时速 160km/h 及以下铁路隧道Ⅲ级围岩整体直墙式衬砌标准图，拱部内轮廓线系由三心圆曲线组成。

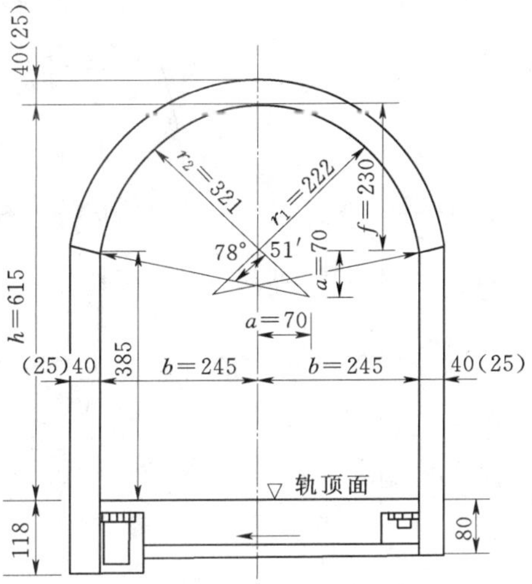

图 2-8 铁路隧道Ⅲ级围岩整体直墙式衬砌标准图（单位：cm）

（2）曲墙式衬砌。曲墙式衬砌适用于地质较差，有较大水平围岩压力的情况。主要适用于Ⅳ级及以上的围岩，Ⅲ级围岩双线。多线隧道也采用曲墙有仰拱的衬砌。它由顶部拱圈、侧面曲边墙和底板（或铺底）组成。除在Ⅳ级围岩无地下水，且基础不产生沉降的情况下可不设仰拱，只做平铺底外，一般均设仰拱，以抵御底部的围岩压力和防止衬砌沉降，并使衬砌形成一个环状的封闭整体结构，以提高衬砌的承载能力，图 2-9 为时速 160km/h 及以下铁路隧道Ⅴ级围岩整体曲墙式衬砌标准图，其内部轮廓线由五心圆曲线组成。

2. *装配式衬砌*

装配式衬砌是构件在现场或工厂预制，然后将构件运进坑道内再进行拼装成一环接着一环的衬砌。其特点是衬砌拼装后能够立即受力，便于机械化施工，改善劳动条件，节省劳力。目前多在盾构法施工的隧道内使用。

3. *喷锚支护*

喷锚支护常用的材料和结构形式有喷射混凝土（有时加钢筋网或钢纤维）、锚杆和钢拱架。一般可根据地质条件和结构形式的变化组合使用。如图 2-10 所示。

（1）喷射混凝土。喷射混凝土是以压缩空气为动力，将掺有速凝剂的混凝土拌合料与水合成为浆状，喷射到坑道的岩壁上凝结而成的。喷射混凝土分为干喷、潮喷、湿喷三种，以湿喷工艺较优。

（2）锚杆或锚索。锚杆或锚索是用金属或其他抗拉强度较高的材料制成的一种杆状构件，并使用某些机械装置或黏结介质，将其安设在隧道及地下工程的围岩体中或其他工程结构体中，利用杆端锚头的膨胀作用，或利用灌浆黏结，增加岩体的强度和抗变形能力，从而提高围岩的自稳能力。

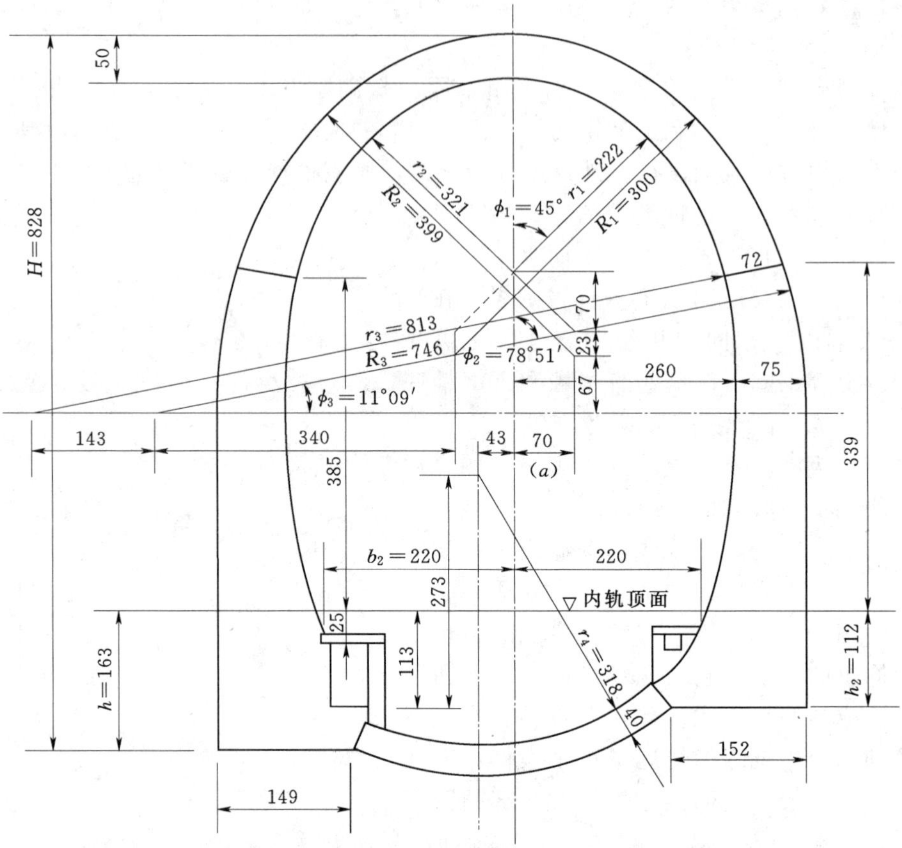

图 2-9　铁路隧道Ⅴ级围岩整体曲墙式衬砌标准图（单位：cm）

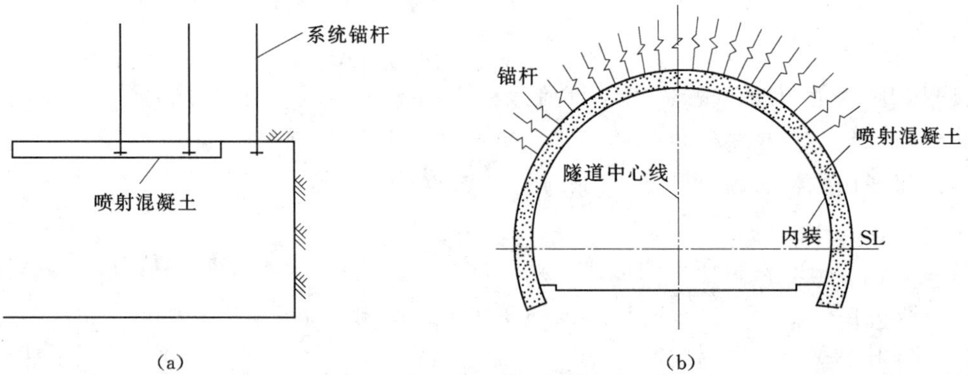

(a)　　　　　　　　　　(b)

图 2-10　喷锚支护

4. 复合式衬砌

复合式衬砌是由两层或两层以上的衬砌组成。目前主要采用内外两层衬砌，即初期支护及二次衬砌。如图 2-11 所示。

目前初期支护多采用喷锚支护，二次衬砌多采用模筑混凝土衬砌。就是先在开挖好的洞壁表面喷射一层早强混凝土，凝固后形成薄层柔性支护结构，它既能容许围岩有一定的

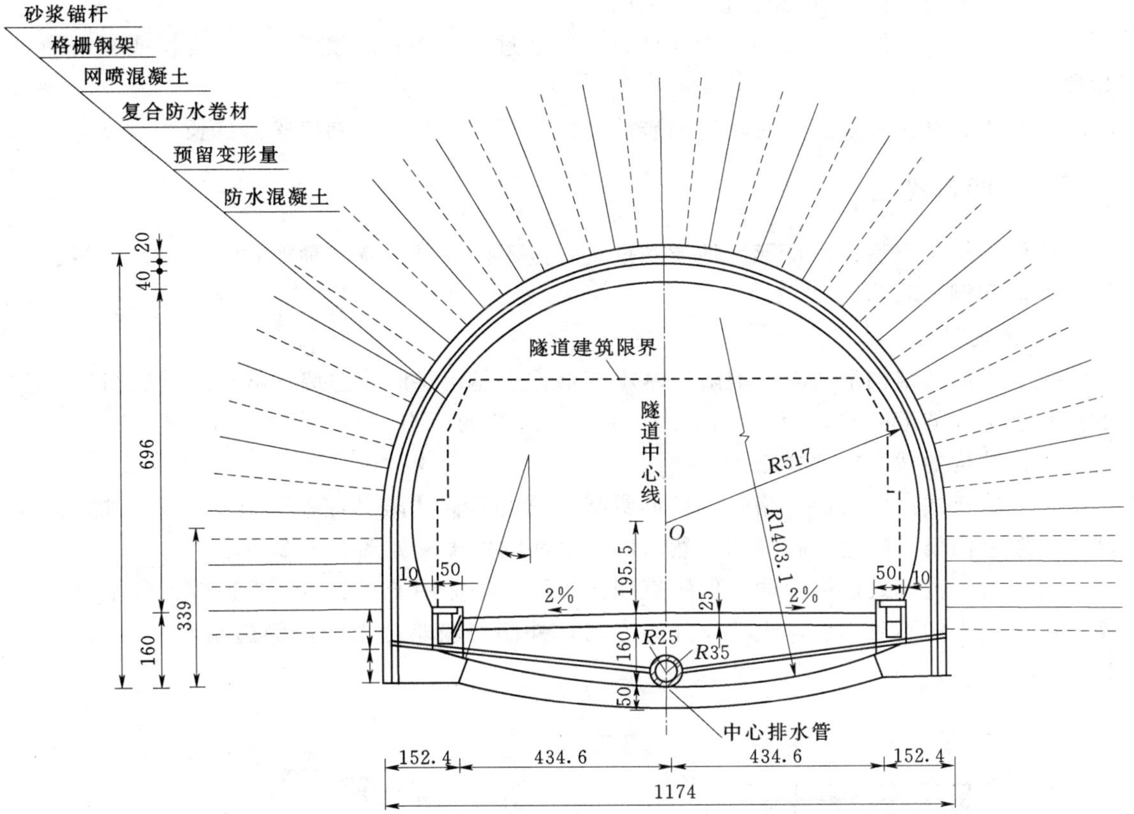

图 2－11　某公路隧道复合式衬砌（单位：cm）

变形，又能限制围岩产生有害变形。其厚度在 5～20cm。待初期支护与围岩变形基本稳定后再施做二次衬砌，一般为就地灌注混凝土衬砌，为了防止地下水流入或渗入隧道内，可以在初衬与二衬之间敷设防水层。

复合式衬砌可以满足初期支护施做及时、刚度小易于变形的要求，且与围岩密贴，从而能保护和加固围岩。二次衬砌完成后，衬砌内表面光滑平整，可以防止外层风化，装饰内壁，增强安全感，所以复合式衬砌是一种较为理想的结构型式，在工程中广泛应用。

第三节　明　　洞

一、明洞作用

明洞是用明挖法修建的隧道，一般设置在隧道的进出口处，是隧道洞口或线路上能起到防护作用的重要建筑物。

明洞的设置应满足下列条件：

（1）洞顶覆盖薄，难以用钻爆法修建隧道的地段。

（2）受坍方、落石、泥石流等威胁的地段。

（3）公路、铁路、沟渠等必须在铁路上方通过，又不宜修建隧道、立交桥或渡槽等的地段。

（4）为了减少隧道工程对环境的破坏，保护环境和景观，洞口段需延长。

二、明洞类型

明洞的结构类型常因地形、地质和危害程度不同而异，有多种形式，采用得最多的为拱式明洞和棚式明洞。

1. 拱式明洞

拱式明洞的结构形式与一般隧道基本相似，也是由拱圈、边墙和仰拱或铺底组成。它的内轮廓也和隧道一致。但是，由于它周围是回填的土石，得不到可靠的围岩抗力的支持，因而结构的截面尺寸要略大一些。

（1）路堑式拱形明洞。路堑式拱形明洞两侧都是高边坡的路堑，施工时先开挖路堑，然后在路堑内修建隧道衬砌结构，然后回填上面的覆土。如图 2－12 所示。

（2）偏压直墙式拱形明洞。偏压直墙式拱形明洞适用于两侧边坡高差较大的不对称路堑。由于压力的不对称性，边墙设计为直墙，外侧边墙厚度大于内侧边墙厚度。如图 2－13 所示。

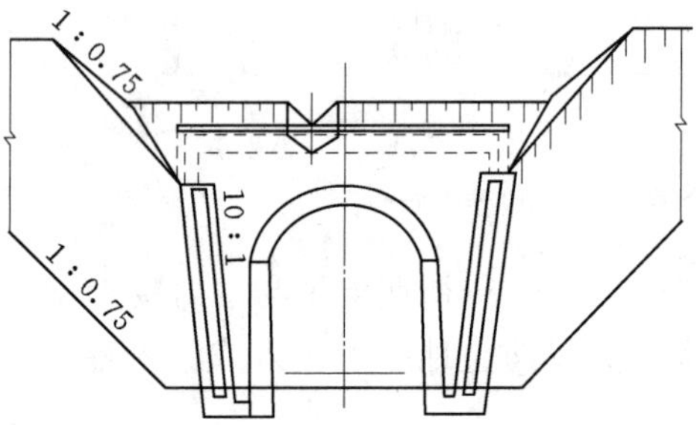

图 2－12　路堑式拱形明洞

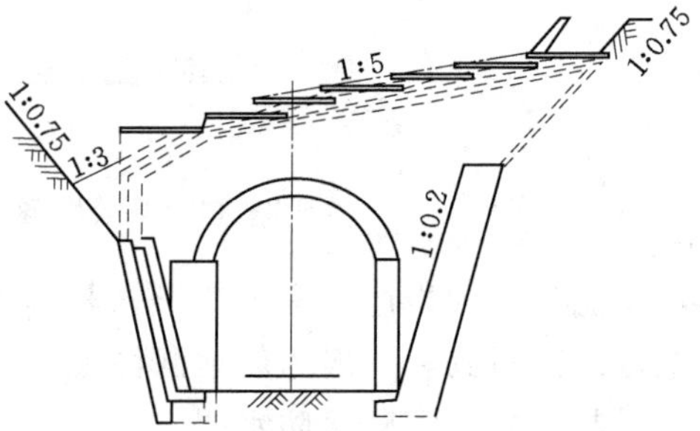

图 2－13　偏压直墙式拱形明洞

（3）偏压斜墙式拱形明洞。当地形倾斜，低侧处路堑外侧有较宽阔的地面供回填土石时，为了增加明洞抵抗侧向压力的能力，可修建偏压斜墙式拱形明洞。这种明洞拱圈等厚，内侧边墙为等厚直墙，外侧边墙为不等厚斜墙。如图 2－14 所示。

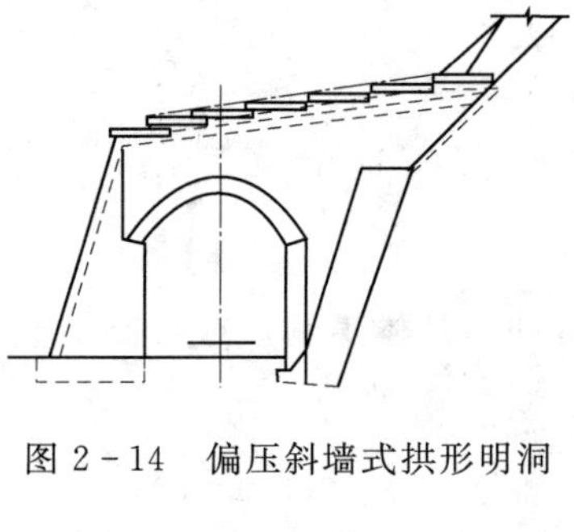

图 2－14　偏压斜墙式拱形明洞

（4）半路堑单压式拱形明洞。在傍山隧道的洞口或傍山线路的上半路堑地段，一侧边坡陡立且有坍方、落石的可能，对行车安全有危险时，或隧道通过不良地质地段必须提前进洞时，由于外侧地形狭窄，地面陡峻，无法回填土石，为了平衡内侧压力，此时可修建半路堑单压式拱形明洞。一般内侧边墙为等厚直墙，外侧边墙应相对加厚，且外边墙地基必须放置在稳固的基岩上。如图 2－15 所示。

2. 棚式明洞（简称棚洞）

当山坡侧向压力不大，或因地质、地形限制，难以修建拱式明洞时，可采用棚式明洞。

(1) 盖板式明洞。它是由内墙、外墙、钢筋混凝土盖板等组成的简单结构。一般上部用土石回填覆盖，以避免山体落石对明洞的冲击。这种结构内墙一般为重力式墩台结构，厚度较大，用以平衡山体的侧向压力，它的基础必须放在基岩或稳固的地基上。外墙不受侧向压力，仅承受梁和盖板的竖向荷载时，要求的地基承载力较小，固外墙较薄，或者根据落石的严重与否以及地质情况，采用立柱式（梁式）或连拱墙式结构。当外侧基岩较浅，地基基础承载力较大时，可采用立柱式结构。如图 2-16 所示。

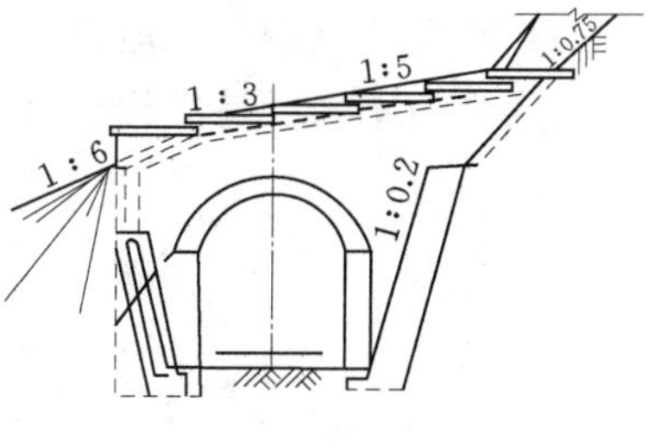

图 2-15 半路堑单压式拱形明洞

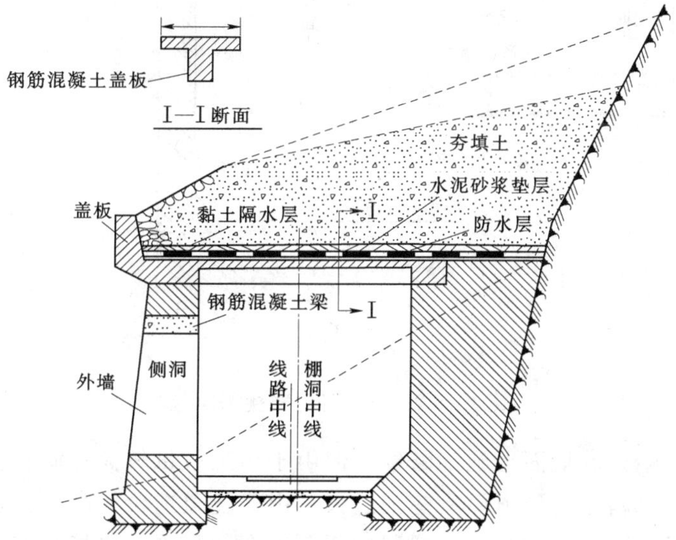

图 2-16 盖板式明洞

图 2-17 刚架式棚洞

(2) 刚架式棚洞。当地形狭窄，山坡陡峻，基岩埋置较深而上部地基稳定性较差时，为了使基础置于基岩上且减小基础工程，可采用刚架式外墙，此种明洞为刚架式棚洞。该种明洞主要由外侧刚架、内侧重力式墩台结构、横顶梁、底衡撑及钢筋混凝土盖板组成。棚洞顶部施作防水层并用土石方回填覆盖。如图 2-17 所示。

(3) 悬臂式棚洞。稳固而陡峻的山坡，外侧地形难以满足一般棚洞的地基要求，而且在落石不太严重的情况下，可以修建悬臂式棚洞。一般内墙为重力式，上端接筑悬臂式横梁，其上铺以盖板，在盖板的内端设平衡重来维持结构受外荷载作用下的稳定性。如图 2-18 所示。

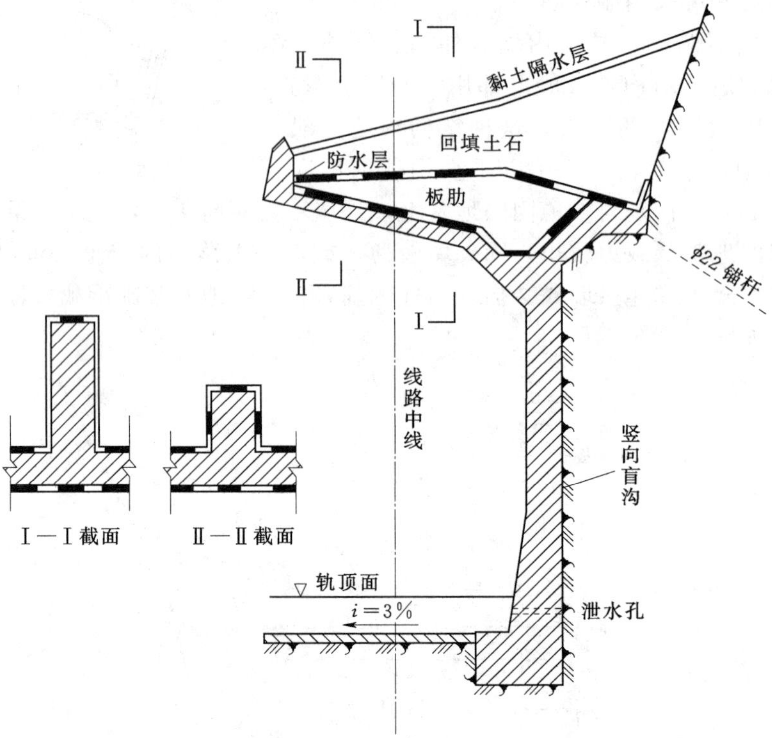

图 2-18 悬臂式棚洞

明洞虽然是在敞开的地面上施工修建，但由于圬工数量较大，而且上部需回填土石覆盖，所以整体造价比暗挖的隧道要贵些。过去，由于隧道造价较高，为了降低造价，很多隧道力求缩短洞身。而在施工后，发现洞口很不安全，只得一再接长明洞，反而增加了费用，还给洞口施工带来了干扰。所以，根据目前的隧道洞口设计理论，宜采用“早进晚出”的设计原则，不宜事后把增修明洞作为补救的办法。

第四节 附 属 结 构

为了使隧道能够正常使用，保证车辆通过的安全性，除了隧道的主体结构洞门及洞身衬砌外，还应设置一些附属结构。隧道内附属设施包括隧道通风建筑物、安全避让设施、防排水设施和电力及通信信号的安放设备等。

一、铁路隧道避车洞

当列车通过隧道时，为了保证隧道内工作的检查、维修人员能避让行驶中的列车，以及存放必要的备用材料和一些小型养护维修机械，应在隧道全长范围内，在隧道两侧边墙上交错均匀设置避车洞。避车洞分为大避车洞和小避车洞两种。

（一）大避车洞

大避车洞的主要作用是堆放料具，其净空尺寸为：宽 4m，凹入边墙深 2.5m，中心高 2.8m。在碎石道床的隧道内，每侧相隔 300m 布置一个大避车洞；在混凝土宽枕道床或整体道床的隧道内，因人员行车待避较方便，且线路维修工作量较小，每侧相隔 420m 布置一个大避车洞。如图 2－19 所示。

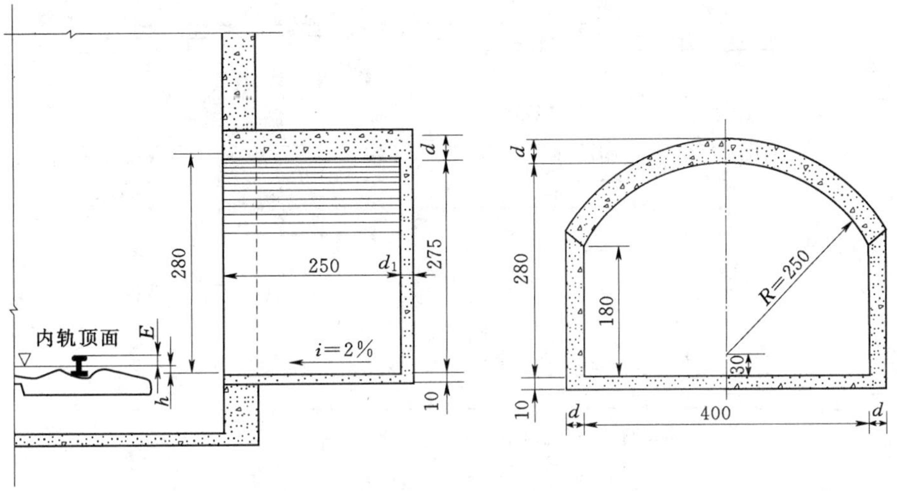

图 2－19　大避车洞尺寸（单位：cm）

当隧道长度在 300～400m 时，可在隧道中部设一个大避车洞、隧道长度小于 300m 时，可不设避车洞。洞口紧邻桥或路堑时，当桥上无避车台，路堑侧沟无平台时，应与隧道一并考虑避车洞。避车洞不应设于隧道衬砌变化处或变形缝处，旅客列车行车速度在 160km/h 的隧道内，避车洞内应沿洞壁设置高 1.2m 的钢扶手。

（二）小避车洞

小避车洞主要作用是躲避行人，其净空尺寸为：宽 2m，凹入边墙深 1m，中心高 2.2m。无论在碎石道床或整体道床的隧道内，每侧边墙上应在大避车洞之间间隔 60m 布置一个小避车洞，双线隧道按每 30m 布置一个。如隧道附近有农村市镇，或曲线半径小，视距较短时，小避车洞可适当加密。如图 2－20 所示。

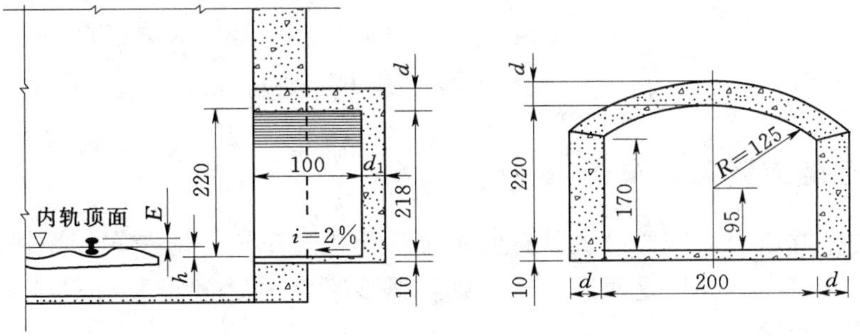

图 2－20　小避车洞尺寸（单位：cm）

大小避车洞应交错均匀布设，如图 2－21 所示。避车洞应有衬砌，其结构类型应与隧道衬砌结构类型相适应，避车洞底面应与道床、人行道或侧沟盖板顶面齐平。为了使行人方便寻找避车洞，且不跨越线路，可在避车洞内及其周边用石灰浆刷成白色，并在两侧距离为 10m 处的边墙上各绘一个白色的指向箭头，并保证这些指示标志在运营期间鲜明醒目，方便避车找寻。如图 2－22 所示。

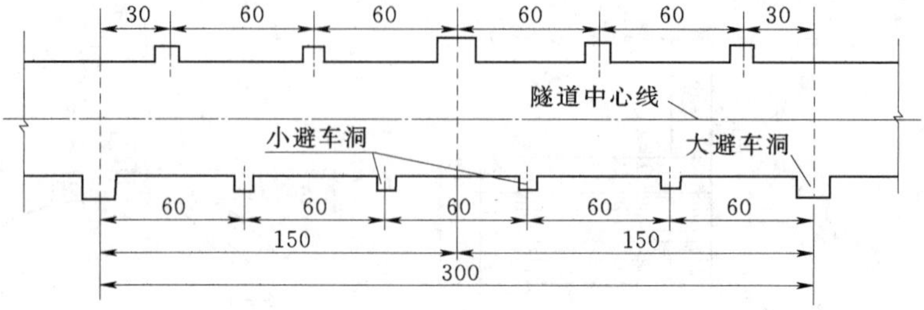

(a)

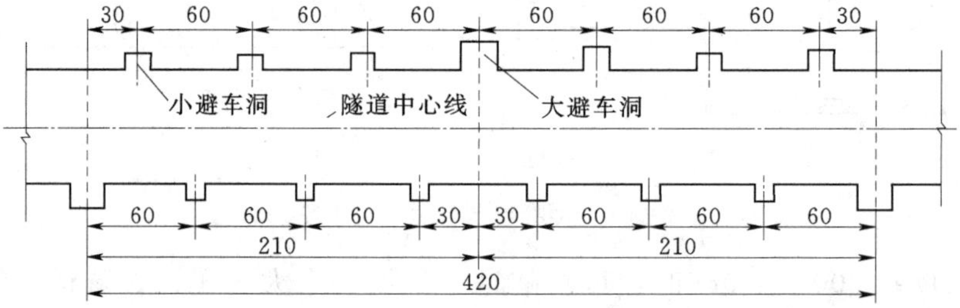

(b)

图 2－21 避车洞平面布置图

(a) 碎石道床；(b) 整体道床

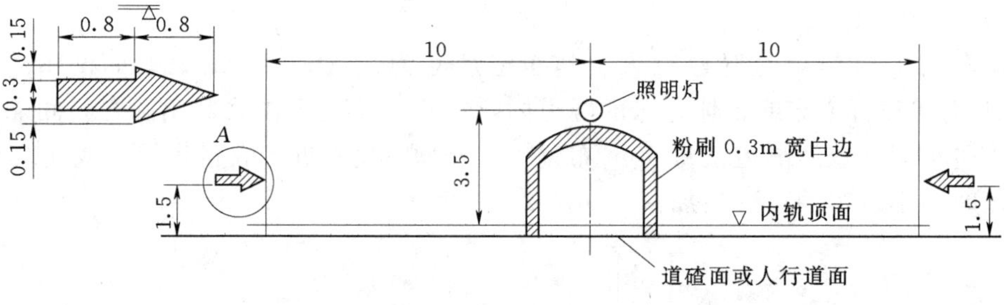

图 2－22 避车洞指示标志（单位：m）

二、公路隧道紧急停车带

较长的公路隧道内，需要设置紧急停车带作为避让车道，避免车辆抛锚长时间占据行车道。在长大隧道内，如果是两道并行，则还需要在两洞之间设置行人横洞和行车横道，作为紧急疏散和救援通道。

（一）公路隧道紧急停车带

紧急停车带是为故障车辆离开干道进行避让，以免发生交通事故，引起混乱，影响通行能力而专供紧急停车使用的停车位置。尤其在长大隧道中，故障车必须尽快离开干道，否则会引起阻塞，甚至导致交通事故。为使车辆能在发生火灾时避难和退避还应设置方向转换场。

紧急停车带的间隔，主要根据故障车的可能滑行距离和人力可能推动距离确定。一般很难确定距离的大小，如小车较卡车滑行距离长，人力推动也较省力；下坡较上坡滑行距离长，推动也省力。在隧道内一般取500～800m。汽车专用隧道取500m，隧道长度大于600m时应在中间设置一处。混合交通隧道取800m，隧道长度大于900m时应在中间设置一处。

紧急停车带的有效长度，应满足停放车辆进入所需的长度，一般全挂车进入需20m，最低值为15m，宽度一般为3.0m。隧道内的缓和路段施工复杂，所以通常是将停车带两端各延长5m左右。如图2-23所示（以上数据为国外资料，仅供参考）。

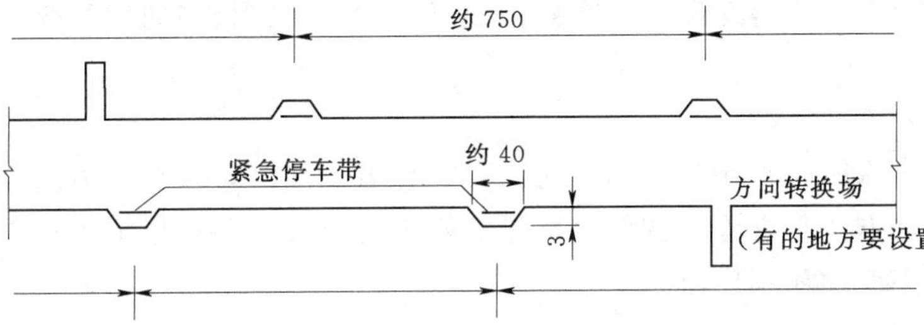

图2-23　紧急停车带及方向转换场的设置图（单位：m）

（二）行车横道和行人横洞

行车横道与隧道正洞应该形成一个小于90°的夹角，单向交通的隧道采用45°～60°夹角。隧道长度在1000m～1500m时宜在隧道中间设一处。

行人横洞是在分离式单向交通的双管隧道中，当一个隧道内发生事故时，汽车无法立即疏散，事故内车辆的乘客可通过行人横洞疏散。行人横道的净空为2.5m（高）×2m（宽），设置间距可取250m，并不得大于500m。

三、防排水系统

为了保证隧道内的正常运营，保持隧道内干燥无水是重要条件之一。但实际中，经常会有一些水渗入隧道内，而在养护维修过程中也会有残留的水，这使得隧道内不能保证始终保持干燥。水在铁路隧道内会使钢轨及扣件等锈蚀，从而缩短了设备的使用寿命；水在公路隧道内会使路面湿滑，冬季北方会结冰，给行车带来安全隐患。隧道内有水还可能导致漏电事故发生和金属的电蚀现象。严寒地区隧道内漏水还会在拱顶部形成倒挂的冰凌，侵入限界，过往的车辆有剐碰的危险。隧道内结冰，还会给养护维修带来困难，增加成本。因此隧道内的防排水是隧道施工和运营中的一个重要问题。

隧道防排水应根据水文地质条件、施工技术水平、工程防水等级、材料来源和成本等，因地制宜，以达到防水可靠、排水通畅、基床底部无积水，经济合理的目的。

新建和改建隧道的防排水，应以“防、排、截、堵相结合，因地制宜，综合治理”的原则，采取切实可靠的设计、施工措施，保障结构物和设备的正常使用和行车安全。对地表水和地下水应做妥善处理，洞内外应形成一个完整的防排水系统。

（一）防水

要求隧道衬砌结构具有一定的防水能力，能防止地下水渗入，如采用防水混凝土或塑料防水板等。

1. 模筑混凝土衬砌防水

内层衬砌采用就地浇筑的混凝土本身具有防水功能。

2. 塑料防水板防水

在内外层衬砌之间敷设软聚氯乙烯薄膜、聚异丁烯片等防水卷材，塑料板防水一般厚度为1.2mm。防水层接缝处，一般用热气焊接，或用电敏电阻焊接，也可采用适当的溶剂作为溶解焊接。敷设塑料防水板时应检查初衬表面的平整性，若局部凹凸应找平；若钢筋或锚杆外漏，必须切除，以免扎破塑料防水层。塑料防水板铺设固定时不能绷得太紧，要预留一定的松弛度，使得在灌注二次衬砌混凝土时，塑料板能向凹处变形，不产生过度张拉而破坏。

3. 涂料防水

在隧道内表面涂刷防水涂料，如乳化沥青、环氧焦油等，使在隧道内表面形成不透水的薄膜。这种防水方法具有施工方便、抗渗性好等优点。目前在地下工程中应用较多，但在一般山岭隧道中应用还不广泛。

4. 防水砂浆抹面

在普通砂浆中掺入防水剂，从而提高砂浆抹面的防水性能。目前应用较多的防水砂浆主要有氯化铁砂浆和氯化钙防水砂浆。这种防水方法在隧道内产生变形较大的部位不能使用。

（二）排水

排水是利用排水盲沟—泄水管—排水沟的形式进行隧道的排水。这种方法主要是将衬砌背后的水引入盲沟内汇集，然后通过与盲沟连接的泄水管将水从盲沟引入隧道内的排水沟，最后从排水沟排走。

1. 盲沟

盲沟（图2-24）的作用是将围岩内的水汇集起来，并使之汇入泄水孔。其构造有以下几种形式。

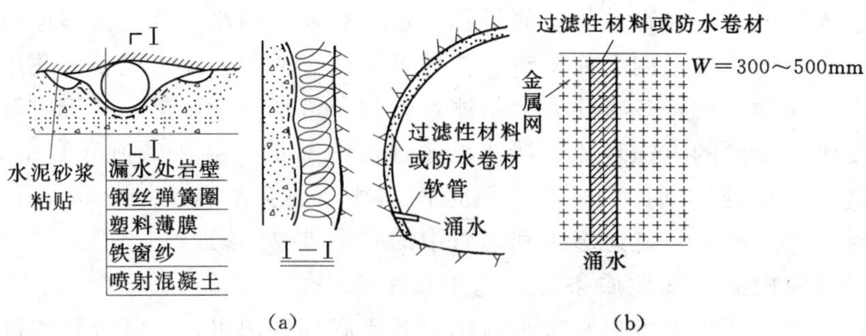

图2-24 盲沟

(a) 弹簧软管盲沟引排局部渗水；(b) 渗滤布盲沟汇集引排大面积渗水

(1) 弹簧软管盲沟。这种盲沟一般采用10号铁丝绕成直径5～8cm的圆柱形弹簧或采用硬质、具有弹性的塑料丝缠成半圆形弹簧，或者采用带孔塑料管，以此作为过水通道的骨架，安装时，外敷塑料薄膜和铁窗纱。

(2) 化学纤维渗滤布盲沟。这种盲沟是以结构疏松的化学纤维布作为水的渗流通道，其单面有塑料覆膜，安装时使覆膜朝向混凝土一面，可以阻止水泥浆渗入滤布。这种渗滤布式盲沟质量轻，便于安装和连续加垫焊接，宽度和厚度也可以根据渗排水量的大小进行调整。是一种用于汇集引排大面积渗水较理想的渗水盲沟。

施作盲沟时应注意：

1) 安装时应将盲沟与岩壁尽量密贴牢固。

2) 喷射混凝土时应注意掌握喷射角度和距离，不要把盲沟冲击损坏或冲掉，并尽可能将其压牢或覆盖。

3) 对于未及时覆盖或喷后安设的盲沟，在模筑衬砌混凝土时，应注意不得使水泥砂浆进入盲沟内，以免阻塞渗水通道。

4) 注意一定要将盲沟接入泄水孔，若采用模筑后钻孔泄水，应详细准确记录盲沟位置。

2. 泄水孔

泄水孔是设于衬砌边墙下部的出水孔道，它将盲沟内汇集的水直接引入隧道内的排水沟内。泄水孔的施作有以下两种方法。

(1) 在立边墙模板时就安设泄水孔管，将其里端与盲沟接通，外端穿过模板。泄水管可用钢管、竹管、塑料管等。

(2) 当水量较小时，可待模筑混凝土边墙拆模后，再根据记录的盲沟位置钻泄水孔。

3. 排水沟

排水沟的作用是将从泄水孔流出的水从隧道内排出，排水沟分纵向排水沟和横向排水沟。纵向排水沟又有单侧式、双侧式、中心式三种形式。对于单侧式排水沟应将水沟设置在隧道内来水的一面，在曲线上应设置在曲线内侧。对于双侧式水沟，每隔一定距离应设一横向联络沟，用以平衡两侧不均匀的水流量。排水沟的施作，通常是与隧道仰拱混凝土或底板混凝土同时浇筑，以保证水沟的整体性，防止水向下渗流影响地基。如图2-25所示。

(三) 截水

截水是将流向隧道的地表水或地下水截断，从而使水改路。对于地表水应设置地表排水沟、截水沟将水引离隧道；对于地下水主要采用设置导坑、泄水洞或井点降水等方法。目前采用的主要截水措施有以下几种。

(1) 在洞口仰坡边缘5m以外设置天沟，并加以铺砌。当岩石外露，地面坡度较陡时可不设天沟。仰坡上可种植草皮、喷抹灰浆或加以铺砌。

(2) 对洞顶天然沟槽加以整治，使山洪宣泄畅通。

(3) 对洞顶地表的陷穴、深坑加以回填，对裂缝进行堵塞。处理隧道地表水时，要有全局观点，不应妨害当地农田水利规划，做到因地制宜，一改多利，各方满意。

(4) 在地表水上游设截水导流沟，地下水上游设泄水洞、洞外井点降水或洞内井点

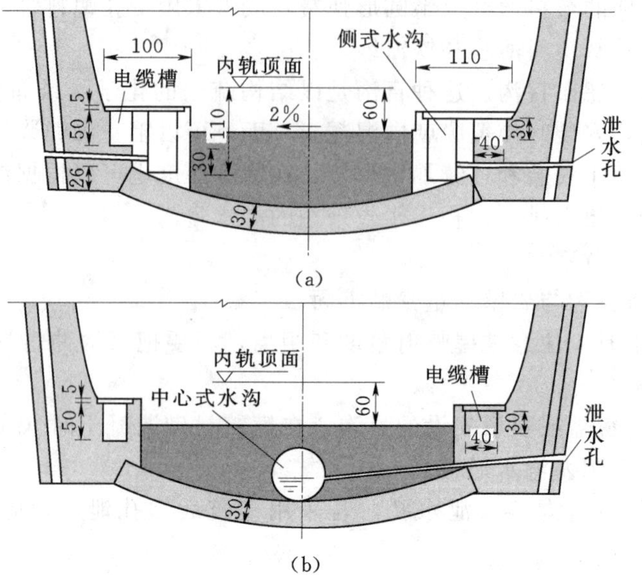

图 2-25　排水沟（单位：cm）

（a）侧式水沟；（b）中心式水沟

降水。

（四）堵水

在隧道施工、运营过程中，当有渗漏水时，可采用注浆、嵌填材料等方法堵住。

1. 喷射混凝土衬砌堵水

当围岩有大面积裂隙渗水，且水量、压力较小时，可结合初期支护采用喷射混凝土堵水。在施工时应加大速凝剂的用量，进行连续喷射，在主裂隙处不喷射混凝土，使水能集中汇集流入盲沟内，通过盲沟排出。

2. 压浆堵水

向衬砌背后压注水泥砂浆，用以充填衬砌和围岩间的裂隙，以堵住地下水的通路，并使衬砌与围岩形成整体，改善衬砌受力条件。采用压浆分段堵水，使地下水集中在一处或几处后再引入隧道内排出，此法可收到良好的防水效果。

3. 防水混凝土衬砌

隧道衬砌采用防水混凝土灌注。

四、通风

隧道内的通风可分为施工期间的通风和运营期间的通风。这里主要介绍隧道施工期间的通风。

隧道施工中，由于炸药爆炸、内燃机械等的使用、开挖时地层中放出的有害气体，以及施工人员的呼吸等排出的气体，使得洞内空气十分污浊。所以在隧道施工过程中必须采取通风措施来降低隧道内有害气体的浓度，供给足够的新鲜空气。保障作业人员的身体健康。

隧道施工过程中通常采用的通风方式为强制机械通风，较少采用自然通风。

1. 机械通风方式

机械通风方式可分为管道通风和巷道通风两大类。管道通风根据隧道内空气流向的不同，又可分为压入式、吸入式和混合式通风三种。

2. 自然通风

自然通风是利用隧道洞室内外的温差或风压差来实现通风的一种方式，这种方式仅用于短直隧道，且受洞外气候条件的影响极大，因此这种通风方式应用较少。

五、防尘措施

隧道施工中，由于钻眼、爆破、装渣、喷射混凝土等原因，隧道内漂浮着大量粉尘。这些粉尘对施工人员的身体健康危害极大，特别是粒径小于 $10\mu m$ 的粉尘，极易被人吸入，沉积于支气管或肺泡表面。因而，隧道内防尘工作十分重要。

目前隧道内主要采用湿式凿岩、机械通风、喷雾洒水和个人防护相结合的综合性防尘措施。

1. 湿式凿岩

湿式凿岩就是在凿石过程中利用高压水湿润粉尘，使其成为岩浆流出炮眼，防止了岩粉的飞扬。根据现场测定，这种方法可降低 80%的粉尘。目前我国生产并使用的各类风钻都有给水装置，使用方便。

2. 机械通风

施工通风可以稀释隧道内的有害气体浓度，给施工人员提供足够的新鲜空气，也是防尘的基本方法。因此，除爆后需要通风外，还应保持通风的经常性，这对于消除装渣运输中产生的粉尘十分重要。

3. 喷雾洒水

喷雾器分两种，一种是风水混合喷雾器，另一种是单一水力作用喷雾器。前者是利用高压风将流入喷雾器中的水吹散形成雾粒，更适合于爆破作业时使用。后者则无须高压风，只需一定的水压即可喷雾，且这种喷雾器便于安装，使用方便，可安装于装渣机上，故适用于装渣作业时使用。即使在通风的情况下，也可配合采用喷雾洒水的方法。

4. 个人防护

对于防尘而言，个人防护主要是指佩戴防护口罩，在凿岩、喷射混凝土等作业时，还要佩戴防噪声的耳塞和防护眼镜等。

六、隧道内部装饰

在公路隧道或城市地铁内，为了增加隧道内的美观，提高能见度，吸收噪声和改变隧道内的环境，内部装饰有时是非常必要的。

内部装饰具有保持隧道内的亮度、减少衬砌对汽车尾气的吸收、防止衬砌的腐蚀、吸收噪声等作用。

常见的内部装饰类型有粉刷、涂料、塑料装饰或粘贴各种装饰材料等。

1. 粉刷

隧道内粉刷应考虑防潮、防腐、吸声、保温以及照明、防火等问题。

在公路隧道内，为了增加洞内光线，可用大白浆喷白处理。

2. 涂料

涂料的作用是对被涂刷物体的表面起到防潮、防腐作用，并使表面易于清洗，色彩丰富，光洁美观。

在隧道内常用的涂料有以下几种。

(1) 白石灰浆：将熟石灰水加胶料作为刷面材料，使墙面发白，一般要刷两遍。由于石灰是气硬性材料，不宜用在不易干燥的潮湿洞内。

(2) 白水泥浆：将白色硅酸盐水泥加水调和成的刷面材料，具有不怕潮、黏聚力强的特点，适用于洞室内使用。

(3) 乳胶漆：又叫乳化漆或塑料漆，是一种水溶性合成树脂漆料。

(4) 苯乙烯涂料：在苯乙烯中加入颜色、填充料和有机溶剂等配置而成。该涂料干燥快、黏聚力强，防渗漏，耐一定的酸碱腐蚀，清洁光滑，可以水洗。缺点是耐热性差，怕明火，易燃烧。

(5) 过氯乙烯涂料：这种涂料干燥快，粘结牢固，具有一定的耐水性、耐磨性，干燥后没有刺激性气味，且施工简单，清洁光滑，可水洗。

在使用涂料过程中可加入一定量的防霉剂。

知 识 拓 展

一、贵昆线上某四线铁路隧道的衬砌断面图（图 2-26）

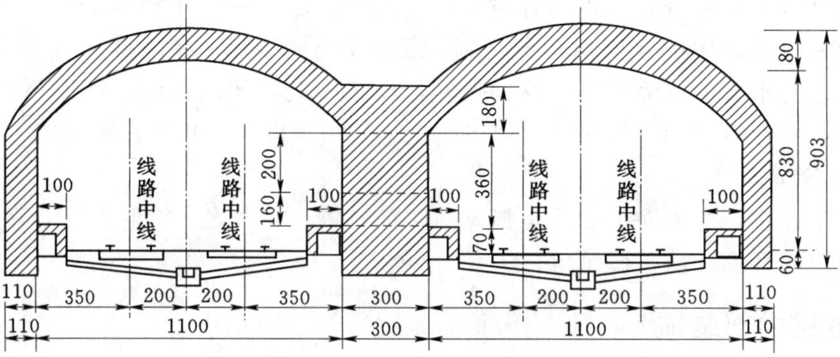

图 2-26 四线铁路隧道衬砌断面图（单位：cm）

二、某公路隧道洞口立面图（图 2－27）

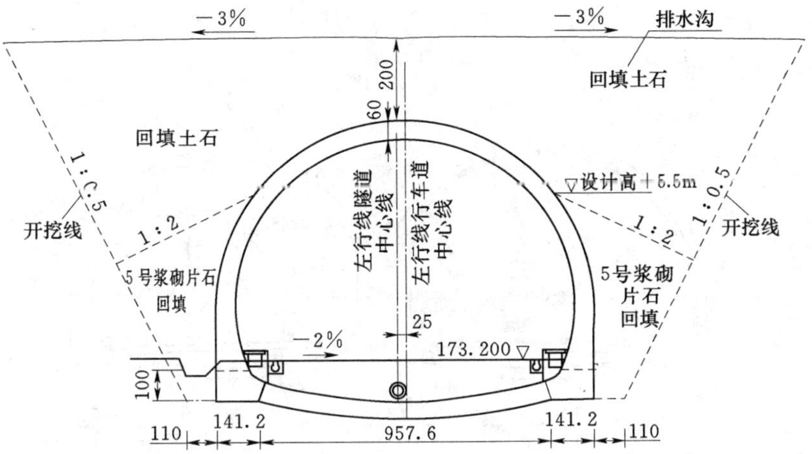

图 2－27　公路隧道洞口立面图（单位：cm）

三、某公路隧道明洞衬砌断面图（图 2－28）

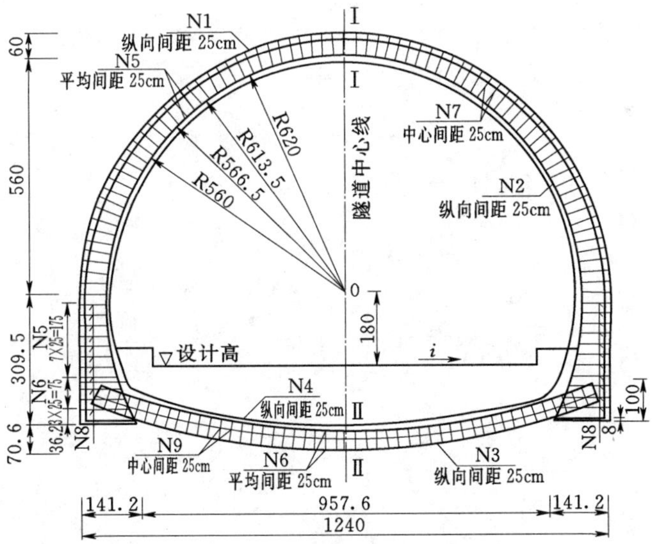

图 2－28　公路隧道明洞衬砌断面图（单位：cm）

四、某连拱隧道衬砌断面图（图 2-29）

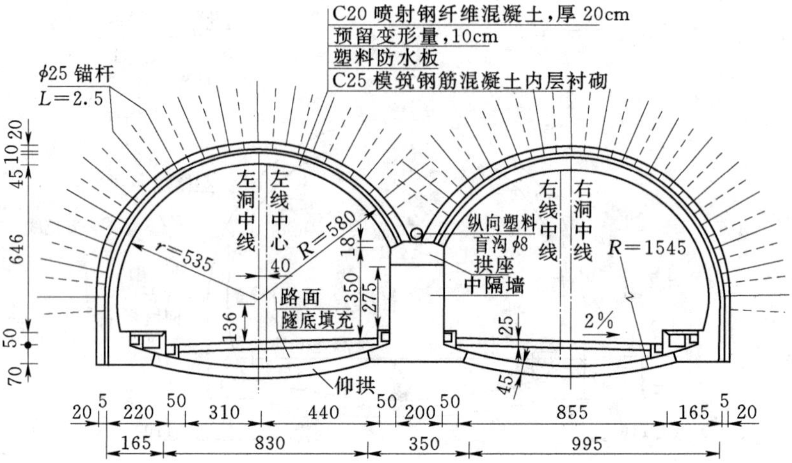

图 2-29 双连拱隧道衬砌断面图（单位：cm）

第三章 隧道设计

● **教学目标：**

1. 了解隧道设计和位置选择的原则。
2. 理解隧道的横、纵断面设计。
3. 能识读隧道横、纵断面图。
4. 能对隧道断面进行初步拟定。

第一节 概述

隧道设计应满足各级铁路、公路远景交通规划的要求，其建筑限界、断面净空、隧道结构以及洞内通风、照明等设施，应按远景交通量设计。当近期交通量不大且投资有限时，可采取考虑一次设计、分期修建方式。

隧道总体设计应遵循以下原则。

（1）在地形、地貌、地质、气象、社会人文和环境等调查的基础上，综合比选隧道各轴线方案的走向、平纵线形、洞口位置等，提出推荐方案。

（2）当隧道地质条件很差时，路线走向一般应服从特长、长隧道的位置，以避开不良地质地段。中、短隧道的位置可服从路线走向，路桥隧综合考虑。

（3）根据公路等级和交通量确定车道数目和建筑限界。在满足隧道功能和良好受力的前提下，确定经济合理的断面内轮廓。

（4）隧道内外平、纵、横线形应协调，满足行车的安全、舒适要求。

（5）根据隧道长度、交通量及其构成、交通方向以及环保要求等，选择合理的通风方式，确定通风、照明、监控等机电设施的设置规模。特长隧道应作防灾专项设计。

（6）应结合铁路和公路等级、隧道规模、施工方法、工期和营运要求，对洞内外排水系统、消防给水系统、辅助通道、弃渣处理、管理设施、交通工程设施、环保要求及绿化美化作全面综合考虑。

（7）当隧道对相邻建筑物有影响时，应在设计与施工中采取必要的措施。

第二节 隧道位置选择

（1）隧道位置应选择在稳定的地层中，尽量避免穿越工程地质和水文地质极为复杂以及严重不良地质地段；当必须通过时，应有充分理由和切实可靠的工程措施。

（2）穿越分水岭的长、特长隧道和重点隧道，应在较大面积地质测绘和综合地质勘探的基础上确定路线走向和平面位置。对可能穿越的垭口，应拟定不同的越岭高程及其相应的展线方案，结合路线线形及施工、营运条件等因素，全面进行技术、经济比较确定。

(3) 路线沿河傍山地段，当以隧道通过时，其位置宜向山侧内移，避免隧道一侧洞壁过薄、河流冲刷和不良地质对隧道稳定的不利影响，即“宁里勿外”。应对长隧道方案与短隧道群或桥隧群方案进行技术、经济比较。濒临水库地区的隧道，其洞口路肩设计高程应高出水库计算洪水位（含浪高和壅水高）不小于0.5m，同时应注意由于库水长期浸泡造成库壁坍塌对隧道稳定的不利影响，并采取相应的工程措施。

(4) 隧道洞口不宜设在滑坡、崩坍、岩堆、危岩落石、泥石流等不良地质及排水困难的沟谷低洼处或不稳定的悬崖陡壁下。应实行“早进晚出”的原则，合理选定洞口位置，避免在洞口开挖高边坡和高仰坡。

第三节　隧道线形设计

一、铁路隧道

一般情况下隧道内的线路最好采用直线，但是，受到某些地形的限制，或是地质的原因，往往不得不采用曲线时，应采用较大的曲线半径。例如，当线路绕行于山咀时，为了避免直穿隧道太长，或是为了便于开辟辅助性的横洞，有时也会有意识地设置与地形等高线相接近的曲线隧道。

当隧道越岭时，线路常常是沿着垭口的一侧山谷转入山体后，又沿垭口另一侧山谷转出。这样可以使隧道较长的中段放在直线上，但两端为了转向都要落在曲线上。如果垭口两侧沟谷地势开阔，则可将曲线放在洞口以外。

有时，隧道已经施工，在开挖前进中发现前方有不良地质，不宜穿过。此时，不得不临时改线绕行，于是出现曲线，而且将是左转与右转两个曲线，才能回到原线上来。

上述情况，在山区的设计线路中是常遇到的。设计时，应尽可能采用较短的曲线，或是半径较大的曲线，使它的影响小一些。铁路隧道在曲线两端应设缓和曲线时，最好不使洞口恰恰落在缓和曲线上。缓和曲线在平面上半径总在改变，竖向的外轨超高也在变化，这样，在双重变化下，列车行驶不平稳。所以，应尽可能将缓和曲线设在洞外一个适当距离以外，圆曲线的长度也不应短于一节车厢的长度。在一座隧道内最好不设一个以上的曲线。尤其是不宜设置反向曲线或复合曲线。如果列车同时跨在两个曲线上，行驶会很不稳当。所以，两曲线间应有足够长的夹直线，一般要求在三倍车辆长度以上。

二、公路隧道

应根据地质、地形、通风等因素确定平曲线。一般情况宜设计为直线；当因地形、地质等条件限制必须设为曲线时，不应采用设加宽的平曲线，并不宜采用设超高的平曲线。隧道不设超高的最小水平曲线半径应符合表3-1的规定。当由于特殊条件限制隧道平面线形设计而需设超高的曲线时，其超高值不宜大于4.0%，技术指标应符合JTG D20—2006《公路路线设计规范》的有关规定。隧道的停车视距或会车视距应符合表3-2的规定。

表 3-1　　不设超高的圆曲线最小半径

设计速度(km/h)		120	100	80	60	40	30	20
不设超高最小半径(m)	路拱≤2.0%	5500	4000	2500	1500	600	350	150
	路拱>2.0%	7500	5250	3350	1900	800	450	200

表 3-2　　公路停车视距、会车视距

	高速公路、一级公路				二、三、四级公路				
设计速度(km/h)	120	100	80	60	80	60	40	30	20
停车视距(m)	210	160	110	75	110	75	40	30	20
会车视距(m)	—	—	—	—	220	150	80	60	40

高速公路、一级公路的隧道宜设计为上、下行分离的独立双洞。分离式独立双洞最小净距，按对两洞结构彼此不产生有害影响的原则，结合隧道平面线形、围岩地质条件、断面形状和尺寸、施工方法等因素确定，一般情况可按表 3-3 取值。一座分离式双洞的隧道，可按其围岩代表级别确定两洞最小净距。

在桥隧相连、隧道相连、地形条件限制等特殊地段，隧道净距不能满足表 3-3 的要求时，可采取小净距隧道或连拱隧道形式，但必须作出充分的技术论证和比较研究，并制订可靠的技术保障措施，确保工程质量。

表 3-3　　上、下行分离式独立双洞间的最小净距

围岩级别	Ⅰ	Ⅱ	Ⅲ	Ⅳ	Ⅴ	Ⅵ
最小间距(m)	$2.0\times B$	$2.5\times B$	$3.0\times B$	$3.5\times B$	$4.0\times B$	$5.0\times B$

注　B 为隧道开挖断面的宽度。

隧道内纵面线形应考虑行车安全性、营运通风规模、施工作业效率和排水要求，隧道纵坡不应小于 0.3%，一般情况不应大于 3%；受地形等条件限制的中、短隧道可适当加大，但中隧道不应大于 4%，短隧道不应大于 5%；短于 100m 的隧道纵坡可与该公路隧道外路线的指标相同。当采用较大纵坡时，必须对行车安全性、通风设备和营运费用、施工效率的影响等作充分的技术经济综合论证。

隧道内的纵坡形式，一般宜采用单向坡；地下水发育的长隧道、特长隧道可采用双向坡。纵坡变更的凸形竖曲线和凹形竖曲线的最小半径和最小长度应符合表 3-4 的规定。隧道内纵坡的变换不宜过大、过频，以保证行车安全视距和舒适性。

表 3-4　　竖曲线最小半径和最小长度

设计速度(km/h)		120	100	80	60	40	30	20
凸形竖曲线半径(m)	一般值	17000	10000	4500	2000	700	400	200
	极限值	11000	6500	3000	1400	450	250	100
凹形竖曲线半径(m)	一般值	6000	4500	3000	1500	700	400	200
	极限值	4000	3000	2000	1000	450	250	100
竖曲线长度(m)		100	85	70	50	35	25	20

第四节 隧道横断面设计

在地层中修成的隧道，必须要有足够的净空以满足运营安全的要求。不同用途的隧道，净空大小也不一样。目前，隧道断面大小的划分采用国际隧道协会建议的标准，见表3-5。

表3-5 国际隧道协会建议的隧道断面划分标准

断面划分	净空断面积（m^2）	断面划分	净空断面积（m^2）
超小断面	<3.0	大断面	50.0~100.0
小断面	3.0~10.0	超大断面	>100.0
中等断面	10.0~50.0		

一、铁路隧道

（一）隧道净空

隧道净空是指隧道衬砌的内轮廓线所包围空间。铁路隧道净空是根据隧道建筑限界确定的，而隧道建筑限界是根据基本建筑限界制定的，基本建筑限界又是根据机车车辆限界制定的。限界是一种规定的轮廓线，这种轮廓线以内的空间是保证列车安全运行所必需的。建筑限界是建筑物不得侵入的一种限界。

1. 机车车辆限界

机车车辆限界是指机车车辆最外轮廓的限界尺寸。要求所有在线路上行驶的机车车辆停在平坡直线上时，车体所有部分都必须容纳在此限界范围内而不得超越。

2. 基本建筑限界

基本建筑限界是指线路上各种建筑物和设备均不得侵入的轮廓线。它的用途是保证机车车辆的安全运行及建筑物和设备不受损害。

3. 隧道建筑限界

隧道建筑限界是指包围基本建筑限界外部的轮廓线。即要比基本建筑限界大一些，留出少许空间，用于安装通信信号、照明、电力等设备。

4. 直线隧道净空

直线隧道净空要比隧道建筑限界稍大一些，除了满足限界要求，考虑避让等安全空间、救援通道及技术作业空间外，还考虑了在不同的围岩压力作用下，衬砌结构的合理受力形状（拱部采用三心圆，边墙采用直墙式或曲墙式）以及施工方便等因素。以时速120km/h单线电力牵引铁路隧道衬砌内轮廓为例，将隧道各限界情况绘制于图3-1中。

（二）曲线隧道净空加宽

1. 加宽原因

（1）车辆通过曲线时，转向架中心点沿线路运行，而车辆本身却不能随线路弯曲仍保持其矩形形状。故其两端向曲线外侧偏移（$d_{外}$），中间向曲线内侧偏移（$d_{内1}$），如图3-2(a)所示。

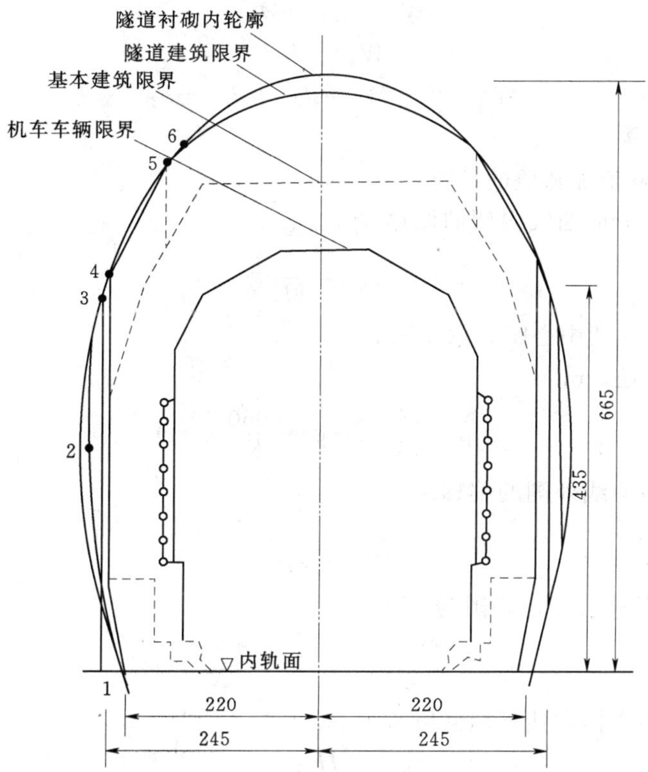

图 3-1 单线电力牵引铁路隧道衬砌内轮廓图（单位：cm）

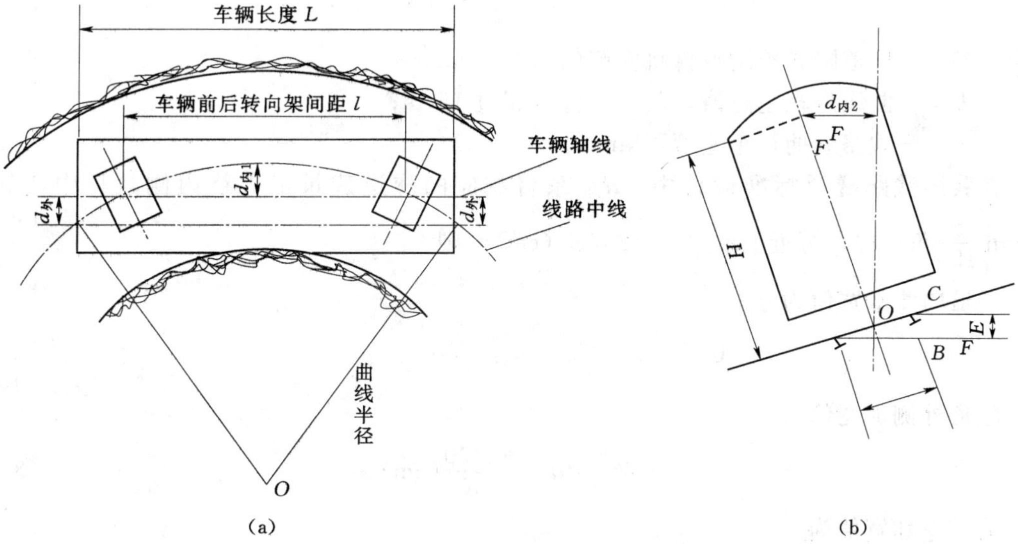

图 3-2 曲线隧道净空加宽原因示意图

（a）平面示意图；（b）横断示意图

（2）由于曲线外轨超高，车辆向曲线内侧倾斜，使车辆限界上的控制点在水平方向上向内移动了一个距离 $d_{内2}$，如图 3-2（b）所示。据此，曲线隧道净空的加宽值为：

内侧加宽 $W_1 = d_{内1} + d_{内2}$

外侧加宽 $W_2 = d_{外}$

总加宽 $W = W_1 + W_2 = d_{内1} + d_{内2} + d_{外}$

2. 加宽值的计算

(1) 单线曲线隧道加宽值的计算。

1) 车辆中间部分向曲线内侧的偏移 $d_{内1}$。

$$d_{内1} = \frac{l^2}{8R} \tag{3-1}$$

式中 l——车辆转向架中心距，取18m；

R——曲线半径，m。

则 $$d_{内1} = \frac{18^2}{8R} \times 100 = \frac{4050}{R}\ (\text{cm})$$

2) 车辆两端向曲线外侧的偏移 $d_{外}$。

$$d_{外} = \frac{L^2 - l^2}{8R} \tag{3-2}$$

式中 L——标准车辆长度，我国为26m。

$$d_{外} = \frac{26^2 - 18^2}{8R} \times 100 = \frac{4400}{R}(\text{cm})$$

3) 外轨超高使车体向曲线内侧倾移 $d_{内2}$。

$$d_{内2} = \frac{H}{150} E(\text{cm}) \tag{3-3}$$

$$E = 0.75\,\frac{v^2}{R}\ (\text{cm}) \tag{3-4}$$

式中 H——隧道限界控制点自轨面起的高度，cm；

E——曲线外轨超高值，其最大值不超过15cm；

v——铁路远期行车速度，km/h。

在我国铁路隧道标准设计中，$d_{内2}$系将相应的隧道建筑限界绕内侧轨顶中心转动 $\arctan\frac{E}{150}$角求得，可近似取 $d_{内2} = 2.7E$ (cm)，则

隧道内侧加宽值为

$$W_1 = d_{内1} + d_{内2} = \frac{4050}{R} + 2.7E(\text{cm}) \tag{3-5}$$

隧道外侧加宽值为

$$W_2 = d_{外} = \frac{4400}{R}(\text{cm}) \tag{3-6}$$

隧道总加宽值为

$$W = W_1 + W_2 = \frac{4050}{R} + 2.7E + \frac{4400}{R}(\text{cm})$$

或 $$W = \frac{8450}{R} + 2.7E(\text{cm})$$

(2) 双线曲线隧道加宽值的计算。双线曲线隧道的内侧加宽值 W_1 及外侧加宽值 W_2

与单线隧道加宽值的计算相同。内外侧线路中线间的加宽值 W_3 按以下情况计算［图 3-3（b）］。

当外侧线路的外轨超高大于内侧线路的外轨超高时，有

$$W_3=\frac{8450}{R}+\frac{H}{150}\times\frac{E}{2}(\text{cm}) \tag{3-7}$$

式中　H——车辆外侧顶角距内轨顶面的高度，取 360cm；

E——外侧线路的外轨超高值，cm；

R——同前。

则

$$W_3=\frac{8450}{R}+\frac{360}{150}\times\frac{E}{2}(\text{cm})$$

或

$$W_3=\frac{8450}{R}+1.2E(\text{cm}) \tag{3-8}$$

其他情况时

$$W_3=\frac{8450}{R}(\text{cm}) \tag{3-9}$$

3. 曲线隧道中线与线路中线偏移距离

从以上计算可知，曲线隧道内外侧加宽值不同（内侧加宽大于外侧加宽），断面加宽后，隧道中线应向曲线内侧偏移一个 d 值。

单线隧道如图 3-3（a）所示。

$$d=\frac{1}{2}(W_1-W_2)\ (\text{cm}) \tag{3-10}$$

双线隧道如图 3-3（b）所示。

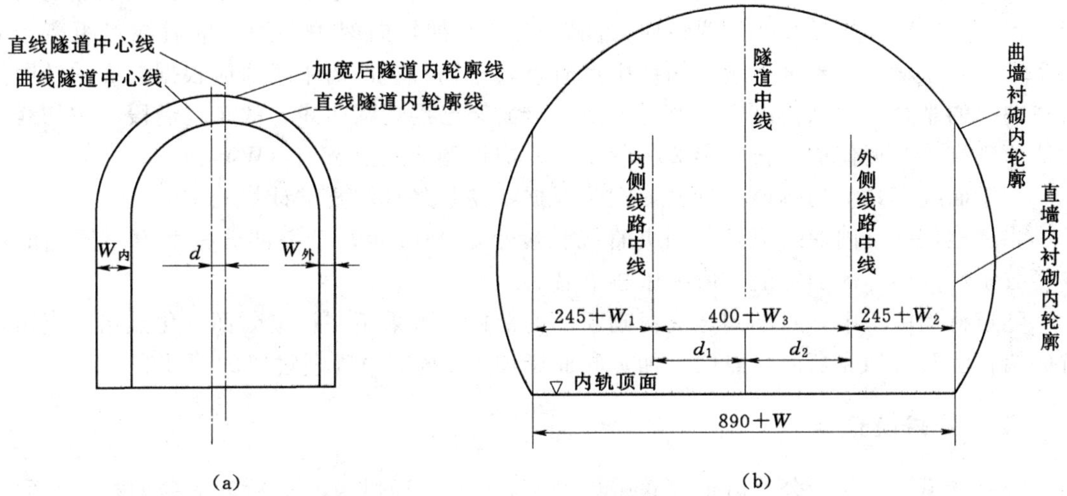

图 3-3　曲线加宽示意图

（a）单线隧道曲线加宽示意图；（b）双线隧道曲线加宽示意图

内侧线路中线至隧道中线的距离为

$$d_1=200-\frac{1}{2}(W_1-W_2-W_3)(\text{cm}) \tag{3-11}$$

外侧线路中线至隧道中线的距离为

$$d_2 = 200 + \frac{1}{2}(W_1 - W_2 + W_3)(\text{cm}) \qquad (3-12)$$

（三）曲线隧道与直线隧道衬砌的衔接方法

根据 TB 10003—2005《铁路隧道设计规范》规定：位于曲线地段的隧道，断面加宽除圆曲线部分按上述计算值予以加宽外，缓和曲线部分可分两段加宽，即自圆曲线至缓和曲线中点，并向直线方向延长 13m，采用圆曲线加宽断面（按 W 值加宽）；其余缓和曲线，并自直缓分界点向直线段延长 22m，采用缓和曲线中点加宽断面，其加宽值取圆曲线之半，即按 $W/2$ 加宽（图 3-4）。

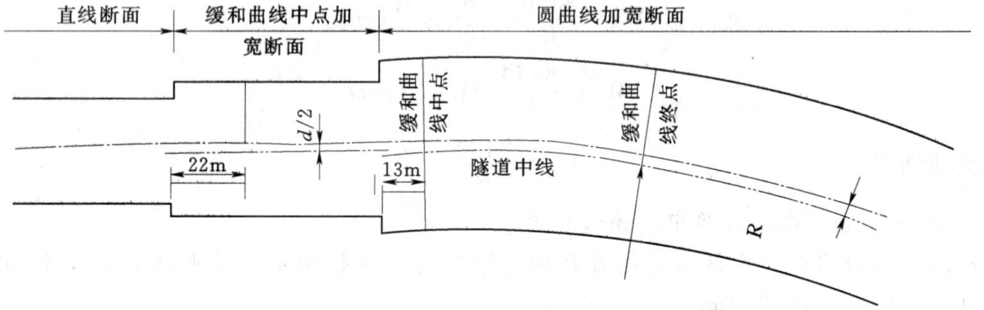

图 3-4 曲线隧道与直线隧道衔接方法平面示意图

上述分别延长 22m 和 13m 的理由是：当列车由直线进入曲线，车辆前面的转向架进到缓和曲线起点后，由于缓和曲线外轨设有超高，故车辆开始向内侧倾斜，车辆的后端点亦已偏离线路中心，所以从车辆的前转向架到车辆后端点的范围内应按圆曲线加宽值的一半（$W/2$）加宽，此段长度为两转向架间距离 18m 加转向架中心到车辆后端点距离 4m，共 22m。当车辆的一半进入缓和曲线中点时，其车辆后端偏离中线值应根据前面的转向架所在曲线的半径及超高值决定。此时，前面转向架已接近圆曲线，故车辆后段（按切线支距法原理推算，近似取车长之半 26/2=13m）应按圆曲线加宽值（W）加宽。

位于曲线车站上的隧道，断面加宽应根据站场线路具体要求计算确定。

当隧道位于反向曲线上且其间夹直线长度小于 44m 时，重叠部分按两端不同的曲线半径分别计算内外侧加宽值，取其中较大者。

隧道衬砌施工中，对不同宽度衬砌断面的衔接，可采用在衬砌断面变化点错成直角台阶的错台法及自加宽断面终点向不加宽断面延伸 1m 范围内逐渐过渡的顺坡法。

二、公路隧道

公路隧道净空包括公路隧道建筑限界（图 3-5）、通风及其他所需的断面积。断面形状和尺寸应根据围岩压力求得最经济值。公路隧道的建筑限界包括车道、路肩、路缘带、人行道等的宽度，以及车道、人行道的净高。公路隧道的净空除包括公路建筑限界以外，还包括通风管道、照明设备、防灾设备、监控设备、运行管理设备等附属设备所需要的空间以及富余量和施工允许误差等，如图 3-6 所示。JTG D70—2004《公路隧道设计规范》规定的建筑限界高度：高速公路、一级公路、二级公路取 5.0m，三、四级公路取 4.5m。各级公路隧道建筑限界基本宽度应按表 3-6 执行。

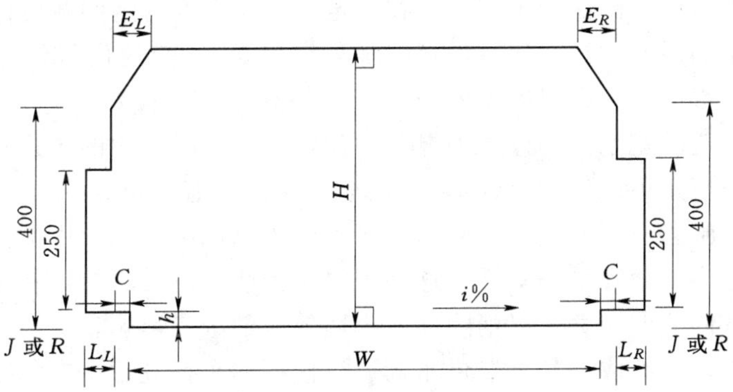

图 3-5　公路隧道建筑限界（单位：cm）

H—建筑限界高度；W—行车道宽度；L_L—左侧向宽度；L_R—右侧向宽度；C—余宽；J—检修道宽度；R—人行道宽度；h—检修道或人行道的高度；E_L—建筑限界左顶角宽度，$E_L=L_L$；E_R—建筑限界右顶角宽度，当 $L_R\leqslant 1$m 时，$E_R=L_R$，$L_R>1$m 时，$E_R=1$m

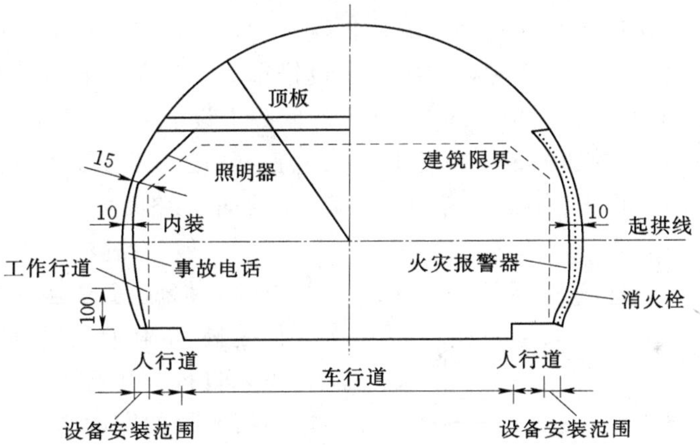

图 3-6　公路隧道横断面

表 3-6　公路隧道建筑界限横断面组成最小宽度　单位：m

公路等级	设计速度 (km/h)	车道宽度 W	侧向宽度 L 左侧 L_L	侧向宽度 L 右侧 L_R	余宽 C	人行道 R	检修道 J 左侧	检修道 J 右侧	隧道建筑限界净宽 设检修道	隧道建筑限界净宽 设人行道	隧道建筑限界净宽 不设检修道人行道
高速公路 一级公路	120	3.75×2	0.75	1.25			0.75	0.75	11.00		
	100	3.75×2	0.50	1.00			0.75	0.75	10.50		
	80	3.75×2	0.50	0.75			0.75	0.75	10.25		
	60	3.50×2	0.50	0.75			0.75	0.75	9.75		
二级公路 三级公路 四级公路	80	3.75×2	0.75	0.75		1.00				11.00	
	60	3.50×2	0.50	0.50		1.00				10.00	
	40	3.50×2	0.25	0.25		0.75				9.00	
	30	3.25×2	0.25	0.25	0.25						7.50
	20	3.00×2	0.25	0.25	0.25						7.00

隧道行车限界指为了保证行车安全，在一定宽度、高度的空间范围内任何物件不得侵入的限界。隧道中的照明灯具、通风设备（如射流风机）、交通信号灯、运行管理专用设施如电视摄像机等都应安装在限界以外。

各级公路行车道的宽度，均按“限界”的规定设置，隧道内的车道宽度原则上应与前后道路一致，一般应避免产生“瓶颈”，并在车道两侧设置足够富余量。隧道墙壁往往给驾驶员以危险感，唯恐与之冲撞，行驶的车辆多向左侧偏离，无形中减少了车道的有效宽度，从而导致隧道中交通容量的降低，这种现象称为墙效应。因此，在道路隧道中，应在车道两侧留有足够的侧向净宽，以消除或减小墙效应的不良影响。

公路隧道中的基本组成部分是专供车辆通行使用的车行隧道。在每个车行隧道中，原则上规定采用对向交通的最小单位为 2 车道。如果交通量超过对向 2 车道的容量，则应设置两条各为单向交通的 2 车道，即合计 4 车道的隧道。从交通安全上考虑，不应设置对向交通的 3 车道隧道。大于 4 车道时，原则上隧道也应修成两条以上的 2 车道。隧道前后公路若为 6 车道时，有修成三条 2 车道隧道的先例（如纽约的林肯隧道和汉堡的易北河隧道等），但这对交通有很大不便。这种情况下，如有可能，应修成两条单向 3 车道隧道。

单车道隧道，为保证错车和安全运输，长隧道时，应设错车道（最好能供汽车调头），短隧道在进口能观察到出口引道时，洞内可不设错车道，但应在洞口外两端设错车道。

超过 2km 的长隧道，各国都在 150～750m 的间隔上设加宽带，PIARC 隧道委员会推荐设宽 2.5m、长 25m 以上的加宽带。超过 10km 的特长隧道，还应设置可供大型车辆使用的 U 形回车场。交通量大的城市隧道，考虑到故障车的停车，路面宽度最小推荐为 8～8.5m。

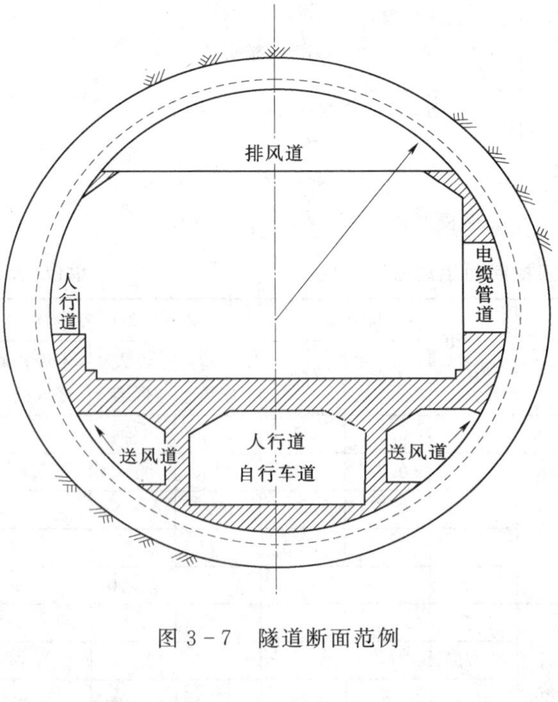

图 3-7 隧道断面范例

一般公路隧道，特别是 1km 以下的隧道，都应考虑自行车和行人的通过。但是隧道附近有迂回路时，为安全起见，自行车和行人不应通过隧道。一个自行车道的宽度为 1.0m，自行车道数应根据交通量确定。人行道的宽度为 0.75m 或 1m，大于 1m 时按 0.5 的倍数增加。在城市道路隧道中，在行人和自行车非常多的情况下，因修很宽的人行道而加大隧道断面，需要的通风设备也相应增大，这时人和自行车与车辆分开，修建小断面的人行隧管。人行隧管与车行隧管分开，对安全也极有利，在火灾时可以作为避难、救护伤员使用，平时亦可兼作管理人员用的通道。需通行自行车时，应另设自行车道，自行车不应混杂在行人中穿行。在山岭地区修建长大隧道时，专为行人需要加大通风设施及其功率是不经济的，应另寻其他途径解决行人问题。人行道、自行车道或自行车人行道与车行道在同一隧道中时，为保证安全，应使其比车行道高出 25cm。为了彻底解决安全问题，或者对汽车速度严加管制，或者把人行道等与车行道用护栏隔开或者把设在路肩上的人行道等置于 1m 以上的台阶上并加设护栏，如图 3-7 所示。

车行道的净高，通常由汽车载货限制高度和富余量决定。另外，由于隧道内的路面全部更换很困难，一般应估计到将来可能进行罩面，其厚度通常按 20cm 预留。还应估计冬季积雪等可能减少净高。对不能满足净高要求的路段，应设标志牌，标明该处净高，并指明迂回道路。人行道、自行车道及自行车人行道的净高为 2.5m。隧道的内轮廓线在施工中不可避免地要产生凸凹不平，一般还应考虑 5cm 的误差。

隧道的净空断面受通风方式影响很大。自然通风的隧道，断面应适当大些。假如采用射流通风机进行纵向通风时，应考虑射流通风机本身的直径、悬吊架的高度和富余量，总计约为 1.5m 的高度。长大隧道的通风管道断面积、通风区段的长度、通风竖井或斜井的长度和数量、设备费和长期运营费等应综合通盘考虑。重要的长大隧道，防灾设备（如火灾传感器、监视电视摄像机等）也要占空间。维修时往往是在不进行交通管制的条件下工作，还有管理人员的通道，根据实际需要可能设置在隧道的一侧或两侧等，都要根据实际隧道具体确定。

第五节　隧道纵断面设计

隧道内线路纵断面设计就是要选定隧道内线路的坡道型式、坡度大小、坡段长度和坡段间的衔接等。

一、铁路隧道

1. 坡道型式

隧道处于岩层之中，除了地质有变化以外，线路走向不受任何限制，不必采用复杂多变的类型。一般可采用单面坡型［图 3-8（a)］或人字坡型［图 3-8（b)］。

图 3-8　坡道型式示意图

（a）单面坡；（b）人字坡

单面坡多用于线路的紧坡地段或是展线的地区，因为单面坡可以争取高程，拔起或降落一定的高度。单面坡隧道两洞口的高程差较大，由此而产生的气压差和热位差也大，能促进洞内的自然通风。它的缺点是：在施工阶段，对下坡开挖，洞内的水自然地流向开挖工作面，使开挖工作受到干扰，需要随时抽水外排。此外，运渣时，空车下坡重车上坡，运输效率低。

人字型坡道多用于长隧道，尤其是越岭隧道。因为越岭无须争取高程，而垭口两端都是沟谷地带，同是向下的人字型坡道，正好符合地形条件。人字坡的优点是：施工时水自然流向洞外，排水措施相应地简化，而且重车下坡，空车上坡，运输效率高。它的缺点是：列车通过时排出的有害气体聚集在两坡间的顶峰处，尽管用机械通风，有时也排除不干净，长时间积累，浓度渐渐增大，使司机以及洞内维修人员的健康受到影响。

两种不同的坡型适用于不同的隧道。对位于紧坡地段，要争取高程的区段上的隧道、位于越岭隧道两端展线上的隧道、地下水不大的隧道或是可以单口掘进的短隧道，采用单面坡型。对于长大隧道、越岭隧道、地下水丰富而抽水设备不足的隧道，宜采用人字坡型。

2. 坡度大小

铁路隧道对于行车来说线路的坡度以平坡为最好。但是，天然地形是起伏不定的，为了能适应天然地形的形状以减少工程数量，只好随着地形的变化设置与之相适应的线路坡度。但依据地形设计坡度时，注意应不超过限制坡度，如果在平面上有曲线，还需为克服曲线的阻力，再减去一个曲线的当量坡度，即

$$i_{允}=i_{限}-i_{曲} \tag{3-13}$$

式中 $i_{允}$——设计中允许采用的最大坡度，‰；

$i_{限}$——按照线路等级规定的限制最大坡度，‰；

$i_{曲}$——曲线阻力折算的坡度当量，‰。

隧道内行车条件要比明线差，对线路最大限制坡度的要求更为严格。因此，隧道内线路的最大允许坡度要在明线最大限制坡度上乘以一个折减系数。考虑坡度折减有以下两种原因：

(1) 列车车轮与钢轨踏面间的黏着系数降低。机车的牵引能力有时是由车轮与轨面之间的黏着力来控制的。隧道内空气的相对湿度较露天处大，因而钢轨踏面上凝成一层薄膜，使轮轨之间的黏着系数降低，于是机车的牵引力也随之降低。此外，如果是蒸汽机车牵引，机车喷出的煤烟渣滓落在轨面上，也会使黏着系数降低。因此，隧道内线路的限制坡度应比明线的限制坡度有所减小。

(2) 洞内空气阻力增大。列车在隧道内行驶，其作用犹如一个活塞，洞内空气将像活塞那样给前进的列车以空气阻力，使列车的牵引力减弱。所以，隧道内的限制坡度要比明线的限制坡度小。

由于上述原因，隧道内线路的限制坡度要在明线限制坡度上乘以一个小于1的折减系数。按现行铁路隧道设计规范，除隧道长度小于400m时，上述影响不太显著，坡度可以不折减以外，其他凡长度大于400m的隧道都要考虑坡度的折减。折减的方法按下式进行：

$$i_{允}=m\,i_{限}-i_{曲} \tag{3-14}$$

其中，m为隧道内线路的坡度折减系数，它与隧道的长度有关。当隧道内有曲线时，注意要先进行隧道内线路坡度的折减，然后再扣除曲线折减，如式（3-14）所列。

铁路隧道设计规范中规定了隧道内线路坡度折减系数m的经验数值，列于表3-7

中，可参照使用。

表 3-7　　各种牵引种类的隧道内线路最大坡度系数 m

隧道长度(m)	电力牵引	内燃牵引
401～1000	0.95	0.90
1001～4000	0.90	0.80
>4000	0.85	0.75

另外，不但隧道内的线路应按上述方式予以折减，洞口外一段距离内，也要考虑相应的折减。因为当列车的机车一旦进入隧道，空气阻力就增加，黏着系数也开始减少。所以在上坡进洞前半个远期货物列车长度范围内，也要按洞内一样予以折减。至于列车出洞，机车已达明线，就不存在折减的问题了。如图 3-9 所示。

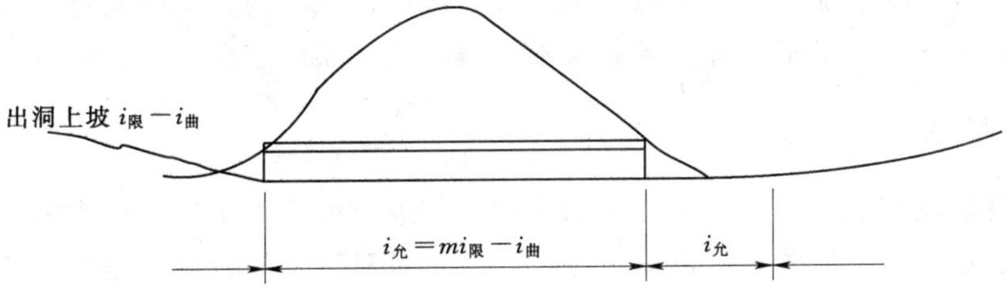

图 3-9　洞口外折减示意图

除了最大坡度的限制以外，还要限制最小坡度。因为隧道内的水全靠排水沟向外流出。TB 10003—2005 规定，隧道内线路不得设置平坡，最小的允许坡度应不小于 3‰。

3. 坡段长度

铁路隧道内线路的坡型单一，但不宜把坡段定得太长，尤其是单坡隧道，坡度已用到了最大限度。如果是一气上大坡，列车就必须用尽机车的全部潜在能力，持续奋进。这样，会越爬越慢，以至有停车的可能或出现车轮打滑的情况，容易发生事故。在下坡时，由于坡段太长，制动时间过久，机车闸瓦摩擦发热，将使燃油失效，以致刹不住车，发生溜车事故。所以，在限坡地段，坡段不宜太长。如果隧道很长，坡度又不想变动，为了不使机车爬长坡，可以设缓坡段，使机车有一个喘息和缓和的时间。

此外，顺坡设排水沟时，如果坡段太长，水沟就难以布置。不是流量太大，就是沟槽太深，有时为此需要设置许多抽水、扬水设施，分级分段排水。这也给今后的运营和维修增加了工作量。所以，隧道内线路的坡段不宜太长。

隧道内的线路坡段也不宜太短。因为，坡段太短就意味着变坡点多而密集，列车行驶就不平稳，司机操纵要随时调整。列车过变坡点时，受力情况也随之变化，车辆间会发生相互冲撞，车钩产生附加的应力。如果坡段过短，一列车在行驶中，同时跨越两个变坡点，车体、车钩都在同时受到不利的影响，有时会因此发生事故。实践指出，坡段长度最好不小于列车的长度。考虑到长远的发展，坡段长度最好不小于远期到发线的长度。

4. 坡段衔接

对于铁路隧道来说，为了行车平顺，两个相邻坡段坡度的代数差值不宜太大，否则会引起车辆之间仰俯不一，车钩受到扭力，容易发生断钩。因此，在设计坡度时，坡间的代数差要有一定的限制。从安全的观点出发，两坡段间的代数差值 Δi 不应大于重车方向的限坡值 i。TB 10003—2005 规定，旅客列车设计行车速度小于 160km/h 的铁路段，相邻坡段的坡度差大于 3‰时，应以圆曲线型竖曲线连接，竖曲线的半径应采用 10000m；旅客列车设计行车速度为 160km/h 的铁路段，相邻坡段的坡度差大于 1‰时，应以圆曲线型竖曲线连接，竖曲线的半径应采用 15000m，竖曲线不宜与平面圆曲线重叠设置，困难条件下，竖曲线可与半径不小于 2500m 的圆曲线重叠设置；特殊困难条件下，经技术经济比较，竖曲线可与半径小于 1600m 的圆曲线重叠设置。

隧道内线路坡度不但要考虑上述因素，还要检算列车在相应坡段上的行车速度。因为列车上坡需要有一定的速度，才能将动能转为势能。如果列车开始上坡时，还有足够的前进能力，行至中途机车的效能就会有所降低，逐渐衰减以至趋近于不能前进而出现打滑、停车甚至倒退等危险情况。即使能勉强爬上，缓缓而过，洞内行车时间过长，产生的污浊空气会使机车乘务人员以及旅客感到非常不舒服，甚至酿成窒息、晕倒等事故。

二、公路隧道

公路隧道的坡道形式也分为单面坡和人字坡，纵坡坡度以不妨碍排水的缓坡为宜。在变坡点应放入足够的竖曲线。隧道纵坡过大，无论是对汽车的行驶还是对施工及养护管理都不利，公路隧道控制坡度的主要因素是通风问题，汽车排出的有害物质随着坡度的增大而急剧增多，一般把纵坡保持在 2%以下比较好，超过 2%时有害物质的排出量迅速增加；纵坡大于 3%是不可取的。不存在通风问题的隧道，可以按普通公路设置纵坡。对于单向通行的隧道，设计成下坡的隧道，因为两端洞口高差是决定自然通风效果的重要因素之一，所以坡度和断面都应适当加大。

从施工中和竣工后的排水需要考虑，在隧道内不应采用平坡。在施工时，为了使隧道涌水和施工用水能在坑道内的施工排水侧沟中流出，需要 0.3%的坡度。如果预计涌水量相当大，则需采用 0.5%的坡度。竣工后的排水，包括涌水、漏水、清洗隧道用水、消防用水等，如果能满足施工排水的需要，其最小坡度不宜小于 0.2%。在高寒地区，为了减少冬季排水沟产生冻害，适当加大纵坡，使水流动能增加，对排水有利。采用人字坡从两个洞口开挖隧道时，施工涌水容易排出；采用单坡从两个洞口开挖隧道时，处于高位的洞口，涌水不能自然向外流出，设计时应综合考虑这些问题。陡坡隧道，且涌水量又大时，应考虑减缓坡度。

第六节 隧道断面初步拟定

隧道的净空限界确定以后，就可以据此进行隧道衬砌断面的初步拟定。

初步拟定结构形状和尺寸可采取经验类比的方法。拟定衬砌结构尺寸，需考虑两个方面因素：第一是选定净空形状，也就是选定结构的内轮廓；第二是选定截面的厚度。

1. 内轮廓

衬砌的内轮廓必须符合前述的隧道建筑净空限界。结构的任何部位都不应侵入限界以内，同时又应尽量减小坑道的断面积，使土石开挖量和圬工砌筑量最少。因此，内轮廓线总是紧贴着限界的，但又不能随着限界曲折，而应平顺圆滑，使结构受力合理。

2. *结构轴线*

以混凝土为材料的隧道衬砌是一种受压结构，结构的轴线应尽可能地符合荷载作用下的压力线。若是两线重合，结构的各个截面都只承受单纯的压力而无拉力，当然最为理想。但事实上很难做到。一般总是结构的轴线接近于压力线，使大部分区域主要承受压力，而部分区域断面承受很小的拉力，从而充分地利用混凝土材料的性能。

从理论和实践得出，当衬砌承受径向分布的静水压力时，结构轴线以圆形最合适。当衬砌主要承受竖向荷载和不大的水平荷载时，结构轴线上部宜采用圆弧形或尖拱形，下部可以做成直线形（即直墙式）。当衬砌在承受竖向荷载的同时，又承受较大的水平荷载时，衬砌结构的轴线上部宜采用圆弧形或平拱形，下部可采用凸向外方的圆弧形（即曲墙式）。如果还有底部压力，则结构底部还应有凸向下方的仰拱。

3. *截面厚度*

衬砌各截面的厚度是结构轴线确定以后的重点设计内容，要求设计的截面厚度具有足够的强度。关于衬砌结构的设计计算方法在后面章节中将予以详述。从施工角度出发，截面的厚度不应太薄，否则将使施工操作困难和质量不易保证。铁路隧道设计规范中，规定了衬砌各部分最小厚度的数值（表 3-8），可供参考。

表 3-8　　圬工截面最小厚度　　单位：cm

建筑材料种类	隧道衬砌和明洞			洞门端墙翼墙和洞门
	拱圈	边墙	仰拱	挡土墙
混凝土	20	20	20	30
片石混凝土	—	—	—	50
浆砌粗料石	—	—	—	30
浆砌片石	—	50	—	50

知 识 拓 展

一、地质构造对隧道位置影响举例

隧道是埋置在岩层内的结构物，它受岩体的包围。周围岩层的地质条件，对隧道结构类型和施工方法都有着决定性的影响。如何避开不良地质的区域，或如何拟定克服不良地质的措施，是选择隧道位置时必须审慎考虑的问题。

在单斜构造的地区，岩层各层面间，有紧密的，也有张开的，有胶结或无胶结的，有充填或无充填的不同情况。不管是哪一种情况，层间接触面比之岩层实体总是较为薄弱的。从力学观点来看，一种岩体的强度常常不是由岩石本身的强度来控制，而是由它的软弱结构面的强度来控制的。

单斜构造的层面大体平行而有同一倾角，当层间的抗剪强度不足时，岩层在外力作用下将会发生层间相对错动。如果隧道的位置恰在层间软弱面上，岩层滑动将使隧道结构受到很大的剪力，以致把结构物损坏。如果隧道恰在层间软弱面处，岩层滑动会使隧道的某一段发生横向推移，而导致断开错位，如图 3－10 所示。因此，在单斜构造的地质条件下，必须事先把岩层的构造和倾角大小调查清楚，一定要尽可能避开大型软弱结构面。尽量不要把隧道中线设计成与软弱结构面的走向一致或平行，要正交或有成一定的交角。

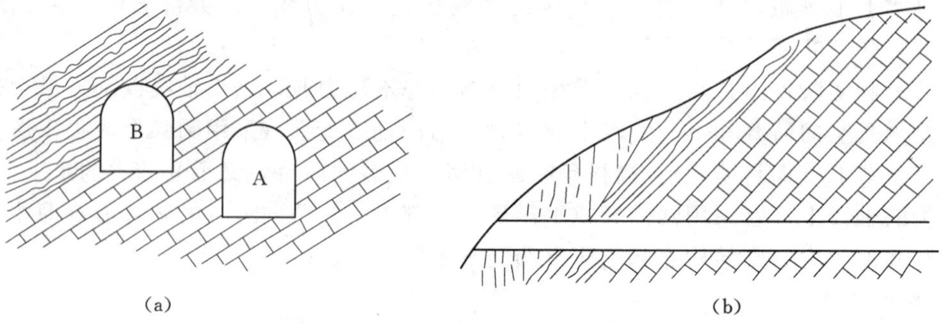

图 3－10　软弱结构面对隧道位置影响

（a）岩层滑动使隧道结构受到剪力，使结构物损坏；（b）岩层滑动使隧道某一段断开错位

在褶曲构造的地区，岩层一部分向上弯曲翘起成为背斜，另一部分向下弯曲挠成为向斜。背斜的岩层受弯而在下面出现节理、裂隙，切割岩体成为上大下小的楔块，楔块受到两侧邻块的挟制，使得楔块的重量由邻块分担，因而只产生小于原重的压力。与此相反，向斜地层受弯而在下面开裂，切割岩体成为上小下大的楔块，这种楔块在重力作用下，极易脱离母岩而坠落，于是产生较大的压力，也就是给结构物以较大的荷载，而且在施工时，极易发生掉块或坍方，对工程产生不利影响。所以，隧道穿过褶曲构造地区时，选在背斜中要比在向斜中有利。如果恰在褶曲的两翼，将受到偏侧压力，结构需加强，如图 3－11 所示。

图 3－11　褶曲构造对隧道位置影响

二、隧道支护结构设计

1. 支护的作用和结构设计的基本原则

在隧道及地下工程中，人们对围岩的认识是围岩具有“三位一体”特性。所谓围岩的“三位一体”是指：围岩既是产生围岩压力的原因（岩体处于应力场中），又是承受压力结构（应力岩体的自承载作用），而且是构成这个结构的天然材料（非人工材料）。

基于对围岩的这种认识，人们又进一步认识到围岩与支护的基本关系：围岩是工程加固的对象，支护只是加固的手段；围岩是隧道结构体系的基本承载部分，支护是隧道结构体系的辅助承载部分；围岩是不可替代的天然的结构主体，支护是可以选择的人工部分。这个认识，确立了“围岩”作为隧道结构体系的基本承载部分且不可替代的主体地位，同时也确立了“支护”作为隧道结构体系的辅助承载部分且可以选择的次要地位（而各种附属设施则应根据隧道的种类及功能需求配置）。在隧道结构设计和施工时，将围岩作为隧道结构的主体，首先判定其稳定能力，然后选择相应的支护加固措施。这正是现代隧道围岩承载理论解决隧道工程问题的思路（这个思路与传统松弛荷载理论有着根本的区别）。

基于对围岩“三位一体”特性和对“围岩与支护的基本关系”的认识，人们针对围岩稳定能力不足的工程实际，提出了利用“支护”来帮助“围岩”获得稳定的工程措施。并进一步总结出提供支护帮助的基本原则：围岩不稳，支护帮助，遇强则弱，遇弱则强，按需提供，先柔后刚，量测监控，动态调整。这就是现代围岩承载理论关于隧道支护结构设计的基本原则。

这个原则的含义是：在围岩稳定性很好，能够满足可靠度要求时，开挖坑道后，只需做必要的安全防护，而不需设人工支护结构。此时，围岩就是隧道支护结构，即围岩表现出完全的三位一体特性。

在围岩稳定能力不足，不能满足可靠度要求时，就必须加设人工支护结构，以帮助围岩获得稳定，保证隧道安全可靠。提供帮助的多少（支护的刚柔），主要取决于围岩稳定能力的强弱。对稳定性好的围岩，可提供少一些、弱一些的支护；而对稳定性差的围岩，应提供多一些、强一些的支护。

提供人工支护结构的时机、过程、结构形式、材料品种、支护性能，均可以根据围岩的需要来选择和调整。提供支护的过程也可以分次施作，先柔弱后刚强。对支护参与围岩共同工作的状态和效果，采用量测技术手段来加以监视、控制和评价，以指导提供支护的时机和支护参数的调整，并最终形成稳定的“承载环”或“加固区”。

2. 支护结构的设计程序

现代围岩承载理论关于隧道支护结构设计的基本程序分为以下几步：

（1）根据隧道使用年限及重要性，确定安全系数。

（2）在满足直线建筑界限要求、功能要求和构造要求，保证隧道净空大小够用的条件下，依据围岩稳定能力的强弱、岩体结构类型、围岩压力的作用和分布状态，应用工程类比方法，初步拟定支护结构的横断面几何形状和尺寸等各项支护参数。

（3）应用理论计算方法检算支护结构内力及围岩内应力，并调整横断面几何形状和尺寸，使支护受力状态及围岩应力分布均趋于合理。

（4）在施工过程中对“围岩—支护”结构体系的力学动态进行必要而有效的现场监控量测，以验证各项参数的合理性，发现和控制施工过程中出现的不良状况，并依据时机状况的变化对相应的支护参数乃至施工方案予以及时调整和修改。

3. 支护结构的设计方法

现代隧道工程围岩承载理论的一个最大特点是“勘测、设计、施工一体化”。这主要是指支护的设计应做到勘测、设计、施工紧密配合，不分离。在隧道施工过程中，根据实际的围岩动态来进行支护设计是最经济、合理和有效的。它使勘测、设计工作贯穿到施工的全过程。这是人类在解决隧道及地下工程问题过程中，由传统的设计、施工概念向现代概念的一大跃进，也是在解决隧道及地下工程问题的思路上区别于地面工程的一个重要特征。这种“一体化思想”体现在设计方法上，就是多种方法并用、互相补充、互相验证，并与施工紧密相结合，即通过“三法并用”来完成支护结构体系设计，以使支护结构更接近隧道工程实际，更趋于经济、合理。

值得注意的是，无论是初期支护还是二次衬砌，它们一旦参与工作，就与围岩共同构成了一个完整的复合结构体系。只是由于要求它们发挥的作用有所侧重，两者所采用的材料不同、力学性能不同、承载荷载大小不同、参与工作的时机不同，以及参与方式（融合程度）不同等，使得初期支护和后期支护两部分设计时，所建立的力学模型、力学分析方法和计算方法有些区别。

（1）工程类比设计法。工程类比设计法主要是在编制围岩分级（铁路）或分类（公路）表的基础上，比照已建类似工程的锚喷支护参数、内层衬砌参数，以及施工方法和工艺流程等经验，结合拟建工程的围岩等级与工程尺寸等条件，直接确定拟建工程的初期支护参数、内层衬砌参数，并同时提出施工方法和工艺流程的设计方法。

工程类比设计法发展较早，在应用传统的松弛荷载理论进行隧道整体式衬砌（即单层衬砌）设计时，工程类比设计法用得最多。目前，工程类比设计法仍然是隧道支护设计中应用最广泛和最实用的设计方法。国内有关初期支护—锚喷支护规范［如（GB 50086—2001）《锚杆喷射混凝土支护技术规范》］仍以此法为主，同样，后期支护—二次衬砌的设计也采用工程类比设计法。

工程类比设计法与设计者的实际经验关系很大，更与拟建隧道工程与已建类似工程在技术经济指标、工程地质条件等方面的差异关系很大。所以，要进行严格的类比也是比较困难的。

（2）现场监控设计法。现场监控设计法又称信息设计法，它是以现场量测为手段、以量测信息为设计依据，来确定支护参数、支护时机、施工方法和工艺流程的设计方法。

这种设计方法，将量测的结果反馈到设计施工中，使得支护的设计和施工工艺流程更符合或接近隧道及地下工程的现场实际，也能更好地适应多变的地质条件和各种不同的施工条件，因而它比工程类比设计法和理论计算设计法更为实用可靠，这也是当前此法在软弱地层设计中迅速发展的原因。

然而，根据量测信息来判断围岩动态的经验性很强，且受量测地段的选择、量测数据的处理、量测技术的水平、施工条件的变动等多重因素的影响，使得对围岩动态判断的准确程度难以把握和评价，加之量测工作量大、耗资多、对施工有一定干扰，因此其推广受到一些阻碍。

（3）理论计算设计法。理论计算设计法是在测得岩体和支护力学参数的前提下，根据围岩和支护的力学特性及共同工作关系，应用弹塑性理论和有限单元分析方法，建立力学模型，通过计算确定支护参数的设计方法。其力学模型如图 3-12 所示。

其力学关系为：在支护阻力 P 作用下，保证围岩不至于失稳的允许周边位移［u］与支护的变形相等，即寻求一个最佳共同工作点，及最佳共同状态下的支护阻力 P_e 和相应的支护参数。其数学表达式为

$$[u]=F(P_e)=f(P_e) \tag{3-15}$$

围岩—支护的共同工作关系，可以用围岩位移特性曲线 $u=F(P_i)$ 和支护特性曲线 $u=f(P_i)$ 表达，如图 3-13 所示。

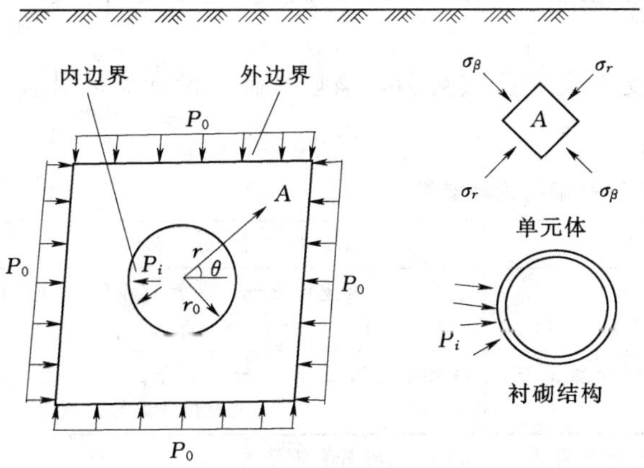

图 3-12 围岩—支护共同工作力学模型

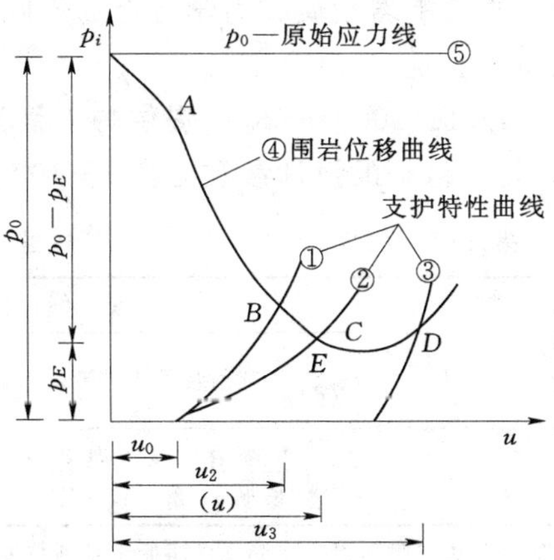

图 3-13 围岩—支护特征曲线

这种设计方法是基于岩体力学的发展，考虑围岩与支护共同作用而逐渐形成的。其具体的力学模型和计算方法主要是根据岩体的力学特性和结构类型而定。当前有近似的解析计算法和借助电子计算机的有限元、边界元等数值解法。后者能考虑弹性各向异性、节理裂隙等多方面因素，因而在工程设计中已逐步被采用。

但理论计算的发展尚不成熟，这主要是因为围岩地质情况复杂多变，其力学模型、岩体力学参数和支护作为边界条件的不确定性等原因，加之计算方法中很难反映施工方法、支护时机等因素的影响，使得理论计算设计法一般只作为辅助设计方法，其计算结果仅作为参考。

（4）综合设计法。综上所述，隧道支护结构设计的三种方法各有利弊，单独每一种方法都有其局限性。从实际的发展情况来看，三种方法并用将是今后发展的方向，从而形成了“综合设计法”。目前正在国内外蓬勃兴起的反分析计算法，就是监控设计法和理论计算法的融合，它既较好地解决了岩体力学参数和地应力参数难以取准的问题，又进一步完善了监控设计法的反馈工作，当然，其初始参数的确定仍借助于工程类比和工程设计经验。

三种方法并用即综合设计法的设计程序是：用工程类比法先行初步设计（依据有关支护规范）；再根据工程实际情况（主要是围岩力学特性和结构特征），选择适当的理论计算方法，分析洞室稳定性，验算初步设计的支护参数是否合理；然后在施工中对“围岩—支护”结构体系的力学动态进行必要而有效的现场监控量测，以其提供的信息和围岩地质详勘结果（必要和可能时结合理论电算分析），把设计和施工中与实际不符部分立即予以变更，使之与实际情况相符。

在上述三法并用的设计程序中，三种方法的作用有所不同。工程类比法所确定的支护参数作为理论验算和现场监控设计的初选值，同时也作为编制工程预算和制订施工方案的初步依据；理论计算法作为对工程类比设计方案的理论论证，同时为分析支护的作用效果提供一些定性的或半定量的理论参考；现场监控量测作为对初选值和实际效果的现场检验，并依据此对初选的支护参数加以调整，使之更合理、可靠、经济。当然在具体的设计中，根据围岩地质、力学特点的不同，三种方法的结合可以有所侧重。这就是综合设计法的特点。

以 TB 10003—2005 提供的工程类比支护设计参数为例，锚喷衬砌的设计参数见表 3-9，复合衬砌的设计参数见表 3-10。

表 3-9　　铁路隧道锚喷衬砌的设计参数

围岩级别	单线隧道	双线隧道
Ⅰ	喷射混凝土厚 5cm	喷射混凝土厚 8cm，必要时设置锚杆，长 1.5～2.0m，间距 1.2～1.5m
Ⅱ	喷射混凝土厚 8cm，必要时设置锚杆，长 1.5～2.0m，间距 1.2～1.5m	喷射混凝土厚 10cm，锚杆长 2.0～2.5m，间距 1.0～1.2m，必要时设置局部钢筋网

注 1. 边墙喷射混凝土厚度可略低于表列数值，如边墙围岩稳定，可不设置锚杆和钢筋网。
2. 钢筋网的网格间距宜为 15～30cm，钢筋网保护层厚度不应小于 2cm。

表 3-10　　铁路隧道复合衬砌的设计参数

隧道断面	围岩级别	初期支护							内层衬砌厚度（cm）	
		喷射混凝土厚度（cm）		锚杆			钢筋网	钢架	拱墙	仰拱
		拱墙	仰拱	位置	长度（m）	间距（m）				
单线隧道	Ⅱ	4	—	—	—	—	—	—	25	—
	Ⅲ	6	—	局部设置	2.0	1.2～1.5	—	—	25	—
	Ⅳ	10	10	拱、墙	2.0～2.5	1.0～1.2	必要时设置	—	30	30
	Ⅴ	14	14	拱、墙	2.5～3.0	0.8～1.0	拱墙、仰拱	必要时设置	35	35
	Ⅵ	通过试验确定								
双线隧道	Ⅱ	5	—	局部设置	2.0～2.5	1.5	—	—	30	—
	Ⅲ	10	10	拱、墙	2.0～2.5	1.2～1.5	必要时设置	—	35	35
	Ⅳ	15	15	拱、墙	2.0～3.0	1.0～1.2	拱墙、仰拱	必要时设置	35	35
	Ⅴ	20	20	拱、墙	2.5～3.0	0.8～1.0	拱墙、仰拱	必要时设置	40	40
	Ⅵ	通过试验确定								

第四章　围 岩 稳 定 性

● 教学目标：

1. 理解岩体和围岩的区别。
2. 了解隧道稳定性的影响因素。
3. 能进行围岩稳定性分级。
4. 能计算围岩压力。
5. 初步具备隧道稳定性判别的能力。

第一节　岩体和围岩的区别

1. 岩体

岩体是在漫长的地质历史中，经过造岩、构造变形和次生蜕变而成的地质体。它被许多不同方向、不同规模、不同性质的地质界面切割成大小不等、形状各异的块体。工程地质学中将这些地质界面称之为结构面，将这些块体称之为结构体，并将岩体看作是由结构面、结构体及填充物组成的具有结构特征的地质体。在日常生活中，人们所说的岩石通常是指结构体，是岩体的组成部分。

2. 围岩

前已述及，围岩指隧道周围一定范围内，对隧道稳定有影响的那部分岩体。也可表述为：隧道周围一定范围内，受隧道工程施工和车辆荷载影响的那部分岩体。

围岩范围的大小应视具体的工程条件即前述三类影响因素的影响程度而定。显然，围岩的内边界就是坑道的外周边。从工程应用和力学分析的角度来看，围岩的外边界应划在因隧道施工引起应力变化和位移小到可以忽略不计的地方。但从区域地质构造的角度来看，围岩的范围则大一些。岩体力学应用弹塑性理论的分析方法，已经可以给出简化条件下围岩的范围大小和形状（定量数值——半径），它对隧道工程设计和施工有着重要的指导意义。

3. 岩体与围岩的区别

由于在地层中开挖隧道，因此将地层岩体划分为三部分：第一部分是隧道范围内将被挖除的岩体，第二部分是围岩，第三部分是围岩以外的原状岩体。围岩是岩体，但岩体不一定是围岩。

对于隧道范围内要被挖除的那部分岩体，主要研究其挖除的难易程度和开挖方式。对于围岩，主要研究其稳定能力、稳定影响因素，以及为保持围岩稳定所需要的支护、加固措施等。相比较之下，围岩是否稳定比隧道范围内的岩体是否易于挖除更为重要。因此，人们对围岩的研究更为深入和细致，对于围岩以外的原状岩体，因其与隧道工程无直接关系，一般不予研究，但当其与隧道工程有地质关联时，也应作相应研究。

第二节　岩体的稳定性分析

一、岩体的工程性质

隧道是在岩体中开挖的空洞，再加以一定的支护结构形成的。岩体的工程性质对隧道的工作情况有重大影响。岩体是在长期自然地质条件下形成的，它与某些人为的建筑材料有许多根本不同的特性。这些地质特性可以归纳为几个方面，即岩体是处于一定天然应力环境中的地质体，岩体由各种裂面或软弱结构面所分割，岩体由于形成时的结构构造特征而往往具有各向异性，由于物质来源和形成环境的复杂性导致岩体的不均匀性，岩体由于自然地质因素的影响而具有可变性。下面分别予以详细介绍。

（一）岩体处于一定的天然应力作用之下

岩体是自然天成之物，无不经历了漫长的形成（造化）过程。因此，其造化过程和产物（地质体）必须受到地球引力、地壳构造运动、温度变化、岩体变质等各种因素的作用和影响。如岩体原始应力场即是各种因素综合作用和影响的结果。

研究表明，岩体原始应力主要是自重应力和构造应力的共同作用，即自重应力场和构造应力场的叠加。虽然，由于岩体力学性质的多面性和地壳构造运动的多样性，使得岩体原始应力场的叠加尤其复杂，但我们仍然可以通过现场实测和理论分析来认识岩体原始应力场的变化规律。

岩体的初始应力，主要是由于岩体的自重和地质构造作用和地质地温作用引起的。而地温一般在深部岩体中作用明显。

1. 自重应力场

国内外对0～3000m深度范围内岩体的原始应力的实测资料表明，岩体的原始应力随深度的增加而增大。这是岩体原始应力分布状态的基本规律。

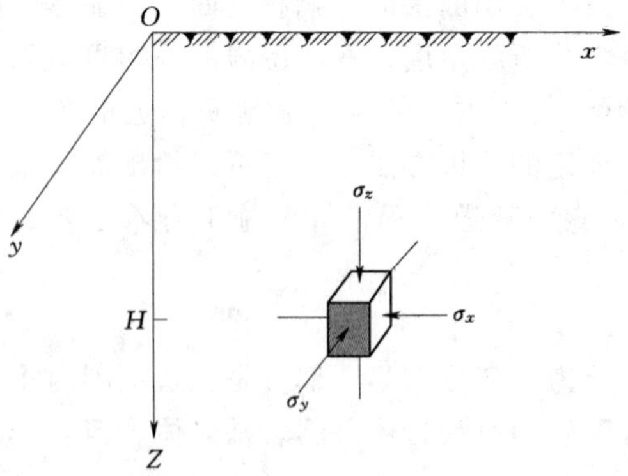

图4-1　单元应力状态

研究岩体由于自重形成的应力场大都是建立在假定岩体是均一连续介质这一基础上的，采用连续介质的理论来分析。设岩体为半无限体，地面为水平，为了进一步研究岩体原始应力在各个方向的分布规律，我们将岩体单元所受应力分解为垂直（z）和水平（x，y）三个方向的分量，并将压应力取为正，如图4-1所示。

地质岩体在自重作用下初始应力状态的一般表达式为

$$\left.\begin{aligned}\sigma_z&=\gamma z\\ \sigma_x&=\sigma_y=\lambda\sigma_z\\ \tau_{xy}&=0\end{aligned}\right\}\qquad(4-1)$$

式中，$\lambda=\dfrac{\mu}{1-\mu}$称为侧压力系数。

2. 构造应力场

天然的地下岩体，经历过长期而多次的地壳运动，受到了相当大的外力作用。例如向斜和背斜等褶曲构造是在相当大的水平压力作用下，岩层产生大的塑性变形，失去稳定后形成的。由于这种构造运动的作用，使得岩体内积存了一定的应力，称它为构造应力。当岩体再次受到新的破坏性扰动，构造应力可能一部分或全部地释放出来，或者由于岩体的流变性质，在相当长的时间内，也会部分地把积存的能量释放出来。这时，构造应力就指残余应力。构造应力的产生，可以用地壳运动处于相对静止状态所存储的能量来说明。

设单位体积的应变能增量为

$$du=\sigma d\varepsilon$$

则单位体积内的全部变形能为

$$u=\int_0^{\varepsilon}\sigma d\varepsilon$$

在弹性极限内的变形能为

$$U_e=\frac{1}{2}\sigma\varepsilon_e=\frac{\sigma^2}{2E_e}\qquad(4-2)$$

由此可见，岩体中储存的能量是通过弹性变形而获得的。若岩体中的应力达到弹性极限，岩体开始破坏。这时岩体除仍保存一部分残余变形外，岩体中所储存的能量将部分地或全部地释放出来。或者是岩体中的应力显然尚未达到弹性极限，但由于流变性质，在长时期中也会使岩体中的能量释放，甚至使岩体中的构造应力消失为零或仅剩下残余构造应力。

由于地壳运动历时长久，情况错综复杂，岩体的构造应力目前还不能以数学、力学的方法进行分析计算，而只能采取现场应力量测的方法来求得。在工程中常常凭借现场量测的结果，作为工程设计的依据。

某些现场实测指出，岩体的构造应力往往与埋深密切相关，它随着深度的增加而增加。构造应力一般来讲，其水平应力大于垂直应力。

在坚硬脆性的岩体中，往往会积聚大量的能量，从而形成很高的内应力，这是深埋地下工程开挖过程中产生岩爆现象的主要原因。

（二）岩体的物理力学性质的不均匀性

相同的天然岩体其物理力学性质随在岩体中所测点的空间位置不同而有差异，呈现出岩体的不均匀性。

由于生成岩体的物质来源、生成原因、周围的环境以及生成后的构造作用极其复杂，所形成岩体内部物质成分的分布和结构特征，都不可能是均匀一致的。即使由结构面所切割出的岩石块体中也往往不像某些人为材料那样均匀一致。如巨大的侵入岩体还有深成岩与浅成岩之差别，中间相的岩体与边缘相的岩体也不相同；巨厚的沉积岩由于沉积韵律的关系，沉积时气候环境的变化，必然使得在同一岩层中的岩性有所差异；变质岩由于原岩的不均匀性，再加上在形成过程中，各处温度、压力以及活动性流体等的作用，不可能处处都是均匀一致的。即使生成时比较均匀的岩体，但由于后期的改造作用，使岩石内部产生微裂隙，矿物晶格产生错位，矿物成分发生蚀变等情况，岩体仍不可能是均匀的。所以就构成岩体的岩块性质不均匀是绝对的，均匀是相对的。

（三）岩体是由结构面分割的多裂隙体

岩体与一般材料的差别在于它是由结构面纵横切割的多裂隙体。所谓结构面是指岩体中具有一定方向、力学强度相对较低的地质界面（或带）。结构面的存在，决定着岩体的完整程度，关系着岩体的力学介质属性，即控制着岩体的强度、变形和破坏特征。

岩体中的结构面按成因类型可分为以下三类。

（1）原生结构面。指岩体形成过程中形成的结构面和构造面。如岩浆岩体冷却收缩时形成的原生节理面、流动构造面、与早期岩体接触的各种接触面；沉积岩体内的层理面、平行不整合面；变质岩体内的片理、片麻理构造面等。

没有经过后期变动的原生结构面，通常没有擦痕及位移痕迹存在。这类结构面多为非开裂式的，结构面间有联结力，其强度一般较高。

（2）构造结构面。指岩体形成后，由于地壳构造运动在岩体中产生的各种断裂面，如断层面、节理面、层间错动面和劈理面等。这种结构面无论是沿走向或倾向，其方位的稳定性都比较好。这类结构面一般强度较低。有的还可能有松散的充填物质，如碎石或黏土等。

（3）次生结构面。指在外营力作用下产生的风化裂隙面及卸荷裂隙面等。这种结构面多为张裂隙，结构面不平坦。风化裂隙产状很不规则，方向紊乱，连续性差，但发育深度不大；卸荷裂隙面则基本平行于岩体的卸荷自由面，有的延伸较大，对边坡稳定有着很大的影响。

由此可见，不论哪一种岩体，在它的生成和改造过程中，都会在岩体中形成某些结构面，而这些结构面的存在必然会对岩体的力学特性产生很大的影响。

（四）岩体具有各向异性

岩体中由于岩石的结构、构造具有方向性，使岩体强度、变形，甚至渗透等性质在不同方向上显示出差异，称为岩体的各向异性。这主要是由于沉积岩中的层理、变质岩中的片理、片麻理，以及定向的节理裂隙、劈理、断裂和夹层等存在引起的。另外如岩浆岩中的流动构造、变质岩中的带状构造，以及肉眼不易察觉的微层理、微裂隙等也能导致岩体的各向异性。通常在各类沉积岩中，变质岩的片岩、片麻岩中，其强度、变形、渗透、弹性波的传导等性质，都表现出较显著的各向异性。

（五）岩体具有可变性

一般来说，较完整的岩体是比较坚固的，对于许多岩体来说，作为工程建筑物的地基、介质或建筑材料，能满足要求。但是坚硬、完整的岩体并不是绝对不变的。从地质观点来看，地壳总是处在不停的运动和变化之中，岩体必然也是在各种地质作用下不断变化的。而我们所要研究的是在工程使用年限内由于风化作用和地下水作用所引起岩体完整性、强度等性质的变化。

自然界中，风化作用是普遍存在的，岩体显露的地区，总会遭受到不同程度的风化作用，从而改变了岩石的矿物组成和结构构造。不同风化程度岩体的物理力学性质是不同的。一般来说，风化作用会降低矿物晶粒或颗粒间的联结力，使岩体的完整性遭到破坏，变形增大，强度降低。

风化作用是随着深度逐渐减弱的，因此同一岩体处在不同深度时，其风化程度是不相同的。岩性不同，对其风化的难易程度也有所不同，因而风化壳的厚度有很大差别。

风化岩石按风化剧烈的程度分成若干级（或带）：风化极严重、风化严重、风化颇重、风化轻微和未经风化五级。风化系统分为全风化带、强风化带、半风化带、弱风化带和微风化带（新鲜）五带。

岩体的风化程度、风化深度和风化速度与岩体的工程性质直接相关。

地下水在岩体中的存在使岩体中的可溶性盐溶解，胶体水解，使矿物颗粒间的联结力减弱。含有石膏的岩体，因硬石膏（$CaSO_4$）遇水变成石膏（$CaSO_4 \cdot 2H_2O$），体积膨胀，产生膨胀压力，致使岩体发生破坏。不少岩石在水的作用下强度会下降。

一般岩石的强度随着含水量增加的不同而降低的程度也不同。这主要取决于岩石中亲水矿物和易溶性矿物的含量以及裂隙发育情况。亲水性矿物和易溶性矿物含量愈多，开口裂隙愈发育，岩石强度随含水量增加而降低得愈多。造岩矿物中绝大部分是亲水的，而黏土类矿物亲水性最强，所以很多黏土岩饱水后强度降低了很多。通常用软化系数来表示岩石的软化性，即

$$\text{软化系数}=\frac{\text{饱水岩石抗压强度}}{\text{干燥岩石抗压强度}} \tag{4-3}$$

一般规定，软化系数小于 0.75 的岩石，叫软化岩石。

岩体中水对岩石的软化作用不仅表现在强度上，也表现在使岩石变形增大。此外，当岩体中存在着承压水时，由于孔隙压力作用，抵消外界的正压力而使岩石抗剪强度降低。

（六）单向应力状态下岩石的变形特征

1. 单轴压缩时应力—应变曲线

由单轴压缩试验测得的应力—应变全曲线，一般可分成图 4-2 所示的三种形态。*OA* 段为裂隙压密阶段；*AB* 为直线段，表示线弹性的特征；*BC* 段为曲线段，表示弹塑性的特征；*CD* 为软化曲线段，表示岩石峰值后的特征。岩石种类不同，上述曲线有些区段不出现或不显著。

2. 弹性模量

对于应力—应变曲线为非线性的岩石，由于它的弹性模量各点不同，在实际工作中，一般取它的弹性模量为：初始切线模量，平均切线模量和割线模量。它们的含义如图 4-3 所示。图中 *OB* 是曲线在原点 *O* 的切线，它的斜率表示初始切线模量；*CD* 是 *A* 点的切线，它的斜率表示 *A* 点的切线模量 E_e；割线 *OA* 的斜率表示割线模量或者平均割线模量 E_s。*A* 点所对应的应力 σ_1 等于抗压强度 σ_c 的一半，这三种模量的表示形式在工程中都有所采用，常用的是平均割线模量 E_s。

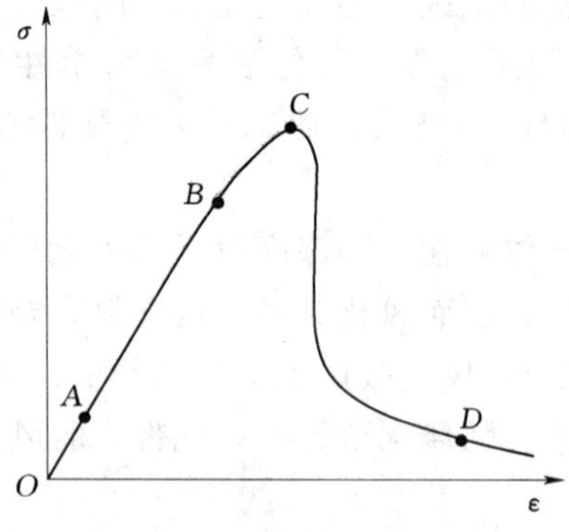

图 4-2　应力—应变全曲线

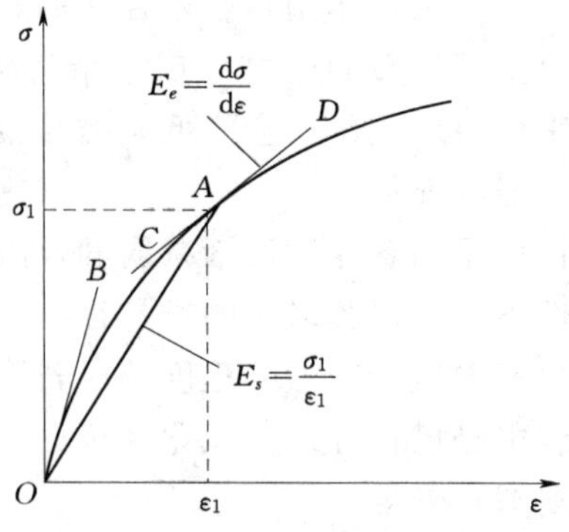

图 4-3　岩石弹性模量

（七）三轴压缩下岩石的强度及变形特性

天然岩体多处于三向受力状态，因而三向应力状态下的岩石力学特性，对于岩石地基承载力的确定、岩层褶曲与断裂的研究，以及深孔钻探、边坡稳定和地下工程岩体受力状态的研究都有密切的关系。

三轴压缩试验，根据在试件中产生的三个主应力 σ_1、σ_2 和 σ_3 间的关系不同，可分为两种试验方式：主应力 $\sigma_1>\sigma_2=\sigma_3$ 的情况，称为常规三轴试验或三轴试验；$\sigma_1>\sigma_2>\sigma_3$ 的情况，称为真三轴试验。这里只介绍目前普遍采用的常规三轴试验。

目前，在国内作常规三轴试验是在三轴试验机上进行。侧向围压介质一般用机油。轴向、侧向加压各有一个控制台，轴向应变可用千分表或电阻应变片量测，环向应变可用电阻应变片量测。试件用 ϕ50～90mm、h=100～200mm 的圆柱体试件或相应尺寸的棱柱体试件。试验时，岩石试件用橡胶膜套住，使压力油不致渗入试件内。

岩石的三轴压缩强度，通常是轴压与围压按同一比例连续施加，当到达预定的围压值后，维持围压不变，轴向继续按同一比例加载至破坏。破坏时的岩石三轴压缩强度为

$$\left.\begin{aligned}\sigma_1&=\frac{P_m}{A}\\ \sigma_2&=\sigma_3=\sigma_m\end{aligned}\right\}\qquad(4-4)$$

式中　σ_1、σ_2、σ_3——岩石三轴压缩强度；

P_m——试件在围压 σ_m 作用下的极限轴向压力；

A——试件初始横截面积。

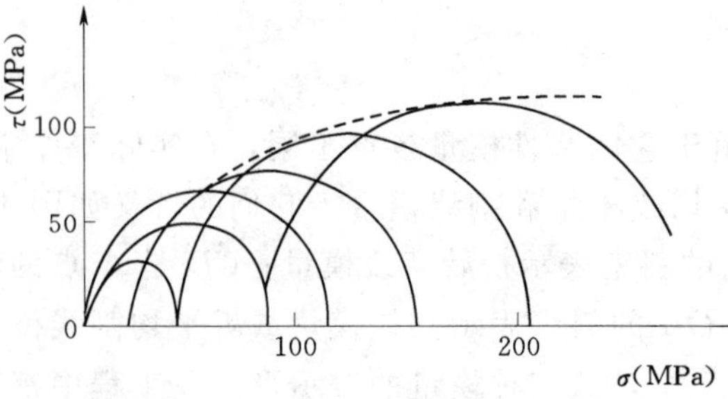

图 4-4　莫尔圆和莫尔包络线

当用不同的 σ_3，可得到不同的 σ_1，而用多组 σ_1 和 σ_3，则可绘制出莫尔圆和莫尔包络线，如图 4-4 所示。

根据岩石的莫尔包络线可以确定岩石的黏聚力 c、内摩擦角 φ 值。岩石的莫尔包络线根据试件种类的不同而有所差异。通常岩石莫尔包络线为一曲线，这表明 c、φ 值随破坏面上的 σ 值而变化。

图 4-5 所示为在不同围压下，简易刚性试验机对中粒石英砂岩的试验结果，从图中可看出，随着围压值的增高，峰值强度及其所对应的位移量均增大。残余强度及其所对应的位移量也提高，且使峰值强度后区曲线变得平缓。

在一定侧限压力下，岩石的应力一应变全过程曲线，与单轴压力下应力—应变全过程曲线相似，即也可分为压密阶段、弹性阶段、塑性（扩容）阶段和后区阶段，相应地有压密强度、屈服强度、峰值强度和残余强度。

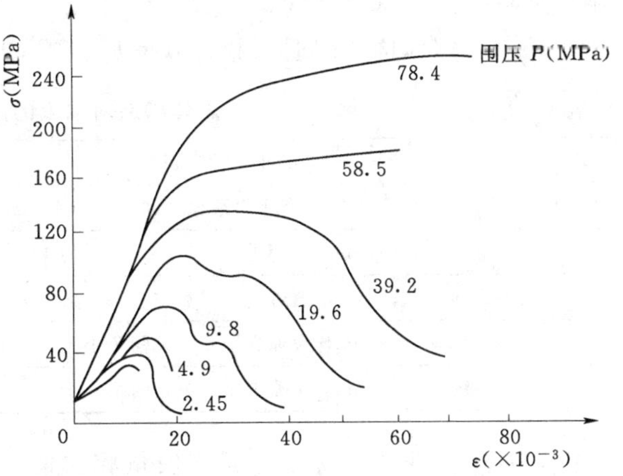

图 4-5 不同围压岩石应力—应变曲线

岩石在一定侧限压力下，呈现出后区下降曲线和残余强度，其破坏为脆性破坏。当超过某侧限压力时，岩石强度随变形增大而增大，图 4-5 所示的在围压为 58.5MPa 和 78.4MPa 时的曲线，呈现明显的塑性强化变形和塑性变形破坏。出现这种脆性到延性转变的围压值随岩石试件的不同而不同。对于软岩其脆性到延性转变的围压值较小，而对坚硬岩石则相当高。岩石试件在高围压下表现出塑性（或延性）变形的原因是：

（1）附加压力往往使应力状态发生改变。在一定的三向压力作用下，试件中斜面上的主应力值变为压缩应力而不是拉伸应力，试件不可能发生微裂隙，因而促使塑性变形的增加。

（2）在高围压下，使得早就存在的微裂隙密合。

（3）在高围压下会改变发生在变形过程中的物理性质，而这些性质的改变，都是发生塑性变形的基础。

（八）裂隙岩体的强度性质

裂隙岩体的变形及强度性质的研究是目前岩体力学研究的重大课题之一。迄今为止，各国都对此进行了大量的试验研究和理论分析，但还没有得到完善的解决。

试验研究结果表明，裂隙岩体的强度随着裂隙组数的增加明显减小，但当裂隙组数增加到一定程度之后，强度不再继续降低，而接近岩石的残余强度，见表 4-1。

表 4-1 **裂隙组数对岩体强度影响的试验结果**

裂隙组数		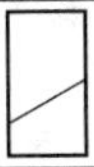	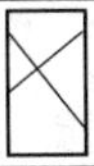				说　明
试验值	1.0	0.72	0.47	0.31	0.14	0.16	试件尺寸（cm）：15×15×30 试件强度（MPa）：32.8～34.6 结构面强度：C = 0.11MPa；φ=38°
建议值	>0.9	0.7	0.5	0.30	<0.15		

注 表中数值为试件强度与岩石试件强度的比值。

裂隙岩体的强度理论预估也表明，随着岩体中不连续面的增加，岩体的强度性态有逐渐变为各向同性的趋势。因此，在地下工程设计中，把含有4条或4条以上不连续面的岩体当作各向同性体看待是合理的。

影响岩体强度的因素很复杂，以致目前还很难用一个公认的函数式加以表达。因此根据岩体的状态用经验的方法加以估计，有时是可取的。

例如苏联Вними建议用下式估计岩体的强度

$$R_{cs}=\eta R_c \tag{4-5}$$

式中 R_c——岩石试件强度；

η——岩体构造削弱系数，其值见表4-2。

表4-2 岩体构造对强度的削弱系数 η

岩体状态	η的建议值
层厚大于1.0m，有1组裂隙，间距大于1.5m	0.9
层厚为0.5～1.0m，不超过2组裂隙，间距为1～1.5m	0.7
层厚为0.5～1.0m，不超过三四组裂隙，间距为0.5～1.0m	0.5
层厚小于0.5m，裂隙少于6组，间距小于0.5m	0.3
层厚小于0.3m，裂隙少于6组，间距小于0.3m	0.1～0.2

由表4-2中可见，η是与岩体质量相关的系数，可通过多种方法决定，并赋予不同的定义。例如以岩芯未破坏岩块（大于10cm）的总长$\sum l_i$与所取岩芯总长L的比值来决定，以百分数表示，此时定义岩石的质量指标：

$$RQD=\frac{\sum l_i}{L}\times 100\% \tag{4-6}$$

将RQD代入式（4-5），得

$$R_{cs}=R_c\cdot RQD \tag{4-7}$$

或用现场测定的岩体弹性波速度v的平方与同种岩石试件弹性波速度v_0的平方的比值来决定，此时定义为岩体完整性指数，则

$$K_v=\frac{v^2}{v_0^2} \tag{4-8}$$

在石质围岩中，当裂隙间没有黏土充填时，K_v可按下列经验式估算，则

$$K_v=\frac{1}{100}(115-3.3J_v)$$

式中 J_v——每立方米的裂隙数（$J_v\leqslant 4.5$时，$K_v=1$）。

将K_v代入式（4-5），得

$$R_{cs}=K_vR_c=\left(\frac{v^2}{v_0^2}\right)R_c \tag{4-9}$$

日本曾用砂质黏板岩进行一系列试验，在试验中依其裂隙状态将岩体分为4类，并研究了岩体抗压强度与弹性波速度之间的关系，见表4-3。从表4-3可以看出，通过裂隙系数换算R_{cs}与试验值极为接近，这为用弹性波法确定岩体强度提供了一条途径。

表 4-3　　岩体抗压强度与弹性波速度之间的关系

类别	岩体弹性波速度 v (km/s)	岩石弹性波速度 v_0(km/s)	完整性系数 $K_v=v^2/v_0^2$	岩体强度（MPa） $R_{cs}=K_vR_c$	含有裂隙的试件强度 R_{cs}（试验值）(MPa)
A	1.4～2.3	5.14	0.06～0.17	8.1～21.8	10.0～30.0
B	3.0～3.6	5.38	0.29～0.39	37.2～50.7	40.0～60.0
C	4.0～4.5	5.53	0.51～0.65	66.0～83.8	70.0～90.0
D	4.8～5.2	5.61	0.73～0.83	95.0～112.0	90.0～115.0

注　R_c=130MPa。

上述几个系数实质上是用以综合评定岩体质量的，把它们用于决定岩体强度只能认为是近似的，但由于它结合了地质的构造因素并与地质勘探技术相适应，故得到了较多的应用。

可以这样认为，只要当岩体结构面的规模较小且结合力很强时，岩体强度才能与岩石强度接近。一般情况下，岩体的抗压强度只有岩石的70%～80%；结构面发育的岩体，仅5%～10%。和抗压强度一样，岩体的抗剪强度主要也是取决于岩体内结构面的性态，包括它的力学性质、充填情况、产状、分布和规模等；同时还受剪切破坏方式所制约。当沿结构面滑移时，多属于塑性破坏，峰值剪切强度较低，其强度参数 φ（内摩擦角）一般变化于10°～45°；c(黏聚力）变化于0～0.3MPa，残余强度和峰值强度比较接近。当岩石被剪断时的破坏属于脆性破坏，剪断时的峰值强度较上述高得多，其 φ 值一般变化于30°～60°，c 值有高达几十 MPa 的，残余强度和峰值强度之比随峰值强度的增大而减小，变化为0.3～0.8。当受结构面影响而沿岩石剪断时，其强度介于上述两者之间。

二、围岩应力历程分析

开挖坑道前，围岩处于相对应力平衡和稳定状态之中。这种状态是原始应力状态，我们将原始应力状态称为一次应力场。

开挖坑道后，围岩在开挖边界处的部分约束被解除了，其结果是围岩失去原有的应力平衡，产生应力状态的改变，并逐渐形成新的应力状态。我们将这种应力状态的改变称为应力重分布，将改变过程中的应力状态称为二次应力场。

开挖坑道后，无论是围岩自己稳定，还是在人工支护结构的帮助下获得稳定，都是不同于原始应力状态的另一种新的应力平衡和稳定状态。我们将这种符合工程目的的新的应力状态称为三次应力场。

由上可知，围岩的应力历程就是指在隧道施工过程中，应力岩体从一次应力场经历二次应力场，到达三次应力场这样一个应力状态改变的过程。

应当指出的是：一次应力场是客观存在的原始状态和自然条件；三次应力场是人们出于工程目的和希望得到的结果；二次应力场则是围岩从原始的应力平衡和稳定状态，进入到另一种新的应力平衡和稳定状态所必须经历的变化状态。

如果围岩的二次应力场是应力平衡和稳定的，表明围岩具有足够的自我稳定能力，隧道工程的工作也就简便得多，这当然是人们所希望的。因为从效用上讲，既然围岩已达到稳定，也就没有必要去理会其应力的大小和变形量的多少，剩下的就是考虑如何增加安全度、构造和美观等方面的问题了。

如果围岩的二次应力场是不平衡和不稳定的，表明围岩的自我稳定能力不足，必须提供有效的人工支护，以帮助围岩获得新的应力平衡和稳定。这也意味着人们需要付出更多的时间和精力，来研究其平衡和不稳定的程度及发展趋势，进而研究提供人工支护的有效性等一系列问题。尽管这是人们所不希望的，但在实际的隧道工程中，人们经常要遇到并面对这种情况。

因此，不仅应当在实践中认识、总结和分析：哪些围岩是稳定的或不够稳定的，不稳定围岩的失稳形态如何，哪些因素会影响和如何影响围岩的稳定等问题，而且应当在理论上对这些工程现象和工程措施作出切合实际的工程力学解释，并找到解决问题的方法和措施。

虽然在实际的隧道工程中，开挖坑道后，不同的围岩表现出不同的破坏失稳形态，但无论何种形态的破坏或失稳都必然是力的存在和作用的结果，即围岩原始应力重分布的结果。因此，有必要运用岩土力学，尤其是现代岩体力学的方法，从理论上进一步深入研究围岩二次应力场，认识围岩在二次应力作用下的动态变化规律。这种研究和认识，不仅仅是对工程现象的理论解释，而且是支护设计和隧道施工的指导原则。

围岩二次应力场的研究，是应用莫尔—库仑理论及弹塑性理论研究方法，在一定的假设条件下，建立力学模型—无限平面中的轴对称孔洞问题，并将支护视为孔洞的边界，推导出几种典型原始应力条件下围岩的二次应力分布状态和变形状态的表达式，并指出围岩的塑性应力区、弹性应力区及原始应力区的形状和范围。

由此不难看出，现代隧道工程的设计和施工主要应针对如何控制围岩塑性区的发展来进行。有关隧道岩土力学的研究方法和内容，参见《隧道结构设计》（李志业主编，西南交通大学出版社）、《隧道力学概论》（关宝树主编，西南交通大学出版社）和《新奥法》（白井庆治（日）著，铁道部西南研究所出版）等。

三、围岩的破坏失稳形态

根据长期的工程实践观察，开挖坑道后围岩发生的破坏失稳大致有以下 5 种表现形态，如图 4－6 所示。当然实际工程中往往因各种因素的影响，使围岩破坏失稳的形态要复杂得多。

1. 脆性破坏

整体状和巨块状岩体，其结构完整，岩质坚硬，在一般工程开挖条件下，大多表现出很强的稳定能力，仅偶尔产生局部掉块。当地应力很高时，则可能发生坑道周边岩石呈大小不等的碎片状射出，并伴有响声，工程中将这种现象称为“岩爆”。岩爆属于脆性破坏。如图 4－6（a）所示。

例如，2011 年 8 月 7 日凌晨 3 点 17 分，正在掘进的泥巴山隧道出口（中铁十二局 C7 合同段）右线距离掌子面约 20m 处，在已经完成的初期支护 yk59＋379～yk59＋339 纵向长度 40m 范围内发生大型重度岩爆。强烈的岩爆活动发生时发出的巨大响声，将进洞右侧拱腰至拱顶位置的岩石劈裂成板状、块状、片状，在纵向 40m 范围连续出现，最大深度达 3.6m，剥落的大量岩石四处散落堆积，将喷浆机、电焊机等设备掩埋。该段围岩初期支护时间为2011年7月22日至28日，采取了挂网喷锚以及分段立拱架的方式施工，8月7日凌晨岩爆发生时将拱架、锚杆支护系统破坏，呈现出爆发时间集中、纵向连续、潜伏时间长的特点，按照岩爆划分标准属于强烈重度岩爆，在泥巴山施工以来尚属首次出现。

2. 块状运动

块状或层状岩体，受少数结构面切割，其块间或层间结合力较弱，在二次应力作用甚至自重应力作用下，有向坑道方向运动的趋势。有时可能逐渐形成块体滑动、转动，以及块体挤出、塌落、倾倒等失稳现象。塌落的往往只是局部，其规模一般不会太大。如图4-6(b)所示。

例如，大秦线摩天岭隧道，围岩属Ⅱ级花岗岩，某里程坑道顶曾突然掉落约$20m^3$岩石块，造成人员伤亡。若作用于支护或衬砌，则产生巨大的集中荷载。

3. 弯曲折断

层状岩体，尤其是有软弱夹层的互层岩体，结构面较发育，层间结合力差，易于错动，抗弯折性能较低。洞顶岩体受自重应力作用易产生下沉弯曲，进而张裂、折断，形成塌落；边墙岩体在侧向水平应力作用下向坑道方向变形挤入甚至滑塌。若作用于衬砌，则产生较大的不均匀荷载，荷载的不均匀性与岩层的产状有关。围岩塌落或滑塌的形态不仅与岩层的产状、层厚及互层组合形式有关，也与二次应力的作用有关，而且其规模一般比块状运动失稳的规模要大一些，尤其是顺层开挖时。如图4-6(c)所示。

例如，西延线云南河隧道，某里程，围岩属Ⅲ级泥质板岩，曾因前方开挖面的爆破震动，坑道顶部突然塌落2m×1.5m×0.5m的层状岩块，轻伤一人。

4. 松动解脱

碎裂结构或散体结构的岩体，破碎严重、结构松散，甚至呈粉状或泥土状。表现为随挖随塌，或不挖自塌，怕扰动，灵敏度很高，几乎没有空间效应，基本不能自稳。即使利用初期支护使其勉强不坍塌，但其塑性变形也长时间不能停止，具有很强的流变性。

若不能对其变形加以及时控制或控制不当，则很可能由于变形积累使拱顶下沉、边墙挤入、底鼓、洞径缩小，甚至塌方。在有压地下水作用下，还会造成流沙、突泥。工程中一旦发生这类失稳，其规模之大，有时甚至波及地表，造成山体开裂或塌陷洞穴，如图4-6(d)所示。在隧道工程历史上，此种类型的失稳是很多的，而且处理难度大，人力、资金、材料、时间的消耗和浪费巨大。

例如，大秦线军都山隧道DK285+070～DK285+096段大塌方。该段围岩属Ⅴ级黏砂土，无水。大塌方是由DK285+072～DK285+092段左侧边墙部位开挖后，支护不及时且不充分而发生局部坍塌引起的，并很快发展到拱部。塌方发生后，较大范围受到影响，DK285+032～DK285+070段喷射混凝土层有开裂掉块现象；DK285+110～DK285+115段右侧钢拱架下部有明显外移，并伴有掉石现象。

5. 塑性变形

岩体极度发育并严重风化，但有一定胶结时，呈硬塑至软塑泥土状，其强度较低，表现为有一定空间效应和膨胀性，对扰动的灵敏度不高，开挖坑道后不至于产生大规模坍塌，但其塑性变形长时间不能停止，致使洞径缩小，即“大变形”。前面列举的成渝铁路复线上的金家岩隧道，就属于此种性质的塑性变形失稳。如图 4-6（e）所示。

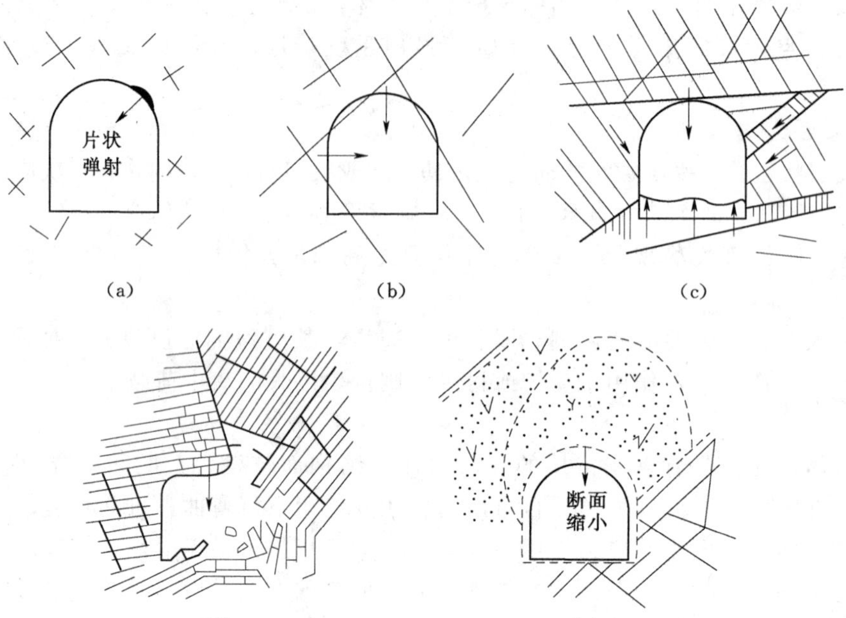

图 4-6 围岩破坏失稳状态

（a）脆性破坏；（b）块状运动；（c）弯曲折断；（d）松动解脱；（e）塑性变形

四、围岩稳定性分析

隧道是否稳定安全，与隧道周围一定范围内的岩体是否稳定有很大关系。要判断围岩是否稳定，就需要从认识围岩所处的地质环境条件入手，研究围岩的工程性质，分析影响围岩稳定的因素，研究这些因素是如何影响围岩稳定的，以及影响的程度大小。

人们在长期的隧道工程实践中发现，在开挖隧道的过程中，围岩的表现无外乎 3 种情形：有时不需要任何支撑就可以获得稳定的洞室；有时则需要加以支撑才能获得稳定的洞室；有时由于支撑不及时或不足而导致围岩坍塌。

显然，从安全和经济的角度考虑，以上第一种情形是我们所希望的；第二种情形是经常要做的；第三种情形则是要尽可能避免发生的。然而，在实际隧道工程中，究竟会出现哪种情况是受多种因素影响的。这些影响因素归纳起来有以下 3 个方面：

（1）围岩工程地质条件。主要是指围岩所处的原始应力状态，围岩的破碎程度和结构特征，围岩的强度特性和变形特征，地下水的作用等条件。

（2）隧道工程结构条件。主要是指隧道所处的位置，隧道的形状（尤其是顶部形状），隧道的大小（跨度和高度）等条件。

（3）隧道工程施工条件。主要是指施工方法（即对围岩的扰动程度），施工速度（即围岩的暴露时间），支护的施作时间（即其发挥作用的时机），支护的力学性能及其与围岩的状态。

（一）围岩工程地质条件的影响

1. 二次应力时围岩稳定状态的影响

实践和研究表明，当围岩的二次应力超过岩体的强度时，就能造成岩体的破坏，随之围岩出现塑性变形和位移，但隧道围岩是高次超静定结构，有限的变形和位移并不一定导致围岩坍塌失稳。可见，二次应力的作用是围岩变形和位移的原因，而围岩的变形和位移是二次应力作用的结果和岩体强度破坏的外在表现。岩体的强度破坏和有限的变形，只是围岩坍塌失稳的必要条件。

2. 二次应变对围岩稳定状态的影响

实践和研究表明，岩体强度破坏造成的有限变形，并不一定会导致围岩的坍塌失稳，而只是围岩坍塌失稳的前兆。除非渐进的强度破坏引起的变形积累超过其变形能力，才会导致围岩的坍塌失稳。因此，变形过度才是围岩坍塌失稳的充分条件。

一些隧道在施工中，发生不同规模的围岩坍塌失稳，正是对变形积累没有加以有效控制的结果。因此，对于流变性岩体，尤其是流变性很强的岩体，在施工中要特别注意及时量测和掌握其变形动态，并对其变形量和变形速度加以及时、有效控制，以保证围岩的稳定与安全。

3. 局部破坏对围岩稳定状态的影响

工程实践表明，整体性较好的围岩，其空间效应较好，可能因各种因素的影响而使局部岩块塌落，但一般不会导致围岩整体坍塌失稳。镶嵌结构的块状围岩，其空间效应的可变性较强，常常由于关键岩块的塌落，带动邻近岩块塌落，并迅速发展为围岩整体失稳。有一定空间效应的散体结构围岩，虽然会产生比较大的变形，并长时间不能停止，但却可以保持较长一段时间不坍塌。只有完全没有空间效应的散体结构围岩，才会表现为随挖随塌，或不挖自塌，基本不能自稳。

围岩的局部稳定性与整体稳定性的关系，并不是单纯的必然关系，而是受多重因素共同作用的极其复杂的关系。开挖坑道后，围岩是否稳定，不仅取决于围岩二次应力作用与强度、变形能力和结构特征的比较，更受到隧道工程结构条件和施工条件等多方面因素的影响。只有当岩体的强度破坏造成的局部塑性变形发展为整体变形过度，才会导致围岩整体失稳。由此看来，在一定的工程结构条件下和一定的施工条件下，岩体的强度破坏和整体变形过度才是围岩整体坍塌失稳的充要条件。

（二）结构条件的影响

隧道结构条件对围岩稳定性的影响，主要表现在坑道横断面的形状和大小两个方面。

1. 坑道横断面形状与围岩稳定性的关系

坑道横断面形状（尤其是顶部形状）与围岩稳定性的关系，可以用围岩的自然成拱作用来解释，即自然界地层中的天然洞室，其顶部形状都趋向于形成穹隆形（拱形）。工程实际中，为了符合自然成拱条件，一般将坑道横断面设计为马蹄形。当水平应力不大时，坑道横断面两侧可简化为直边墙。当坑道底部无上膨力时，坑道横断面底部可简化为直底板。

2. 坑道横断面大小与围岩的稳定性的关系

坑道横断面大小与围岩的稳定性的关系，可以用围岩的相对稳定性来解释，即坑道横断面越大，围岩的相对稳定性越低；反之，则相对稳定性越高。工程实际中，主要是用开挖方法即开挖成型方法来解决和协调这一关系的。

（三）施工条件的影响

在对隧道围岩进行稳定性分析时，为了方便而对其所处的建筑环境条件作了一些简化，且基本上没有考虑施工方法和施工过程（时间因素）的影响。然而，实际的隧道围岩所处的建筑环境条件要比假定的条件复杂得多，而且施工方法和施工过程的影响也是客观存在和不可避免的。

因此，在进行隧道围岩稳定性分析时，不仅要尽可能使假设条件与围岩所处的建筑环境条件相接近、与围岩的力学特性相接近、与围岩的原始应力状态等静态因素相接近，而且要充分考虑隧道施工方法、施工过程和应力重分布等动态因素的影响。隧道施工方法和施工过程因素对围岩稳定性的影响有以下几个方面。

1. 开挖方法的影响

开挖方法即隧道的开挖成型方法。显然，开挖方法不同，则围岩应力重分布的次数就不同，应力重分布的次数越多对围岩的稳定越不利。从隧道横断面上来看，全断面一次开挖时，围岩是一次进入二次应力状态，应力重分布的过程较为简捷，对围岩的稳定比较有利；而分部开挖时，围岩应力重分布的过程就要复杂得多，对围岩的稳定不利。因此，现代隧道围岩承载理论及新奥法主张，隧道施工过程中应尽可能地采用大断面开挖，以简化围岩应力重分布的过程，减少对围岩稳定性的不利影响。

2. 开挖面的支承作用的影响

在隧道纵断面方向上，隧道的开挖是分段逐次进行的。显然，下一次开挖会造成已开挖区段围岩的又一次应力垂分布，这说明掌子面前方未被挖除的岩体对已开挖区段围岩的二次应力场有影响，即掌子面前方未被挖除的岩体对已开挖区段的附岩有约束作用。但随着开挖的推进，这种约束作用会渐次消失，即具有暂时性。

根据理论分析和实测结果来看，这种影响的范围在 2～3 倍的洞径以内。软弱破碎围岩，影响范围小一些；坚硬完整围岩，影响范围大一些。在隧道施工过程中，开挖面的支承作用虽然具有暂时性，但仍然是可以并且应当加以利用的。实际隧道施工中，应尽可能地对“开挖面的支承作用”加以充分利用。

3. 掘进方式的影响

掘进方式是隧道开挖的破岩方式。显然，破岩时的冲击和振动强度越大，对围岩的扰动程度就越大，对围岩的稳定性越不利。而且，围岩越软弱破碎，这种不利影响就越严重。

因此，隧道工程中，掘进方式的选择，应视围岩条件尽可能地选用对围岩扰动小的破岩方式。选定一种破岩方式后，应尽可能地降低对围岩的扰动强度，如钻眼爆破掘进时，应严格进行爆破控制，尽量减少对围岩的冲击和振动强度，避免因爆破冲击和振动造成围岩坍塌失稳。

4. 施工速度的影响

施工速度的快慢显然对围岩的稳定与否有着重要的影响。若开挖快、支护慢，围岩自身变形时间长，变形积累对围岩的稳定不利；反之则是有利的。因此，施工中应对开挖后已暴露的围岩及时施作初期支护，控制围岩变形，尽量避免围岩长期自由变形。上一循环的支护未做好，不得进行下一循环的开挖，开挖速度与支护速度要协调一致。

5. 风化作用的影响

围岩，尤其是软弱破碎且易风化的围岩，风化后其稳定性就会降低。围岩暴露时间越长，其稳定性降低越严重。因此，在隧道施工过程中，应尽可能早地封闭围岩表面，缩短围岩暴露时间，避免围岩急速风化，保持围岩的稳定能力。

第三节 围岩的稳定性分级

一、围岩稳定性分级的目的和原则

1. 围岩分级的目的

岩体所处的地质环境是千差万别的，围岩给隧道工程带来的问题也是各式各样的。人们对地下空间的要求是各不相同的，但对每一种特定要求下的地质环境和工程问题，不可能都有现成的经验，也没有必要逐一进行从理论到实验的全方位研究。因此，为了工程应用的便利，有必要将围岩按其稳定性的好坏（能力的强弱）划分为几个级别，以便于针对不同的级别，确定支护参数和施工方法。

2. 围岩分级的原则

由于围岩稳定与否是多种因素共同作用的结果，而且各因素之间还有一定的相互影响。因此，为了使分级合理，且分级方法又不至于太复杂，在对围岩稳定性进行分级时，不是同时将所有影响因素都考虑在分级之中，而是以几个主要影响因素作为分级指标，将围岩稳定性划分为几个基本级别。然后在此基础上，根据各次要因素和不确定因素对围岩稳定性的影响程度，对围岩稳定性的基本级别进行调整处理。

隧道工程围岩稳定性分级的原则有如下几点。

（1）分级应主要以岩体为对象。单一的岩石只是分级中的一个要素，岩体则包括岩块和各岩块之间的软弱结构面。因此分级的重点应放在岩体的研究上。

（2）分级宜与地质勘探手段有机地联系起来，这样才有一个方便而又较可靠的判断手段。随着地质勘探技术的发展，这将使分级指标更趋定量化。

（3）分级要有明确的工程对象和工程目的。目前多数的分级方法都与坑道支护相联系。坑道围岩的稳定性、坑道开挖后暂时稳定时间等与支护方法和类型密切相关。因而进行分级时以此来体现工程目的是不可缺少的。

（4）分级宜逐渐定量化。目前大多数的分级指标是经验或定性的，只有少数分级是半定量化的。这是由于客观条件的地质体非常复杂。

值得注意的是，近年国内外有关学者提出采用模糊数学分级；根据坑道周边量测的收敛值分级；采用人工智能—专家系统分级等的建议。这些设想都将使围岩分级方法日趋完善。

二、铁路、公路围岩分级的方法

我国铁路部门颁行的《铁路隧道设计规范》和我国公路交通部门颁行的《公路隧道设

计规范》对围岩稳定性的级别划分趋于一致。其推荐围岩稳定性分级方法为：定性划分和定量相结合综合评判的方法，宜采用分两步进行分级的方针。即以岩石强度和岩体的完整性作为基本分级标准，初步将围岩划分为Ⅰ～Ⅵ共6个基本级别；然后适当考虑地下水和地应力等对围岩稳定性的影响程度，对基本级别予以适当修正，确定出围岩稳定性的最后级别。具体以《公路隧道设计规范》为例说明如下：

（1）根据岩石的坚硬程度和岩体完整程度两个基本因素的定性特征和定量的岩体基本质量指标（BQ），综合进行初步分级。

（2）对围岩进行详细定级时，应在岩体基本质量分级基础上，结合工程的特点，考虑修正因素的影响，修正岩体基本质量指标值。

（3）按修正后的岩体基本质量指标［BQ］，结合岩体的定性特征综合评判，确定围岩的详细分级。

围岩分级中岩石坚硬程度和围岩稳定性的定性划分和定量指标及其对应关系，应符合下列规定：

1. *岩石坚硬程度*

（1）岩石坚硬程度定性划分，见表4-4。

表4-4　岩石坚硬程度的定性划分

名称		定性鉴定	代表性岩石
硬质岩	坚硬岩	锤击声清脆，有回弹，震手，难击碎；浸水后，大多无吸水反应	未风化～微风化；花岗岩、正长岩、闪长岩、辉绿岩、玄武岩、安山岩、片麻岩、石英片岩、硅质板岩、石英岩、硅质胶结的砾岩、石英砂岩、硅质石灰岩等
	硬岩较坚	锤击声较清脆，有轻微回弹，稍震手，较难击碎；浸水后，有轻微吸水反应	弱风化的坚硬岩，未风化～微风化的熔结凝灰岩、大理岩、板岩、白云岩、石灰岩、钙质胶结的砂页岩等
软质岩	较软岩	锤击声不清脆，无回弹，较易击碎；浸水后，指甲可刻出印痕	强风化的坚硬岩，弱风化的较坚硬岩，未风化～微风化的凝灰岩、千枚岩、砂质泥岩、泥灰岩、泥质砂岩、粉砂岩、页岩等
	软岩	锤击声哑，无回弹，有凹痕，易击碎；浸水后，手可扒开	强风化的坚硬岩、弱风化～强风化的较坚硬岩、弱风化的较软岩、未风化的泥岩等
	极软岩	锤击声哑，无回弹，有较深凹痕，手可捏碎；浸水后，可捏成团	全风化的各种岩石、各种半成岩

（2）岩石坚硬程度定量指标用岩石单轴饱和抗压强度（R_c）表达。一般采用实测值，若无实测值时，可采用实测的岩石点荷载强度指数（$IS_{(50)}$）的换算值，即按式（4-10）计算

$$R_c = 22.82 I_{S(50)}^{0.75} \tag{4-10}$$

（3）R_c 与岩石坚硬程度定性划分的关系，可按表4-5确定。

表4-5　R_c 与定性划分的岩石坚硬程度对应关系

R_c(MPa)	>60	60～30	30～15	15～5	<5
坚硬程度	坚硬岩	较坚硬岩	较软岩	软岩	极软岩

2. 岩体完整程度

(1) 岩体完整程度可按表 4－6 定性划分。

表 4－6　　岩体完整程度的定性划分

名称	结构面发育程度		主要结构面的结合程度	主要结构面类型	相应结构类型
	组数	平均间距（m）			
完整	1～2	＞1.0	好或一般	节理、裂隙、层面	整体状或巨厚层结构
较完整	1～2	＞1.0	差	节理、裂隙、层面	块状或厚层状结构
	2～3	1.0～0.4	好或一般		块状结构
较破碎	2～3	1.0～0.4	差	节理、裂隙、层面、小断层	裂隙块状或中厚层结构
	＞3	0.4～0.2	好		镶嵌碎裂结构
			一般		中、薄层状结构
破碎	＞3	0.4～0.2	差	各种类型结构面	裂隙块状结构
		＜0.2	一般或差		碎裂状结构
极破碎	无序		很差		散体状结构

注　平均间距指主要结构面（1～2 组）间距的平均值。

(2) 岩体完整程度的定量指标用岩体完整性系数（K_v）表达。K_v 一般用弹性波探测，若无条件实测时，可用岩体体积节理数（J_v）按表 4－7 确定对应的 K_v 值。

表 4－7　　J_v 与 K_v 对照表

J_v（条/m^3）	＜3	3～10	10～20	20～35	＜35
K_v	＞0.75	0.75～0.55	0.55～0.35	0.35～0.15	＞0.15

(3) K_v 与定性划分的岩体完整程度的对应关系，可按表 4－8 确定。

表 4－8　　K_v 与定性划分的岩体完整程度的对应关系

K_v	＞0.75	0.75～0.55	0.55～0.35	0.35～0.15	＜0.15
完整程度	完整	较完整	较破碎	破碎	极破碎

(4) 岩体完整程度的定量指数 K_v、J_v 的测试和计算式方法，应符合下述规定：

1) 岩体完整性指数（K_v），应针对不同的工程地质岩组或岩性段，选择有代表性的点、段，测试岩体弹性纵波速度，并应在同一岩体取样测定岩石纵波速度。按式（4－8）计算。

2) 岩体体积节理数［J_v(条/m^3)］，应针对不同的工程地质岩组或岩性段，选择有代表性的露头或开挖壁面进行节理（结构面）统计。除成组节理外，对延伸长度大于 1m 的分散节理亦应予以统计。已为硅质、铁质、钙质充填再胶结的节理不予统计。

每一测点的统计面积不应小于 2m×5m。应根据节理统计结果，按下式计算

$$J_v = S_1 + S_2 + \cdots + S_n + S_k \qquad (4-11)$$

式中　S_n——第 n 组节理每米长测线上的条数；

S_k——每立方米岩体非成组节理条数，条/m^3。

3. 围岩基本质量指标

围岩基本质量指标（BQ）应根据分级因素的定量指标 R_c 值和 K_v 值，按式（4-12）计算

$$BQ=90+3R_c+250K_v \tag{4-12}$$

注：使用式（4-12）时，应遵守的限制条件为：①当 $R_c>90K_v+30$ 时，应以 $R_c=90K_v+30$ 和 K_v 代入计算 BQ 值；②当 $K_v>0.04R_c$ 时，应以 $K_v=0.04R_c+0.4$ 和 R_c 代入计算 BQ 值。

4. 围岩质量指标的修正

围岩详细定级时，如遇有下列情况之一时，应对岩体基本质量指标（BQ）进行修正：

（1）地下水。

（2）围岩稳定性受软弱结构面影响，且由一组起控制作用。

（3）存在高初始应力。

围岩基本质量指标修正值［BQ］，可按式（4-13）计算

$$[BQ]=BQ-100(K_1+K_2+K_3) \tag{4-13}$$

式中　［BQ］——围岩基本质量指标修正值；

BQ——围岩基本质量指标；

K_1——地下水影响修正系数；

K_2——主要软弱结构面产状影响修正系数；

K_3——初始应力状态影响修正系数。

岩体基本质量影响因素的修正系数 K_1、K_2、K_3 的取值可分别按表 4-9～表 4-11 确定。无表中所示情况时，修正系数取零。

表 4-9　地下水影响修正系数 K_1

地下水出水状态 \ BQ	>450	450～351	350～251	<250
潮湿或点滴状出水	0	0.1	0.2～0.3	0.4～0.6
淋雨状或涌流状出水，水压<0.1MPa 或单位出水量<10L/(min·m)	0.1	0.2～0.3	0.4～0.6	0.7～0.9
淋雨状或涌流状出水，水压>0.1MPa 或单位出水量>10L/(min·m)	0.2	0.4～0.6	0.7～0.9	1.0

表 4-10　主要软弱结构面产状影响修正系数 K_2

结构面产状及其与洞轴线的组合关系	结构面走向与洞轴线夹角<30° 结构面倾角 30°～75°	结构走向与洞轴线夹角>60° 结构面倾角>75°	其他组合
K_2	0.4～0.6	0～0.2	0.2～0.4

表 4-11　初始应力状态影响修正系数 K_3

初始应力状态 \ BQ	>550	550～451	450～351	350～251	<250
极高应力区	1.0	1.0	1.0～1.5	1.0～1.5	1.0
高应力区	0.5	0.5	0.5	0.5～1.0	0.5～1.0

根据岩体（围岩）钻探和开挖过程中出现的主要现象，如岩芯饼化或岩爆现象，将围岩高地应力区围岩划分为极高地应力和高地应力。围岩极高及高初始应力状态的评估，可按表4－12规定进行。

表4－12　　高初始应力地区围岩在开挖过程中出现的主要现象

应力情况	主　要　现　象	R_c/σ_{max}
极高应力	硬质岩：开挖过程中有岩爆发生，有岩块弹出，洞壁岩体发生剥离，新生裂缝多，成洞性差； 软质岩：岩芯常有饼化现象，开挖过程中洞壁岩体有剥离，位移极为显著，甚至发生大位移，持续时间长，不易成洞	<4
高应力	硬质岩：开挖过程中可能出现岩爆，洞壁岩体有剥离和落块现象，新生裂缝较多，成洞性差； 软质岩：岩芯时有饼化现象，开挖过程中洞壁岩体位移显著，持续时间较长，成洞性差	4～7

注　σ_{max}为垂直洞轴线方向的最大初始应力。

5. 围岩级别确定

根据调查、勘探、试验等资料，岩石隧道的围岩定性特征，围岩基本质量指标（BQ）或修正的围岩质量指标［BQ］值，土体隧道中的土体类型，密实状态等定性特征，铁路隧道或公路隧道分别按表4－13确定围岩级别。

表4－13　　隧道围岩分级

围岩级别	围岩或土体主要定性特征	围岩基本质量指标（BQ）或修正的围岩基本质量指标［BQ］
Ⅰ	坚硬岩，岩体完整，巨整体状或巨厚层状结构	>550
Ⅱ	坚硬岩，岩体较完整，块状或厚层状结构	550～451
	较坚硬岩，岩体完整，块状整体结构	
Ⅲ	坚硬岩，岩体较破碎，巨块（石）碎（石）状镶嵌结构 较坚硬岩或较软硬岩层，岩体较完整，块状体或中厚层结构	450～351
Ⅳ	坚硬岩，岩体破碎，碎裂结构	350～251
	较坚硬岩，岩体较破碎～破碎，镶嵌碎裂结构	
	较软岩或软硬岩互层，且以软岩为主，岩体较完整～较破碎，中薄层状结构	
	土体：①略具压密或成岩作用的黏性土及砂性土；②黄土（Q_1、Q_2）；③一般钙质、铁质胶结的碎石土、卵石土、大块石土	
Ⅴ	较软岩，岩体破碎；软岩，岩体较破碎～破碎；极破碎各类岩体，碎、裂状、松散结构	<250
	一般第四系的半干硬至硬塑的黏性土及稍湿至潮湿的碎石土，卵石土、圆砾、角砾土及黄土（Q_3、Q_4）。非黏性土呈松散结构、黏性土及黄土呈松软结构	
Ⅵ	软塑状黏性土及潮湿、饱和粉细砂层、软土等	

注　本表不适用于特殊条件的围岩分级，如膨胀性围岩、多年冻土等。

当根据岩体基本质量定性划分和 BQ 值确定的级别不一致时，应重新审查定性特征和定量指标计算参数的可靠性，并对它们重新观察、测试。

各级围岩的物理力学参数，宜通过室内或现场试验获取，无试验数据和初步分级时，可按表 4-14 选用。

表 4-14　各级围岩的物理力学指标标准值

围岩级别	重度 γ (kN/m³)	弹性抗力系数 k (MPa/m)	变形模量 E (GPa)	泊松比 μ	内摩擦角 φ (°)	黏聚力 c (MPa)	计算摩擦角 ϕ (°)
Ⅰ	26～28	1800～2800	>33	<0.2	>60	>2.1	>78
Ⅱ	25～27	1200～1800	20～33	0.2～0.25	50～60	1.5～2.1	70～78
Ⅲ	23～25	500～1200	6～20	0.25～0.3	39～50	0.7～1.5	60～70
Ⅳ	20～23	200～500	1.3～6	0.3～0.35	27～39	0.2～0.7	50～60
Ⅴ	17～20	100～200	1～2	0.35～0.45	20～27	0.05～0.2	40～50
Ⅵ	15～17	<100	<1	0.4～0.5	<20	<0.2	30～40

注　1. 本表数值不包括黄土地层。
　　2. 选用计算摩擦角时，不再计内摩擦角和黏聚力。

各级围岩的自稳能力，宜根据围岩变形量测和理论计算分析来评定，也可参考表 4-15 作出判断。

表 4-15　隧道各级围岩自稳能力判断

岩体级别	自稳能力
Ⅰ	跨度 20m，可长期稳定，偶有掉块，无塌方
Ⅱ	跨度 10～20m，可基本稳定，局部可发生掉块或小塌方； 跨度 10m，可长期稳定，偶有掉块
Ⅲ	跨度 10～20m，可稳定数日至 1 月，可发生小到中塌方； 跨度 5～10m，可稳定数月，可发生局部块体位移及小到中塌方； 跨度 5m，可基本稳定
Ⅳ	跨度 5m，一般无自稳能力，数日或数月内可发生松动变形、小塌方，进而发展为中到大塌方。埋深小时，以拱部松动破坏为主，埋深大时，有明显塑性流动变形和挤压破坏； 跨度小于 5m，可稳定数日至 1 月
Ⅴ	无自稳能力，跨度 5m 或更小时，可稳定数日
Ⅵ	无自稳能力

注　1. 小塌方：塌方高度 3m，或塌方体积 30m³。
　　2. 中塌方：塌方高度 3～6m，或塌方体积 30～100m³。
　　3. 大塌方：塌方高度 6m，或塌方体积 100m³。

三、其他围岩分级方法

用于隧道及地下工程的围岩分级方法，还有以下几种，需用时可查阅有关资料。

1. 岩石坚固性系数（f）分类法和岩体坚固性系数（f_m）分类法

在这类分级方法中具有代表性的是苏联普洛托奇雅柯诺夫教授提出的岩石坚固性系数

分级法（或称为 f 值分级法，或称为普氏分级法），把围岩分成 10 类。这种分级法曾在我国的隧道工程中得到广泛的应用。“f”值是一个综合的物性指标值，它表示岩石在采矿中各个方面的相对坚固性，如岩石的抗钻性、抗爆性、强度等。但以往人们确定 f 值主要采用强度试验方法，再兼顾其他指标，即用 $f_{岩石}=\frac{1}{100}R_c\sim\frac{1}{150}R_c$（$R_c$ 为岩石饱和单轴极限抗压强度）表示，它仍是岩石强度指标的反映。

我国把 f 值应用到隧道工程的设计、施工时，考虑了地质条件的影响，即考虑了围岩的节理、裂隙、风化等条件，实质上是把由强度决定的 f 值适当降低，即：$f_{岩体}=Kf_{岩石}$（K 为地质条件折减系数）。

2. 太沙基岩体荷载高度（h_q）分类法

这种分级法是在早期提出的，限于当时条件，仅把不同岩性、不同构造条件的围岩分成 9 类，每类都有一个相应的地压范围值和支护措施建议。在分级时是以坑道有水的条件为基础的，当确认无水时，4～7 类围岩的地压值应降低 50%。这一分级方法曾长期被各国采用，至今仍有广泛的影响。

3. 岩石质量（RQD）分类法和岩体质量（Q）分类法

（1）岩石质量（RQD）。所谓岩石质量指标 RQD 是指钻探时岩芯复原率，或称岩芯采取率。可按式（4－6）计算，这个分级方法将围岩分成 5 类。

（2）岩体质量（Q）分类法。比较完善的是 1974 年挪威地质学家巴顿等人提出的岩体质量——Q 的分级方法。这个分级方法是把表明岩体质量的 6 个地质参数之间的关系表达为：

$$Q=\frac{RQD}{J_h}\frac{J_r}{J_a}\frac{J_w}{SRF} \tag{4-14}$$

式中　RQD——岩石质量指标，取值方法见式（4－6）；

J_h——节理组数目；

J_r——节理粗糙度；

J_a——节理蚀变值；

J_w——节理含水折减系数；

SRF——应力折减系数。

通过进一步的分析发现，RQD/J_h 表示岩块的大小；J_r/J_a 表示岩块间的抗剪强度；J_w/SRF 表示作用应力。所以岩体质量值 Q 实质上是岩块尺寸、抗剪强度和作用力的复合指标。根据不同的 Q 值，将岩体质量评为 9 级。

4. 弹性波速度（v_p）分类法

随着工程地质勘探方法，尤其是物探方法的进展，1970 年前后，日本提出按围岩弹性波速度进行分级的方法。

围岩弹性波速度是判断岩性、岩体结构的综合指标，它既可反映岩石软硬，又可表达岩体结构的破碎程度。根据岩性、构造状况及土压状态，将围岩分成 7 类。我国从 1986 年起，也开始将围岩弹性波（纵波）速度引入我国围岩分级法中。

5. 围岩自稳时间（T_s）分类法

6. 岩体质量应力比（S）分类法（总参工程兵1984年9月《坑道工程》围岩分类）

需要说明的是：岩石坚固性系数（f）分类法因不能准确反映围岩稳定性，已经不适用。岩石质量（RQD）分类法和岩体质量（Q）分类法是在岩石坚固性系数（f）分类法的基础上改进的，它引入了结构面对围岩稳定性影响的概念，但只适用于石质围岩。

太沙基岩体荷载高度（h_q）分类法虽然简单、直观、易于理解，但经验性很强，也不够精确和严密。这种分类法奠定了松弛荷载理论的基础。

弹性波速度（v_p）分类法需要数字化分类指标，不直观，专业要求较高。

围岩自稳时间（T_s）分类法因时间跨度太大也不适用。

岩体质量应力比（S）分类法是比较完善的分类法，它考虑到了岩体质量，即岩体结构特征和强度特性的影响，又考虑到岩体所在的地层应力的客观存在和影响。

第四节 围 岩 压 力

一、围岩压力概念

隧道围岩分级是以围岩稳定性为基础的，但在结构设计中，往往把坑道围岩的稳定性转化为对支护结构的荷载——围岩压力来处理，也就是说，在结构设计中所关注的往往是围岩压力的大小及其性质（分布情况，围岩压力方向、分布形状等）。围岩级别不同，其稳定性也不同，相应的围岩压力也不同。

在地层中开挖坑道，如果开挖后不支护坑道，往往会遇到这样一些情况：有的围岩在开挖后会迅速坍塌，甚至会填满整个坑道，在地表还可形成一个与坑道相仿的坍塌区；有的围岩在坑道开挖后会发生岩块错动、掉块，甚至塌方；有的围岩开挖后会维持暂时稳定，仅在个别地方产生掉块。这些情况表明，开挖坑道把围岩原有的平衡状态破坏了，在坑道周围一定范围内产生了不同程度的扰动，地质情况不同，其扰动影响范围不同。

为保证坑道维持需要的净空和安全，坑道开挖后一般是必须进行支护的，也就是阻止坑道周围的围岩产生移动或下掉。被扰动后的围岩会移动或变形，而支护结构要阻止其移动或变形，围岩就必会对支护结构施加力，这个力就是围岩压力。

围岩压力，又称山岩压力或地层压力。它是指由于围岩的变形挤压或各种破坏而作用在支护衬砌上的压力。

关于隧道的修筑，据我国和其他文明古国的史料记载，可追溯到三千多年以前。但是，对隧道围岩压力的研究，是从19世纪下半叶，伴随着西方资本主义国家采矿工业的发展而开始的。一个世纪以来，关于围岩压力的研究大致经历了这样几个阶段：最初由于地下坑道开挖较浅，所以认为作用于支护衬砌上的总压力是坑道顶部整个覆盖岩层的自重，把岩层的自重，或把岩层应力视为静水压力状态。如A·亥姆、C·库尔曼持这一观点。之后，随着开挖深度的增加，发现在大多数情况下围岩压力小于覆盖岩层的自重应力。于是指出，“隧道顶部的围岩变形仅限于一定范围”，仅此范围内的围岩重量作用于支护衬砌之上。如，M·M·普罗托基亚可诺夫、A·比尔鲍曼、K·太沙基等人的论著就反映了这一观点。从19世纪末到20世纪初的这一阶段，对围岩压力所提出的这些观点有两个共同特征：其一，把围岩视为松散介质（或称似松散介质）；其二，认为围岩压力仅与岩层的性状、埋藏深度、隧道跨度等因素有关，而与支护衬砌的性质无关，即只注意到围岩压力的主动作用，却忽视了支护衬砌对围岩压力的影响。

从20世纪50年代起，由于量测手段的改进和电子计算机的应用，使得岩体（或岩石）力学获得迅速发展，从而把围岩压力的研究推到了一个新的阶段，即把支护衬砌与围岩作为一个统一的力学体系，应用连续介质力学的各种观点，来研究围岩变形破坏的机理，以及支护衬砌与围岩两者之间的平衡条件。新的观点是：从支护衬砌与围岩的相互作用来看，围岩既是荷载，又是支撑结构的重要组成部分。如R·芬纳尔和H·卡斯特奈尔按照弹塑性理论所得的解答，以及新奥法（NATM）的出现，都是建立在这一观点的基础之上。

在这一阶段，对围岩压力研究的另一途径是从地质构造角度出发，应用地质力学的方法来研究裂隙岩体（包括层状岩体）的稳定与围岩压力问题。这种方法虽然是从既定荷载概念出发，但仍具有较大的实用价值。

由于影响围岩压力的因素很多，情况复杂，特别是工程地质条件的变化很大，难以用统一的数学模型来表达，所以，应用统计分析方法，在分析大量的实测数据，或分析与围岩压力有直接关系的施工坍方规律基础上，建立一定条件下的统计经验公式，也成为目前探讨围岩压力问题的一个重要途径。目前我国工程技术规范采用的计算公式，以及国外一些建立在各种围岩分类基础上的计算公式，都是以此为基础而提出的。

根据围岩变形破坏机理，围岩压力可分为四类，即形变压力、松动压力、冲击压力和膨胀压力。

形变围岩压力，是指由围岩塑性变形所引起的作用在支护衬砌上的挤压力。围岩的塑性变形又分为两种情况：一种是开挖前岩体处于弹性状态，开挖后由于围岩周边应力集中，其值超过了围岩的屈服极限，使围岩产生塑性变形圈，从而对支护衬砌产生压力；另一种是开挖前岩体就处于潜塑状态，此种岩体一旦开挖，围岩就向洞内产生塑性变形，对支护衬砌作用以很大压力。这两种形变围岩压力都可采用塑性理论计算。

松动围岩压力，是指围岩中松动坍塌部分的岩块重量或它的分量对支护衬砌的压力。这种压力可采用松散介质极限平衡理论，或块体极限平衡理论进行计算分析。

冲击围岩压力，是指岩爆引起的压力。这种压力目前还无法计算。

膨胀围岩压力，实际上也是一种形变围岩压力，只是引起形变的原因是由于亲水性矿物组成的某些围岩吸水膨胀而已。这种围岩压力至今还没有比较好的计算方法，但原则上可以采用弹塑性理论配合流变性理论进行分析。

二、影响围岩压力的因素

影响围岩压力的因素很多，通常可分为两大类。一类是地质因素，它包括初始应力状态、岩石力学性质、岩体结构面等；另一类是工程因素，它包括施工方法、支护设置时间、支护刚度、坑道形状等。

例如在隧道开挖过程中，由于受到开挖面的约束，使其附近的围岩不能立即释放全部瞬时弹性位移，这种现象称为开挖面的“空间效应”。如在“空间效应”范围（一般为1～

1.5倍洞径）内，设置支护，就可减少支护前的围岩位移值。所以当采用紧跟开挖面支护的施工方法，支护时间的迟早必然大大地影响围岩的稳定和围岩压力的数值。因此，一般宜尽快地施作支护，封闭岩层。

三、围岩松动压力的形成和确定方法

1. *围岩松动压力的形成*

开挖隧道所引起的围岩松动和破坏的范围有大有小，有的可达地表，有的则影响较小。对于一般裂隙岩体中的深埋隧道，其波及范围仅局限在隧道周围一定深度。所以作用在支护结构上的围岩松动压力远远小于其上覆岩层自重所造成的压力。这可以用围岩的“成拱作用”来解释。下面以水平岩层中开挖一个矩形坑道，来说明坑道开挖后围岩由形变到坍塌成拱的整个变形过程，如图4-7所示。

（1）隧道开挖后，在围岩应力重分布过程中，顶板开始沉陷，并出现拉断裂纹［图4-7（a）］，可视为变形阶段。

（2）顶板的裂纹继续发展并且张开，由于结构面切割等原因，逐渐转变为松动［图4-7（b）］，可视为松动阶段。

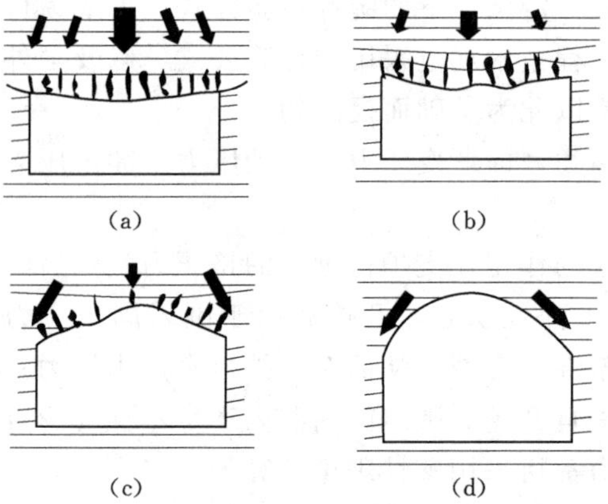

图4-7 松动压力的形成

（a）变形阶段；（b）松动阶段；（c）塌落阶段；（d）成拱阶段

（3）顶板岩体视其强度的不同而逐步塌落［图4-7（c）］，可视为塌落阶段。

（4）顶板塌落停止，达到新的平衡，此时其界面形成一近似的拱形［图4-7（d）］，可视为成拱阶段。

实践证明，自然拱范围的大小除了受上述的围岩地质条件、支护结构架设时间、刚度以及它与围岩的接触状态等因素影响外，还取决于以下诸因素：

（1）隧道的形状和尺寸。隧道拱圈越平坦，跨度越大，则自然拱越高，围岩的松动压力也越大。

（2）隧道的埋深。人们从实践中得知，只有当隧道埋深超过某一临界值时，才有可能形成自然拱。习惯上，将这种隧道称为深埋隧道，否则称为浅埋隧道。由于浅埋隧道不能形成自然拱，所以，它的围岩压力的大小与埋置深度直接相关。

（3）施工因素。如爆破的影响，爆破所产生的震动常常是引起塌方的重要原因之一，造成围岩压力过大。又如分部开挖多次扰动围岩，也会引起围岩失稳，加大自然拱范围。

2. *确定围岩松动压力的方法*

确定围岩松动压力的方法有：现场实地量测；按理论公式计算确定；根据大量的实际资料，采用统计的方法分析确定。应该说，实地量测是今后的努力方向，但按目前的量测手段和技术水平来看量测的结果尚不能充分反映真实情况。理论计算则由于围岩地质条件的千变万化，所用计算参数难以确切取值，目前也还没有一种能适合于各种客观实际情况的统一理论。在大量施工坍方事件的统计基础上建立起来的统计方法，在一定程度上能反映围岩压力的真实情况。目前，采用几种方法相互验证参照取值是确定围岩压力较通用的方法。

四、确定围岩压力常用方法

1. 全土柱理论

当隧道埋深很小、隧道开挖无支护，破坏面趋于地表，并忽略楔形滑体滑面摩阻力时，垂直土层压力随埋深而增加，用式（4-15）计算，叫全土柱理论，即作用在结构上的土层压力等于土柱的全部重量。当埋深增加或土质较好，工程实践和试验表明，作用在结构上的垂直土层压力比按全土柱理论计算的结果为小，从而产生考虑楔形滑体滑面土柱两侧摩擦力和黏聚力的土柱计算理论。

$$q=\gamma H \tag{4-15}$$

式中 q——作用在支护结构上的均布荷载，kN/m^2；

γ——围岩重度，kN/m^3；

H——隧道埋深，指隧道顶至地面的距离，m。

2. 普氏理论

普氏提出了基于自然拱概念的计算理论，认为在具有一定黏聚力的松散介质中开挖坑道后，其上方会形成一个抛物线形的自然拱，作用在支护结构上的围岩压力就是自然拱内松散岩体的重量，普氏理论计算简图如图 4-8 所示。而自然拱的形状和尺寸（即它的高度 h_k 和跨度 b_t）与隧道周围岩体的坚固性系数 f 有关。

$$h_k=\frac{b_t}{f} \tag{4-16}$$

$$f=\frac{\tau}{\sigma}=\frac{\sigma\tan\varphi+c}{\sigma}=\tan\varphi+\frac{c}{\sigma}=\tan\varphi_0 \tag{4-17}$$

式中 h_k——自然拱高度，m；

b_t——自然拱的半跨度，m；

φ、φ_0——岩体的内摩擦角和似摩擦角，°；

τ、σ——岩体的抗剪强度和剪切破坏时的正应力，Pa；

c——岩体的黏聚力，Pa。

在坚硬的岩体中，坑道侧壁较稳定，自然拱的跨度即为坑道的跨度，如图 4-8（a）所示。在松散和破碎岩体中，坑道的侧壁受到扰动而产生滑移，自然拱的跨度也相应加大，如图 4-8（b）所示。此时的 b_t 值计算式为

$$b_t=b+H_t\tan\left(45-\frac{\varphi_0}{2}\right) \tag{4-18}$$

式中 b——隧道的净跨之半，m；

H_t——隧道的净高，m；

φ_0——岩体的似摩擦角，$\varphi_0=\arctan f$。

围岩垂直均布松动压力

$$q=\gamma h_k \tag{4-19}$$

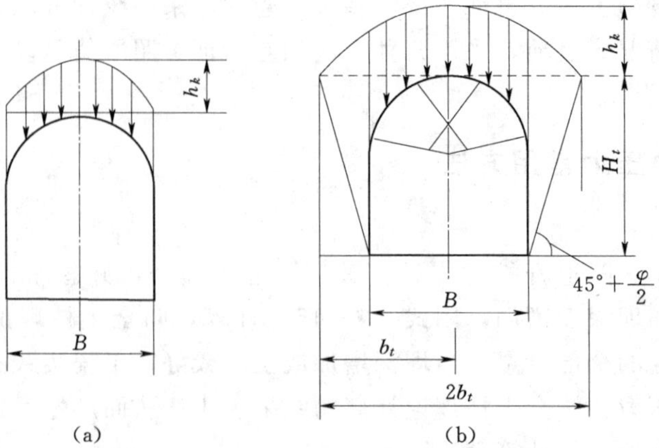

图 4-8 普氏理论计算简图

按普氏理论算得的软质围岩松动压力，与实际情况相比较偏小，对坚硬围岩则偏大，一般在松散、破碎围岩中较为适用。

3. 太沙基理论

太沙基也将岩体视为散粒体，他认为坑道开挖后，其上方的岩体因坑道的变形而下沉，并产生如图 4-9 所示的错动面 OAB。假定作用在任何水平面上的竖向压应力 σ_V 是均布的，相应的水平力 $\sigma_H=\lambda\sigma_V$（λ 为侧压力系数）。在地面深度为 h 处取出一厚度为 dh 的水平条带单元体，考虑其平衡条件 $\sum V=0$，得出

$$2b(\sigma_V+d\sigma_V)-2b\sigma_V+2\lambda\sigma_V\tan\varphi_0 dh-2b\gamma dh=0 \tag{4-20}$$

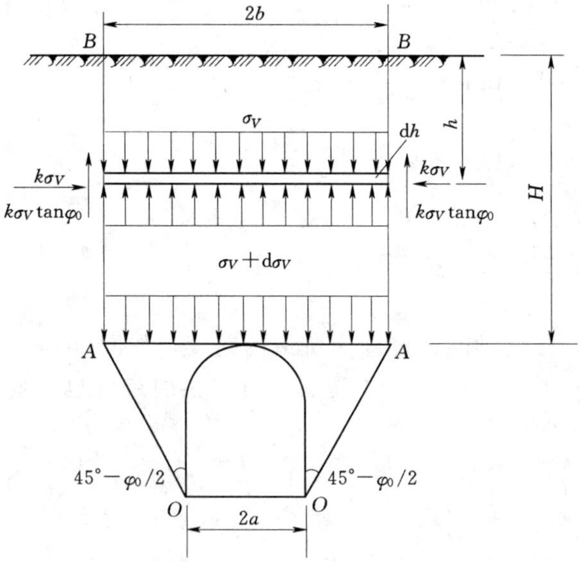

图 4-9 太沙基理论计算简图

解上述微分方程，并引进边界条件（当 $h=0$ 时，$\sigma_V=0$），得洞顶岩层中任意点的垂直压力为

$$\sigma_V=\frac{\gamma b}{\tan\varphi_0\lambda}(1-e^{-\lambda\tan\varphi_0\frac{h}{b}}) \tag{4-21}$$

随着坑道埋深 h 的加大，$e^{-\lambda\tan\varphi_0\cdot\frac{h}{b}}$ 趋近于零，则 σ_V 趋于某一个固定值，且

$$\sigma_V=\frac{\gamma b}{\tan\varphi_0\lambda} \tag{4-22}$$

太沙基根据实验结果，得出 $\lambda=1\sim1.5$，取 $\lambda=1$，则

$$\sigma_V=\frac{\gamma b}{\tan\varphi_0} \tag{4-23}$$

如以 $\tan\varphi_0=f$ 代入，得

$$\sigma_V=\frac{\gamma b}{f} \tag{4-24}$$

式中 b、φ_0 意义同上。

此时便与普氏理论计算公式得到相同的结果。太沙基认为当 $H \geqslant 5b$ 时为深埋隧道。

4. 比尔鲍曼理论

当地道式结构的埋深增加或土质较好，工程实践和试验表明，作用在结构上的垂直土层压力比按全土柱理论计算的结果要小，从而产生考虑土柱两侧摩擦力和黏聚力的土柱计算理论，计算简图如图 4-10 所示。

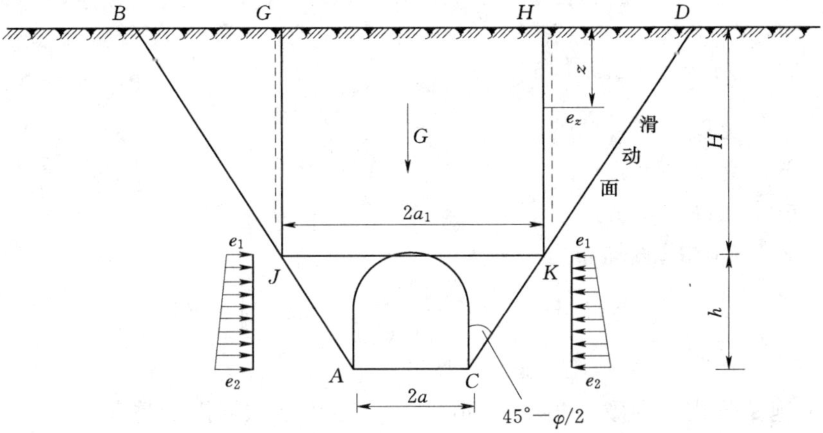

图 4-10 比尔鲍曼理论计算简图

洞室上覆土层垂直向下滑动时，土柱两侧产生两个滑动面 AB 和 CD，滑动面的起点在墙基，滑动面与垂直线的夹角为 $45°-\varphi/2$，在洞室上方的土柱为 $GJKH$。由此可认为，作用在结构上的垂直土层压力为 Q（总压力），等于土柱 $GJKH$ 的重量 G 减去两侧 GJ、KH 面上的夹制力 T，即

$$Q=G-2T \tag{4-25}$$

如图 4-10 所示，夹制力 T 为摩擦力和黏聚力之和，作用在土柱侧面处任一点的夹制力为

$$t=c+e_z\tan\varphi \tag{4-26}$$

$$e_z=\gamma z\tan^2\left(45°-\frac{\varphi}{2}\right)-2c\tan\left(45°-\frac{\varphi}{2}\right) \tag{4-27}$$

式中 e_z——距地面深度 z 处一点上的侧压力，kN·m²；

c——土层的黏聚力，Pa；

φ——土层的内摩擦角，°，$\varphi<30°$；

γ——围岩重度，kN/m³。

将式（4-26）积分得土柱侧面的总夹制力 T 为

$$\begin{aligned}T&=\int_0^H t\mathrm{d}z=\int_0^H(c+e_z\tan\varphi)\mathrm{d}z\\&=\frac{1}{2}\gamma H^2K_1+cH(1-2K_2)\end{aligned} \tag{4-28}$$

其中
$$K_1=\tan\varphi\tan^2\left(45°-\frac{\varphi}{2}\right)$$
$$K_2=\tan\varphi\tan\left(45°-\frac{\varphi}{2}\right)$$

因此，作用在结构上的垂直土层压力的总值为

$$Q=G-2T=2a_1\gamma H-\gamma H^2K_1-2cH(1-2K_2)$$
$$=2a_1\gamma H\left[1-\frac{H}{2a_1}K_1-\frac{c}{a_1\gamma}(1-2K_2)\right] \tag{4-29}$$
$$a_1=a+h\tan\left(45°-\frac{\varphi}{2}\right)$$

式中 a_1——土柱宽度之半，m；

a——隧道跨度之半，m；

h——隧道的高度，m。

作用在结构顶部的垂直均布压力 q 为

$$q=\gamma H\left[1-\frac{H}{2a_1}K_1-\frac{c}{a_1\gamma}(1-2K_2)\right]=\gamma h_B \tag{4-30}$$

式中 h_B——称为比尔鲍曼理论的压力拱高度。

由于比尔鲍曼公式中内摩擦角小于 30°，故仅适用于软弱围岩情况。

5. 谢家烋理论

(1) 简化假定。施工中，上覆岩体的下沉和位移与许多因素有关，如支护是否及时，岩体的性质、坑道的尺寸及埋置深度的大小，施工方法是否合理等。为方便计算，根据实践经验作如下简化假定，如图 4-11 所示。

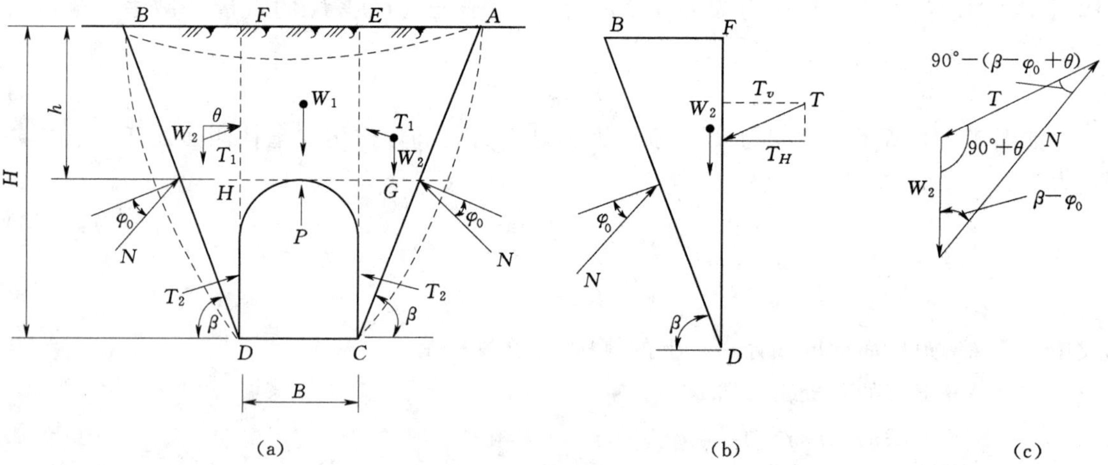

图 4-11 谢家烋理论计算简图

1) 岩体中所形成的破裂面是一个与水平面成 β 角的斜直面；如图 4-11 中的 AC、BD。

2) 当洞顶上覆盖岩体 $FEGH$ 下沉时受到两侧岩体的挟持，应当强调它反过来又带动了两侧三棱岩体 ACE 和 BDF 的下滑，而当整个下滑岩体 $ABDHGC$ 下滑时，又受阻于

未扰动岩体。据此所形成的作用力有：洞顶上覆盖岩体 $EFHG$ 的重量 W_1；两侧三棱体 ACE、BDF 的重量 W_2；两侧三棱体给予下沉岩体 $EFDL$ 的阻力 T（对整个下滑岩体来说为内力），$T=T_1+T_2$；整个下滑岩体滑动时，两侧未扰动岩体给予的阻力 N。

3）斜直面 AC、BD 是一个假定破裂滑面，该滑面的抗剪强度决定于滑面的摩擦角 φ 及黏聚力 c，为简化计算采用岩体的似摩擦角 φ_0。应注意，洞顶岩体 $EFHG$ 与两侧三棱体之间的摩擦角 θ 与 φ_0 是不同的。因为 EG、FH 面上并没有发生破裂面，所以它介于零与岩体内摩擦角之间，即 $0<\theta<\varphi_0$。显然 θ 值与岩体的物理力学性质有着密切的关系。在计算时可以按表 4-16 取值。

表 4-16　　各级围岩的 θ 值　　单位：(°)

围岩级别	Ⅰ	Ⅱ	Ⅲ	Ⅳ	Ⅴ	Ⅵ
θ 值	75.6	66.6	58.5	38.5	22.5	10.5

（2）求围岩松动压力值步骤。基于上述假定，按力的平衡条件，可求出作用在隧道支护结构上的围岩松动压力值，其步骤如下。

由图 4-11（a）可知，作用在支护结构上总的垂直压力 Q 为

$$Q=W_1-2T_1\sin2\theta \tag{4-31}$$

式（4-31）中，W_1 为已知的 $EFHG$ 的土体重，$T_1\sin2\theta$ 为 $EFHG$ 土体下滑时受两侧土体挟制的摩擦力，其中 θ 已作假定可知，但是 T_1 是未知的，必须先算出 T_1 值，才能求出 Q。

1）求两侧三棱体对洞顶土体的挟制力 T_1。取三棱体 BDF（或 ACE）作为脱离体分析［图 4-11（b）］，作用在其上的力有 W_2、T、F，其中 W_2 为 BDF 的土体自重，T 为隧道与上覆土体下沉而带动两侧 BDF 和 ACE 随着下滑时在 FD 面产生的带动下滑力，F 为 BD 面上的摩擦阻力。由图 4-11（a）可知 $T=T_1+T_2$，T_1、T_2 分别为上覆土体部分和衬砌部分带动 FD 和 EC 面下滑时的带动力，其方向如图中所示。因此为了求出 T_1 必须先求 T。根据力的平衡条件，由图 4-11（c）所示的力三角形可求出 T 值。

三棱体重量 W_2 为

$$W_2=\frac{1}{2}\gamma\times\overline{BF}\times\overline{DF}=\frac{1}{2}\gamma H^2\frac{1}{\tan\beta}\sqrt{a^2+b^2} \tag{4-32}$$

式中　γ——围岩容重，H、β 意义如图 4-10（a）所示。

按正弦定理，有

$$\frac{T}{\sin(\beta-\varphi_0)}=\frac{W_2}{\sin[90°-(\beta-\varphi_0+\theta)]}$$

将式（4-32）代入，化简后有

$$T=\frac{1}{2}\gamma H^2\frac{\tan\beta-\tan\varphi_0}{\tan\beta[1+\tan\beta(\tan\varphi_0-\tan\theta)+\tan\varphi_0\tan\theta]}\frac{1}{\cos\theta} \tag{4-33}$$

令

$$\lambda=\frac{\tan\beta-\tan\varphi_0}{\tan\beta[1+\tan\beta(\tan\varphi_0-\tan\theta)+\tan\varphi_0\tan\theta]} \tag{4-34}$$

则

$$T=\frac{1}{2}\gamma H^2\ \frac{\lambda}{\cos\theta} \tag{4-35}$$

从散体极限平衡理论可知，T 为 FD 面的带动下滑力，则 λ 即为 FD 面上侧压力系数，而 T 又为 T_1 和 T_2 之和，衬砌上覆土体下沉时受到两侧摩阻力为 T_1，这是我们所需要求的数值。T_1 值根据上述概念可直接写出

$$T_1=\frac{1}{2}\gamma h^2\ \frac{\lambda}{\cos\theta} \tag{4-36}$$

可知欲求得 T_1 必须先求 λ。但是从式（4－36）中可以看出，λ 为 β，φ_0，θ 的函数。前面已说明，φ_0，θ 为已知，而 β 为 BD 与 AC 滑动面与隧道底部水平面的夹角，由于 BD 和 AC 滑动面并非极限状态下的自然破裂面，它是假定与土体 $EFHG$ 下滑带动力有关的，而其最可能的滑动面位置必然是 T 力为最大值时带动两侧土体 BFD 和 ECA 的位置。基于这一概念，应当利用求 T 的极值来求得 β 值。

2）求破裂面 BD 的倾角 β。根据前述，令 $\frac{d\lambda}{d\beta}=0$，经简化得

$$\tan\beta=\tan\varphi_0+\sqrt{\frac{(\tan^2\varphi_0+1)\tan\varphi_0}{\tan\varphi_0-\tan\theta}} \tag{4-37}$$

由式（4－37）知，在 T 极值条件下的 β 值仅与 φ_0、θ 有关，而 φ_0、θ 是随围岩类别而定的已知值。在求得 β 后则 T_1 亦可求得。

3）求围岩总的垂直压力 Q。将求得的 T_1 值代入式（4－31），得 Q 值为

$$Q=W_1-2\times\frac{1}{2}\gamma h^2\ \frac{\lambda}{\cos\theta}\sin\theta$$

而 $W_1=Bh\gamma$，则

$$Q=\gamma h(B-h\lambda\tan\theta) \tag{4-38}$$

4）求围岩垂直均布松动压力 q。

$$q=\frac{Q}{B}=\gamma h\left(1-\frac{h\lambda\tan\theta}{B}\right)=\gamma hK \tag{4-39}$$

式中 K——压力缩减系数，其值为 $K=1-\frac{h}{B}\lambda\tan\theta$；

B——隧道开挖宽度；

h——洞顶岩体覆盖层厚度。

五、铁路、公路隧道规范推荐围岩压力计算方法

根据大量隧道坍方资料的统计分析，可找出隧道围岩破坏范围形状和大小的规律性，从而得出计算围岩松动压力的统计公式。我国现行规范中推荐的计算围岩垂直均布松动压力 q 的公式，就是根据 1000 多个坍方点的资料进行统计分析而拟定的。

1. 深埋隧道

当隧道为深埋隧道，围岩压力为松弛荷载，其垂直均布压力下式计算：

单线隧道垂直压力 $$q=\gamma h_q=0.41\times1.79^S\gamma \tag{4-40}$$

双线及多线隧道垂直压力 $$q=\gamma h_q=0.45\times2^{S-1}\gamma\omega \tag{4-41}$$

式中　q——垂直均布压力，kN/m^2；

h_q——荷载等效高度，m；

S——围岩级别，如Ⅲ级围岩 $S=3$；

γ——围岩重度，kN/m^3；

ω——宽度影响系数，$\omega=1+i(B-5)$；

B——隧道宽度，m；

i——B 每增减 1m 时的围岩压力增减率，以 $B=5$m 的围岩垂直均布压力为准，当 $B<5$m 时，取 $i=0.2$；$B=5\sim15$m 时，取 $i=0.1$。

式（4－40）和式（4－41）适用条件为：

（1）$H/B<1.7$（H 为坑道的高度）。

（2）深埋隧道。

（3）不产生显著的偏压力及膨胀压力的一般围岩。

（4）采用钻爆法施工的隧道。

2. 浅埋隧道

浅埋和深埋隧道的分界，按荷载等效高度值，并结合地质条件、施工方法等因素综合判定。按荷载等效高度的判定公式为

$$H_p=(2\sim2.5)h_q \tag{4-42}$$

式中　H_p——浅埋隧道分界深度，m。

在矿山法施工的条件下，Ⅳ～Ⅵ级围岩取

$$H_p=2.5h_q \tag{4-43}$$

Ⅰ～Ⅲ级围岩取

$$H_p=2h_q \tag{4-44}$$

浅埋隧道分两种情况分别计算：

（1）极浅埋。埋深（H）小于或等于等效荷载高度 h_q 时，荷载视为均布垂直压力为

$$q=\gamma H \tag{4-45}$$

式中　q——垂直均布压力，kN/m^2；

γ——坑道上覆围岩重度，kN/m^3；

H——隧道埋深，指坑顶至地面的距离，m。

（2）浅埋。埋深大于 h_q、小于等于 H_p 时，隧道为浅埋，竖直地层荷载采用谢家烋理论的计算公式。

在上述产生垂直压力的同时，隧道也会有侧向压力出现，即围岩水平均布松动压力 e，e 可按表 4－17 中的经验公式计算（一般取平均值），其适用条件同上。

表 4－17　　规范规定的水平均布松动压力

围岩级别	Ⅰ～Ⅱ	Ⅲ	Ⅳ	Ⅴ	Ⅵ
水平均布压力	0	$<0.15q$	$(0.15\sim0.3)q$	$(0.3\sim0.5)q$	$(0.5\sim1.0)q$

以隧道规范为依据的不同埋深下的围岩压力计算结果如图 4－12 所示。

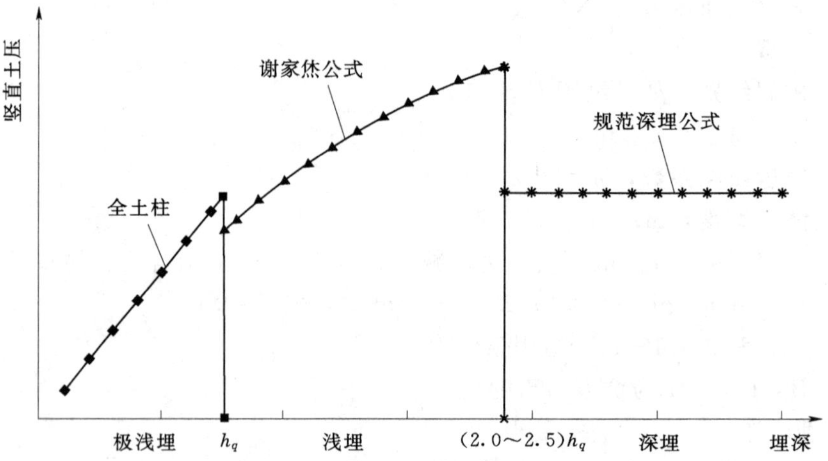

图 4-12 规范围岩压力计算示意图

知 识 拓 展

一、常用深浅埋判别方法

当埋深较浅，土柱重量（作用力）大于土柱两侧的摩擦力和黏聚力（反作用力），地层不能发挥成拱作用，开挖所引起的应力重分布波及地表面，土体塌落是整体塌落。当埋深较大时，土柱两侧的摩擦力和黏聚力迅速增大，并大于土柱的重量，地层能发挥成拱作用，地层中应力重分布达不到地表面，土柱底部局部变形或塌落便是地层压力的来源。

理论和实践都证明：深浅埋条件下围岩压力的确定方法不同，其围岩压力数值差异也很大，影响围岩压力的因素主要为地质条件、埋深、施工方法和支护情况，因此，划分浅埋和深埋的界限是十分必要的。常用分界理论主要有以下三种。

1. 按压力拱理论划分

隧道上覆地层的厚度 $H\geqslant(2.0\sim2.5)h_q$（$h_q$ 为压力拱的高度）时为深埋；当 $H<(2.0\sim2.5)h_q$ 时为浅埋。

2. 经验判断法

松散地层地铁隧道设计，提出松散土层中分界深度为

$$H_{分界}=(1.0\sim2.0)D \tag{4-46}$$

式中 D——隧道的跨度，m。

3. 理论估算公式

由比尔鲍曼公式（4-30）得知，当埋深达到一定的深度以后，垂直土层压力 q 值就不再增加。对式（4-30）埋深 H 求导数，并令 $\frac{\partial q}{\partial H}=0$，即可得对应 $q_{\max}$ 值时的 $H_{\max}$，此 $H_{\max}$ 就认为是浅埋深埋的分界深度 $H_{分界}$。

$$H_{分界}=H_{\max}=\frac{a_1}{K_1}\left[1-\frac{c}{\gamma a_1}(1-2K_2)\right] \tag{4-47}$$

$$K_1=\tan\varphi\tan^2(45°-\varphi/2),K_2=\tan\varphi\tan(45°-\varphi/2)$$

$$a_1=a+h\tan(45°-\varphi/2)$$

式中 a_1——自然拱半跨，m；

a——隧道跨度之半，m；

h——隧道的高度，m；

c——土层的黏聚力，Pa；

φ——土层的内摩擦角，°；

γ——围岩重度，$kN \cdot m^3$。

当 $H \leqslant H_{分界}$ 为浅埋；$H > H_{分界}$ 为深埋。

太沙基理论认为：当覆土层厚度 $H \geqslant 5a_1$（a_1 为压力跨半跨）时，土层压力将趋近常数，通常作为深埋与浅埋的分界限。

二、围岩压力计算实例

如图 4-13 所示单线铁路隧道，处在Ⅳ级围岩中，如埋深 $h=20m$，则围岩容重查得 $\gamma=21.5kN/m^3$，计算时取纵向单位宽度的一环。$B=7.4m$，$H_t=8.8m$，$h_q=0.41\times 1.79^S=0.41\times 1.79^4=4.21$（m），$q=21.5\times 4.21=90.5$（kN/m），水平压力 $e=0.15\sim 0.3q=13.5\sim 27.15$（kN/m），检算 $h=20m>2\sim 2.5h$，属深埋条件，正确。

如果 $h=8m$，$h<2h_q$，应为浅埋。

按浅埋公式计算：查得 $\varphi_0=55°$，$\theta=23°$，$\tan\varphi_0=1.428$，$\tan\theta=0.425$。

$$\tan\beta=\tan\varphi_0+\sqrt{\frac{\tan\varphi_0(\tan^2\varphi_0+1)}{\tan\varphi_0-\tan\theta}}$$

$$=1.428+\sqrt{\frac{1.428(1.428^2+1)}{1.428-0.425}}=3.508$$

$$\lambda=\frac{\tan\beta-\tan\varphi_0}{\tan\beta[1+\tan\beta(\tan\varphi_0-\tan\theta)+\tan\varphi_0\tan\theta]}=0.116$$

$$q=\gamma h\left(1-\frac{\lambda h^2\tan\theta}{B}\right)=162.83(kN/m)$$

$$e_1=\gamma h\lambda=19.95(kN/m)$$

$$e_2=\gamma(h+H_t)\lambda=41.90(kN/m)$$

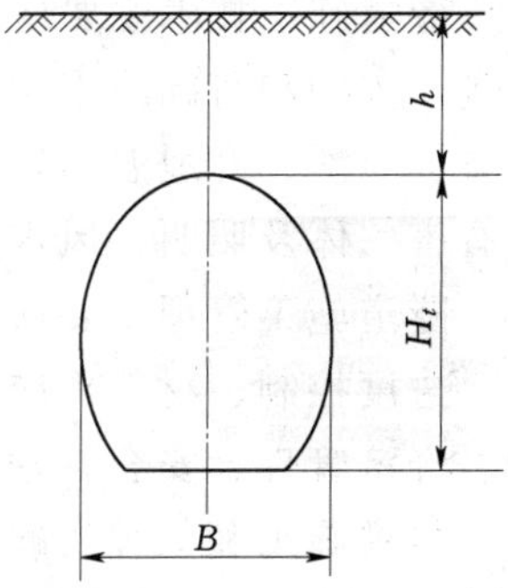

图 4-13 松动压力计算示例

可知浅埋隧道所受围岩松动压力比深埋隧道大，因而靠近洞口段的洞身衬砌需要加强。

第五章　隧道施工方法

● **教学目标：**

1. 掌握常用隧道施工方法。
2. 能结合具体工程地质水文条件进行施工方法比选。

第一节　概　　述

隧道施工是指修建隧道及地下洞室的施工方法、施工技术和施工管理的总称。

隧道施工方法是开挖与支护等工序的组合。隧道施工过程通常包括：在地层内挖出土石，形成符合设计断面的坑道，进行必要的支护和衬砌，控制坑道围岩变形，保证隧道施工安全和长期安全使用。

隧道施工技术主要研究解决上述各种隧道施工方法所需的技术方案和措施（如开挖、掘进、支护和衬砌施工方案与措施）；隧道穿越特殊地质地段时（如膨胀土、黄土、溶洞、塌方、流沙、高地温、岩爆、瓦斯地层等）的施工手段；隧道施工过程中的通风、防尘、防有害气体及照明、风水电作业的方式方法和对围岩变化的量测监控方法。

隧道施工管理主要解决施工组织设计（如施工方案的选择、施工技术措施、场地布置、进度控制、材料供应、劳力及机具安排等）和施工中的技术管理、计划管理、质量管理、经济管理、安全管理等问题。

隧道施工和工程实践有密切联系，因此应理论与生产实践紧密结合。必须指出，由于地质勘探的局限性和地质条件的复杂性及多变性，隧道施工过程中经常会遇到突然变化的地质条件、意外情况（如塌方、涌水等），原制订的施工方案、施工技术措施和施工进度计划等也必须随之变更。因此，必须学会结合工程实践经验、掌握综合运用这些知识的能力，以便正确处理隧道施工中遇到的各种实际问题。

一、隧道施工方法选择原则

围岩工程地质条件，即隧道所处的地下建筑环境条件，主要表现为围岩的自稳能力和抗扰动能力、被挖除岩体的抗破坏能力、地下水储藏条件、地应力大小、地温、易燃易爆有害物质以及这些条件的变化情况。隧道工程结构条件主要表现为隧道长度、隧道断面大小、形状、洞室的组合形式以及支护结构类型等情况。隧道工程施工条件主要表现为施工对围岩的扰动、支护对围岩提供帮助或限制的有效性、施工作业对空间的要求、提高施工速度的要求、控制施工成本的要求、保证工程质量的要求、保证施工安全的要求、减少环境污染的要求、施工队伍技术水平、施工人员素质、施工队伍的管理水平。

从工程技术的角度来看，隧道围岩工程地质和水文地质条件，是影响施工方法选择的最关键因素。针对具体的隧道工程，采用何种施工方法，不仅取决于围岩工程地质和水文地质条件，也必然受到隧道工程结构条件和工程施工条件的影响。

隧道施工方法选择的原则是：应根据实际隧道工程上述三个方面的条件，尤其是围岩工程地质条件，充分研究、综合考虑，选择适当的施工方法，并根据各方面条件的变化及时调整和改变施工方法。

所选施工方法必须与围岩的自稳能力和被挖除岩体的坚硬程度相适应，并尽量减少对围岩的扰动、保持围岩的自稳能力不显著降低、利用围岩自稳能力、保持围岩稳定。所选施工方法必须与隧道断面大小、形状以及洞室的组合情况相适应。所选施工方法必须与施工技术水平相适应，并能够满足施工安全、作业空间、施工速度、施工成本控制、工程质量、环境保护、施工组织和管理方面的要求。

应当指出的是，隧道工程施工是在应力岩体中开拓地下空间。由于地质条件的复杂性和多变性，以及地质勘探、施工技术和人们对工程问题认识的局限性，使得人们在隧道施工过程中不可避免地会遇到预料之外的地质条件，甚至发生如流变、塌方、流沙、突泥、涌水、岩爆等工程事故。所以，隧道施工人员，一方面应当根据隧道工程各方面的具体条件加以综合考虑、反复比较，选择最经济、最合理的施工方法，一般是多种方法、多种技术的综合利用：另一方面应密切关注施工过程中的各种因素变化，及时根据实际情况调整施工方案、施工方法、施工技术和施工进度等各项计划。这是一个受多种因素影响的动态的择优过程。

在长大山岭隧道过程中，采用小直径 TBM 掘进机（直径 3～4m)，先行完成导坑开挖，然后再采用钻爆法扩大为正洞，已成为推荐的组合型施工方法。

二、隧道施工方法分类

按照开挖成型方法、破岩掘进方式、支护结构施作方式或空间维护方式的不同，以及隧道穿越地层的不同，目前一般可以将隧道施工方法分类如下：

（1）矿山法，又称为钻爆法。

（2）新奥法，我国称为“锚喷构筑法”。

（3）浅埋暗挖法。

（4）明挖法。

（5）盖挖法。

（6）盾构法。

（7）TBM 掘进机法。

（8）沉埋法，又称为沉管法。

（9）冻结法。

以上各种方法与地层条件、埋深条件、建筑环境条件的适应性见表 5－1。

表 5-1　　隧道施工方法及其适用条件

施工方法 / 地层条件	矿山法	新奥法	浅埋暗挖	明挖法	盖挖法	盾构法	掘进机法	沉埋法	冻结法
山岭隧道	适用	适用、最常用	浅埋段适用	浅埋段适用		软岩段适用	适用		
浅埋隧道（软岩、土质）	可用	加特殊措施适用	常用	常用	适用	适用			可用
水下隧道（水下地层中）		硬岩段适用				软岩段适用			可用
水底隧道（水下河床上）								适用	

第二节　矿　山　法

一、矿山法概述

1. 定义

“矿山法”因其采用“钻眼爆破”方式破岩故隧道工程中也称之为“钻爆法”。它是采用纵向分段、横向全断面或分部开挖，每一部分开挖成型后即对暴露围岩加以适当的支撑或支护，继而提供必要的永久性人工结构，以保持隧道长期稳定的施工方法。矿山法由于支撑或支护结构和材料的不同，人们习惯上将采用钢、木构件作为临时支撑的施工方法称为“传统矿山法”，日本隧道界则称之为“背板法”。

早期的传统矿山法主要采用木构件作为临时支撑，施作后的木构支撑只是作为围护围岩稳定的临时措施，待隧道开挖成型后，再逐步将其拆除，并代之以砌石或混凝土衬砌。由于木构支撑的耐久性差和对坑道形状的适应性差，尤其是支撑撤换工作既麻烦又不安全，且对围岩有进一步扰动，因此已很少采用。

后来，由于材料的改进和钢材产量的增加，传统矿山法发展为主要采用钢构件承受早期围岩压力，以维护围岩的临时稳定，然后在此基础上，再施作内层衬砌，以承受后期围岩压力，并提供安全储备。钢构件支撑具有较好的耐久性和对坑道形状的适应性等优点，施作后的钢构件支撑无需拆除和撤换，也更为安全。

2. 优缺点

矿山法将围岩与单层衬砌之间的关系等同于地上工程的“荷载（围岩）—结构（衬砌）”力学体系。它作为一种维持坑道稳定的措施，是很直观和奏效的，也容易被施工人员理解和掌握。

因此，直至现在，这种方法还常被应用于不便采用锚喷支护的隧道中或处理塌方等。传统矿山法的一些施工原则也得以继承和发展。曾经使用过的“插板法”和现在经常使用的“超前管棚法”及“顶管法”，可以说是传统矿山法改进和松弛荷载理论发展的极致。

但由于衬砌的实际工作状态很难与设计工作状态达成一致，以及存在临时支撑难以撤换等一些问题，在一定程度上限制了它的发展和应用。

二、矿山法施工的基本程序

矿山法是采用木构件或钢构件作为临时支撑的，抵抗围岩变形，承受围岩压力，获得坑道的临时稳定，待隧道开挖成型后，再逐步将临时支撑撤换下来，而代之以永久性单层衬砌的施工方法。它是人们在长期的施工实践中逐步自然发展起来的一种传统施工方法。矿山法施工的基本程序可用图 5－1 所示的框图表示。

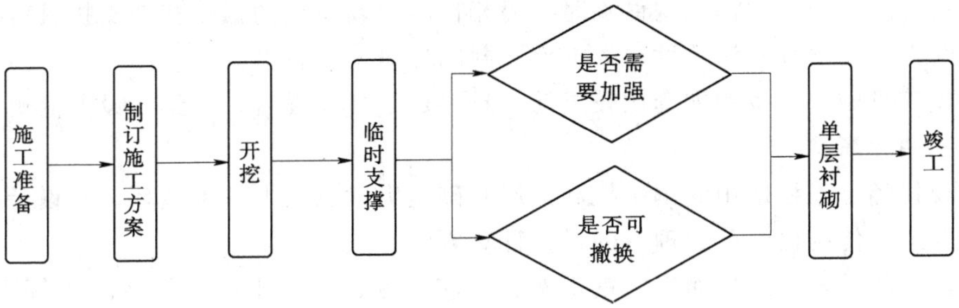

图 5－1 矿山法施工程序

三、矿山法施工的原则

矿山法施工的基本原则可以归纳为“少扰动、早支撑、慎撤换、快衬砌”。

少扰动：是指在进行隧道开挖时，要尽量减少对围岩的扰动次数、扰动强度、扰动范围和扰动持续时间，这与新奥法施工的要求是一致的。采用钢支撑，可以增大一次开挖断面跨度，减少分布次数，从而减少对围岩的扰动次数。

早支撑：是指开挖后应及时施作临时构件支撑，使围岩不致因变形松弛过度而产生坍塌失稳，并承受围岩松弛变形产生的压力，即早期松弛荷载。定期检查支撑的工作状况，若发现变形严重或出现损坏征兆，应及时增设支撑予以加强。作用在临时支撑的结构设计亦采用类似于永久衬砌的设计方法，即结构力学方法。

慎撤换：是指拆除临时支撑而代之以永久性模筑混凝土衬砌时要慎重，即要防止撤换过程中围岩坍塌失稳。每次撤换的范围、顺序和时间要视围岩稳定性及支撑的受力状况而定。若预计到不能拆除，则应在确定开挖断面大小及选择支撑材料时就予以研究解决。使用钢支撑作为临时支撑，则可以避免拆除支撑的麻烦和危险。

快衬砌：是指拆除临时支撑后要及时修筑永久性混凝土衬砌，并使之尽早承载参与工作。若采用的是钢支撑，又不必拆除，或无临时支撑时，亦应尽早施作永久性混凝土衬砌。

第三节 新 奥 法

一、新奥法概述

1. 定义

“新奥法”是奥地利隧道学家腊布希维兹教授在总结锚喷支护技术的基础上首先提出

的，简称为 NATM（New Austrian Tunnelling Method）。它是采用锚杆和喷射混凝土作为初期支护，达成围岩的基本稳定，待隧道开挖成型后，再逐步地施作内层衬砌作为安全储备，以保持隧道长期稳定的施工方法。我国隧道施工技术规范称之为“锚喷构筑法”。

2. 优缺点

（1）各工序的组合和调整的灵活性很大，尤其是当地质条件发生变化时，它依然表现出很强的适应性。长期的实践已使人们积累了丰富宝贵的施工经验，形成了较为科学合理、完整成熟的施工方案，这些是普遍认同的优势。

（2）与传统矿山法的钢木构件临时支撑相比较，新奥法的锚喷初期支护具有显著的灵活性、及时性、密贴性、深入性、柔韧性、封闭性等工程特点。

（3）施工机械和设备的配套比较灵活，且多数是常规设备，其组装设备简单、转移方便，重复利用率高。

（4）现代隧道工程使用的钢拱架和内层衬砌是力学意义上的承载环，其设计计算方法仍沿用并改进了传统松弛荷载理论的设计计算方法。

值得注意的是，就成功而言，钢拱架、超前管棚、混凝土或钢筋混凝土等刚性构件，其作用简明直观、行之有效，且具有较好的耐久性。而锚喷初期支护的支护能力和功效虽然并不亚于刚性构件，但其理论需要专门的培训，对其实施准则的认识和掌握还需要在实践中加以总结和积累。就耐久性而言，因为锚喷支护毕竟是一种松散结构，其耐久性并非是最理想且在不同的围岩条件下，其功效大小也不尽相同，还需要用时间来检验。

二、新奥法施工的基本程序

新奥法主要采用锚杆和喷射混凝土作为维护围岩稳定的初期支护，以帮助围岩获得初步稳定，施作后的锚喷支护即成为永久性承载结构的一部分而不予以拆除，然后，在此基础上再施作内层衬砌作为安全储备，称为二次衬砌。初期支护、二次衬砌与围岩三者共同构成了永久的隧道结构体系。

新奥法施工的基本程序可用图 5-2 所示的框图表示。

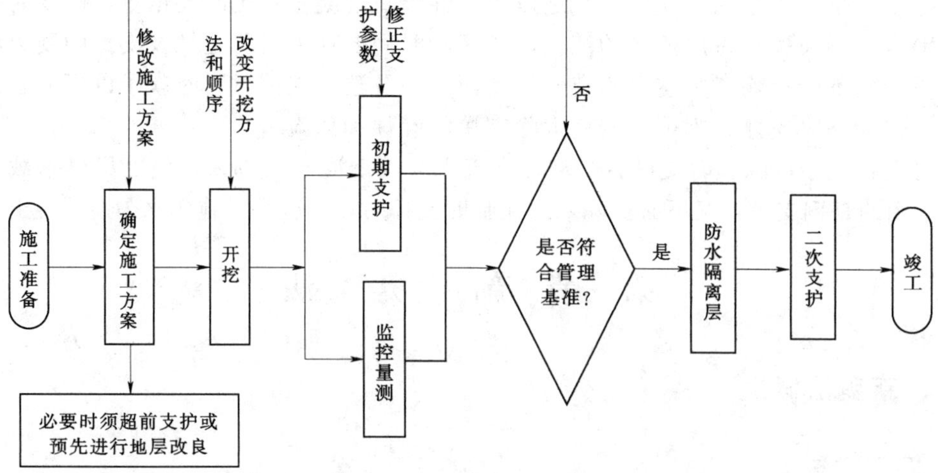

图 5-2　新奥法施工程序

值得注意的是：虽然新奥法和传统矿山法都是采用钻眼爆破式掘进，但二者的支护方式有着显著的不同，且二者的施工原则和理论解释也不同。这种差异，反映了人们对隧道和地下工程问题认识的进步和工程理论的发展。新奥法是目前我国山岭隧道工程中广泛使用的施工方法。

锚杆、喷射混凝土和钢拱架等初期支护直接参与围岩共同工作，也不受隧道断面尺寸和形状的限制，可以适用于大多数的地质条件，对某些地质条件，在辅助工法的支持下仍然适用，从而使隧道施工的安全性和隧道结构的可靠度均大大增加。

由于锚喷支护技术的应用和发展，也使隧道及地下工程的设计和施工更符合地下工程实际，即实现了“隧道及地下洞室建筑结构体系的”的设计理论—施工方法—工作状态三者在原则、程序和效果方面的基本一致协调和贯穿统一。因此，新奥法作为一种施工方法，已在世界范围内广泛地应用。更为重要的是，它引发人们对锚喷支护作用机理的广泛研究，从而促成了隧道及地下工程理论迈入现代隧道及地下工程理论的新时代，导致了现代隧道工程理论体系的形成和“围岩承载理论”的提出。

若采用机械化施工，其主要机械配置见表 5-2。

表 5-2　　机械配置表

项目	机械名称	规格型号	台数	主要技术性能
开挖	凿岩台车	RB353E	2	全液压控制，轮胎行走，工作范围 11.5m×15.3m
	铣挖机	ER1500-S	3	适用于软弱、风化岩（最大硬度＜120MPa）的开挖，用于处理局部开挖，开挖沟槽更方便
出渣运输	挖斗式装渣机	ITC312H4	3	履带行走，高速 3.6km/h，低速 1.6km/h；装渣能力 300m³/h，挖掘高度 6450mm，挖掘深度 1430mm
	铲斗式装渣机	CAT966G	3	可侧卸，轮胎行走，3.5m³
		ZLC50C	3	可侧卸，轮胎行走，2.3m³
	普通挖掘机	EC290BLS	1	履带式行走，1.5m³
		CAT320C	2	履带式行走，1.0m³
	双向自卸汽车	VOLOV A25DTS	8	双向行驶，载质量 25t，铰接车身
	单向自卸汽车	VOLOV FM9	5	单向行驶，载质量 20t，转弯半径 16m
		ND3320	4	双向行驶，载质量 21t，转弯半径 16m
超前支护	管棚钻机	KRB80512	1	履带行走，主臂可 360°回转定位，钻孔高度 4.5m 可套管与钻杆同时跟进冲击钻进，深度达 50m，钻孔直径 89～250mm，回转扭矩 4～16kN·m
	深孔钻机	MK-5S	2	钻孔深度达 400m，钻孔直径 75mm
	注浆泵	ZMP726E	4	最大注浆压力 21MPa

续表

项目	机械名称	规格型号	台数	主要技术性能
初期支护	强制式混凝土搅拌机	JS500	2	$25m^3/h$
	混凝土湿喷机	KOS1030－HA30	3	$12m^3/h$
二次衬砌	衬砌模板台车	穿行式	3	全断面，全液压，分体移动，一次模筑长度10m
	混凝土输送泵	HBTR60	4	$60m^3/h$
	混凝土搅拌运输车	RB353E	1	$6m^3$
高压供风	内燃空压机	CVFV－12/7	2	$12m^3/min$
	电动空压机	L－22/7	6	$22m^3/min$
通风排水	轴流式通风机	SDF－No12.5	2	2级变速，110kW×2
	多级离心水泵	8BA－18	15	20kW

三、新奥法施工的原则

根据对隧道及地下工程的基本问题——“开挖与支护的关系”的认识，对围岩的“三位一体特性”的认识，以及对支护的“加固和维护作用”的认识，现代“围岩承载理论”认为“围岩是工程加固的对象，是不可替代的；支护是加固的手段，是可以选择的”。

围岩承载理论在“新奥法”成功应用的基础上，运用岩体力学分析方法，充分考虑围岩在施工过程中的动态变化，逐步形成了“以维护和利用围岩的自承能力为基本出发点，锚杆和喷射混凝土为主要支护措施，对围岩和支护的变形和应力进行测量为监视控制手段，来指导隧道和地下工程设计施工”的基本思路，并进一步总结出提供支护帮助的基本原则，即“围岩不稳，支护帮助，遇强则弱，遇弱则强，按需提供，先柔后刚，监控量测，动态调整”。

根据以上解决问题的基本思路和支护设计的基本原则，作为一种施工方法，新奥法施工的基本原则可以归纳为“少扰动，早锚喷，勤量测，紧封闭”。这四项基本原则的具体含义解释如下：

少扰动：是指在进行隧道开挖时，要尽量减少对围岩的扰动次数、扰动强度、扰动范围和扰动持续时间。因此，隧道施工应根据围岩级别，选择合理的开挖方法、掘进进尺和作业循环。具体措施是：能用机械开挖的就不用钻爆法开挖；采用钻爆法开挖时，要严格地进行控制爆破；尽量采用大断面开挖，以减少对围岩的扰动次数；对自稳性差的围岩，宜采用分部开挖，小循环作业，并且掘进进尺应短一些；最好采用机械开挖，必要时可采用松动爆破；支护要尽量紧跟开挖面，以缩短围岩应力松弛时间。

早锚喷：是指开挖后及时施作初期锚喷支护，使围岩的变形进入受控制状态。这样做一方面是使围岩不致因变形过度而产生坍塌失稳；另一方面是使围岩变形适度发展，以充分发挥围岩的自承能力。必要时，可采取超前预支护，甚至注浆加固（地层改良）措施。具体措施是：根据围岩级别采用喷射混凝土、锚杆、钢拱架和模筑混凝土衬砌等不同组合形式的初期支护，并及时调整支护时机、支护参数，以求达到最佳支护效果。

勤量测：是指以直观、可靠的量测方法获得量测数据来判断围岩（或围岩加支护）的稳定状态及动态发展趋势，评价支护的作用和效果，以便及时调整支护时机、支护参数、开挖方法、施工速度，确保施工安全和顺利进行。具体措施是：在隧道施工中，对围岩进行地质素描、拱顶下沉观测、水平收敛观测、仰拱隆起观测及锚杆抗拔力测试等。量测是掌握围岩动态变化过程的手段和修改支护参数、调整施工措施的依据，也是现代隧道及地下工程理论的重要标志之一。

紧封闭：一方面是指采用喷射混凝土等防护措施，避免围岩长时间暴露而致强度和稳定性衰减，尤其是对于易风化的软弱围岩。另一方面，更为重要的是指要适时对围岩施作封闭性支护，使之形成“力学意义上的封闭的承载环”，即围岩＋支护＝无薄弱部位且整体稳定的环状（筒状）结构物。这样做不仅可以及时阻止围岩的过度变形，保证隧道的稳定，而且可以使支护和围岩能进入良好的共同工作状态，以有效地发挥支护体系的作用。具体措施是：在一般破碎围岩地段的施工中，及时加固薄弱部位；而在软弱破碎围岩地段的施工中，采用短台阶或超短台阶法开挖，及时修筑仰拱，使初期支护尽早形成封闭的承载环。

值得注意的是，在一般围岩条件下，模筑混凝土内层衬砌，原则上是在初期支护与围岩共同工作并已达成基本稳定（变形收敛）的条件下修筑的。因而内层衬砌的作用是承受围岩后期压力和提供安全储备。但在围岩自稳能力很弱并具有较强流变特性时，及时采用刚度较大的强支护措施就显得非常必要。

四、需要采用超前支护或预先进行注浆加固、冷冻固结的情形

遵循现代隧道工程围岩承载理论的基本思想，以及现代隧道支护设计的基本原则和新奥法施工的基本原则，当隧道围岩坚硬完整时，或者围岩虽然比较软弱破碎，但地应力不大、埋置深度较大时，隧道上覆岩体的自然成拱作用较好工作面稳定，既不易受地面条件的影响，围岩松弛变形也不至于波及地表。采取常规支护，并按“先开挖、后支护”的工作程序进行施工，就可以获得围岩的稳定和安全。

但当隧道围岩软弱破碎，而地应力也很大时，无论是浅埋还是深埋，围岩都表现为较强的流变性，随时会发生坍塌，有时甚至不挖自塌，工作面不稳定，难以形成自然拱。此时，若仍然采用常规支护措施和顺作，不但不能有效地控制围岩的变形和阻止坍塌，而且围岩的松弛变形还会进一步向围岩深层发展，造成更大范围的围岩松弛，改变地层状态和地下水环境，严重时还会波及地表，改变地面形态，危及地面建筑物的稳定和安全。

针对软弱破碎围岩条件下的工作面稳定问题，可以采用的特殊稳定措施有超前支护、注浆加固以及冷冻固结三大类。由于有这些特殊措施的支持，使得在软弱破碎地层中进行隧道施工更及时、有效、快速，也更安全和具有可预防性。

超前支护又分为超前锚杆加固前方围岩和超前管棚支护前方围岩，它主要适用于松散破碎的石质围岩条件。注浆加固又分为超前小导管注浆和超前深孔帷幕注浆，它主要适用于松散未胶结的砂性地层条件。注浆不仅可以加固围岩，也可以起到堵水作用。冷冻固结主要是针对饱和软黏土层条件，利用水作为介质，通过冷冻结冰，将围岩固化，形成稳定较好的冻土，再在冻土层中完成隧道施工的一种特殊施工技术。

以上措施可视情况依次选用，即优先选用简便方法，并应视围岩工程地质条件、地下水情况、施工方法、建筑环境要求等具体情况，尽量与常规稳定措施相结合，进行充分的技术经济比较，选择最为适宜的特殊稳定措施。

总之，在软弱破碎围岩条件下，采用特殊稳定措施进行隧道施工的基本原则是先护后挖，逆序施作，具体说来就是先支护，后加固、后开挖，逆序施作；短进尺、慎开挖，万勿冒进；强支护、快衬砌，及时封闭；重观察、勤测量，莫等塌方。

五、洞口施工与进洞方法

山岭隧道洞口，或长或短有一段埋深比较浅，称为浅埋段。因此，洞口施工除应遵循以上施工原则以外，还要研究进洞方法。进洞方法主要是研究如何维护边坡、仰坡的稳定，保证安全、顺利进洞。

一般而言，不论洞口位置边、仰坡陡缓情形和基岩稳定好坏，都必须先行做好截水天沟等洞口防排水设施，减少或避免雨水对边、仰坡的危害，然后才可以安排进洞施工。

如果洞口仰坡比较陡，表明浅埋段较短，基岩（围岩）稳定性较好。可在清除地表虚土并施作简单的防护后，直接开挖进洞。但应注意采用短进尺、弱爆破、强支护，并随时加密观测支护的工作状况和地松动变形或下沉情况。

如果洞口仰坡比较平缓，或者洞口傍山斜交，表明浅埋段较长，基岩（围岩）稳定性较差或存在偏压，边、仰坡易于坍塌，应遵循先护后挖准则，做好进洞施工。此种条件下，应首先对边、仰坡实施加固处理，必要时应采用“超前支护”等特殊稳定措施，来维护边、仰坡（围岩）的稳定，方可进洞开挖。且应注意采用短进尺、弱爆破、强支护，并随时加密观测支护的工作状况和地层松动变形或下沉情况。常见的方法有两种：一种是超前小导管进洞，另一种是超前管棚进洞。无论采用哪一种超前支护方法，都必须先在洞口位置设置钢筋混凝土套拱，并在套拱中按设计要求预埋导管，以便向洞内施作小导管或长钢管（必要时注浆），形成超前支护。

六、常用的施工方法

在隧道的开挖过程中，周围围岩稳定与否，虽然主要取决于围岩本身的工程地质条件，但不同的开挖方法无疑对围岩稳定状态有直接而重要的影响。

因此，隧道开挖的基本原则是：在保证围岩稳定或减少对围岩的扰动的前提条件下，选择恰当的开挖方法和掘进方式，并应尽量提高掘进速度。即在选择开挖方法和掘进方式时，一方面应考虑隧道围岩地质条件及其变化情况，选择能很好地适应地质条件及其变化，并能保持围岩稳定的方法和方式；另一方面应考虑隧道影响范围内岩体的坚硬程度，选择能快速掘进，并能减少对围岩的扰动的方法和方式。新奥法常常采用的施工方法有全断面法、台阶法、环形开挖留核心土法、CD 法（中隔墙法）、CRD 法（交叉中隔壁法）和侧壁导坑法。

1. 全断面法

全断面法主要适用于较好围岩，全断面开挖法施工操作比较简单，为了减少对地层的扰动次数，在采取局部注浆等辅助施工措施加固地层后，也可采用全断面法施工。全断面开挖法有较大的作业空间，有利于采用大型配套机械化作业，提高施工速度，且工序少，便于施工组织和管理。但由于开挖面较大，围岩稳定性降低，且每个循环工作量较大，对于岩质隧道每次深孔爆破引起的震动较大，因此要求进行精心的钻爆设计，并严格控制爆破作业。图 5-3 所示为馒头山隧道全断面开挖实例。

图 5-3 全断面法施工实例

2. 台阶法

台阶法是隧道施工最为常用的一种方法，因其开挖步序少，施工速度快而易于为工程技术人员所采用，根据台阶长度不同，划分为长台阶法、短台阶法和微台阶法三种，如图 5-4 所示。

施工中采用哪一种台阶法，要根据两个条件来决定，第一是对初期支护形成闭合断面的时间要求，围岩越差，要求闭合时间越短，第二是对上部断面施工所采用的开挖、支护、出渣等机械设备需要施工场地大小的要求。对软弱围岩，主要考虑前者，以确保施工安全；对较好围岩，主要考虑如何更好地发挥机械设备的效率，保证施工中的经济效益，因此只考虑后一条件。

(1) 长台阶法。长台阶法开挖断面小，有利于维持开挖面的稳定，适用范围较全断面法广，一般适用于地质条件较差的Ⅲ、Ⅳ、Ⅴ级围岩，在上、下两个台阶上，分别进行开挖、支护、运输、通风、排水等作业线，因此台阶长度适当长一些，一般考虑至少为 50m。但台阶长度过长，如大于 100m，则增加了轨道的铺设长度，同时其通风排烟、排水的难度也大大增加。这样反而降低了施工

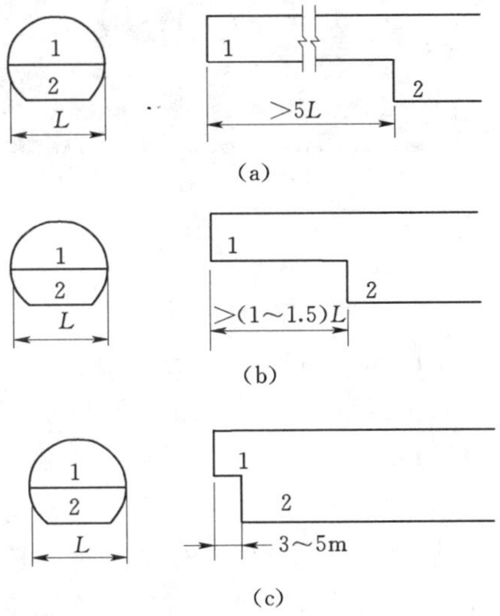

图 5-4 台阶法类型

(a) 长台阶法；(b) 短台阶法；(c) 微台阶法

的综合效率，因此推荐台阶长度为 50～80m。

（2）短台阶法。短台阶法适用于地质条件差的Ⅳ、Ⅴ级围岩，台阶长度定为 10～15m，即 1～2 倍开挖宽度，主要是考虑拉开工作面，减少干扰，因此台阶长度不宜过短。上台阶一般采用少药量的松动爆破，出渣采用人工或小型机械转运至下台阶，一般不考虑有轨运输，因此台阶长度不宜过长，如果超过 15m，则出渣所需的时间显得过长。

短台阶法可缩短支护闭合时间，改善初期支护的受力条件，有利于控制围岩变形。缺点是上部出渣对下部断面施工干扰较大，不能全部平行作业。

（3）微台阶法。微台阶法是全断面开挖的一种变异形式，适用于Ⅴ、Ⅵ级围岩，一般为 3～5m 的台阶长度，台阶长度小于 3m 时，无法正常进行钻眼和拱部的喷锚支护作业；台阶长度大于 5m 时，利用爆破将石渣翻至下台阶有较大的难度，必须采用人工翻渣，所以不可取。微台阶法上下断面相距较近，机械设备集中，作业时相互干扰大，生产效率低，施工速度慢。

根据地层情况不同，采用不同的开挖长度，一般在地层不良地段每次开挖进尺采用 0.5m～0.8m，甚至更短，由于开挖距离短可争取时间架立钢拱架，及时喷射混凝土，减少坍塌现象的发生。图 5－5 所示为某隧道台阶法工程实例。

(a)

(b)

图 5－5　台阶法施工实例

3. 环形开挖留核心土法

环形开挖留核心土法常用于Ⅵ级围岩单线和Ⅴ～Ⅵ级围岩双线隧道掘进。施工顺序为：人工或单臂掘进机开挖环形拱部，架立钢支撑，挂钢丝网，喷射混凝土。在拱部初期支护保护下，开挖核心土和下半部，随即接长边墙钢支撑，挂网喷射混凝土，并进行封底。根据围岩变形，适时施作二次衬砌。

施工时要求：环形开挖进尺一般为 0.5～2.0m；开挖后应及时施作喷锚支护、安设钢架支撑，每两榀钢架之间采用连续钢筋连接，并加锁脚锚杆；当围岩地质条件差，自稳时间较短时，开挖前在拱部设计开挖轮廓线以外，进行超前支护。

环形开挖留核心土法施工开挖工作面稳定性好，施工较安全，但施工干扰大、工效低。在土质及软弱围岩中使用较多，在大秦线军都山隧道黄土段等隧道施工中均有应用。

如图 5－6 所示。

图 5－6 环形开挖留核心土法施工实例

4. CD 法和 CRD 法

CD 法也称中隔墙法，主要适用于地层较差和不稳定Ⅴ～Ⅵ级岩体，且地面沉降要求严格的地下工程施工。当 CD 法仍不能满足要求时，可在 CD 法的基础上加设临时仰拱，即所谓的 CRD 法（也称交叉中隔墙法）。CRD 法的最大特点是将大断面施工化成小断面施工，各个局部封闭成环的时间短，控制早期沉降好，每个步序受力体系完整。因此，结构受力均匀，形变小。另外，由于支护刚度大，施工时隧道整体下沉微弱，地层沉降量不大，而且容易控制。

大量施工实例资料的统计结果表明，CRD 法优于 CD 法（前者比后者减少地面沉降近 50%）。但 CRD 法施工工序复杂，隔墙拆除困难，成本较高，进度较慢，一般在地面沉降要求严格时才使用。图 5－7 所示为某 CD 法和 CRD 法施工实例。

(a) (b)

图 5－7 CD 和 CRD 法施工实例

(a) CD 法；(b) CRD 法

5. 侧壁导坑法

侧壁导坑法分单侧壁导坑和双侧壁导坑，以双侧壁导坑法为例来说明。双侧壁导坑法也称眼睛法，是变大跨度为小跨度的施工方法，其实质是将大跨度分成三个小跨度进行作业，主要适用于地层较差、断面很大、三线或多线大断面铁路公路隧道及地下工程。该法工序较复杂，导坑的支护拆除困难，有可能由于测量误差而引起钢架连接困难，从而加大了下沉值，而且成本较高，进度较慢。一般采用人工和机械混合开挖，人工和机械混合出渣。图 5-8 为采用单、双侧壁导坑法施工的工程实例。

(a) (b)

图 5-8 侧壁导坑法施工实例

(a) 单侧壁导坑；(b) 双侧壁导坑

实践证明：选择合理的施工方法，可以安全地施工隧道，并将地表沉降控制在设计要求范围内。因此，选择一种合理的施工方法是工程成败的关键。综合国内外施工经验，基于经济性及工期考虑，其施工方法选择的顺序为：全断面法→台阶法→环形开挖预留核心土法→CD 法→CRD 法→侧壁导坑法。从安全性角度考虑，顺序正好相反。在工程实践中，应根据地质条件、断面大小、地面环境等因素从施工方法的可实现性、安全性、工期、适应性、技术性和经济性六个方面综合考虑，选择施工方法。

新奥法常用的 7 种施工方法的优缺点汇总于表 5-3 中。

表 5-3 **不同施工方法对比表**

施工方法	横断面示意图	纵断面示意图	指标			
			沉降	工期	支护拆除量	造价
全断面法	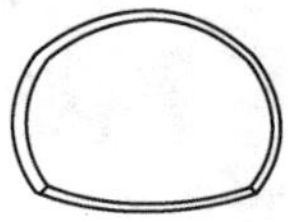	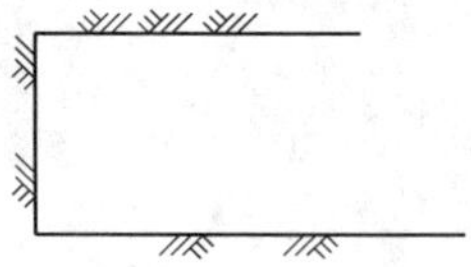	一般	最短	没有拆除	低
台阶法	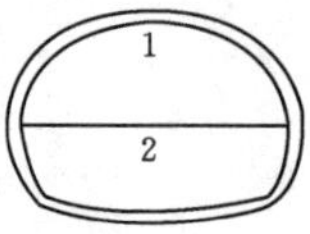	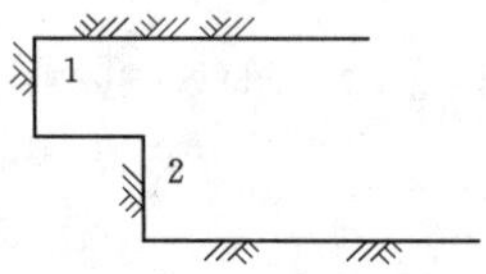	一般	短	没有拆除	低

续表

施工方法	横断面示意图	纵断面示意图	指　　标			
			沉降	工期	支护拆除量	造价
环形开挖留核心土法	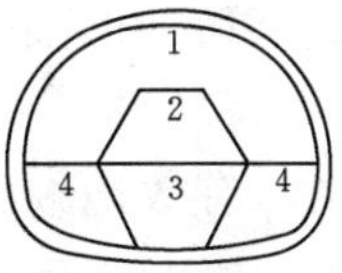	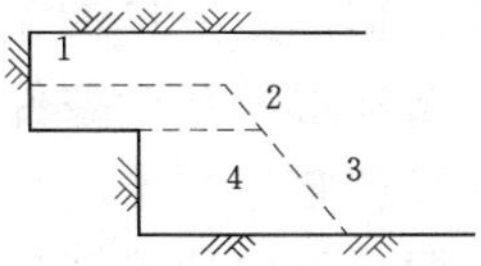	一般	短	没有拆除	低
CD法	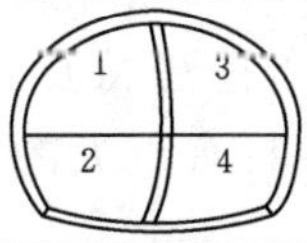	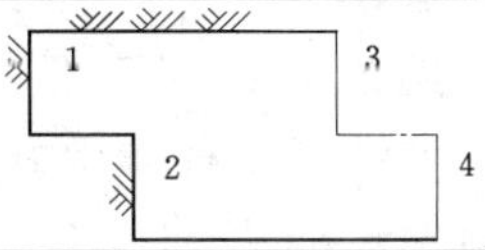	较大	短	拆除少	偏高
CRD法	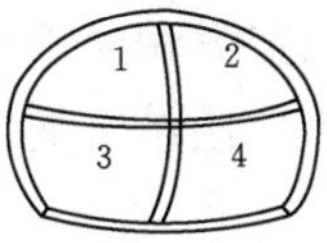	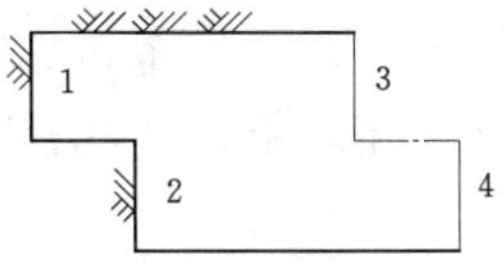	较小	长	拆除多	高
单侧壁导坑法	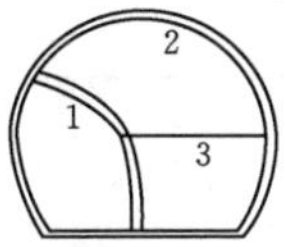	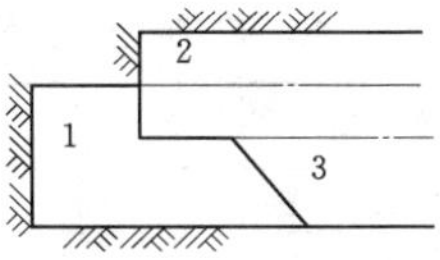	较大	长	拆除多	高
双侧壁导坑法	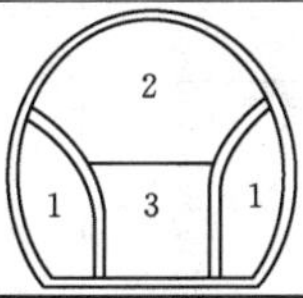	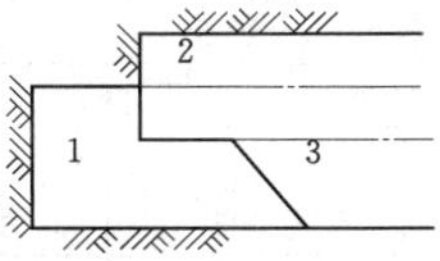	大	长	拆除多	高

第四节　浅 埋 暗 挖 法

一、概述

浅埋暗挖法是在距离地表较近的地下进行各种类型地下洞室暗挖施工的一种方法。继1984年王梦恕院士在军都山隧道黄土段试验成功的基础上，又于1986年在具有开拓性、风险性、复杂性的北京复兴门地铁折返线工程中应用，在拆迁少、不扰民、不破坏环境的前提下获得成功。同时，结合中国特点及水文地质系统，创造了小导管超前支护技术、8字形网构钢拱架设计、制造技术、正台阶环形开挖留核心土施工技术和变位进行反分析计算的方法，突出时空效应对防塌的重要作用，提出在软弱地层快速施工的理念。由此形成了浅埋暗挖法，创立了适用于软弱地层的地下工程设计、施工方法。

浅埋暗挖法施工的地下洞室具有埋深浅（最小覆跨比可达0.2）、地层岩性差（通常为第四纪软弱地层）、存在地下水（需降低地下水位）、周围环境复杂（邻近既有建、构筑物）等特点。由于造价低、拆迁少、灵活多变、无须太多专用设备及不干扰地面交通和周围环境等特点，浅埋暗挖法在全国类似地层和各种地下工程中得到广泛应用。在北京地铁复西区间、西单车站、国家计委地下停车场、首钢地下运输廊道、城市地下热力、电力管道、长安街地下过街通道及地铁复一八线中，深圳地下过街通道及广州地铁一号线等地下工程中推广应用，并已形成一套完整的综合配套技术。

同时，经过许多工程的成功实施，其应用范围进一步扩大，由只适用于第四纪地层、无水、地面无建筑物等简单条件，拓广到非第四纪地层、超浅埋（埋深已缩小到0.8m）、大跨度、上软下硬、高水位等复杂地层及环境条件下的地下工程中去。

信息化技术的实施，实现了浅埋暗挖技术的全过程控制，有效地减小了由于地层损失而引起的地表移动变形等环境问题。不但使施工对周边环境的影响降到最低限度，由于及时调整、优化支护参数，提高了施工质量和速度，使浅埋暗挖法特点得到更进一步的发挥，为城市地下工程设计、施工提供了一种非常好的方法，具有重大的社会效益和环境效益，该方法在总体上达到国际领先水平。

浅埋暗挖法既可以作为独立施工方法，也可以与其他施工方法结合使用。车站经常采用浅埋暗挖法与盖挖法相结合，区间隧道用盾构法与浅埋暗挖法结合施工。三者的应用情况见表5-4。

表5-4　　施工方法比较表

工法	浅埋暗挖	盾构	明（盖）挖
地质条件	有水需处理	各种地层	各种地层
地面拆迁	小	小	大
地下管线	无需拆迁	无需拆迁	需拆迁
断面尺寸	各种断面	特定断面	各种断面
施工现场	较小	一般	大
进度	开工快，总工期偏慢	前期慢，总工期一般	总工期快
振动噪声	小	小	大
防水	有一定难度	有一定难度	较容易

二、施工原理

新奥法是施工过程中充分发挥围岩本身具有的自承能力，以喷射混凝土、锚杆为主的初期支护，使支护与围岩联合受力共同作用，把围岩看作支护结构的重要组成部分。浅埋暗挖法理论源于“新奥法”，如以锚喷作为初期支护手段；尽量减少围岩扰动；初支与围岩密贴；量测信息反馈指导施工等。但浅埋暗挖法基本不考虑利用围岩的自承能力，采用复合衬砌，初期支护承受全部基本荷载，二衬作为安全储备，共同承担特殊荷载。

在新奥法的基础上，浅埋暗挖法又总结提出18字方针，即管超前、严注浆、短进尺、强支护、快封闭、勤量测（图5-9）。在暗挖施工作业时根据地质情况制定相应的开挖步骤和支护措施，严格根据量测数据确定支护参数，保证暗挖作业和周边环境的安全。

管超前：开挖拱部土体自稳能力差，自立时间短，土体凌空后极易坍塌，采用超前支护的各种手段主要提高土体的稳定性，控制下沉，防止围岩松弛和坍塌。

严注浆：导管超前支护后，立即进行压注水泥浆或其他化学浆液，填充围岩空隙，使隧道周围形成一个具有一定强度的壳体，以增强围岩的自稳能力，确保开挖过程中的安全。

短进尺：一次注浆，一次开挖或多次开挖，土体暴露时间越长，进尺越大，土体坍塌的危险就越大，所以一定要严格限制进尺的长度。在施工中可采取留核心土，目的除减少

(a) (b) (c) (d) (e) (f)

图 5-9 “18 字方针”现场施工图

(a) 管超前；(b) 严注浆；(c) 短进尺；(d) 强支护；(e) 快封闭；(f) 勤量测

开挖时间外，预留的土体还可以平衡掌子面的土体，防止滑塌。

强支护：在松散地层中施工，大量土体的重力会直接作用于初期支护结构上，初期支护必须十分牢固，具有较大的刚度，以控制初期结构的变形，保证结构的稳定。

快封闭：在台阶法施工中，如上台阶未封闭成环，变形速度较快，为有效控制围岩松弛，必须及时采用临时仰拱或使支护体系成环。

勤量测：结构的受力最终都表现为变形，可以说，没有变形（微观的），结构就没有受力。按照规定频率对规定部位进行监测，掌握施工动态，调整施工参数并设置各部位的变形警戒值，是浅埋暗挖法施工成败的关键。

三、施工程序及工艺

浅埋暗挖施工程序可简化为以下步骤：

施工准备——超前小导管布设——超前注浆——土方开挖——格栅安装——网片安装——混凝土喷射——防水板安装—— 二次衬砌。施工程序如图 5 - 10 和施工工艺如图 5 - 11 所示。

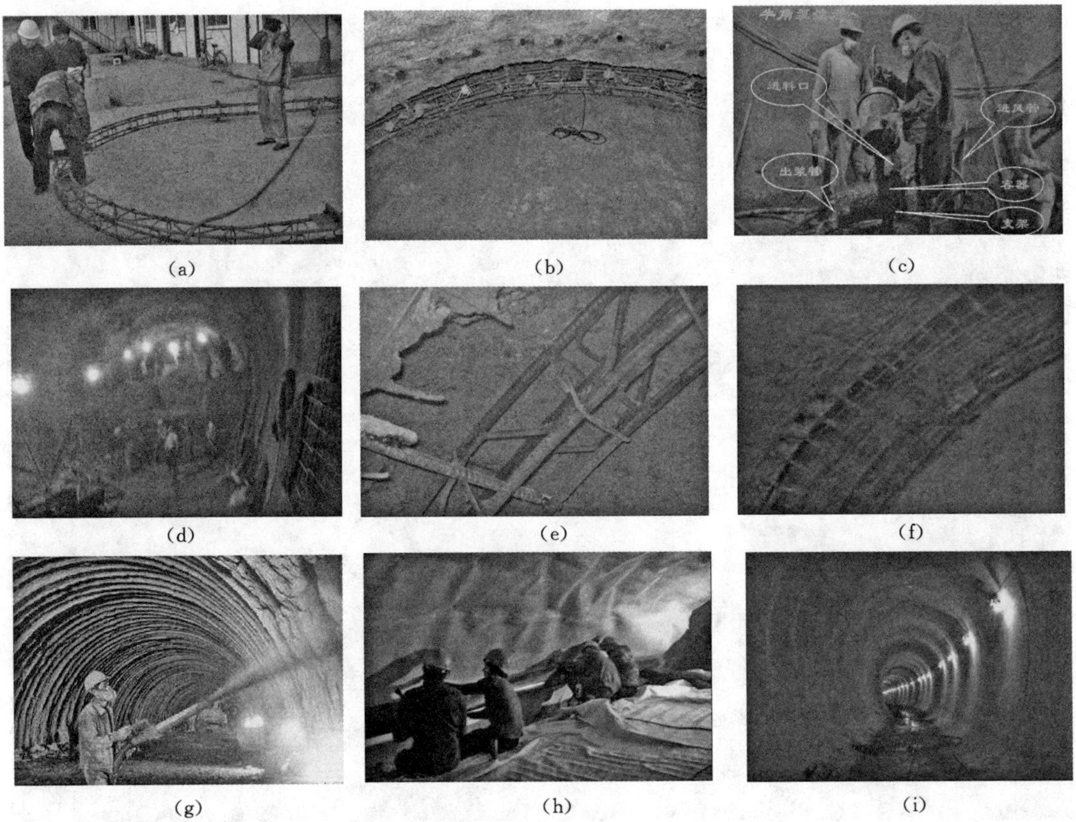

图 5 - 10　施工程序

(a) 施工准备；(b) 超前导管布设；(c) 超前注浆；(d) 土方开挖；(e) 格栅安装；(f) 网片安装；(g) 混凝土喷射；(h) 防水板安装；(i) 二次衬砌

四、易出现的问题及对策

浅埋暗挖法修建隧道由于埋深浅等原因，在一些工程实例中常出现诸如沉降过大、坍塌等安全事故。为防止安全事故的发生，提高工程的安全可靠性，应从设计、施工和监测

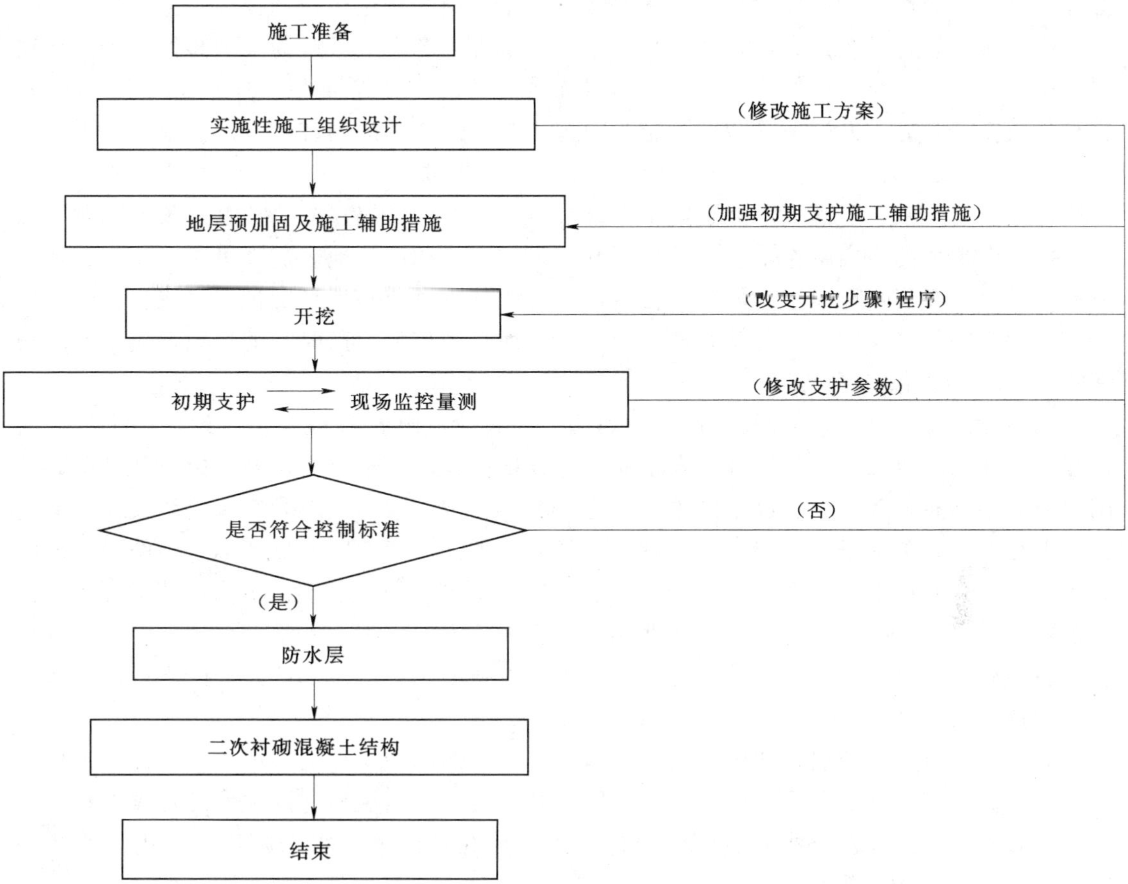

图 5－11　施工工艺

三个方面进行防治。

1. 设计与监测的安全可靠性

采用新奥法理论修建隧道，结合现场监测结果，及时更改设计，调整施工参数，控制结构和地层变位，防止病害发生。这些措施可有效地提高施工系统和周围环境的安全可靠性。

2. 施工过程的安全性

施工过程是防治安全性的病害的重要阶段，施工阶段采取的措施有优化施工方法，合理确定开挖面参数，采用可靠的地层预加固和支护技术、合理确定防排水方案等。

（1）优化施工方法。施工方法的选择是浅埋暗挖法安全修建城市地铁隧道的首要前提之一。现行浅埋暗挖法常用工法基本可分为全断面法、台阶法和分部开挖法三大类及若干变化方案。实践证明，选择合理的施工方法，可以安全地建设隧道，并将地表沉降控制在设计要求范围内。因此，选择一种合理的施工方法是工程成败的关键。从国内外现有工程实际和实验研究的情况来看，基于经济性及工期考虑，其工法选择的顺序为：台阶法→上台阶设临时仰拱闭合法→CD 工法→CRD 工法→侧壁导坑法。从安全性角度考虑，顺序正好相反。在工程实践中，应根据地质条件、断面大小、地面环境等因素从工法的可实现性、工期、安全性、适应性、技术性和经济性6个方面综合考虑，选择施工方法。

（2）合理确定开挖面参数。基于技术性和经济性，台阶法已成为浅埋暗挖法城市地铁隧道施工中最为广泛采用的一种方法。但目前台阶法确定开挖面参数时存在的一些问题，容易造成安全隐患。开挖面参数的确定主要包括以下两方面的内容：

1）台阶长度的选取。实践证明：台阶长度过短或过长均不利于开挖面的稳定。台阶长度过短，易导致掌子面顶部甚至整个上部台阶工作面的坍塌。台阶长度过长，则掌子面到支护闭合形成的距离越长，围岩的变形释放量越大，相应的地表沉降量越大，引起地面相邻建筑物的开裂甚至损坏。因此，在城市环境条件下，应坚持早支护，尽快施作临时仰拱，促使断面尽早封闭成环。从开挖到最后全断面封闭成环所需时间的长短，应是判断浅埋暗挖工法优劣的主要标准。

2）核心土的留设。实践及统计资料表明：在台阶法开挖过程中，留设核心土可大大加强开挖面的稳定性，有效地阻止掌子面发生强度破坏。力学分析表明，由于开挖引起的围岩应力重分布，其最大和最小的主应力通常集中在掌子面的顶部和底部。留设核心土会在很大程度上改善掌子面主应力分布，使掌子面上不出现塑性区，保证掌子面的稳定。研究表明：保持其他条件不变，地层强度比$\sigma_c/\gamma h$（σ_c为围岩抗压强度，γ为围岩容重，h为覆盖层厚度）不同时，开挖面的稳定性亦不同。地层强度比越小，掌子面越不稳定，越易发生剪切破坏或整个工作面的滑移坍塌。但当地层强度比一定时，留设核心土可大大降低剪切破坏的可能性。

（3）采取可靠的地层预加固和支护技术。地层预加固和支护是浅埋暗挖法保证工作面稳定，控制地表沉降的必不可少的技术手段。基于实践，地层预加固技术的优先选择顺序为：小导管（不注浆）→小导管（注浆）→周边清孔预注浆→水平旋喷→洞内长管棚→WSS分段后退式地层加固技术工法→水平冻结。

第五节 明 挖 法

一、定义、优缺点及使用条件

当隧道埋深较浅时，可将上覆一定范围内的覆土及隧道内的岩体逐层分块挖除，并逐次分段施作隧道衬砌结构，然后回填土。这种施工方法称为“明挖法”。采用明挖法修建的隧道（或区段）称为“明洞”。

明挖法的优点是施工技术简单、快速、经济及主体结构受力条件较好等，在没有地面交通和环境等条件限制时，应是首选方法。但其缺点也是明显的，如阻断交通时间较长，噪声与震动等。

二、分类

按照对边坡维护方式的不同，明挖法可分为放坡明挖法、悬臂支护明挖法和围护结构加支撑明挖法。应当注意的是，当采用悬臂支护明挖法或围护结构加支撑明挖法时，工程的重点和难点就转化为深基坑的维护问题。

1．放坡明挖法

放坡明挖法是根据隧道侧向土体边坡的稳定能力，由上向下分层放坡开挖隧道所在位置及其上方土体至设计隧道基底高程后，再由下向上顺隧道衬砌结构和防水层，最后施作结构外填土并恢复地表状态的施工方法。

放坡明挖法主要适用于埋置特浅、边坡土体稳定性较好，且地表没有过多的限制条件的隧道工程中。放坡明挖法虽然开挖方量较大且易受地表和地下水的影响，但可以使用大型土方机械，施工速度快，质量也易得到保证，作业场所环境条件好，施工安全度高。边坡局部稳定性较差时，可采用喷射混凝土进行坡面防护或采用锚杆加固边坡土体。

2．悬臂支护明挖法

悬臂支护明挖法是将基坑围护结构插入基底高程以下一定深度，然后在围护结构的保护下开挖基坑内的土体至设计隧道基底高程后，再由下向上顺作隧道主体结构和防水层，最后施作结构并回填土以恢复地表状态的施工方法。

悬臂支护明挖法常用的围护结构有打入木桩、钢桩、钢筋混凝土预制桩、就地挖孔或钻孔灌注钢筋混凝土桩、钻孔灌注钢筋混凝土连续墙等，以上各种措施也可联合采用。悬臂支护明挖法主要适用于埋置较浅、边坡土体稳定性较差，且地表有一定的限制性要求隧道工程中。

悬臂围护结构处于悬臂受力状态，靠围护结构插入地基以下一定深度部分的抗倾覆能力和围护结构的抗弯刚度来平衡其基底以上部分所受外侧土压力。其优点是，由于围护结构的保护，开挖土方量小，且基坑内无支撑，便于基坑内土体开挖和主体结构施工的机械化作业，也易保证工程质量。其缺点是围护结构施工较复杂，工程造价较高。

3．围护结构加支撑明挖法

围护结构加支撑明挖法是当基坑深度较大、围护结构的悬臂较长时，在不增加围护结构的刚度和插入深度的条件下，围护结构的悬臂范围内架设水平支撑以加强维护结构，共同抵抗较大的外侧土压力；在主体结构由下向上顺作的过程中，按要求的时序逐层分段拆除水平支撑，完成结构体系转换，最后施作结构外回填土并恢复地表状态的施工方法。

围护结构加支撑明挖法主要适用于埋置不太浅、边坡土体稳定性较差、外侧土压力较大且地表有一定限制性要求的隧道工程中。

水平支撑的强度、刚度、间距、层数及层位等技术参数，应根据对水平支撑与围护结构的共同工作状态、结构体系转化过程工艺的要求进行力学分析计算确定。施工中必须经常检查支撑状态，必要时应对其应力进行监控和量测。采用水平支撑的优点是：墙体水平位移小，可靠安全，开挖深度不受限制。

水平支撑常用的形式有横撑、角撑和环梁支撑。平面矩形围护结构的基坑拐角或断面变化处用角撑，短边方向一般用横撑，平面环形围护结构也采用环形支撑。开挖基坑宽度较大，水平支撑刚度不足时，还可考虑加设中间支柱来保持其稳定性。水平支撑结构以钢管、型钢及型钢组合构件为好，因其拆装方便，占空间较小，回收率较高，故在实际工程中应用较多。

三、施工程序

明挖法施工主要工序是：降低地下水位、基坑（边坡）支护、土方开挖、防水工程及结构施工等。其中基坑（边坡）支护是确保安全施工的关键技术，本节主要阐述基坑支护，其他详见（JGJ 120—99）《建筑基坑支护技术规程》。

（1）放坡开挖技术（图 5－12）。适用于地面开阔和地下地质条件较好的情况。基坑应自上而下分层、分段依次开挖，随挖随刷边坡，必要时采用水泥黏土护坡。

图 5－12　放坡开挖现场

（2）型钢支护技术（图 5－13）。一般使用单排工字钢或钢板桩，基坑较深时可采用双排桩，由拉杆或连梁连接共同受力，也可采用多层钢横撑支护或单层、多层锚杆与型钢共同形成支护结构。

图 5－13　型钢支护现场

（3）连续墙支护技术（图 5－14）。一般采用钢丝绳和液压抓斗成槽，也可采用多头钻和切削轮式设备成槽。连续墙不仅能承受较大载荷，同时具有隔水效果，适用于软土和松散含水地层。

图 5－14　连续墙支护现场

（4）混凝土灌注桩支护技术（图 5－15）。一般有人工挖孔和机械钻孔两种方式，钻孔中灌注普通混凝土和水下混凝土成桩。支护可采用双排桩加混凝土连梁，还可用桩加横撑或锚杆形成受力体系。

图 5－15　混凝土灌注桩支护现场

图 5－16　土钉墙支护现场

（5）土钉墙支护技术（图 5－16）。在原位土体中用机械钻孔或洛阳铲人工成孔，加入较密间距排列的钢筋或钢管，外注水泥砂浆或注浆，并喷射混凝土，使土体、钢筋、喷射混凝土板面结合成土钉支护体系。

（6）锚杆（索）支护技术（图 5－17）。在孔内放入钢筋或钢索后注浆，达到强度后与桩墙进行拉锚，并加预应力锚固后共同受力，适用于高边坡及受载大的场所。

（7）混凝土和钢结构支撑支护方法（图 5－18）。依据设计计算在不同开挖位置上灌注混凝土内支撑体系和安装钢结构内支撑体系，与灌注桩或连续墙形成一个框架支护体系，承受侧向土压力，内支撑体系在做结构时要拆除。适用于高层建筑物密集区和软弱淤泥地层。

图 5-17 锚索支护现场

图 5-18 混凝土和钢结构支撑支护现场

四、易出现的问题及对策

明挖施工环节较多，本节以钻孔灌注桩为例来说明施工中易出现的问题及对策。

1. 护筒冒水

(1) 原因：埋设护筒的周围土不密实，或护筒水位差太大，或钻头起落时碰撞。

(2) 对策：埋设护筒时，四周应用黏土分层夯实；在护筒的适当高度开孔，使护筒内保持 1.0～1.5m 的水头高度；钻头起落时，应防止碰撞护筒；发现护筒冒水时，应立即停止钻孔，用黏土在四周填实加固，若护筒严重下沉或移位时，则应重新安装护筒。

2. 孔壁坍陷

(1) 原因：主要是土质松散，泥浆护壁不好，护筒周围未用黏土紧密填封以及护筒内水位不高；吊装钢筋笼不正确也会产生坍陷。

(2) 对策：在松散易坍的土层中，适当埋深护筒，用黏土密实填封护筒四周，使用优质的泥浆，提高泥浆的比重和黏度，保持护筒内泥浆水位高于地下水位；吊装钢筋笼时，应对准孔位徐徐下放，避免碰撞孔壁。

3. 钻孔偏斜

(1) 原因：钻机安装就位稳定性差，作业时钻机安装不稳或钻杆弯曲所致；地面软弱或软硬不均匀；土层呈斜状分布或土层中夹有大的孤石或其他硬物等情形。

(2) 对策：先将场地夯实平整，轨道枕木宜均匀着地；安装钻机时要求转盘中心与钻架上起吊滑轮在同一轴线，钻杆位置偏差不大于 20cm。在不均匀地层中钻孔时，采用自重大、钻杆刚度大的钻机。钻孔偏斜时，可提起钻头，上下反复扫钻几次，以便削去硬土，如纠正无效，应于孔中局部回填黏土至偏孔处 0.5m 以上，重新钻进。

4. 桩底沉渣量过多

(1) 原因：清孔不干净或未进行二次清孔；泥浆比重过小或泥浆注入量不足而难于将沉渣浮起；清孔后，待灌时间过长，致使泥浆沉积。

(2) 对策：成孔后，钻头提高孔底 10～20cm，保持慢速空转，维持循环清孔时间不少于 30 min。采用性能较好的泥浆，控制泥浆的比重和黏度，不要用清水进行置换。开始灌注混凝土时，导管底部至孔底的距离宜为30～40mm，应有足够的混凝土储备量，使导管一次埋入混凝土面以下1.0m以上，以利用混凝土的巨大冲击力溅除孔底沉渣，达到清除孔底沉渣的目的。

5. 钢筋笼吊装变形

（1）原因：加工时焊接缺陷，连接不牢固；钢筋笼放置地基不平整或未垫方木；吊环固定不牢，吊装时钢筋笼掉落，产生变形。

（2）对策：严格控制钢筋笼加工质量，焊缝要饱满，不符合要求的不准吊放；加工场地需硬化整平，必要时垫上方木；吊环设置要通过计算及受力分析确定。

6. 水下混凝土灌注卡管

（1）原因：初灌时，隔水栓堵管；混凝土和易性、流动性差造成离析；混凝土中粗骨料粒径过大；各种机械故障引起混凝土浇筑不连续，在导管中停留时间过长而卡管；导管进水造成混凝土离析等。

（2）对策：使用的隔水栓直径应与导管内径相配，同时具有良好的隔水性能，保证顺利排出。在混凝土灌注时，应加强对混凝土搅拌时间和混凝土坍落度的控制。水下混凝土必须具备良好的和易性，配合比应通过实验室确定，坍落度宜为18～22cm，粗骨料的最大粒径不得大于导管直径和钢筋笼主筋最小净距的1/4，且应小于40mm。应确保导管连接部位的密封性，导管使用前应试拼装、试压，试水压力为0.6～1.0MPa，以避免导管进水。在混凝土浇筑过程中，混凝土应缓缓倒入漏斗的导管，避免在导管内形成高压气塞。

7. 钢筋笼上浮

（1）原因：钢筋笼放置初始位置过高，混凝土流动性过小，导管在混凝土中埋置深度过大导致钢筋笼被混凝土拖顶上升；当混凝土灌至钢筋笼下，若此时提升导管，导管底端距离钢筋笼仅有1m左右时，因浇筑的混凝土自导管流出后冲击力较大，推动了钢筋笼的上浮。

（2）对策：钢筋笼初始位置应定位准确，并与孔口固定牢固。加快混凝土灌注速度，缩短灌注时间，或掺外加剂，防止混凝土顶层进入钢筋笼时流动性变小，混凝土接近笼时，控制导管埋深在1.5～2.0m。灌注混凝土过程中，应随时掌握混凝土浇注的标高及导管埋深，当混凝土埋过钢筋笼底端2～3m时，应及时将导管提至钢筋笼底端以上。导管在混凝土面的埋置深度一般宜保持在2～4m，不宜大于6m和小于2m，严禁把导管提出混凝土面。当钢筋笼上浮时，应立即停止灌注混凝土，并准确计算导管埋深和已浇混凝土面的标高，提升导管后再进行浇注，上浮现象即可消失。

8. 断桩

（1）原因：由于导管底端距孔底过远，混凝土被冲洗液稀释，使水灰比增大，造成混凝土不凝固，形成混凝土桩体与基岩之间被不凝固的混凝土填充；由于在浇注混凝土时，导管提升和起拔过多，露出混凝土面，或因停电、待料等原因造成夹渣，出现桩身中岩渣沉积成层，造成混凝土桩上下分开的现象，产生混凝土离析以致凝固后不密实坚硬，个别孔段出现疏松、空洞的现象。

（2）对策：成孔后，必须认真清孔，一般是采用冲洗液清孔，冲孔时间应根据孔内沉渣情况而定，冲孔后要及时灌注混凝土，避免孔底沉渣超过规范规定。灌注混凝土前认真进行孔径测量，准确算出全孔及首次混凝土灌注量。混凝土浇注过程中，应随时控制混凝土面的标高和导管的埋深，提升导管要准确可靠，并严格遵守操作规程。严格确定混凝土的配合比，混凝土应有良好的和易性与流动性，坍落度损失应满足灌注要求。灌注混凝土应从导管内灌入，要求灌注过程连续、快速，准备灌注的混凝土要足量，在灌注混凝土过程中应避免停电、停水。绑扎水泥隔水塞的铁丝，应根据首次混凝土灌入量的多少而定，严防断裂。确保导管的密封性，导管的拆卸长度应根据导管内外混凝土的上升高度而定，切勿起拔过多。

第六节　盖　挖　法

一、定义、优缺点及使用条件

当隧道埋置较浅时，可考虑采用盖挖法。盖挖法是在隧道浅埋时，由地面向下开挖至一定深度后，施工结构顶板，并恢复地面原状，其余的绝大部分土体的挖除和主体结构的施作则在封闭的顶板掩盖下完成的施工方法。

盖挖法特点是：封闭道路时间比较短，而且允许分段实施，一旦路面先期恢复（或盖挖系统完成后），后续施工对地面交通几乎不再产生影响；对周围环境的干扰时间较短，对防止地面沉降及对周围建筑物和地下管线的保护具有良好的效果；挖土是在顶部封闭状态下进行，大型机械应用受到限制，施工工期较长；结构的主要受力构件常兼有临时结构和永久结构的双重功能；需设置中间竖向临时支承系统，与侧墙共同承受结构封底前的竖向载荷；对地下连续墙、中间支承柱与底板、楼盖的连接节点需进行处理；本工法的施工难度、施工工期及土建造价均属中等水平。

盖挖法主要适用于城市地铁特浅埋隧道及地下工程中，尤其适用于地铁车站等地下洞室建筑物的施工。其中，盖挖顺作法主要适用于单层地铁车站施工，盖挖逆作法主要适用于多层地铁站施工。但应当注意的是，采用盖挖逆作法施工时应特别注意结构体系受力状态的转换，以保证结构受力状态良好。

二、具体施工方法

按照盖板下土体挖除和主体结构施作的顺序，盖挖法可以分为盖挖顺作法、盖挖逆作法和盖挖半逆作法。

1. 盖挖顺作法

盖挖顺作法是在地表作业完成挡土结构后，以定型的预制标准覆盖结构（包括纵、横梁和路面板）置于挡土结构上维持交通，往下反复进行开挖和加设横撑，直至设计标高。依序由下而上，施工主体结构和防水，回填土并恢复管线路或埋设新的管线路。最后，视需要拆除挡土结构外露部分并恢复道路。在道路交通不能长期中断的情况下修建车站主体时，可考虑采用盖挖顺作法。盖挖顺作法施工步骤如图 5－19 所示。

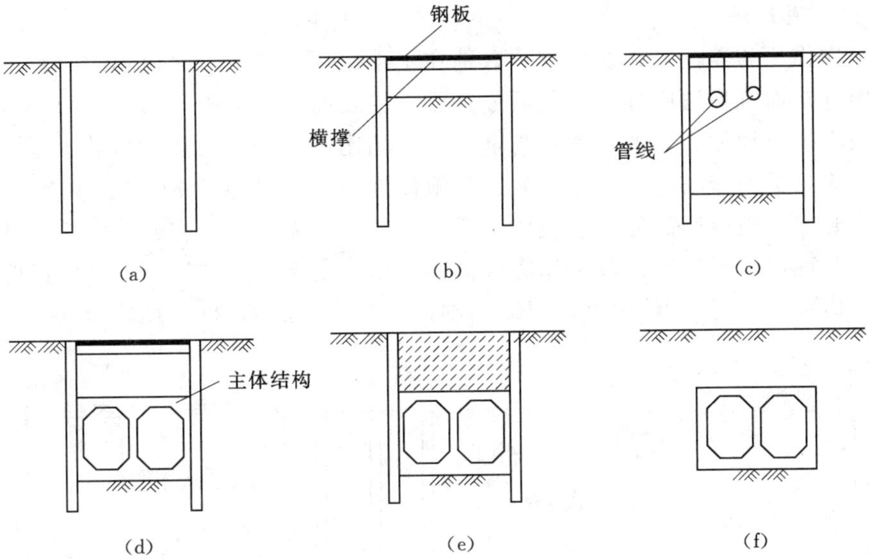

图 5-19 盖挖顺作法施工步骤示意

(a) 设置围护结构；(b) 路面开挖与覆盖；(c) 管线悬吊与开挖；(d) 主体结构施工；(e) 回填；(f) 恢复路面

2. 盖挖逆作法

盖挖逆作法是先在地表面向下做基坑的围护结构和中间桩柱，和盖挖顺作法一样，基坑维护结构多采用地下连续墙或帷幕桩，中间支撑多利用主体结构本身的中间立柱以降低工程造价。随后即可开挖表层土体至主体结构顶板地面标高，利用未开挖的土体作为土模浇筑顶板。顶板可以作为一道强有力的横撑，以防止维护结构向基坑内变形，待回填土后将道路复原，恢复交通。以后的工作都是在顶板覆盖下进行，即自上而下逐层开挖并建造主体结构直至底板。如果开挖面积较大、覆土较浅、周围沿线建筑物过于靠近，为尽量防止因开挖基坑而引起临近建筑物的沉陷，或需及早恢复路面交通，但又缺乏定型覆盖结构，常采用盖挖逆作法施工。盖挖逆作法施工步骤如图 5-20 所示。

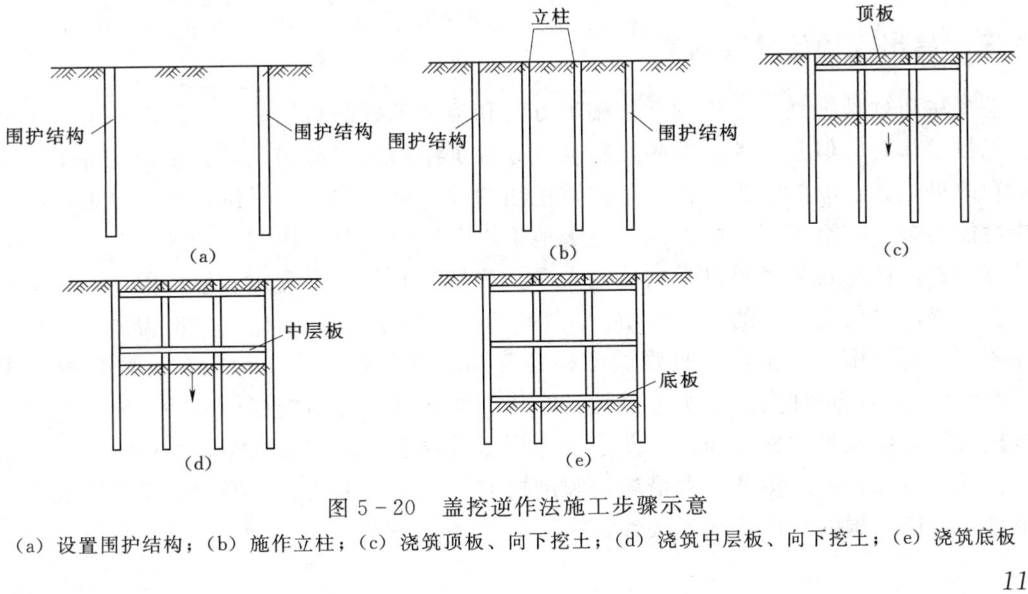

图 5-20 盖挖逆作法施工步骤示意

(a) 设置围护结构；(b) 施作立柱；(c) 浇筑顶板、向下挖土；(d) 浇筑中层板、向下挖土；(e) 浇筑底板

3. 盖挖半逆作法

盖挖半逆作法与盖挖顺作法的主要区别在于结构顶板的构筑时机不同，在半逆作法中顶板是先做好，而顺作法中顶板是最后才完成（在之前一直是临时顶板）。与明挖法相比，半逆作法减少了对地面交通的干扰，与全逆作法相比，它仍然需要设置临时横撑。如图5-21所示，盖挖半逆作法的施工过程为：①施作地下连续墙（围护结构）；②施作中间立柱；③基坑开挖至顶板底面处；④施作顶板，并填土覆盖，恢复交通；⑤往下继续开挖至基底标高，并逐层设置横撑；⑥施作底板；⑦施作中层楼板（如设计中有内衬墙，则施作下层的内衬边墙）；⑧如设计中有内衬墙，则最后施作上层的内衬边墙。

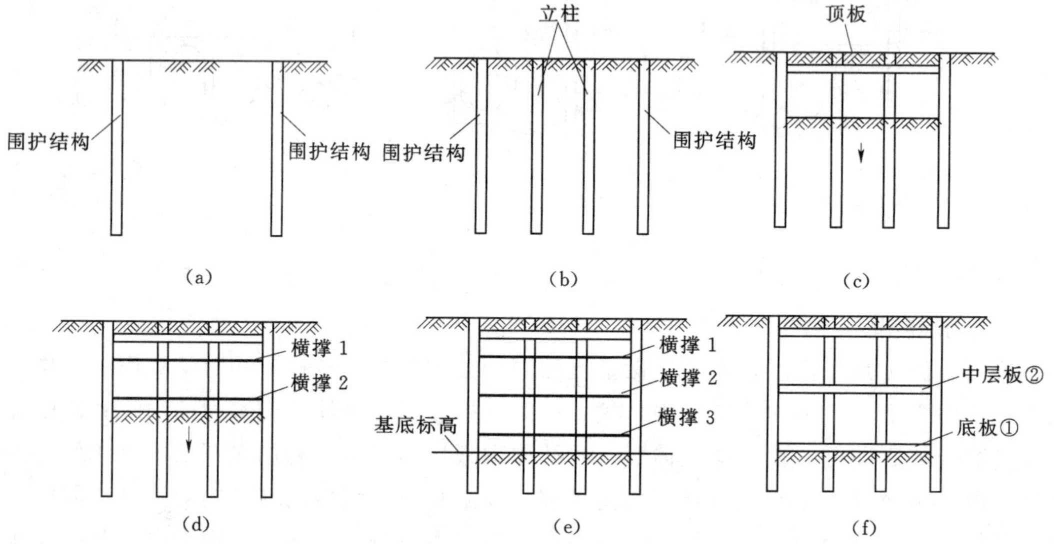

图5-21 盖挖半逆作法施工步骤示意

(a) 设置围护结构；(b) 施作立柱；(c) 浇筑顶板、向下挖土；(d) 设置横撑，挖土至基底；(e) 挖土完毕；(f) 从下往上施作地铁主体结构

三、易出现的问题及对策

盖挖法巧妙地把地上结构的常规施工方法和地下工程的暗挖施工法结合，形成了特有的施工技术体系。但是盖挖法的施工特点也导致了结构的某些弱点，很多施工环节仍需要探讨和改进。如：喷射混凝土常常用作盖挖法的围护结构和初次衬砌，但是喷射混凝土的防渗性能很差。初衬混凝土中的钢筋位于地下水环境中，会很快发生锈蚀，会影响持久的承载能力，因此需要从材料科学的研究入手，调整喷射混凝土配比、掺加阻锈剂、改进喷射工艺，提高喷射混凝土的抗渗品质。又如：盖挖法所形成的结构次生应力多、结构整体性较差。这需要施工单位具有较强的结构计算和结构分析能力，拟定和比较多种施工方案，最终优选确定最佳实施方案。另外，在狭小地下空间应用挖掘机械、运输机械、钢筋焊接机械等特殊机具的配备和合理使用也是相当重要的。总之，在制订盖挖法施工方案时应从长计议，综合考虑多种技术措施，和结构节点的连接工艺、大型地下工程中柱的定位技术等以保证结构的整体性和耐久性。

第七节　盾　构　法

在城市地铁隧道的修建过程中为了隧道自身结构和周边既有构筑物的安全，常常采用“能明则明，能盾则盾”的施工方案，即能采用明挖法的尽可能采用明挖法，能采用盾构法的尽可能采用盾构法开挖。可见盾构法在城市地铁修建中的重要地位。

盾构法最早始于1818年，是法国工程师布鲁诺（M. I. Brunel）受到蛀虫钻孔的启发后发明的隧道掘进的一种施工方法。盾构法是靠一种钢制的活动防护装置的掩护下进行隧道开挖的方法，同时在盾构的尾部拼装预制的管片、砌块或者现浇混凝土以形成盾构法隧道的衬砌结构。盾构机借助于盾尾千斤顶的顶力实现掘进，与此同时在衬砌结构和土体之间注入浆液以防止地层的过大变形，并在隧道开挖的同时确保了线路周边的环境。

近年来我国正加速城市化进程，不少大中城市都出现了建筑用地紧张、交通拥挤的情况。一方面，城市采用高架道路等交通形式缓解交通压力；另一方面，许多城市都开始了地下铁道的建设，并使地下交通成为大城市的主要交通形式。地铁交通具有运量大、速度快、噪声小、污染轻和能耗低等优点，世界许多大中城市从20世纪就开始了大规模的轨道交通建设，近年来我国逐渐兴起了地铁建设的高潮。不仅如此，在随着城市化进程的不断发展，特别是在城市的地下建筑物和密集高层建筑逐年增多的前提下，传统的明挖和盖挖等形式的隧道施工方法会对正常的城市生活和线路周边建筑物带来较大的干扰。盾构法由于它自身的优点，如对地面影响较小，不受地面建筑物和交通的限制，不需降水，并可以避免许多深基坑的开挖等，因此盾构法在很大程度上克服了这一系列的困难，从而成为了城市地铁隧道快速、高质量施工的重要方法之一。

盾构法至今已有190年的历史，随着对盾构隧道各种研究的不断深入，盾构法也得到了很大的发展。在对盾构隧道的研究中，主要包含了结构受力、适应环境、结构构造、衬砌防水以及与这些相关的施工技术和安全评估等方面。

一、盾构类型、特点、适用条件及选型

1. *盾构类型*

从盾构机的出现到现在可以分成四类，包括敞开型、部分敞开型、封闭型和复合型，其中敞开型和部分敞开型称为旧式盾构，而封闭型和复合型称为现代盾构。目前世界上所用的盾构都是现代盾构，主要有泥水加压式和土压平衡式两种。盾构分类如图5－22所示。

- 盾构类型
  - 敞开型
    - 人工开挖盾构
    - 半机械开挖盾构
    - 机械开挖盾构
  - 部分敞开型
    - 挤压盾构
    - 网络盾构
  - 封闭性
    - 泥水加压型盾构
      - 直接控制型盾构
      - 间接控制型盾构
    - 土压平衡型盾构
      - 加泥型
      - 加水型
      - 泥浆型
  - 复合型
    - 加泥型
    - 土压型
    - 敞开型

图5－22　盾构分类

2. *盾构特点及适用条件*

（1）盾构特点。封闭型盾构主要有泥水加压和土压平衡两大类型，施工人员不能直接观察开挖面土层工况，而是通过各种检测传感装置进行显示和自动控制。泥水加压盾

构适用从软弱黏土、砂土到砂砾层等地层，但是它需要一套技术较复杂的泥水分离处理设备。土压平衡盾构既具有泥水加压盾构的优点，又消除了复杂的泥水分离处理设施，目前受到工程界的普遍重视。

复合型盾构，是在软土盾构的刀盘上安装切削岩层的各式刀具，有的还在盾构内安装碎石机，这种硬岩开挖工具与软土隧道盾构机械相结合，能在硬岩和软土地层交替作业。由于城市地铁的一条线路所处的地质条件很复杂，有较软的土层、砂层，也有较硬的岩层以及地下水等。所以，在选择盾构机型时一般都选择复合型盾构。又由于复合式泥水加压盾构需要在地面修建泥水处理厂，给居民的生活和周围的环境带来一定的不良影响，故一般选择复合式土压平衡盾构，这是一种城市地铁建设的发展趋势。具体优、缺点如下：

1）场地作业少，隐蔽性好，因噪声、振动引起的环境影响小。

2）穿越河底或海底时，隧道施工不影响航道，也完全不受气候的影响。

3）穿越地面建筑群和地下管线密集区时，周围可不受施工影响。

4）自动化程度高、劳动强度低、施工速度较快。

5）施工设备费用较高。

6）覆土较浅时，地表沉降较难控制。

7）用于施工小曲率半径隧道时，掘进较困难。

（2）适用条件。

1）在松软含水地层，相对均质的地质条件。

2）盾构法施工隧道应有足够的埋深，覆土深度宜不小于6m。隧道覆土太浅，盾构法施工难度较大，在水下修建隧道时，覆土太浅盾构施工安全风险较大。

3）地面上必须有修建用于盾构进出洞和出土进料的工作井位置。

4）隧道之间或隧道与其他建（构）筑物之间所夹土（岩）体加固处理的最小厚度为水平方向1.0m，竖直方向1.5m。

5）从经济角度讲，连续的盾构施工长度不宜小于300m。

3. 盾构选择

一般来说，用盾构法施工的地层都是复杂多变的，因此，对于复杂的地层要选定较为经济的盾构是当前的一个难题。实际上，在选定盾构时，不仅要考虑到地质情况，还要考虑到盾构的外径、隧道的长度、工程的施工程序、劳动力情况等，而且还要综合研究工程施工环境、基地面积、施工引起对环境的影响程度等。

选择盾构的种类一般要求掌握不同盾构的特征。同时，还要逐个研究以下几个项目：①开挖面有无障碍物；②气压施工时开挖面能否自立稳定；③气压施工并用其他辅助施工法后开挖面能否稳定；④挤压推进、切削土加压推进中，开挖面能否自立稳定；⑤开挖面在加入水压、泥压、泥水压作用下，能否自立稳定；⑥经济性。

（1）选型依据。

1）土质条件、岩性（抗压、抗拉、粒径、成层）等各参数；

2）开挖面稳定（自立性能）；

3）隧道埋深、地下水位；

4）设计隧道的断面；

5）环境条件、沿线场地（附近管线和建筑物及其结构特性）；

6）衬砌类型；

7）工期；

8）造价；

9）宜用的辅助工法；

10）设计路线、线性、坡度；

11）电气等其他设备条件；

12）地层渗透系数对于盾构机的选型是一个很重要的因素。根据欧美和日本的施工经验，当地层的透水系数小于 10^{-7} m/s 时，可以选用土压平衡盾构；当地层的渗水系数在 10^{-7} m/s 和 10^{-4} m/s 之间时，既可以选用土压平衡盾构，也可以选用泥水式盾构；当地层的透水系数大于 10^{-4} m/s 时，宜选用泥水盾构。

（2）泥水加压式盾构选用。泥水加压式盾构适用于冲积形成砂砾、砂、粉砂、黏土层、弱固结的互层地基以及含水率高、开挖面不稳定的地层；洪积形成的砂砾、砂、粉砂、黏土层以及含水很高、固结松散易于发生涌水破坏的地层，是一种适用于多种土质条件的盾构型式。但是对于难以维持开挖面稳定性的高透水性地基、砾石地基，有时也要考虑采用辅助施工方法。

（3）土压平衡式盾构选用。土压平衡式盾构适用于含水量和粒度组成比较适中的粉土、黏土、砂质粉土、砂质黏土、夹砂粉黏土等土砂可以直接从掘削面流入土舱及螺旋排土器的土质。但对含砂粒量过多的不具备流动性的土质，不宜选用。

二、盾构原理、构造

（一）原理

盾构机的基本工作原理就是一个圆柱体的钢组件沿隧洞轴线边向前推进边对土壤进行挖掘。该圆柱体组件的壳体即盾壳，它对挖掘出的还未衬砌的隧洞段起着临时支撑的作用，承受周围土层的压力，有时还承受地下水压以及将地下水挡在外面，挖掘、排土、衬砌等作业在盾壳的掩护下进行。盾壳的厚度，视地质情况、盾构直径大小和生产国家的不同而略有差异。

盾构施工主要是由稳定开挖面、掘进及排渣、管片拼装及壁后注浆四部分组成。其中开挖面的稳定方式是其工作原理的主要方面，也是区别于山岭隧道硬质岩体 TBM 的主要特征。通常硬质岩体 TBM 施工时，大多数岩体稳定性较好，不存在开挖面失稳的问题，虽也会遇到掌子面不稳定的情况，但这种地质地段占整体隧道比例不会很大。

（二）构造

盾构主要由盾构主机、后配套设备及附属设备组成。主机部分包括掘削机构、动力装置、盾壳、推进装置、管片拼装机构、衬砌背后注浆、出料装置和控制设备等。

1. 掘削机构

（1）刀盘。刀盘设置在盾构的最前方，既能掘削地层的土体，又能对掌子面起到一定支撑作用，从而保证掘削面的稳定，如图 5-23 所示。

刀盘开口率是刀盘面板开口部分的面积与刀盘面积的比值。刀盘切削下来的渣土通过

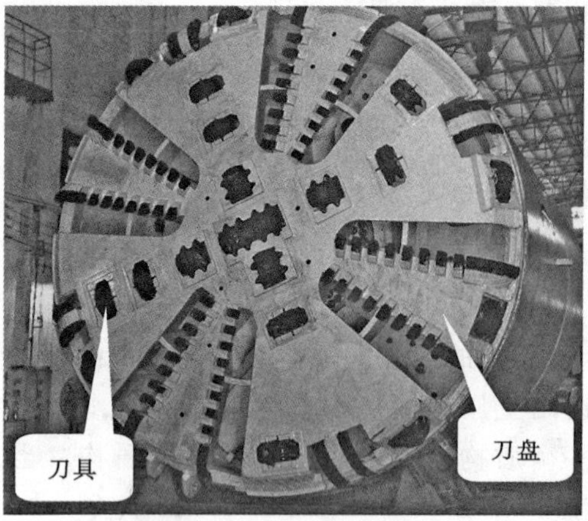

图 5-23　盾构刀盘

刀盘的开口槽流往土舱。

刀盘的中心装有回转接头，它使刀盘上的泡沫注入通道能跟盾构体内的管路相连接。海瑞克盾构机中心回转接头内有 4 路泡沫注入通道，泡沫剂通过中心回转接头到达刀盘后，再在刀盘体内分成 8 个注入口，通过刀盘面板注入泥浆或泡沫，起到冷却、润滑和改良渣土等作用。当地层含砂量超过某一限度时，泥土的流塑性明显变差，土舱内的土体因固结作用而被压密，导致土渣难以排送。可通过向土舱内注水或泡沫、膨润土等，经强制搅拌，使砂质土泥土化。泡沫是一种流塑化改性剂，除可改善土体的流动性外，还可润滑刀盘、刀具、螺旋输送机，降低刀盘扭矩，保持开挖面稳定。

从国外引进的第一台海瑞克盾构用于北京地铁 5 号线施工，布置了 4 个泡沫注入口，而南京地铁引进同一厂家的第 5 台盾构却布置有 6 个注入口，这说明制造商在不断地进行泡沫注入系统的改造。同时，泡沫的注入还能有效地防止刀盘中心形成泥饼。

(2) 刀具（图 5-24）。

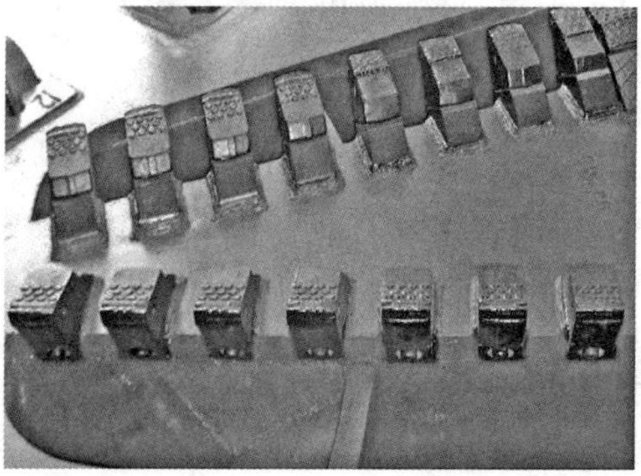
(a)

(b)

图 5-24　刀具

(a) 刮刀；(b) 滚刀

盾构机刀具是一种超硬材质，一般是耐冲击性及耐磨性优越的 E5 材质或类似材料（高硬度的合金钢），同时它也是盾构机破岩掘进的关键部件，在掘进中容易损坏，要经常更换。目前使用的刀具主要有刮削刀具和滚动刀具。刮削刀具是指只随刀盘转动而没有自转的破岩刀具，刮削刀具的种类繁多，目前盾构掘进机上常用的刮削刀具类有边刮刀、刮刀、齿刀、先行刀、贝壳刀、鱼尾刀等。刮刀是由刀座、刀体和刀刃三部分组成的，刀座是与刀盘连接的部分，与刀盘的连接有焊接如先行刀、螺栓连接如边刮刀、插销连接如正面刮刀。刀座有的是与刀体成一体的，有的是与刀体焊接的，与刀体焊接的刀座材料一般是低碳合金钢。刀体对硬质合金刀刃起支撑和保护作用，要有足够的强度和耐磨性，常常采用表面硬化技术或局部堆焊耐磨层。刮刀刃是刮刀刮削岩土和保护刀体不被磨损的关键部位，通常是用硬质合金做成的，其大小和形状根据部位、作用、地层设计。刀刃与刀体的连接是关键，具体工艺有焊接、镶嵌和镶嵌焊。

滚切类刀具是通过刀具的滚动来切割岩层的，所以人们习惯称之为滚刀。它一般是通过刀框座和螺栓连接在刀盘上的。在工作过程中，它不仅要在刀盘的带动下随刀盘进行公转，同时还要围绕自身刀轴进行自转，通过不断的连续滚动对岩层进行切入、挤压和摩擦，使掌子面上的岩层逐渐剥落，完成对岩层的切割破碎。根据刀刃的形状滚刀可分为齿形滚刀（钢齿和球齿）、盘形滚刀（钢刀圈滚刀和球齿刀圈滚刀）。根据安装位置滚刀可分为正滚刀、中心滚刀、边滚刀、扩孔滚刀。盾构掘进机滚刀主要是盘形滚刀，盘形滚刀又有单刃、双刃和多刃。

2. *刀盘驱动装置*

刀盘驱动装置（图 5-25）的作用是向刀盘提供必要的旋转扭矩，驱使刀盘旋转。刀盘驱动装置由钢板焊接构造而组成，在内部安装高精度、大负荷的滚动轴承和密封圈。该装置一般由带减速器的液压马达的小齿轮驱动大轴承，带动刀盘顺时针或逆时针旋转。

通常刀盘驱动部（包括密封、大轴承、小齿轮、减速机、液压马达等）作为一个整体组装调试后，再用螺栓固定在盾构壳体上，这样更能保证刀盘密封与传动的可靠性和安全性。为了防止土砂、水进入驱动装置内，在旋转部与固定部中间设置有密封装置。

图 5-25　刀盘驱动

盾构刀盘的转速，要视刀盘的直径大小而定。一般说来，刀盘直径大，转速就低；刀盘直径小，转速就高。其原因是：刀具切削土壤时，线速度要求低于 20m/min，如果线速度超过此极限值，切削阻力将急剧增加，刀具磨损加剧，导致频繁地更换刀具。

3. *盾壳*

盾构的种类繁多，所有盾构的外壳沿纵向从前到后分为前盾、中盾、后盾三段，通常又把这三段称为切口环、支撑环、盾尾（图 5-26 为盾壳构造示意图，图 5-27 为盾壳实物图）。

（1）切口环。切口环部分是开挖和挡土部分，它位于盾构机的最前端，施工时最先切入土层并掩护开挖作业。切口环保持着工作面的稳定，并作为开挖下来的土砂向后方运输的通道，采用机械化开挖式盾构时，就根据开挖下来土砂的状态，确定切口环的形状、尺寸。

切口环的长度主要取决于盾构正面支承、开挖的方法。对于机械化盾构切口环内按不

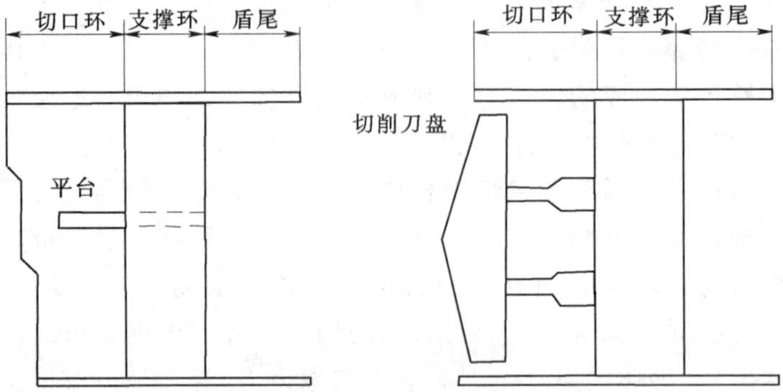

图 5-26　盾壳构造示意图

图 5-27　盾壳实物图

同的需要安装各种不同的机械设备，这些设备是用于正面土体的支护及开挖，而各类机械设备是由盾构种类而定的。

(2) 支承环。支承环是盾构的主体结构，是承受作用于盾构上全部荷载的骨架。它紧接于切口环，位于盾构中部，通常是一个刚性很好的圆形结构。地层压力、所有千斤顶的反作用力以及切口环入土正面阻力、衬砌拼装时的施工荷载均由支承环来承受。

在支承环外沿布置有盾构千斤顶，中间布置拼装机及液压设备、动力设备、操纵控制台。当切口环压力高于常压时，在支承环内要布置人行架、减压舱，即人舱，也称气压人闸。

支承环的长度应不小于固定盾构千斤顶所需的长度，对于有刀盘的盾构还要考虑安装切削刀盘的轴承装置、驱动装置和排土装置的空间。同时应拥有可充分承受土压、水压、盾构千斤顶推进反作用力、挖掘反作用力的强度。

(3) 盾尾。盾尾在盾壳的尾部，由环状外壳与安装在内侧的密封装置构成。其作用是支承坑道周边，防止地下水与注浆材料被挤入盾构隧道内。在盾尾内部留有管片拼装的空间，该空间内装有拼装管片的举重臂。盾尾的环状外壳大都用高强度的薄形钢板制作，以减少盾构向前推进后留下的环状间隙。从而减少压浆工作量，对地层扰动范围也小，有利于施工。但盾尾也需要承担土压力，所以其厚度应综合上述因素确定。盾尾的长度取决于衬砌形式，必须根据管片的宽度及盾尾的密封道数来确定。

为防止泥水和水泥砂浆从盾构外流入盾构内，盾构内压气向地层中泄露，在盾壳内壁和衬砌之间设有密封装置（图 5-28）。

图 5-28 密封装置示意图

4. 推进装置

盾构推进是靠液压系统带动千斤顶的伸缩动作，驱使盾构在土层中向前推进的。盾构千斤顶活塞的前端必须安装顶块，顶块采用球面接头，以便将推力均匀分布在管片的环面上（图 5-29）。

图 5-29 推进装置

推进千斤顶沿中盾壳体内侧均匀分布，油缸的布置在设计时考虑了避开管片接缝。推进系统，应具有纠偏功能，推进油缸能分组和单独控制，能手动和自动控制，满足施工要求的最小转弯半径需要，并具有一定的爬坡能力。

盾构的推进油缸布置形式有两种：一种是四组分区；一种是五组分区。理论上，分组越多，越容易调向，但大部分盾构采用的是四组分区形式，因为其布置比较简单，同时可以节约成本。

1999 年从海瑞克公司采购的盾构，推进油缸分成五组；2003 年以后采购的盾构已改为四组，分为上、下、左、右 4 个区域。海瑞克盾构有 30 个推进油缸，每个油缸均可产生 1140kN 的推力。对于中小直径的盾构，每只千斤顶的推力以 600～1500kN 为好；对于大直径盾构，每只千斤顶的推力以 2000～4000kN 为好。

5. 管片及管片安装机

（1）管片。盾构法修建的隧道采用拼装式衬砌，是将衬砌分成若干块管片，这些管片经预制后运到隧道内，用机械拼装成环，拼装成环后即可立即受力。目前主要用在盾构隧道内，因为盾构的前进需要衬砌环立即提供反力，这是现浇混凝土衬砌所做不到的。

图 5-30 管片

盾构隧道的衬砌，通常分为一次衬砌和二次衬砌。一般情况下，一次衬砌为由管片组装成的环形结构，二次衬砌是在一次衬砌内侧现场灌注的混凝土结构。只有一次管片衬砌的叫单层衬砌。在一次衬砌里面再做现场灌注的二次衬砌，称之为双层衬砌。一般情况下均采用单层衬砌，如地铁隧道。但对于污水隧道、有内压的隧道或结构受力十分复杂的隧道，宜采用双层衬砌，如南水北调的穿黄隧道。

由于在开挖后要立即进行衬砌，故将数个钢筋混凝土制造的块体构件组装成圆形等衬砌，此块体称为管片，如图 5-30 所示。

1）管片接头。管片接头分为沿圆周方向连接起来的管片接头和沿隧道轴线连接起来的管片环接头两种。接头与接头通常采用螺栓连接，连接螺栓有直螺栓和弯螺栓两种，如图 5-31 所示。

(a) (b)

图 5-31 推进装置

(a) 直螺栓；(b) 弯螺栓

2）管片拼装形式。

a. 按其组合形式，分为通缝拼装和错缝拼装。

（a）通缝拼装。所有衬砌的纵缝呈一直线的情况，称之为通缝拼装，如图 5-32（a）所示，即各环管片的纵缝对齐的拼装。这种拼法在拼装时定位容易，纵向螺栓容易穿，拼装施工应力小。

（b）错缝拼装。相邻两环间纵缝相互错开的情况，称之为错缝拼装，如图 5-32（b）所示。即前后环管片的纵缝错开，不在一条直线上的拼装，一般错开 1/2 块管片弧长，用此法建造的隧道整体性较好。错缝拼装的优点在于能够使环接缝刚度分布均匀，提高了管片衬砌的刚度。我国多采用错缝拼装形式。

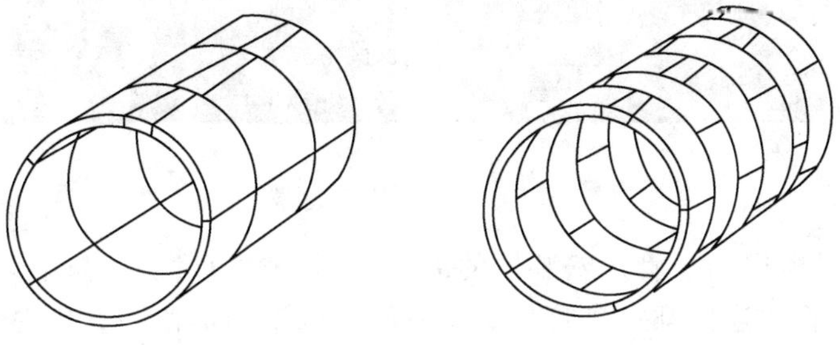

(a)　　　　(b)

图 5-32　管片拼装形式

（a）通缝；（b）错缝

b. 按照组环的形式，分为先环后纵和先纵后环。

（a）先环后纵。先将管片拼装成圆环，拧好所有环向螺栓，待穿进纵向螺栓后再用千斤顶整环纵向靠拢，然后拧紧纵向螺栓，完成一环的拼装工序。

（b）先纵后环。此法在推进阻力较大，容易引起盾构后退的情况下不宜使用。管片按先底部、后两侧、再封顶的次序，逐步安装成环，每装一块管片，对应千斤顶就伸缩一次。这种方法的封顶块必须纵向插入，最后封顶成环。我国多采用先纵后环形式。

c. 按照顺序，分为先上后下和先下后上。

（a）先上后下。小盾构施工中，可采用拱托架拼装，则要先拼装上部，使管片支撑于托架上。这样拼装安全性差，工艺复杂，需要有卷扬机等辅助设备。

（b）先下后上。用举重臂拼装的方法，从下部管片开始拼装，逐块左右交叉向上拼。这样拼装安全性好，工艺简单，拼装所用设备少。大多数隧道采用先下后上的方法，即使用举重臂的方法。目前，我国管片的拼装工艺可归纳为先下后上、左右交叉、纵向插入、封顶成环。

（2）管片拼装机。管片安装器（图 5-33）安装在盾尾区域，用来安装衬砌管片。安装器所具有的各种动作能在施工场地条件下使管片精密地就位。它主要的运动构件的功能均可通过比例控制来实现。在管片安装模式下，为达到最理想的衬砌效果，每个/对推进油缸可以单独控制。所有方向运动可靠，功率足够，采用比例液压控制的管片安装器可以快速地达到毫米级的安装精度。

管片安装器由以下构件组成：悬臂梁、移动机架、回转机架、安装头、动力输入、真圆保持器。管片安装器的行程允许在隧道内更换前面两排盾尾刷。

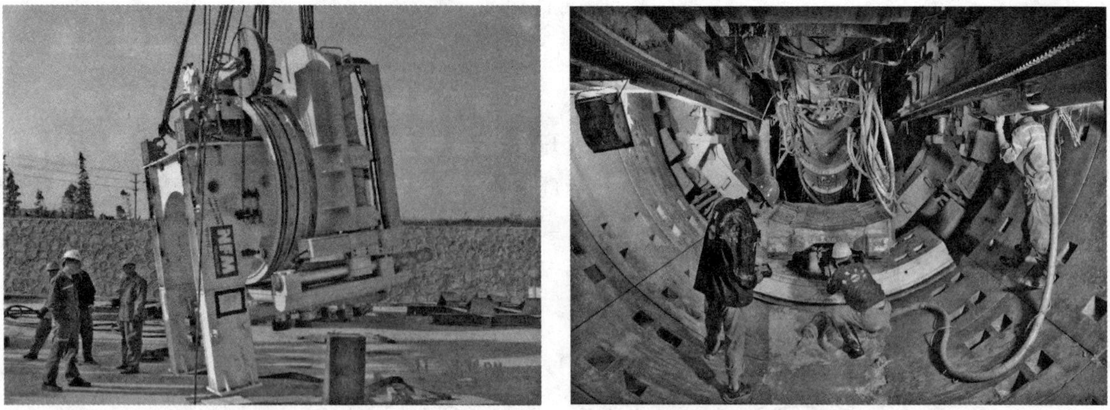

(a) (b)

图 5-33 管片安装器

1）悬臂梁。悬臂梁用于管片安装器的纵向移动。它通过法兰与中盾 H 架连接。盾构与拖车之间的所有管线连接都穿过管片安装机敞开的中心部位。管片安装器悬臂梁与桥架用油缸铰接。

2）移动机架。移动机架安装在悬臂梁上，可通过两个液压缸的伸缩做纵向移动。带内齿的滚动轴承用法兰连接在移动机架上，并以此带动回转机架。回转驱动马达安装在移动机架上，回转运动通过驱动马达上的齿轮驱动，该液压马达具有制动装置。

3）回转机架。回转机架用法兰安装在滚动轴承的内圈上，其侧向安装有伸缩臂。由内部的伸缩油缸带动，伸缩油缸可以单独伸缩。

4）安装头。内部伸缩管两端固定在安装头的悬臂梁上，安装头带有机械夹持系统。安装头可旋转与倾侧。

5）动力输入。管片安装器旋转部件装有液压动力、阀的信号电压。动力通过组合供能系统供给。

6）真圆保持器。盾构向前推进时管片就从盾尾脱出，管片受到自重和土压的作用会产生变形，当该变形量很大时，既成环和拼装环拼装时就会产生高低不平，给安装纵向螺栓带来困难。为了避免管片产生高低不平的现象，应有必要让管片保持真圆，该装置就是真圆保持器。

真圆保持器上装有上、下可伸缩的千斤顶，上、下装有圆弧形的支架，它在动力车架挑出的梁上是可以滑动的。当管片拼装成环后，就让真圆保持器移到该管片环内，支柱千斤顶使支架圆弧面密贴管片后，盾构就可进行下一环推进。盾构推进后由于它的作用，圆环不易产生变形而保持真圆状态。

6. 衬砌背后注浆

由于盾构刀盘的开挖直径大于管片外径，管片拼装完毕并脱出盾尾后，与土体间形成一环形间隙。为了避免或减少盾构后部的沉降，在掘进隧道期间，必须回填此环状空隙。如果此间隙得不到及时填充，势必造成地层变形，使相邻地表的建筑物、构筑物沉降或隧道本身偏移。因此，衬砌背后注浆是盾构法施工必不可少的关键性辅助工法，如图 5-34 所示。

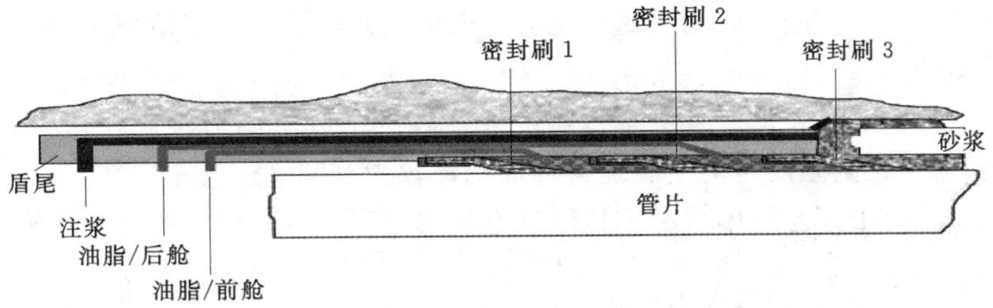

图 5-34 盾尾注浆示意图

(1) 衬砌背后注浆的目的。

1) 控制地表沉降：衬砌背后注浆的最重要的目的就是及时填充环形间隙，防止因间隙的存在导致地层发生较大的变形或坍塌。

2) 减少隧道沉降量：如上所述，管片出盾尾后，管片与土体之间产生空隙，使管片下部失去支撑，由于管片的自重，就产生了下沉，这使原来成环良好的轴线受到影响。用具备一定早期强度的浆液及时填充环形间隙，可确保管片早期和后期的稳定。而压浆后能使管片卧在压浆的材料上，就好像隧道有了一个垫层，也就防止或减少了隧道的沉降，保证隧道轴线的质量，满足工程使用要求。

3) 提高隧道衬砌的防水性：隧道是由预制管片拼装而成的，所以有很多的纵、环向缝隙，而这些缝隙正是防水的薄弱环节，设想如果在衬砌外壁均匀地铺设一定厚度能防水的材料，对提高整条隧道的防水效果是可想而知的，压浆正是起到了这个作用。盾尾注浆液凝固后，一般有一定的抗渗性能，可作为隧道的第一道止水防线，提高隧道抗渗性能。

4) 改善衬砌的受力状况：压浆后，地层变形和地层压力得以控制，浆体便附在衬砌圆环的外周，使两者共同变形，从而改善衬砌的受力状况。盾构隧道是一种管片衬砌与围岩共同作用的结构稳定的构造物，均匀、密实地注入和填充管片背面空隙是确保土压力均匀作用的前提条件。

(2) 浆液种类。衬砌背后注浆的浆液一般分为单液浆和双液浆。

1) 单液浆，是指多由粉煤灰、砂、水泥、外加剂等在搅拌机中一次拌和而成的浆液。这种浆分为惰性浆液和硬性浆液。

惰性浆液：没有掺加水泥等凝胶物质，其早期强度和后期强度均很低的浆液。

硬性浆液：掺加了水泥等凝胶物质，具备一定早期强度和后期强度的浆液。

2) 双液浆，是指由水泥砂浆浆液与水玻璃（图 5-35）浆液混合而成的浆液。双液浆又可按初凝时间的不同，分为缓凝型（初凝时间为 30～60s）和瞬凝型（初凝时间小于 20s）。

图 5-35 水玻璃

凝结时间越长，越容易发生浆液向密封土舱内泄漏和土体内流失的情况，限定范围的填充越困难。而且在没有初凝前，浆液容易被地下水稀释，产生材料分离。因此，目前多采用瞬凝型浆液注浆，但凝结时间过短，也会造成注入还没结束，浆液便失去了流动性，导致填充效果不佳。

惰性浆液初凝时间长，制备成本低。硬性浆液制备成本相对较高，初凝时间为 12～16h，早期具有一定的强度，对于隧道衬砌的稳定较为有利。

单液浆由于施工工艺简单、易于控制且不易堵管等优点，较广泛地用于隧道衬砌背后注浆。

(3) 注浆工艺。当盾尾后空隙形成后，立即进行压浆，并保持一定的压力。压浆工艺对盾尾密封要求较高，以防止注入的浆液从尾部、工作面、管片接头等部位泄露到其他无须注浆的部位。因此，要有一个不易漏浆的盾尾密封装置及准备有堵浆措施、设备和材料等，特别是泥水盾构中还设置了三道钢丝刷，所以尾部泄露泥浆的现象极少。

从时效上可将衬砌背后注浆分为同步注浆、二次注浆。注浆现场如图 5-36 所示。

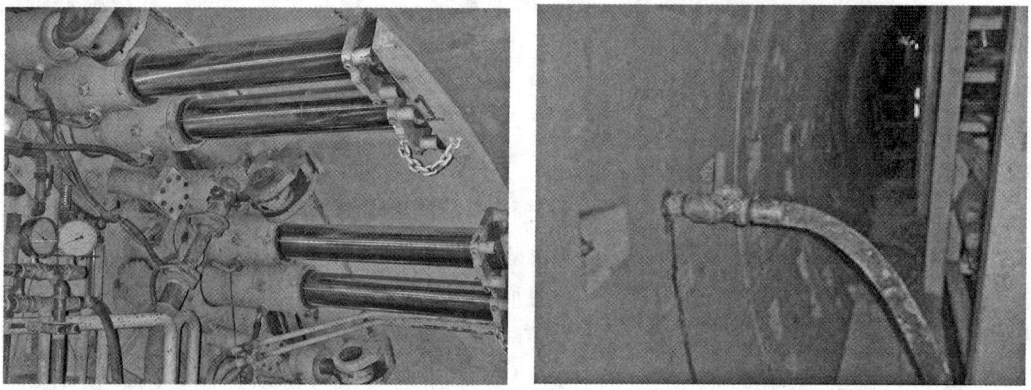

(a) (b)

图 5-36 注浆现场

1) 同步注浆：是指盾构向前推进，在施工间隙形成的同时立即注浆的方式。同步注浆使浆液同步填充环形间隙，从而使周围土体获得及时的补偿，有效地防止土体塌陷，控制地表的沉降。

同步注浆采用盾构本身配置的注浆系统，其构造形式为注浆管平行与盾壳埋设，浆液水平方向注出。因注浆管安装在盾构上，施工中应特别注意，防止注浆管堵塞，注浆完毕后应立即清洗注浆管，不能留有多余的浆液。

2) 二次注浆：是指在同步注浆效果不理想时，对前期注浆进行补充注浆的方式，二次注浆可以反复进行，即多次注浆。

二次注浆是通过管片上的注浆孔注浆，注浆管垂直于管片内表面，浆液注入方向与管片垂直。该注浆方式注浆路径较短，可注入初凝时间很短的浆液，充填的及时性更易得到保障。

三、泥水盾构

（一）原理

泥水盾构（图 5-37）也称泥水加压平衡盾构（Slurry Pressure Balance Shield），简

称 SPB 盾构。对于泥水盾构，土体是依靠泥水对工作面上的压力发挥平衡作用以求得稳定。掘进中泥水压力主要起支护作用，工作面任何一点的泥水压力总是大于地下水压力，从而保持工作面稳定。

图 5 - 37　泥水盾构

在泥水平衡理论中，泥膜的形成是至关重要的。当泥水压力大于地下水压力时，泥水渗入土壤，形成与土壤间隙成一定比例的悬浮颗粒，被捕获并聚集与泥水的接触表面，泥膜就此形成。随着时间的推移，泥膜的厚度不断增加，抗渗能力逐渐增强。当泥膜抵抗力远大于正面土压时，就产生泥水平衡效果。因为是泥水压力使掘削面稳定平衡，故得名泥水加压平衡盾构，简称泥水盾构。

在机械掘削式盾构的前部刀盘后侧设置隔板，隔板与刀盘之间形成泥水压力室，把水、黏土及添加剂混合制成泥水，加压后送入泥水压力室。当泥水压力室充满加压的泥水后，通过加压作用，来谋求开挖面的稳定。

盾构推进时，由旋转刀盘掘削下来的土砂进入泥水舱，经搅拌装置搅拌后成含掘削土砂的高浓度泥水，用流体输送方式送到地面。经泥浆泵送到地表的泥水分离系统，待土、水分离后，再把滤除的掘削土砂的泥水重新压送回泥水舱。如此不断循环，完成掘削、排土、推进工作过程。

（二）优缺点

1. 优点

(1) 对地层的扰动小，地表沉降小。由于泥水盾构利用泥水压力对抗掘削地层的地下水压力、土压力，同时泥水渗入地层形成不透水的泥膜，所以掘削土体对地层扰动小，地表沉降也小。

(2) 适用于高地下水压，江底、河底、海底隧道施工。在以上场合，泥水盾构可选用面板形刀盘，增加掘削的稳定性，加上泥水压力对抗地下水压力的作用，故掘削的稳定性最可靠。

(3) 适用于大直径化。由于泥水渗入地层的浸泡作用，致使掘削地层多少有些松软，故盾构刀盘掘削扭矩变小，所以同样扭矩驱动设备作用下，泥水盾构的直径可以做得更大一些，目前像14～15m大直径的盾构均为泥水盾构。

(4) 适用于高速化施工。除组装管片期间停止掘进外，其他工序均可连续进行。

(5) 适用土质范围宽。适用的土质范围为软黏土层、滞水细砂层、漂砾层、固结淤泥层等，最适于在洪积层砂性土中掘进。

(6) 掘进中盾构机体摆动小。由于泥水的浸泡作用，地层对刀盘掘削阻力小，故盾构的水平、竖直摆动小。

(7) 因采用排泥管出渣，井下施工作业环境能保持清洁良好，提高了作业人员的施工安全性。

2. 缺点

(1) 成本高。由于设置泥水管理系统、泥水处理系统，致使工序、设备复杂，成本高。

(2) 排土效率低。由于通过泥水运出掘削土砂，故出土效率不高。

(3) 地表施工占地面积大并影响交通、市容。泥水配置系统、泥水处理系统的存在，致使地表占地面积大增，有时受施工现场条件限制，无法满足该占地需求，征地费用大，影响交通、市容。

(4) 不适于在硬黏土层中掘进。在黏度大的硬黏土层中掘进时，易出现黏土黏附面板、槽口及出土管道的现象，致使刀盘空转，槽口及出土管道堵塞，导致地层隆起、沉降。

(5) 不适于在松散卵石层中掘进。松散卵石层的孔隙率大，无法形成泥膜，泥水损失量大，致使泥水压低且不稳定，即掘削面不稳定。

(三) 泥水配置及作用

1. 泥水配置

泥水主要包括黏土、膨润土、砂、水、添加剂等配料。

黏土是配制泥水的主要用料，应最大限度地使用掘削排放泥水中回收的黏土。

膨润土是泥水主材黏土的补充材，膨润土的作用是提高泥水黏度、悬浮性、触变性，增加相对密度。

砂在砾石层中掘进时，因地层的有效空隙直径较大，故需在泥水中添加一定的砂，以便填充掘削地层的孔隙。

水在使用地下水和江河水时，应事先进行水质检查和泥水调和试验，必须去除不纯物质和调整pH值。

添加剂主要用来调整泥水的质量，多为化学试剂。如MS（甲基淀粉）的作用是降低失水率、增加黏度，纯碱的作用是调节pH值。

2. 泥水作用

(1) 形成泥膜及稳定掘削面。泥水与掘削面接触后，可迅速地在掘削的表面形成隔水泥膜。泥膜生成后，泥水舱的泥水再不能进入掘削地层，即杜绝泥水损失，保证了外加推进力有效地作用在掘削面上。与此同时，掘削地层中的地下水也不能涌入泥水舱，即防止喷泥。这就是泥水的双向隔离作用，保证了掘削面的稳定。

(2) 运送排放掘削泥砂。泥水与掘削下来的土砂在泥水舱内混合、搅拌，但掘削土砂在泥水中始终呈悬浮状态，且不失其流动性。故可由泥浆泵经管道将其排至地表，经泥水分离处理即把掘削土砂分离出去排掉，得到原状泥水重新注入泥水舱。

(3) 冷却和润滑刀盘、刀头等掘削设备。

(四) 泥水系统

1. 泥水压力控制

供泥泵将压力泥水从地面泥水调整槽输送到盾构泥水室，供入泥水相对密度在1.05～1.25之间，在泥水室与开挖泥砂混合后形成较稠的泥浆，然后由排泥泵输送到地面泥水处理场，排出泥水相对密度在1.1～1.4之间。排出泥水通常要经过振动筛等分离处理，将弃土排除，清泥水回到调整槽重复使用。

控制泥水室的泥水压力，通常有两种方法：如果供泥泵为变速泵，即可通过控制泵的转速来实现压力控制；若供泥泵为恒速泵，则可通过调节节流阀的开口比值来实现压力控制。泥水管中的泥水流速，必须保持在临界值以上，低于临界值时，泥水中的颗粒会产生沉淀而堵塞管道，尤其是排出泥水产生堵塞更为严重。

在盾构推进过程中，进、排泥管路需不断伸长，管道阻力亦随之增大。为了保证管道中的流速恒大于临界流速，排泥泵转速应随时做相应改变，因而排泥泵必须自动调整。当排泥泵到达最大扬程时，再加中继接力泵。

要直接观察开挖面的工况是十分困难的，为保证盾构掘进质量，应在进、排泥管路上分别装设流量计和相对密度计，通过检测的数据，算出盾构排土量。

2. 泥水输送设备

(1) 泥浆泵。

1) 送泥泵：从泥水处理设备——调整槽，向掘削面压送泥水，通常设置于地表。

2) 排泥泵：把携带掘削土砂的泥水排向地表的泥水处理设备。通常选用转数可调的泥浆泵，设置在盾构后方台车上，该泵可以处理砾石、砂、黏土、珊瑚、煤和其他磨损性物料。

3) 中继泵：弥补掘进距离增加造成的排泥压力损失。通常选用定置定速泵，每200～300m设置一台。

(2) 管道设备。

1) 送泥管：为减小压力损失，通常送泥管的直径比排泥管的直径大50mm。

2) 排泥管：排泥管径取决于输送的砾径，在砂砾层中通常排泥管径不得小于200mm；泥水盾构使用的管材，要求具有良好的耐磨性和光洁度，大部分场合使用煤气管道。

3) 伸缩管装置：伴随盾构掘进距离延长，掘进循环达到一定距离，需要延伸泥浆管。

3. 泥水输送及出渣

(1) 泥水输送。泥水输送系统主要由泵、阀、管道及配套部件等组成，通过泵和管道将新浆和调整浆输送至开挖面，并通过泥水监控系统进行自动化操作。由刀盘切削下来的干土和水和成的泥浆，通过泵和管道将泥水送往地面的处理系统进行调整。

通常刀盘切削下来的土砂混入泥水，在排泥泵的吸力作用下，携带掘削的土砂经排放管道输送至地面泥水调整槽中。由于携带掘削土砂的原因，该泥水的密度、黏度均有较大的增加，所以流经管道时的内壁摩擦阻力较大，即排放压力损失大，致使排泥压力下降。为防止该压力下降，需在管道途中设置中继泵，保证排泥管道的畅通。但是，送泥管道中的情况却不同，因送入掘削面的泥水黏度、密度均不大，虽然盾构的掘进距离增长，送泥管的长度也不断加长，但是送泥管中的泥水压力下降极小，所以送泥管道通常不设中继泵。当砾石的直径比排泥管径大时，启用砾石处理装置，对砾石进行筛选和破碎处理。

（2）出渣。泥水盾构是用排泥管出渣的。泥水盾构的泥水排放系统，主要由排泥泵、测量装置、中继排泥泵、泥水输送管及地表泥水储存池构成。泥水盾构的刀盘多为面板形，可根据地层的情况决定面板上的开口率。停止掘进时把槽口全部关闭，使泥土吸入量为零，以此防止掘削面坍塌。为防止排泥泵的吸入口堵塞，特在土舱内吸入口的前方设置搅拌机和碎石处理机构。

1）搅拌机。泥水盾构上的搅拌机是为了防止舱内泥水沉积、排泥管入口被砾石和大土块等堵塞而设置的。当排泥管入口堵塞时，搅拌机的扭矩将异常上升。

为使搅拌机逆转容易，搅拌机多为液压式。当出现油压缓慢上升时，说明土舱内掘削土砂可能在慢慢堆积下沉。另外，油压出现急剧上升或停止的现象时，很可能有大砾石卡住刀盘，此时廊使刀盘逆转解除。

2）碎石器。碎石器是为保证泥浆循环的通畅，而对大块的石块进行破碎。在泥水盾构排泥管的入口处，一般布置有碎石器和格栅，由液压操作的碎石器位于格栅前，把大石头破碎到要求的尺寸。

为使掘削面稳定，排泥水机构中必须装备泥水量管理和掘削土量的测量仪器。通常靠调节泥水压送泵的转数来调节泥水压力，由流量计和密度计测量结果推算出掘削土量。

使用泥水盾构的场合下，掘削土砂通过排泥管输送到处理设备。砂层、砂砾层中长距离掘进的场合下，管壁磨耗严重的情形时有发生，为此管道弯曲部位、盾构内不易更换部件的部位必须使用厚壁管材。

4．泥水处理

泥水处理系统，即将掘削下来的土砂形成泥水，通过流体进行输出，经分离成土砂和水，最后将土砂排弃的处理系统。

泥浆分离和处理系统的作用，是将盾构切削土砂形成的泥水进行颗粒分离和处理后，再将回收的泥浆泵入地面调整槽。

在这个处理系统中，将排放的含有掘削土砂的泥水中，混有砾石、砂、黏土、淤泥的结块等粒径较大的粗粒成分，大直径砾石和砂作机械筛分，小颗粒粉砂土、黏土胶体用凝集剂使其形成团粒后，采取强制脱水。通过对排放的泥水做一系列的处理、调整，使之符合再利用标准及废弃物排放标准的处理，称为泥水处理。具体又分为一次处理、二次处理、三次处理。

（1）一次处理。即将排放的含有掘削土砂的泥水中的砾、砂、淤泥及黏土结块等粒径大于 74μm 的粗颗粒，从泥水中分离出去，并用运土车运走。

（2）二次处理。对一次处理后的多余泥水进行进一步分离，因为 74μm 以下的小颗粒，呈电化学结合，用机械方法分离困难，并且粒子小，沉降速度慢，自然沉淀需要很长时间，而且需要有规模大的沉淀池。对于此种情况，目前多数采用添加凝集的方法，使其形成絮凝状团粒，成为便于处理的大颗粒后再强制脱水，呈可搬运状态时运出。

(3) 三次处理。把二次处理后产生的水和坑内排水等 pH 值高的水处理成达到排放标准的水，然后排放。

四、土压盾构

(一) 原理

土压盾构也称土压平衡盾构（Earth Pressure Balance Shield），简称 EPB 盾构。所谓土压平衡，就是盾构密封舱内始终充满了用刀盘切削下来的土，并保持一定压力以平衡开挖面的土压力和地下水压力。其主要由盾构主机、后配套系统及辅助设备组成。主机由盾壳、刀盘、刀盘驱动、螺旋输送机、皮带输送机、管片安装机、人舱、液压系统等组成（图 5－38）。

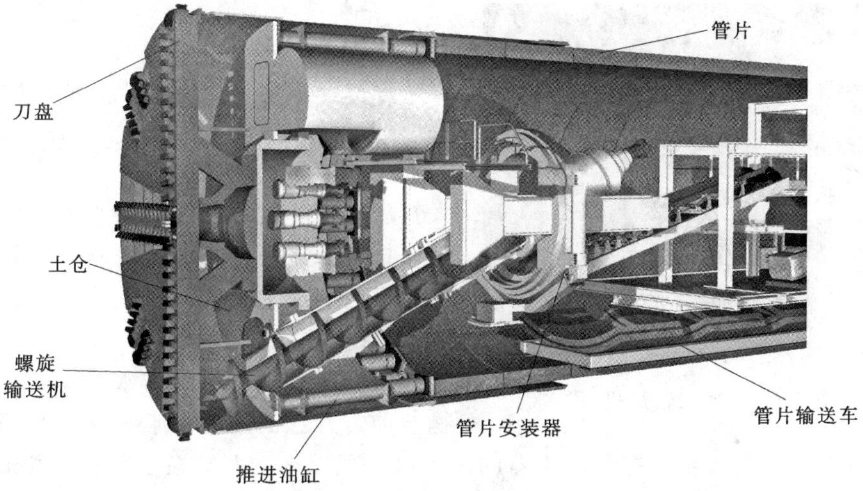

图 5－38 土压盾构

对由旋转刀盘切削下来进入密封舱内的土体，通过安装在密封舱内的螺旋输送机以及出土口上的滑动闸门或螺旋式漏斗等排土机构进行排土，一面排土，一面维持开挖面稳定状态，一面将盾构向前推进。

土压盾构的基本原理是：刀盘旋转切削开挖面的土体，破碎的土体通过刀盘开口被压进土舱，落到土舱底部，然后在那里与塑性土浆混合，通过螺旋输送机运到皮带运输机上。盾构在推进油缸的推力作用下向前推进，盾壳对开挖出的还未衬砌的隧道起着临时支护作用，不仅承受周围土层的土压，而且承受地下水的水压以及将地下水挡在盾壳外面，使掘进、排土、衬砌等作业在盾壳的掩护下进行。盾构内的土压可由刀盘旋转开挖速度和螺旋输料器出土量（出土速度）进行调节。

(二) 优缺点

1. 优点

(1) 成本低。因为土压盾构工法无须泥水盾构那样的泥水处理系统，故设备少，现场占地面积小，成本低。

（2）出土效率高。因排出的直接是泥土，不需泥水分离，故排土效率比泥水盾构工法高。

（3）适应地层范围宽。目前土压盾构工法几乎适用于所有地层，特别是大砾石、含砾率高的地层。

2. 缺点

（1）掘削扭矩大。因添加材的密度大，故对地层的浸渗小，所以掘削摩擦阻力大，即掘削扭矩大，致使盾构机的装备扭矩大，功耗大。

（2）地层沉降大。与泥水盾构工法相比，土压盾构工法对地层扰动大，故地层隆起、沉降均比泥水盾构略大，不过随着监测技术的进步，沉降量也可以得到有效的控制。

（3）直径不能过大。由于上述两个缺点，致使土压盾构的直径不能过大，目前最大仅为 11m。

图 5－39　螺旋输送机

（三）渣土运输

1. 螺旋输送机

螺旋输送机（图 5－39）是土压盾构的重要部件，其主要的功能为：①为掘进渣土排出的唯一通道，从承压的开挖舱中将土料排送到大气压下的隧道中；②在渗水地层中，予以密封，抵抗承压水；③通过控制排出料，在螺旋输送机内形成的土塞，建立前方密封土舱内的压力。

（1）螺旋输送器的防水。螺旋输送器是盾构与前方开挖面连通的唯一通道，开挖面的岩层形态和地下水情况都会在螺旋输送器的出土口表现出来。尤其在复杂多变的地层中，螺旋输送器除了排放渣土外，有效抵御地下水显得更为重要。

除螺旋输送器后方的出土闸门外，另设置前闸门，在必要时可以彻底隔离开挖面与后方的联系。

（2）螺旋输送器的喷涌。大量的高压泥浆从螺旋输送器的出土口喷射出来的现象叫喷涌。喷涌严重污染盾构和隧道工作人员的施工环境，导致停机处理。更有甚者，大量喷涌造成密封土舱的突然卸压而引起地面的严重沉降。

造成喷涌的原因有很多种，但都有一个共同点，即必定有一个补给充足，迅速在密封土舱螺旋输送器出口处形成水头压力的水源。因此要防止喷涌，其主要方法就是“治水”。

2. 皮带输送机

皮带输送机（图 5－40）用于将螺旋输送机送来的渣土转运到后部的装渣列车上。为了防止皮带机在输送含水量大的弃土时弃土向下

图 5－40　皮带输送机

滑，应尽可能将皮带机的倾斜角设计小，防止渣土回流落入隧道。

在皮带输送机上设置有橡胶防护板及皮带张紧装置、急停拉线装置，并在皮带输送机出渣口外溅。

（四）泥饼及渣土改良

1. 泥饼

泥饼是盾构刀盘切削下来的细小颗粒、碎屑在密封土舱内和刀盘区重新聚集而成半固结或固结的块体。泥饼除可以引起地表隆起、沉陷、喷涌外，还会损坏盾构的主轴承。

黏土矿物是形成泥饼的物质基础，泥饼容易在黏土矿物含量超过25%的各类地层中形成，其中刀盘中心区是结泥饼的高发区。无论是从德国进口的盾构还是从日本进口的盾构，如果没有设置独立驱动的中心子刀或高达40～50cm的中心刀群，则由于中心区开口率低、线速度小，均易形成面板泥饼，设置滚刀者，泥饼发生频度更高。

2. 渣土改良

对于黏土含量比较少的地层而言，刀盘掘削下来的泥土的流塑性很难满足排土机构直接排放条件。另外，其抗渗性也差，为此必须向这种掘削泥土中注入添加材，以改变其流塑性、抗渗性，使其达到排土机构可以排放的条件。

为了能更好地改善沙层的流塑性和止水性，可通过渣土改良系统向开挖面注入添加剂或发泡剂，考虑到掘削泥土与添加材的搅拌混合效率，注入口通常设在刀盘中心凸出的前面、辐条上及土舱隔板上。因注入口直接与泥土接触，故必须设置可以防止泥土与地下水涌入的防护头和逆流防止阀。

（1）添加材的作用。添加材是主材、助材和水拌和而成的液体材料，其作用如下：

1）提高塑性，保证了土料能不断地送到螺旋输送机；防止渣土卡住刀盘、大块卵石沉入土舱底部，造成出渣困难、渣土堵塞。

2）开挖室内土料具有软稠度和良好的塑性变形，使支撑压力能规则地作用于开挖面，保证开挖面的稳定。

3）提高渣土的抗渗性，在螺旋输送机形成瓶塞效应，防止喷涌。

4）减小对刀盘及刀具的磨损和破坏，减少对螺旋输送机的磨损。

5）减小对刀盘和螺旋输送机的驱动力矩，降低电力消耗。

（2）常用添加材。

1）膨润土：膨润土的主要成分是蒙脱石，易吸水膨胀，并且具有润滑性。注入该类泥材的目的是增加微、细粒含量，使黏土的内摩擦角变小，可在土压作用下发生变形和破坏，即流动性、止水性均有一定程度的提高。

膨润土的作用是：①利用膨润土的润滑性和黏性改良渣土，增加渣土的流动性和和易性，防止其在刀盘面、密封土舱或螺旋输送机内接结泥饼；②同步注浆停止时，泵入膨润土以置换砂浆，防止注浆管路沉淀，凝固而发生堵塞；③可以在工作面上形成低渗透性的泥膜，这样有利于给工作面传递密封土舱的压力，以便平衡更大的土压力；④可以改善密封土舱的和易性，提高砂性土的塑性，以便于出土，减少喷涌；⑤盾壳周边膨润土，可以减小盾构的推进力。同时，可以减小刀盘扭矩，节约能耗。

2）泡沫剂：与膨胀土相比，使用泡沫剂的优势是体积小，能分离粘结在一起的黏土矿物颗粒。泡沫剂产生的泡沫中90%是空气，另外10%中的90%是水分，剩下的才是发泡剂。在数小时内，渣土泡沫的大部分空气就会逃逸，渣土恢复原来的黏结状态，便于运输。

泡沫剂适用于细颗粒土层中。在盾构施工时，将由泡沫发生设备产生的泡沫，通过盾构刀盘前段的注射孔注入开挖面。泡沫剂将从泡沫剂储罐中泵出，并与水按要求的比例混合形成溶液随即被分别输送到泡沫发生器中，同时输入压缩空气使泡沫溶液打旋与之混合产生泡沫。泡沫发生系统原理如图5-41所示。

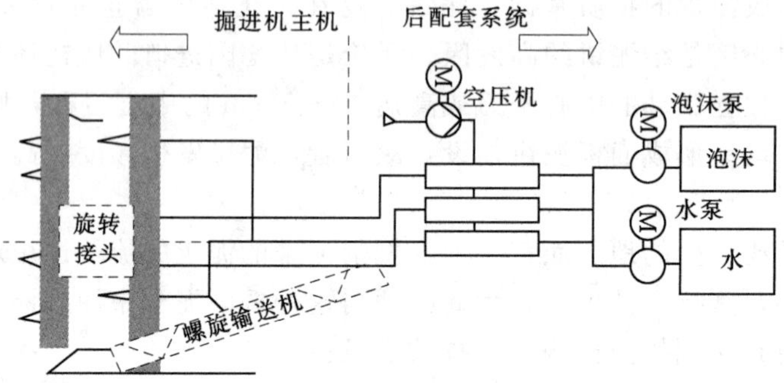

图5-41 泡沫发生系统原理图

五、施工流程

盾构施工法是在地面下暗挖隧洞的一种施工方法，它使用盾构机在地下掘进，在防止软基开挖面崩塌或保持开挖面稳定的同时，在机内安全地进行隧洞的开挖和衬砌作业。其施工过程需先在隧洞某段的一端开挖竖井或基坑，将盾构机吊入安装，盾构机从竖井或基坑的墙壁开孔处开始掘进并沿设计洞线推进直至到达洞线中的另一竖井或隧洞的端点。其施工流程如图5-42所示。

1. 端头加固

为了确保盾构始发和到达时施工安全，确保地层稳定，以防端头地层发生坍塌或涌漏水等意外情况，根据各始发和到达端头工程地质、水文地质和端头结构等综合分析与评价，决定是否对洞门端头地层进行加固处理。端头加固有高压旋喷桩、搅拌桩、静压注浆等多种形式。

2. 洞门破除

如图5-43所示，始发前将洞门部位的端头围护桩进行凿除，采用油炮+人工施工方式进行凿除，先采用油炮沿洞四周凿除 *A* 部分，再用人工持风镐凿除 *B* 部分。凿除时围护桩内层钢筋先不割除，待盾构进洞或出洞时再迅速割除。

3. 始发设施的安装

(1) 始发托架安装（图5-44）。洞门凿除完成之后，依据隧道设计轴线定出盾构始发姿态的空间位置，然后反推出始发台的空间位置。由于始发台在盾构始发时要承受纵向、横向的推力以及约束盾构旋转的扭矩，所以在盾构始发之前，先对始发台两侧进行加固。

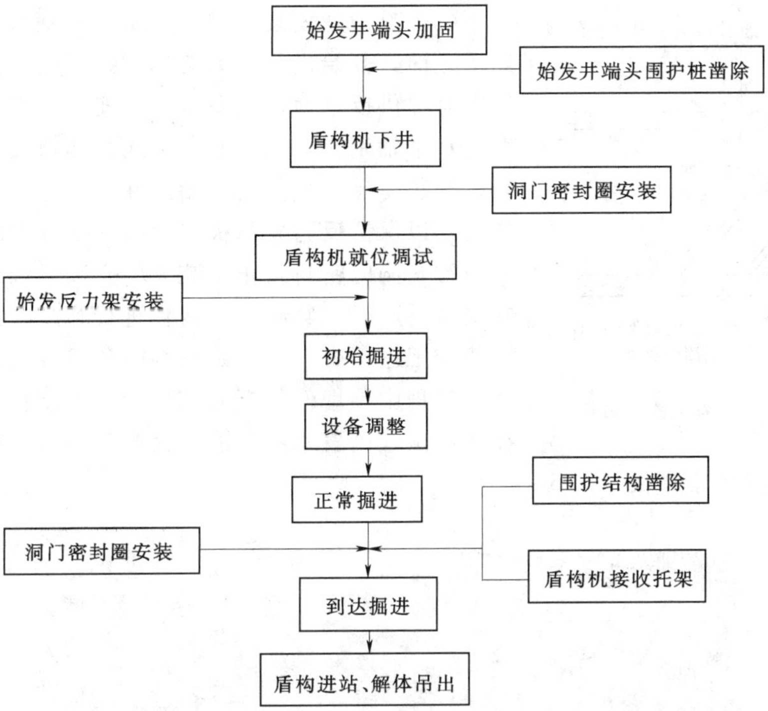

图 5-42 施工流程

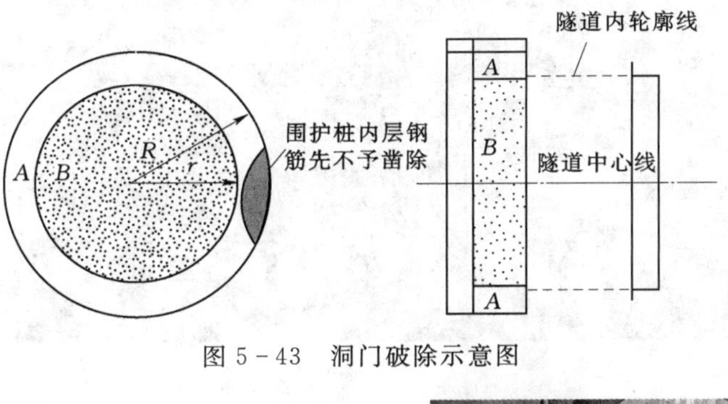

图 5-43 洞门破除示意图

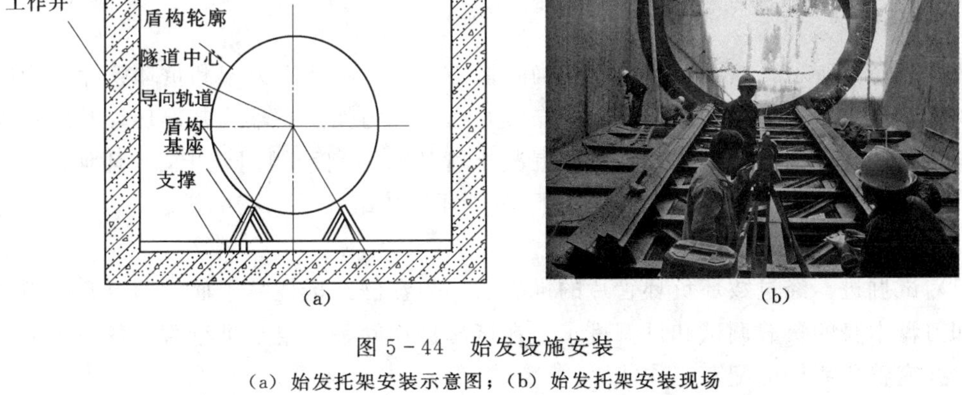

(a) (b)

图 5-44 始发设施安装

(a) 始发托架安装示意图；(b) 始发托架安装现场

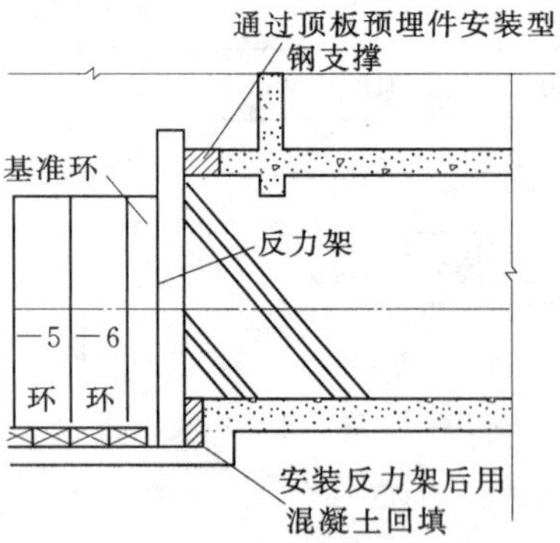

图 5-45 反力架安装示意图

(2) 反力架安装（图 5-45）。在盾构主机与后配套连接之前，开始进行反力架的安装。由于反力架为盾构始发时提供反推力，在安装反力架时，反力架端面与始发台水平轴垂直，以便盾构轴线与隧道设计轴线保持平行。安装时反力架与盾构始发井结构连接部位的间隙要垫实，以保证反力架脚板有足够的抗压强度。

(3) 洞门密封及止水装置的安装。洞口密封采用折叶式密封压板。其施工分两步进行施工，第一步在始发端墙施工过程中，做好始发洞门预埋件的埋设工作。在埋设过程中预埋件与端墙结构钢筋连接在一起。第二步在盾构正式始发之前，清理完洞口的渣土后及时安装洞口密封压板及橡胶帘布板（图 5-46）。

图 5-46 洞门密封

4. *负环管片安装*

如图 5-47 所示，按设计要求经精确测量定位后，组装反力架和负环管片，为盾构推进提供后座反力。反力架和负环管片的布置，靠近反力架的一环为基准环，基准环为钢管片，其余负环管片为与隧道管片相同的混凝土管片。为利于洞门施工，0 环伸入洞内 0.4～0.8m，在洞门施工时再将这环管片凿除，负环管片组装采用错缝拼装。

5. *盾构掘进*

(1) 试掘进。经过数环负环管片的推进后，刀盘已经抵拢掌子面，即可开始刀盘驱动系统和刀盘本身的负载调试和试掘进了。在试掘进期间，主要是进行盾构各系统的监测和调试，并完善各系统的配套工作能力。

(2) 始发掘进。从正式进洞的第一环正数管片开始，到盾构后配套系统完全进洞，负

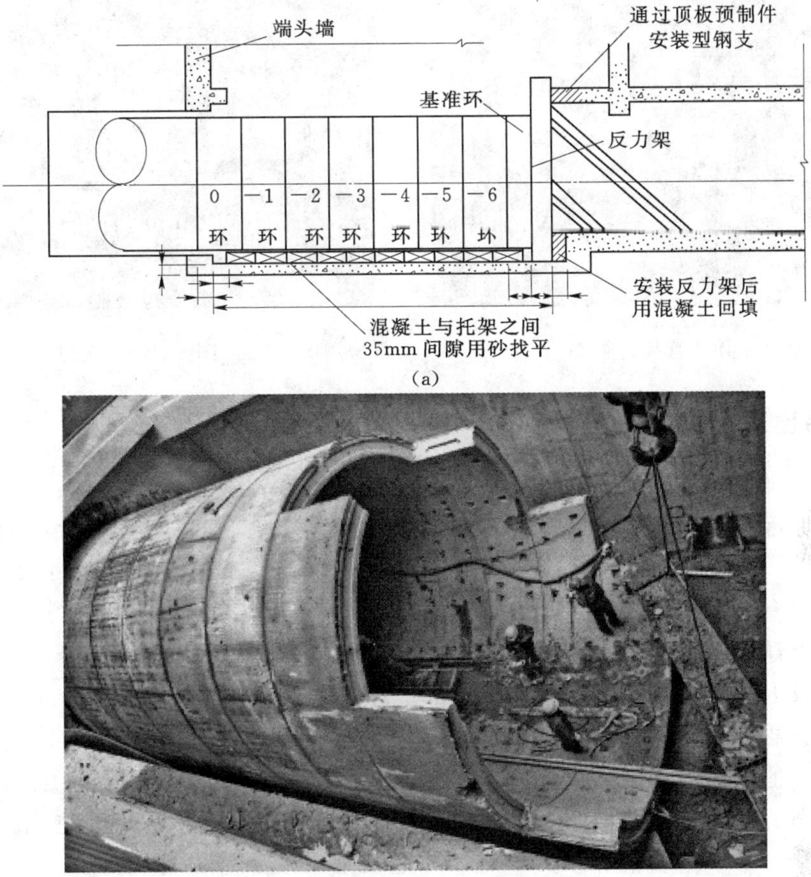

(a)

(b)

图 5-47　负环管片安装

(a) 安装示意图；(b) 现场施工图

环管片拆除，系统完全达到设计生产能力为止，这一施工阶段称为始发掘进。

在始发掘进期间，继续盾构各系统的监测和调试，并完善各系统的配套工作能力。在始发掘进结束前，总体系统的工作能力要达到 80%以上。

6. 现场运输

(1) 重载编组列车运输。洞内水平运输采用重载编组列车运输，编组列车长 54.6m，由 9 节车辆组成，一辆 35t 交流变频机车，5 辆 $18m^3$ 矿车、一辆砂浆车和两辆管片运输车（图 5-48），运输线路为 43kg 轨的单线，一个掘进循环的材料和渣土由编组列车一次运进与运出。

(2) 垂直运输。垂直运输主要运输材料管片、轨料、油脂油料等及渣土的提升。它主要指的是龙门吊，如图 5-49 所示。

图 5-48　管片运输车

图 5-49　龙门吊

六、易出现的问题及对策

1. 上浮

上浮的原因：由于盾构机的开挖直径大于管片的外径，同步注浆凝固时间过长，加之地下水的稀释，盾构掘进施工产生的振动，造成砂浆发生离析，降低了砂浆的固结效果，管片未能受到有效的约束，从而导致管片上浮。具体原因概括为：

①静态上浮力。因地下水、注浆浆液、泥浆等包裹管片进而产生上浮力，当上浮力大于管片自重及上覆土荷载等时，管片会局部上浮。②动态上浮力。因注浆而产生的动态上浮力，伴随着盾尾管片壁后注浆的施工过程而产生的可能引起管片上浮、局部错台、开裂、压碎或其他破坏形式的力，因为其大小、分布形式等都与壁后注浆施工过程密切关联，是一动态的变化力。③隧道开挖卸荷导致的地基回弹作用，也可能造成盾构隧道的局部或整体上浮。④千斤顶偏心顶力。施工中管廊管片受到顶进千斤顶造成的纵向偏心荷载，致使管片纵向发生向上的弯曲变形。⑤此外，泥水盾构掘进中，当使用较大的切口水压时，可能造成盾尾上抬，进而带动附近管片上浮。

防治对策：①改变砂浆的配比，提高水泥用量，降低浆液的初凝时间，及时、足量地注浆，提高固结效果；②加强管片姿态测量，一旦有上浮异常现象，立即进行二次注浆（双液浆），有效地控制管片的进一步上浮；③在变坡段一定要注意管片的选型及正确安装；④做好管片螺栓的复紧工作；⑤控制盾构机的姿态略低于设计中心线下约 30mm，避免蛇形和超挖，尽量使各组油缸推力平衡；⑥适当放慢推进速度，使浆液有足够的凝固时间。

2. 管片破损、错台

破损错台原因：一般来说，轻微的错台不会影响隧道结构的使用，但严重时不仅会影响结构的使用，还会降低隧道的防水等级，甚至可能造成管片开裂而导致管片结构的破坏。管片错台原因较多，主要有：①盾构的推进压力不均匀。由于全环的不均匀的顶力作用，造成了密封垫的差异性压缩变形，从而进一步造成了管片间的有差异的纵向位移，即错台。顶力的影响，业界普遍认为是主要因素。②周围的环境。由于地下环境的复杂，常常导致盾构机不能平稳、平行推进。将会导致管片出现错台。如：泥水盾构掘进中，当使用较大的切口水压时，可能造成盾尾上抬，进而带动附近管片上浮。③后尾脱空与壁后注浆。千斤顶推动盾构机向前推进时，使得本来位于盾构壳内部的拼装衬砌脱出盾壳的保护，在衬砌外围产生建筑空隙（其体积等于盾壳对应圆筒体积与后尾操作空间体积之和），引起较大地层损失，如不采取补救措施会引起很大的地层位移和地面沉降。除此之外，导致盾构错台还有很多因素，如双线隧道开挖，邻接隧道对其的影响；盾构机入井时，导致盾头倾斜等。

防治对策：解决管片破损和错台的主要措施是从施工操作入手，即严格地按照规定操作，尽可能地减少误操作，具体防治措施为：①无论出现什么问题，对盾构机的姿态都不能“急纠”，要逐步校正；②要根据盾尾间隙、千斤顶的行程差以及盾构机的姿态来选择管片，避免隧道轴线由于人为的失误造成偏离设计轴线；③要按相关的规范进行操作，包括管片进入隧道前的检查、注浆、盾构机推力和扭矩等参数的设定，管片的吊运和安装等；④要防止由于隧道围岩应力环境和地下水环境突然变化造成隧道变形。

第八节 TBM 掘进机法

一、国内外发展、特点

1. 国内外发展概况

隧道掘进机（Tunnel Boring Machine，TBM）施工法是用隧道掘进机切削破岩，开凿岩石隧道的施工方法。它始于20世纪30年代，随着掘进机技术的迅速发展和机械性能的日益完善，隧道掘进机施工得到了很快发展。掘进机施工特别是对于长隧道的施工，较之钻爆法施工有其显著的特点：大大降低工人劳动强度，保证施工人员的安全；掘进速度快，进一步发展将有达到自动化的可能等等。在世界科技飞速发展的今天，更使掘进机有了广阔的使用条件。虽然钻爆法仍是当前山岭隧道施工的最普遍的方法，而且掘进机也不能取代钻爆法施工，但用掘进机施工的隧道数量不断上升。据不完全统计，世界上采用掘进机施工的隧道已有1000余座，总长度在4000km左右。特别是在欧美国家，由于劳动力昂贵，掘进机施工已成为进行施工方案比选时必须考虑的一种方案。近年来，用掘进机完成的大型隧道如英法海峡铁路隧道，三座平行的各长约50km的隧道，使用了11台掘进机，用三年多一点时间，即修建完成。另外如长度19km的瑞士费尔艾那隧道，其中有约9.5km用掘进施工，已于1997年4月贯通。瑞士拟建穿越阿尔卑斯山的新圣哥达（Gotthard）铁路隧道，长约57km，也将采用掘进机施工。在美国，芝加哥TARP工程是一项庞大的污水排放和引水地下工程，有排水隧道大约40多km，全部采用掘进机施工。在我国，铁路隧道采用掘进机施工始于20世纪70年代，但由于机械性能很差，得不到发展。1978年冬改革开放以来，在一些水利工程上引入了外商承包，他们采用了掘进机施工，如意大利CMC公司曾在甘肃引大入秦和山西万家寨引水工程中用掘进机施工引水隧道获得成功。1997年底，我国西安至安康铁路秦岭隧道首次引入德国维尔特（WIRTH）公司TB880E型隧道掘进机。该铁路隧道长18.5km，开挖直径8.8m，已于2000年贯通。可以预言，随着科技发展进步的步伐加快，随着掘进机技术本身的不断发展完善，今后会有很多数量的隧道采用掘进机法施工，国内外有关掘进机应用情况见表 5－5、表 5－6。

表 5－5　　国外隧洞掘进机应用情况

序号	隧道名称	国名	直径（m）	掘进长度（m）	用途	岩　性	施工时间（年．月）	TBM 形式
1	Mangla 坝，水工隧洞	巴基斯坦	11.2	500×5	水工	砂岩、黏土、石灰岩	1963	敞开式
2	芝加哥 TARP73－160－2H	美国	10.77	5408	下水道	白云质石灰岩，局部风化页岩	1977	敞开式
3	芝加哥 TARP73－162－CK	美国	10.77	893	下水道	白云质石灰岩，局部风化页岩	1979	敞开式
4	芝加哥 TARP73－160－2H	美国	10.77	6454	下水道	白云质石灰岩，局部风化页岩	1988	敞开式
5	芝加哥 TARP75－126－2H	美国	10.74	7725	下水道	白云质石灰岩，局部风化页岩	1977	敞开式
6	Heitersberg	瑞士	10.65	2600	铁道	砂岩（磨砾岩）	1970～1972	敞开式
7	芝加哥 TARP75－127－2 H	美国	9.86	3978	下水道	白云质石灰岩，局部风化页岩	1978	敞开式
8	芝加哥 TARP73－123－2H	美国	9.86	6682	下水道	白云质石灰岩，局部风化页岩	1978	敞开式
9	芝加哥 TARP75－132－2H	美国	9.83	6313	下水道	白云质石灰岩，局部风化页岩	1988	敞开式
10	芝加哥 TARP73－125－2H	美国	9.83	7526	下水道	白云质石灰岩，局部风化	1977	敞开式
11	Minvaukee 下水道隧道				下水道	石灰岩，页岩	1985～1987	敞开式
12	芝加哥 TARP72－049－2H	美国	9.17	8312	下水道	白云质石灰岩，局部风化	1984.9	敞开式
13	Hallendsasen 隧道	瑞典	9.1	8600×2	铁路	花岗片麻岩，片麻岩	1992.3	敞开式
14	Bergen 绕越干道隧道	挪威	7.8	3200＋3800	公路	花岗片麻岩	1986.12	敞开式
15	Bozberg 隧道	瑞士	11.93	3750×2	道路	石灰岩，泥灰岩，页岩	1990～1993	敞开式
16	Mt. Russein	瑞士	11.81	3400		泥灰岩，砂岩，黏土	1990～1992	护盾式
17	Zurichberg 隧道	瑞士	11.52	4350		泥灰岩，砂岩	1985.9～1988	护盾式
18	Cubrist 隧道	瑞士	11.5	3300×2		泥灰岩，砂岩	1980.2～1981.7	护盾式
19	里昂	法国	10.96	3200×2		片麻岩（1.4km×2）冲击层（1.8km×2）	1994～1996	护盾式
20	Boston Marbour Dutfall	美国	8.1	15090		黏土岩，辉绿岩，石灰岩	1992	护盾式
21	Aosta 隧道	意大利	11.4	2670×2		页岩	1990.4	扩孔机

续表

序号	隧道名称	国名	直径（m）	掘进长度（m）	用途	岩　性	施工时间（年．月）	TBM 形式
22	Nevenburg	瑞士	11.3	2600×2			1985	扩孔机
23	Num Sum	韩国	11.3	1200			1991	扩孔机
24	Kerenzerberg 隧道	瑞士	11.0	3587			1980	扩孔机
25	ATEX 隧道	瑞士	11	2500×2		大理岩，石灰岩	1985.2～1988.2	扩孔机
26	Locarno 绕越干道隧道	瑞士	10.8	4900		云母质片麻岩		扩孔机
27	Sonnenberg 隧道	瑞士	10.46	1300×2			1969	扩孔机

表 5-6　　国内隧洞掘进机应用情况

序号	试验单位地点	隧道直径（m）	掘进长度（m）	地质	试验时间（年．月）	最高月进尺（m）
1	贵州贵定老罗堡	2.5	263	白云质石灰岩	1971.3～11	20
2	杭州玉山人防工程	3.4	78	石灰岩	1966.7～11	41.2
3	杭州宝石山人防工程	3.4	277	凝灰质流纹斑岩	1968.7～8	48.5
4	江西萍乡青山矿	2.6	623	石灰岩、灰砂岩	1970～1972.4	252.6
5	广西桂林 8403 部队	4.0	245	花岗岩、石灰岩	1969.10～1971.5	20.4
6	陕西铜川矿务局	3.5	669	石灰岩	1970.12～1973.1	179
7	云南西洱河水电站水工隧洞	5.3	613	花岗片麻岩	1970.11～1978.9	50.9
8	北京西郊凤凰山	5.5	204	硅质石英岩	1971.4～1974.5	20.4
9	辽宁老虎台矿	3.8	287	花岗片麻岩	1971.6～1972.9	20
10	北京落坡岭下苇店水电站水工隧洞	5.5	80	石灰岩	1971.12～1972.5	37.2
11	贵州猫跳河水电站水工隧洞	6.8	220	白云质灰岩	1973.7～1975.6	43.6
12	云南西洱河水电站水工隧洞	5.8	247	花岗片麻岩	1977.4～1978.4	46.4
13	江西萍乡煤矿	3.0	695	石灰岩	1977.9～1978	301
14	河北迁西南观洞	3.0	303	石灰岩	1980.5	224
15	甘肃引大入秦毛家湾沙沟隧洞	5.5	763	砂岩、砾岩	1979.11～1982.10	100.4
16	河北新王庄引滦入津隧洞	5.8	1040	石灰岩	1981.11～1982.11	202
17	山西小谷煤矿王坪平洞	3.0	503	花岗片麻岩	1982.10～12	218.3
18	山西矿物局古交矿区东曲矿	5.0	4500	砂岩、砂纸泥岩、页岩、灰岩	1986.6	202
19	西康线秦岭铁路隧道	8.8	185000	花岗岩、片麻岩	1997～2000	528.1

2. 特点

（1）与钻爆法开挖隧道施工过程相比，使用掘进机开挖隧道的特点在于施工过程是连续的，具有隧道工程“工厂化”的特点。

1）安全。掘进机开挖断面一般为圆形，承压稳定性好。由于用机械方法切削成型，没有爆破法的危险因素，减少了周围岩层松动、冒顶的可能性，因此也减少了支护的工作量。在土质或软弱地层施工，可采用护盾式掘进机，作业人员在司机房内或护盾内工作，大大提高了作业的安全性。

2）快速。根据现有使用效果看，在均质岩层中，掘进速度一般可达：软岩层 2m/h，中硬岩层 1m/h，硬岩层 0.5m/h。按一般的中硬岩石，掘进机每月掘进 600m 以上，如英法海峡隧道，英国端每月掘进 764m，法国端每月为 685m。一般认为，掘进机的掘进速度较钻爆法的掘进速度可提高 2～2.5 倍。

3）经济。用机械方法开挖的断面平整，洞壁光滑，免去爆破应力，通常不需要临时支护（硬岩中），或可用喷锚、钢圈梁、钢丝网等简易支护（软岩或中硬岩中）。而且，超挖量能控制在几厘米之内，能减少清理作业和混凝土用量（混凝土用量约节约 50%），适合于喷射混凝土衬砌。因此，国外有人认为在作业条件适宜时，总成本可降低 20%～30%。但掘进机自身造价高，工程一次性购入成本高。

4）省工与降低劳动强度。有人统计，一般掘进机施工所需总人数为 40～45 人即能达到月进尺 200m，而用钻爆法施工欲达到月成洞 200m 则需 700 人（三班制）。更为重要的是用掘进机施工可以大大减轻劳动强度。

5）排渣容易。机械法破碎的土屑和岩渣多成中块或粉状，粒度均匀，可由皮带运输机直接排出。如果采用适应于开挖量的转载运输机，则可利用掘进机的换步时间，进行调车作业，尽量不因运输工序而影响掘进速度。

6）由于集中控制操作，有实现远距离操作和自动化的可能性。

7）一次投资大，尺寸重量大，机器较复杂（但对于岩层适宜的长隧道，由于掘进机掘进速度高，总的工程成本就不高）。制造周期长，装运费时费事费钱，刀具的消耗和维修费用亦很昂贵。但也要看到随着冶金技术的发展，刀具消耗的问题也能够解决。如国外某掘进机（ϕ3.3m），在瑞士开挖一条 1461m 长的公路隧道导洞，其岩石抗压强度为 100MPa（砾岩和砂岩），只换过一把刀。

8）对岩层变化的适应性差。就目前试用和使用情况来看，对中硬岩使用较为有效，对软岩和硬岩仍存在许多困难。如遇到破碎岩层及不均匀多变的岩层，掘进速度下降，甚至无法工作，如遇涌水、溶洞及漂石砾石等情况，多需改为其他方法开挖。

9）开挖的隧洞断面局限于圆形，对于其他形状的断面，则需进行二次开挖。如要机器本身来完成，则机器构造将更为复杂。

10）作业率低。由于隧道施工工序多，要求施工组织严密、配合协调。如机器能否正常运转，电缆延伸、洞壁保护、水管路延长及机器方向调整等工序，一般约占整个作业时间的 50%。

11）能耗大。纯机械破岩，不像钻爆法利用炸药的化学能，过分破碎石碴而耗费能量，粉状石渣难于再利用。

经过近一个世纪的努力，随着现代技术的发展，特别是近几十年来，掘进机不仅能在岩石整体性及磨蚀性强的条件下工作，也能在稳定条件差的地层中施工，从而被许多隧道作为主要施工方案进行比选。

（2）与盾构的区别。

1）掘进系统是类似的，都是采用刀盘机械破碎岩石或土体。

2）走行系统类似，都是在位于基础上的轨道上走行，不同的是盾构轨道安装在管片上，而 TBM 一般安装在预制仰拱块上。

3）反力提供机理不同，TBM 依靠撑靴撑在隧道侧面上提供反力，盾构机依靠反力架及管片提供反力。

4）衬砌施工方式不同，盾构采用预制管片加壁后注浆，TBM 采用管棚、超前导管、锚杆、喷混凝土为初支，常规方法施作二衬。

5）工作的环境也不一样，TBM 是硬岩掘进机，一般用在山岭隧道或大型引水工程，盾构是软土类掘进机，主要是城市地铁及小型管道。

二、TBM 分类及选型

1. 分类

TBM 按适用范围分为开敞式、双护盾式和单护盾式。

（1）开敞式 TBM［图 5－50（a）］：配置钢拱架安装器与喷锚等辅助设备。常用于硬岩，采取有效支护手段后也可应用于软岩隧道。

（2）单护盾 TBM［图 5－50（b）］：常用于劣质地层。单护盾 TBM 推进时利用管片作支撑，其原理类似于盾构。与双护盾 TBM 相比，掘进与安装管片不能同时进行。

（3）双护盾 TBM［图 5－50（c）］：适用于各种地质，既能适应软岩，也能适应硬岩或软硬岩交互地层。

TBM 按直径大小分为微型、中型和巨型。

（1）微型 TBM：ϕ0.25～3.00m。

（2）中型 TBM：ϕ3.0～8.0m。

（3）巨型 TBM：大于 ϕ8.0m。

2. 选型

TBM 掘进断面大可达 10m 以上，小仅为 1.8m。由于 TBM 与辅助施工技术日臻完善以及现代高科技成果（液压新技术、电子技术与材料科学技术等）的应用大大提高了 TBM 对各种困难条件的适应性，因此简单从开挖可能性来考虑 TBM 的适用范围是不全面的。

（1）判定依据。

1）隧道围岩的抗压强度、裂缝状态、涌水状态等岩性条件。

2）机械构造、TBM 直径等机械条件。

3）隧道断面、长度、位置状况、地址条件等。

（2）TBM 工法选用流程。TBM 工法选用流程如图 5－51 所示。

实际工程中 TBM 选用原则：

(a)

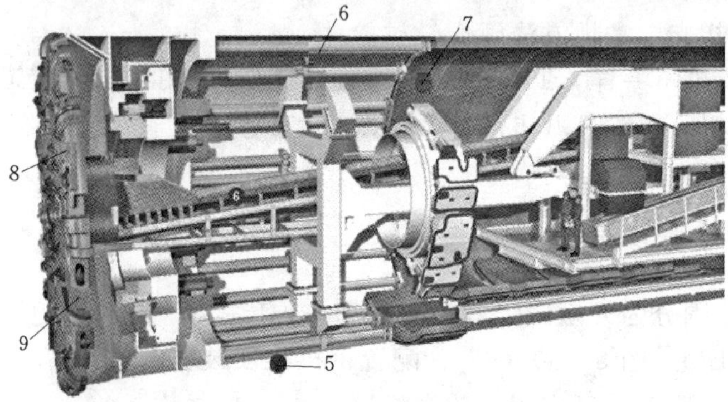

(b)

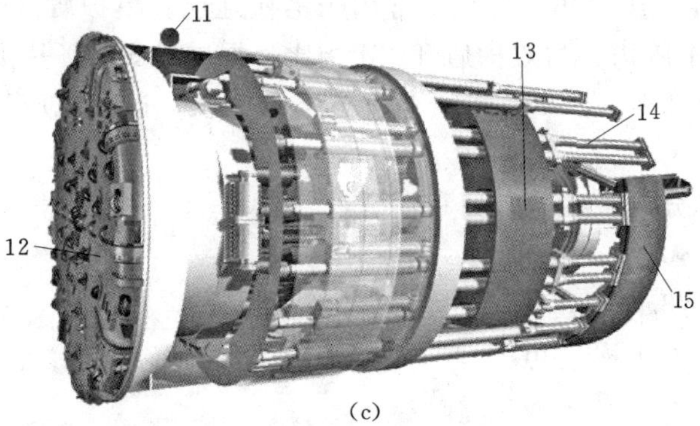

(c)

图 5-50　TBM类型

(a) 开敞式；(b) 单护盾式；(c) 双护盾式

1—支撑鞋；2—钢支架举升器；3—锚杆安装机构；4—钢筋网举升器；5—护盾；6—液压推进油缸；7—管片；8—刀盘；9—装渣斗；10—皮带输送机；11—可伸缩护盾；12—刀盘；13—活动支撑鞋；14—辅助推进油缸；15—管片

1）整条隧道地质情况均差时采用单护盾 TBM；

2）良好地质条件中则采用开敞式 TBM；

3）双护盾 TBM 常用于复杂地层的长隧道开挖，一般适用于中厚埋深、中高强度、地质稳定性基本良好的隧道，对各种不良地质与岩石强度变化有较好的适应性。

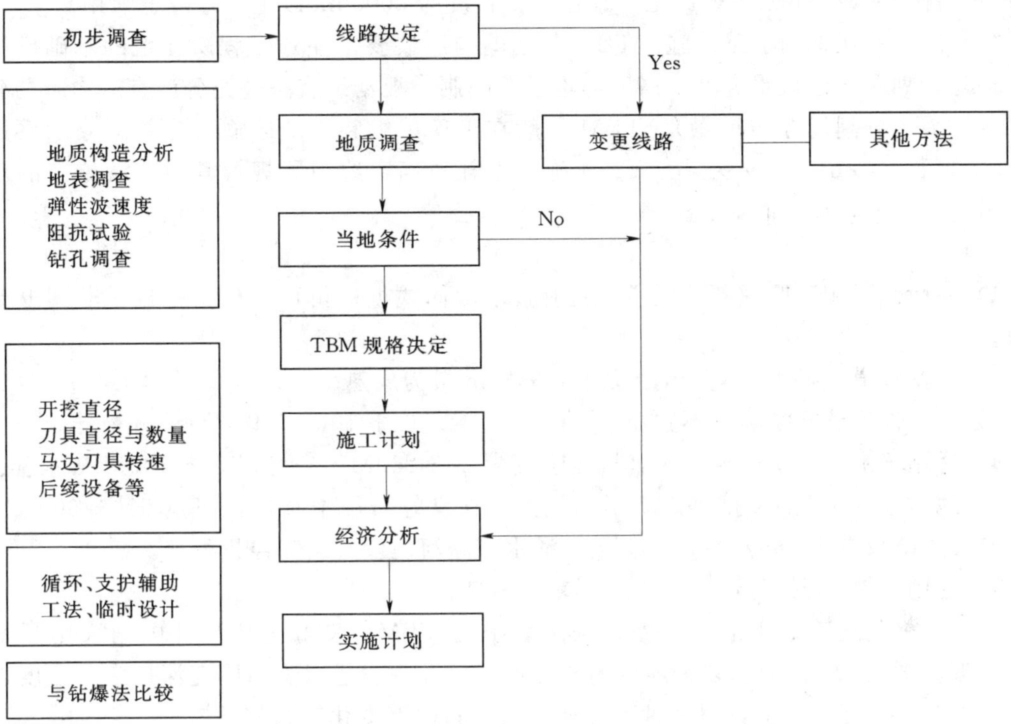

图 5－51 TBM 工法选用流程

（3）影响 TBM 选用的地质因素。

1）岩石强度。开挖难易一般用抗压强度来判定。刀具消耗应考虑岩石中石英粒范围、大小与抗拉强度等判断。

2）岩层裂隙。岩层节理、层理、片理对开挖效率影响极大。裂隙适度发育的岩层，即使抗压强度大也能进行较为有效的开挖。

3）岩石硬度。一般地，对于岩石单轴抗压强度 $R_c<100$MPa 的岩层，其石英含量较多、粒径较大，刀具磨耗很大。

4）破碎带等恶劣条件。在破碎带、风化带等难于自稳的困难条件下进行机械开挖，均需采取辅助施工方法配合施工。特别是在有涌水的条件下更为困难，拱顶崩塌、机体下沉、支承反力降低等问题时有发生。

（4）影响 TBM 选用的机械因素。TBM 不仅受地质条件约束，还受到开挖直径、开挖机构的约束。在硬岩中开挖大直径隧道很是困难，日本实例的最大直径仅为 5m 左右。若开挖直径越大，刀头内周与外周的周差速越大，将对刀头产生种种不良影响。随着开挖直径的增大，需要增大推力，支撑靴也要增大，将导致运输困难与承载力问题。

（5）开挖长度。TBM 进场需经历运输、组装等过程。根据其直径与型式、运输途径、组装基地状况等不同，需准备 1～2 个月。TBM 后续设备长 100～200m，为正规地进行掘进也需先筑一段长 200m 左右的隧道。隧道长度小于 1000m 时，其运行成本急剧增大，达 3000m 左右时的成本大致是一定的。国外在断面 10～30m^2、长 1000km 以上的隧道开挖，优先考虑采用 TBM 施工，最佳开挖长度为 3000km 以上，短隧道慎用。

（6）工程所在地的道路设施。TBM 的运输与组装要求注意工程所在地的基础设施条件。搬运计划应考虑道路宽度、高度与重量等限制，根据组装条件充分调查运输时的分割方法（即最小分割尺寸与重量）。TBM 一般在工厂试组装、试运输后分割。分割重量约为 35t，断面 3.5m×3.5m 左右。TBM 施工电耗较高，约为同规模其他工法施工的双车道隧道的 1.5 倍，规划时应充分考虑。

（7）TBM 适用范围。

1）一般只适用于圆形断面隧道，只有铣削滚筒式掘进机可在软岩中掘进非圆形断面隧道。

2）开挖隧道直径 1.8～12m，以直径 3～6m 最为成熟。

3）一次性连续开挖长度不宜短于 1km，也不宜长于 10km，以 3～8km 最佳。

4）适用于中硬岩层，岩石单轴抗压强度为 20～250MPa，尤以 50～100MPa 最佳。

5）地质条件对 TBM 掘进效率影响很大。在良好岩层中月进尺可达 500～600m，而在破碎岩层中只有 100m 左右，在塌陷、涌水、暗河地段甚至需停机处理。

6）选用 TBM 开挖隧道应尽量避开复杂不良岩层。

总之，整条隧道地质情况均差时采用单护盾 TBM；良好地质条件中则采用开敞式 TBM；双护盾 TBM 常用于复杂地层的长隧道开挖，一般适用于中厚埋深、中高强度、地质稳定性基本良好的隧道，对各种不良地质与岩石强度变化有较好适应性。

三、TBM 构造及破岩

1. 构造

TBM 由破岩机构、推进机构、出渣机构、导向调向机构及吸尘、通风装置等几部分组成。

（1）破岩机构。滚刀或削刀在强大轴推力的作用下旋转，切削与剪切破碎岩石。

（2）推进机构。主支撑鞋顶撑洞壁以支承和推进机身。副支撑鞋控制振动与方向。

（3）出渣机构。破岩形成的片状石渣，由安装在刀盘上的铲渣斗铲起，铲斗旋转到顶部卸入集料斗，经皮带机装车运出洞外。

（4）导向及调向机构。导向机构是用来指示和校核掘进机推进的方向，使其保证符合设计的轴线和坡度的要求。

（5）通风及吸尘装置。掘进机工作时将产生大量的热量与粉尘，故对通风、降尘要求较高。一般在刀盘头部安装有吸尘设备和喷水装置，掘进时连续喷水降尘。机房内专设通风降温设备。

2. 破岩方式与原理

（1）TBM 破岩方式。TBM 破岩方式主要有挤压式与切削式。

1）挤压式。主要是通过水平推进油缸使刀盘上的滚刀强行压入岩体，并在刀盘旋转推进过程中联合挤压与剪切作用破碎岩体。

滚刀类型：圆盘型、楔齿形、球齿型。

2）切削式。主要利用岩石抗弯、抗剪强度低（仅为抗压强度的 5%～10%）的特点，靠铣削（即剪切）与弯断破碎岩体。

在两种破岩方式总的破岩体积中，大部分并不是由刀具直接切割下来的，而是由后进刀具剪切破碎的，先形成破碎沟或切削槽是先决条件。

（2）TBM 破岩原理。TBM 破岩原理主要有圆盘型滚刀破岩原理、楔齿型与球齿型滚刀破岩原理、削刀破岩原理。

1）圆盘型滚刀破岩原理。圆盘型滚刀［图 5－52（a）］工作压力 50～200kN，岩体表面在刀圈刀尖强集中力作用下破碎，并形成切入坑［图 5－52（b）］。随着滚刀滚动，在岩面上形成一条条的破碎沟，破碎沟之间岩石 AO_1O_2B 受滚刀侧刃挤压力的作用而剪切破碎。当切入深度 h 较大时，剪裂面为 O_1O_2［图 5－52（c）］。

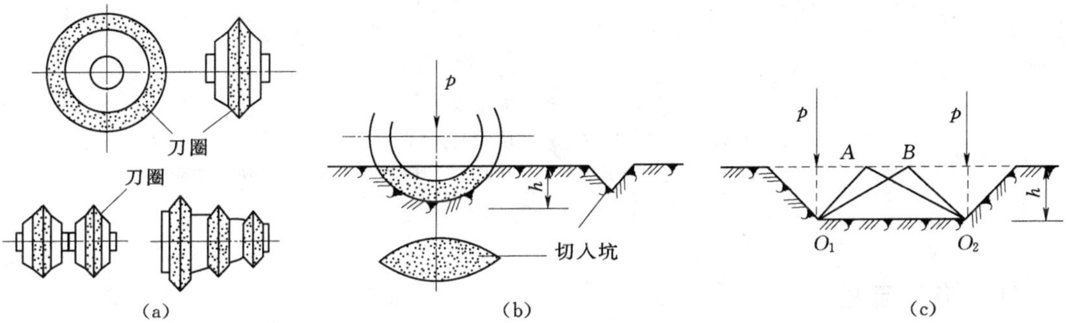

图 5－52 圆盘型滚刀及破岩原理

（a）圆盘形刀具；（b）刀具切入情况；（c）剪切破岩情况

2）楔齿型与球齿型滚刀破岩原理（图 5－53）。最初由楔齿尖端在滚刀转动情况下产生切向张力破坏岩石的表面，切入深度为 λ。然后由齿尖的楔入力继续引起剪切破坏，楔入深度为 h。由于各齿环的齿节是不同的，因此加大了楔齿的破岩效果。球齿型滚刀的破岩原理与楔齿型滚刀相同，适用于硬岩掘进。

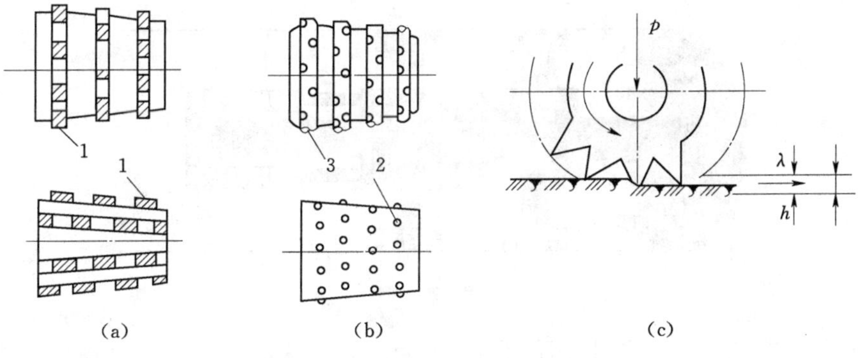

图 5－53 齿型刀具及破岩原理

（a）楔齿型刀；（b）球齿型刀；（c）齿型刀具

1—楔齿；2、3—球齿

3）削刀破岩原理（图 5－54）。削刀在挤压力 P_v 和切割力 P_H 作用下，首先在刀尖处形成切碎区 2，随着刀具的回转运动形成剪力破碎区 3。削刀继续回转即在岩壁上留下环状切削槽，两槽之间的岩石在削刀侧向挤压力 R 的作用下而剪切破坏。

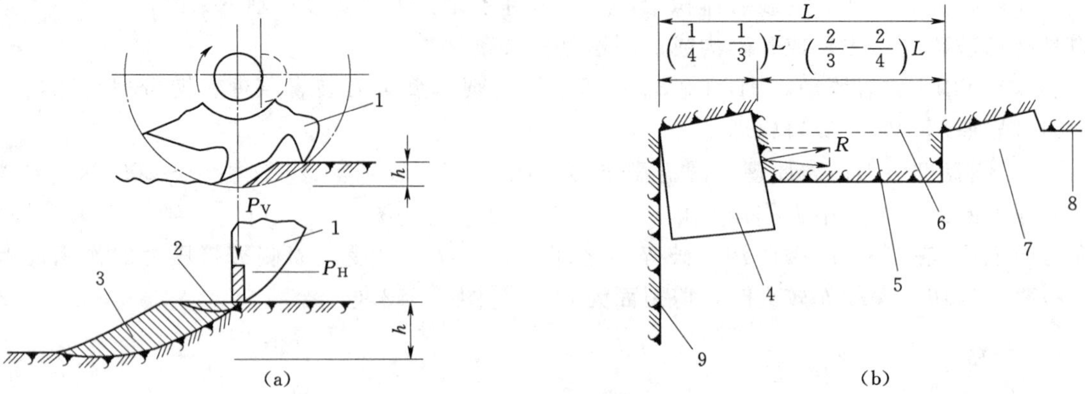

图 5-54 削刀及破岩原理

(a) 削刀破岩（Ⅰ）；(b) 削刀破岩（Ⅱ）

1—削刀；2—切碎区；3—剪力破碎区；4—刀刃；5—剪切破碎区；6—剪切破碎线；7—切割槽；8—洞壁；9—掌子面

四、施工流程

TBM 施工主要流程为：施工准备→全断面开挖与出渣→外层管片式衬砌或初期支护→TBM 前推→管片外灌浆或二次衬砌。

具体施工步骤如下。

(1) TBM 循环开始时，外机架移动到内机架的前端，将 X 形支撑靴牢牢地抵在隧道墙壁上。

前支撑（仰拱刮板）与仰拱处的岩面轻微接触，收回后支撑，此时大刀盘可以转动，推进千斤顶将转动的大刀盘向前推进一个行程，此即为掘进状态。如图 5-55 所示。

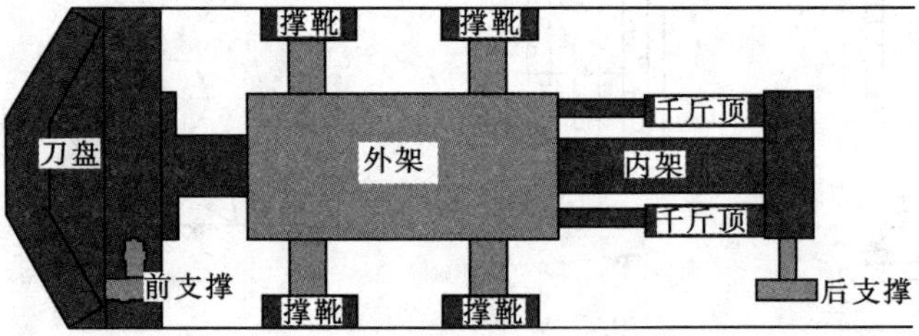

图 5-55

(2) 再向前推进、到达推进千斤顶行程终点处，结束开挖，大刀盘停止转动，放下后支撑，同时前支撑（仰拱刮板）支住大刀盘，此时整个机器重量全部由前、后支撑承担。如图 5-56 所示。

(3) 收回两对 X 形撑靴，移动外机架的前端。TBM 掘进方向可以通过后下支撑进行水平、垂直的调整，使掘进机始终保持在所要求的隧道中心线上。如图 5-57 所示。

(4) 当外机架移动到前端限位后，又重新将 X 形撑靴撑紧在隧道墙壁上，此时收回

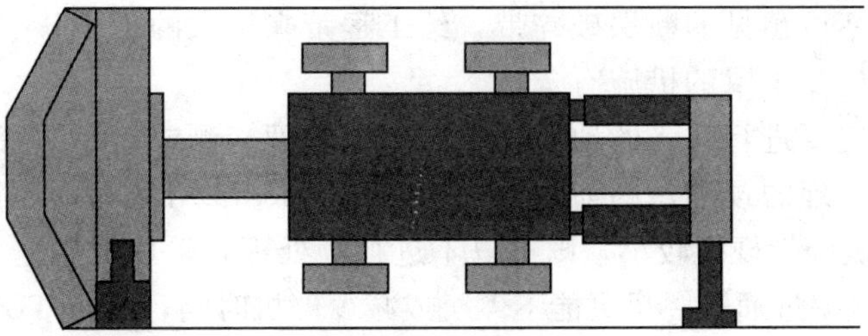

图 5-56

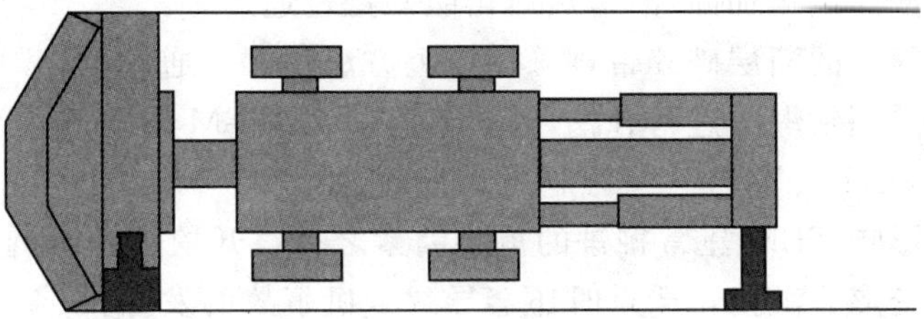

图 5-57

后下支撑（仰拱刮板）与仰拱又转换成浮动接触状态，准备开始新的掘进循环。如图 5-58 所示。

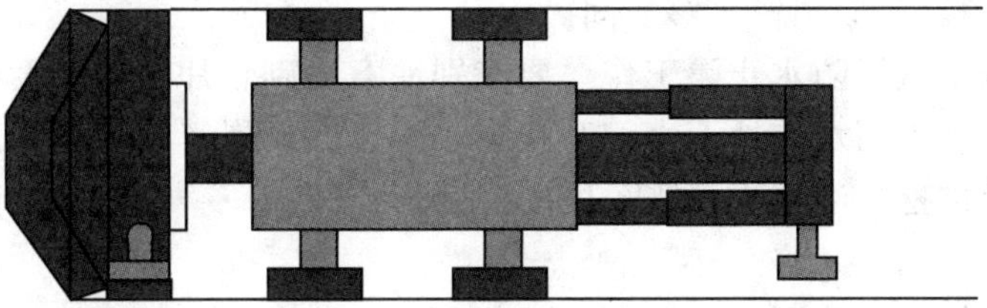

图 5-58

五、施工易出现的问题及对策

TBM 掘进机在施工中经常会受到各种不良地质条件的影响，尤其是在深埋长隧道中地质情况不完全被预测的情况下，主要归结为地质构造、岩性、地应力和地下水四方面因素。在 TBM 施工中出现的问题绝大多数与不良地质条件有关，有时与一种因素有关，如断层破碎带可引起多种工程地质问题，更多的是几种因素同时存在而引起。就具体工程而言，往往是一种或几种因素为主导，通过一定的相互作用而导致了工程地质问题发生，当几种不利因素组合时，易出现一些特大型工程地质问题，威胁到机器和人员安全，或构成地质灾害。

1. 断层破碎带

断层是地壳在构造运动中，岩体所受构造应力作用超过其强度而发生较大错断和明显位移的地质现象。因此，破裂面两侧的岩体构造裂隙发育、岩体十分破碎、完整性差，且岩石强度还相应降低，透水性急剧增强，断裂面还常构成危险的滑动面。TBM 在掘进过程中，由于遇到围岩坍塌、挤压围岩等，使得围岩体卡在 TBM 刀盘上，使 TBM 刀盘无法转动、机身无法向前掘进。在施工过程中，若没有很好地对开挖前方的地质条件进行预报，将会出现很多不可预见的断层破碎带，给工程带来很大的困难。

断层破碎带的施工采取的措施有：

(1) 施工时一定要进行深入的地质调查、地球物理探测或超前钻探等，对断层破碎带的位置、规模作出合理的预测，超前采取措施避免造成 TBM 通过时受阻。

(2) 如果断层破碎带规模较小，则可以不进行预处理，采用低转速、大扭矩、小推力、快速掘进的方法直接掘进通过，尽可能不停机或减少停机时间，以防 TBM 刀盘被卡。

(3) 如果断层破碎带规模较大，当采用直接掘进方法无法通过时，则可对刀盘前方破碎带进行预处理（如注浆预加固等），然后再缓慢掘进通过。

(4) 对于规模很大的断层破碎带，采用以上方法均无法通过时，则可以从旁边开挖绕洞，对破碎带地段采用钻爆法进行开挖，施工完毕后，TBM 在空载状态下直接步进通过。

2. 软岩大变形地段

软岩大变形是影响 TBM 正常掘进的重要因素之一，开挖过程中隧洞的快速收敛经常会导致混凝土管片变形、破损，严重时还会导致卡机事故的发生。

当 TBM 在软岩地层中掘进时，为了防止 TBM 卡机等工程事故的发生，可以采取以下处理措施：

(1) 对于大多数 TBM，可适当超挖，把盾壳与开挖面的间隙从通常的 6～10cm 调整到 15～25cm，给围岩变形预留足够空间。

(2) 施工过程中做好防水止渗工作，要特别注意衬砌管片接缝宽度的控制和止水条安装质量，避免洞内施工用水与地下水相互渗透，防止围岩崩解、软化。此外，还要对隧洞开挖断面进行适量扩挖，给围岩膨胀预留一定变形空间。

3. 突泥（砂）

突泥（砂）是软弱破碎围岩在地下水的作用下，突然涌入 TBM 护盾内，使 TBM 排渣系统无法及时将岩渣排出，积压在传送系统上，使得 TBM 不能正常工作。突泥（砂）还有一种情况，就是在 TBM 卡机之后开挖支洞时，从支洞向主洞及护盾内突然涌入大量泥沙等，危险情况还会造成人员伤亡。

对突泥（砂）可以采取以下处理措施：

(1) 利用 TBM 自带的超前地质钻进行超前灌浆处理。

(2) 必要时采用液态氮进行冷冻。

(3) 超前扩挖处理，此种办法代价过高，不得已才采用。在超前小洞内开挖工作仓，从工作仓继续开挖至 TBM 掌子面。开挖时采用重型钢支撑，喷射混凝土支护，然后启动 TBM，并在空腔内填充豆砾石。

第九节 沉 埋 法

一、定义、断面形式和适用条件

1. 定义

沉埋法又称沉管法（图 5-59），沉管法是在水底建筑隧道的一种施工方法。沉管隧

图 5-59 沉埋（管）法

道就是将若干个预制段分别浮运到海面（河面）现场，并一个接一个地沉放安装在已疏浚好的基槽内，以此方法修建的水下隧道。用沉管法施工时，要先在隧址附近修建的临时干坞内（或利用船厂的船台）预制钢筋混凝土管段，预制的管段用临时隔墙封闭起来，然后浮运到隧址的规定位置，此时已于隧址处预先挖好一个水底基槽。待管段定位后，向管段内灌水压载，使其下沉到设计位置，将此管段与相邻管段在水下连接起来，并处理基础，最后回填覆土，铺装隧道内部，从而形成一个完整的水底隧道。这种方法成隧质量好，但技术要求高。

2. 断面形式

（1）圆形［图 5-60（a）～（c）］。内轮廓为圆形，外轮廓为圆形、八角形或花篮形。一般只安设两个车道。

其优点是：圆形断面中弯矩较小，在水深较大时经济；沉管的底宽较小，基础处理较易；钢壳既是浇注混凝土的外模，又是隧道的外防水层，防水效果较好。

其缺点是：圆形断面空间不能充分利用；钢材消耗量大、造价高；钢壳本身需做防锈处理；对 4～8 车道的隧道往往需用平行沉放几条隧道。

（2）矩形［如图 5-60（d）、（e）］。在临时干坞制作钢筋混凝土管段，一个断面内能同时容纳 2～8 个车道。

其优点是：干坞中预制管段，施工质量有保障；断面利用率高；由于不需要使用钢壳，可大量节省钢材。

其缺点是：建造干坞费用较大。

3. 适用条件

沉管施工方法的选择，应根据管道所处河流的工程水文地质、气象、航运交通等条件，周边环境、建（构）筑物、管线，以及设计要求和施工技术能力等因素，经技术经济比较后确定。其主要条件是：水道河床稳定和水流并不过急。前者不仅便于顺利开挖沟槽，并能减少土方量；后者便于管段浮运、定位和沉放。

（1）优点。

1）对地质水文条件适应能力强（施工较简单、地基荷载较小）。

2）可浅埋，与两岸道路衔接容易（无须长引道，线形较好）。

3）防水性能好（接头少漏水概率降低，水力压接滴水不漏）。

4）施工工期短（管段预制与基槽开挖平行，浮运沉放较快）。

5）造价低（水下挖土与管段制作成本较低，短于盾构隧道）。

6）施工条件好（水下作业极少）。

7）可做成大断面多车道结构（盾构隧道一般为两车道）。

（2）缺点。

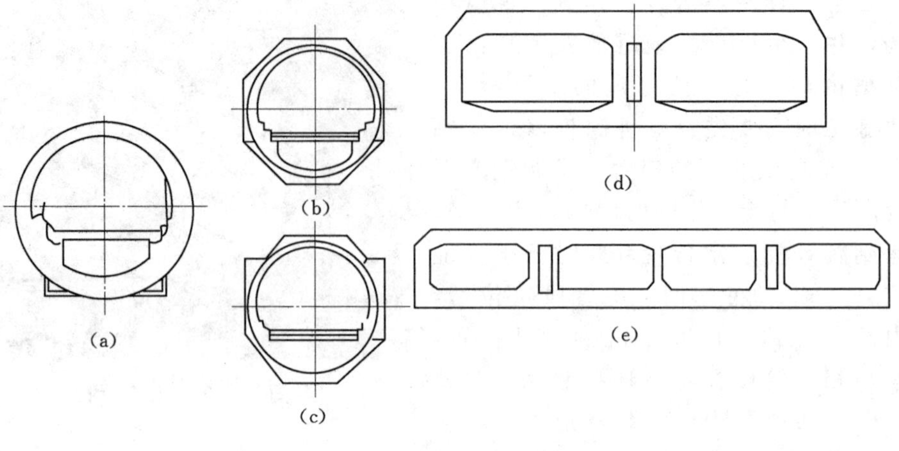

图 5-60 断面形式
圆形管段：(a) 圆形；(b) 八角形；(c) 花篮形
矩形管段：(d) 六车道断面；(e) 八道断面

1）管段制作混凝土工艺要求严格，需保证干舷与抗浮系数。

2）车道较多时，需增加沉管隧道高度。导致压载混凝土量、浚挖土方量与沉管隧道引道结构工程量增加。

二、施工程序及工艺

沉埋（管）法施工步序较多，如图 5-61 所示。在所有的工序中，干坞修筑、管段制作，管节浮运、沉放、水下对接和基础处理的难度较大，是影响沉管隧道成败的关键工序。

1. 干坞修筑

（1）干坞施工。一般用“干法”土方开挖。具体如下：施作干坞周围防渗墙→由端部向坞口开挖（部分回填、大部分弃渣）→坞底与坞外设排水沟、截水沟与集水井→塑料膜铺坡面并压沙袋→坞底处理（铺填砂与碎石）→坞内车道修筑。

（2）坞内主要设备。

1）混凝土搅拌站：应能连续浇筑 15～20m 长的节段；

2）起重设备：轨行门式或塔式起重机（能力 5.0～7.5t）；

3）运输设备：卡车、翻斗车、轨道车、混凝土输送车、混凝土输送泵及管道等；

4）管段拖运设备：电动卷扬机与绞车；

5）其他：钢筋加工、抽水、电焊机、空气压缩机、钢模板、拼装式脚手架、千斤顶、混凝土振捣与养护设备。

2. 管段预制

管段预制施工图如图 5-62 所示。

（1）管段浇筑。

1）需保证管段混凝土的均质性与水密性。若管段混凝土容重变化幅度超过 1%以上，

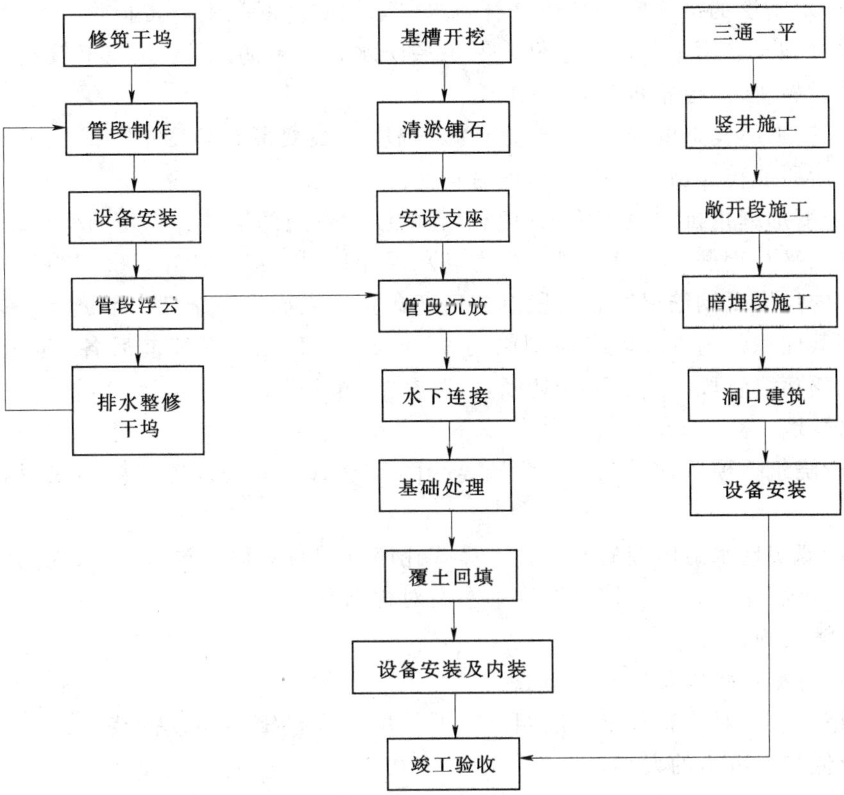

图 5-61 施工程序

图 5-62 管段预制

管段常会浮不起来。若管段各部分板厚局部偏差较大，或管段各部分混凝土密度不均匀将导致侧倾。

2）保证措施：采用刚度大、精度高、可微动调位的大型滑动内、外模板台车；实行严格的密实度管理制度。

3）密实度要求：$(e-e_m)/e_m \leqslant 0.6\%$。

4）保证水密性的措施：①结构自身防水（采用防水混凝土；防止管段裂缝）；②结构物外侧防水（钢壳、钢板防水；卷材、保护层防水；涂料防水）；③施工接缝防水（横向施工变形缝设置1～2道止水带）。

5）横向变形缝构造要求：①能适应一定幅度的线变形和角变形；②施工阶段能传递弯矩，使用阶段能传递剪力；③变形前后均能防水。

6）保证变形缝抵抗波浪与施工荷载引起的纵向弯矩的措施：①切断变形缝处所有内、外侧纵向（水平）钢筋，另设临时预应力筋承受浮运时的纵向弯矩。②只将所有外排纵向钢筋切断，内排纵向钢筋保留，管段沉放后切断，使之成为完全的变形缝。③穿过变形缝的纵向钢筋截面积仅为管段内纵向钢筋的2/3～3/4，且在变形缝前后各15d范围内用套管与混凝土隔离。管段沉放后不予切断，留作“安全阀”。

（2）封端墙。

1）管段浇筑拆模后，需在管段两端离端面50～100cm处设置钢结构或钢筋混凝土结构密封墙。

2）封端墙实现水力压接的设施。①鼻式托座（左右对称布置）；②人孔钢门（密封防水）给气阀（设于上部）；③拉合结构（左右对称布置）。

（3）压载设施。

1）压载材料：水以及矿渣、石渣。

2）水箱压载：对称布置于管段四角。可采用全焊接钢结构或拆装式。水箱容量取决于管段下舷值与下沉力的大小。

3. 管段检漏与干舷调整

管段预制后需作一次检漏（图5-63）。一般在干坞灌水之前，先往压载水箱里注水压载，然后再往干坞坞室内灌水（也有的在干坞灌水后进一步抽吸管段内的空气，使管段气压降到0.6atm）。灌水24～48h后，工作人员进入管段内对管段所有内壁（包括顶板和底板）进行水底检漏，若无问题即可排水浮升管段；若有渗漏则在干坞室排干后修补。

图5-63　干坞注水与管段检漏调整

经检验合格后浮起的管段，还要在干坞中检查四边干舷是否合乎规定，是否有侧倾现象。如有上述现象，可用调整压载的办法来进行纠正。在一次制作多节管段的大型干坞中，经检漏与调整好干舷的管段应再次注水压载沉置坞底，待使用时再逐一浮升，拖运出坞。

4. 基槽开挖与航道疏浚

（1）基槽开挖。

1）开挖要求：①基槽底宽一般比管段底宽大 4～10m（即每边宽 2～5m）；②基槽深度＝管顶覆土厚度＋管段高度＋基础处理超挖深。

2）开挖方法：①开挖工作分粗挖与精挖；②粗挖，一般挖到离管底标高约 1m 处；③精挖，精挖长度只需超前 2～3 节管段长度，应在临近管段沉放前再挖。挖到基槽底部标高后，应将槽底浮土与淤渣清掉；④一般可用吸泥船疏浚，自航泥驳运泥；⑤土层坚硬、水深超过 20～25m 时，可用抓斗挖泥船配小型吸泥船清槽与水下爆破，炮孔一般超深 0.5m；⑥粗挖也可用链斗式挖泥船，硬质土层可采用单斗挖泥船。

（2）航道疏浚。

1）航道疏浚包括临时航道和管段浮运航道的疏浚。

2）临时航道疏浚必须在基槽开挖以前完成，以保证施工期间河道上正常的安全运输。

3）浮运航道是专门为管段从干坞到隧址浮运时设置的，管段出坞拖运之前，浮运航道应疏浚好。

4）浮运路线的中线应沿着河道的深槽，以减少疏浚航道的挖泥工作量。浮运航道要有足够水深。

5）根据河床地质情况应考虑一定的富余水深（0.5m 左右），并使管段在低水位（平潮）时也能安全拖运。

5. 管段浮运、沉放

（1）管段浮运。

1）管段出坞（图 5－64）。

①管段浮升后用地锚钢绳固定，再由干坞坞顶的绞车逐节牵引出坞；②出坞后在坞口系泊；③分批预制管段时，也可在临时拖运航道边选一个具备条件的水域临时抛锚系泊。

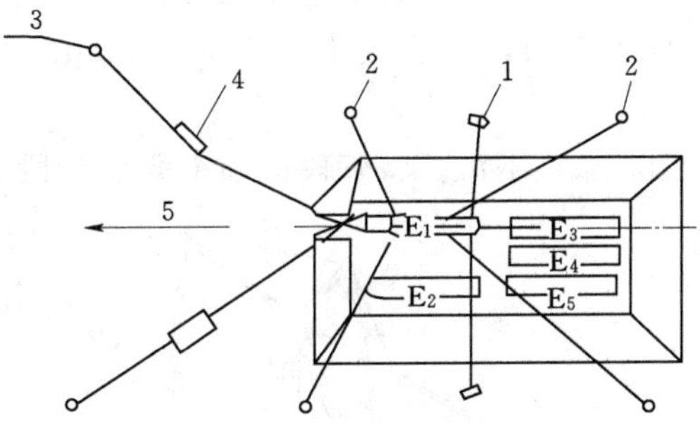

图 5－64 管段出坞

1—绞车；2—地锚；3—沉埋锚；4—工作驳；5—出去牵引缆

2）管段向隧址浮运（图 5－65）。①可采用拖轮拖运或岸上绞车拖运；②拖轮大小与数量应根据管段几何尺寸、拖航速度及航运条件（航道形状、水流速度等），通过计算分析后选定；③拖轮拖运形式，四轮拖运（两艘拖轮排前领拖、后两艘反拖并制动转向，一艘领拖，旁侧两艘帮拖，后一艘制动转向）；三轮拖运（两艘主拖，一艘反拖并制动转向）；④绞车拖运（水面较窄时采用）。例如，宁波甬江沉管隧道（绞车拖运管段与浮箱组合体）和广州珠江沉管隧道（绞车拖运和拖轮顶推管段）绞车拖运形式为例说明。如

图5－66和图5－67所示。

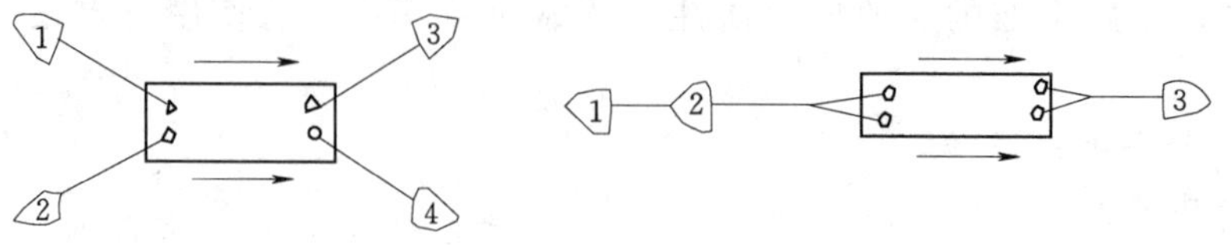

图5－65　管段拖运

(a) 四轮拖运；(b) 三轮拖运

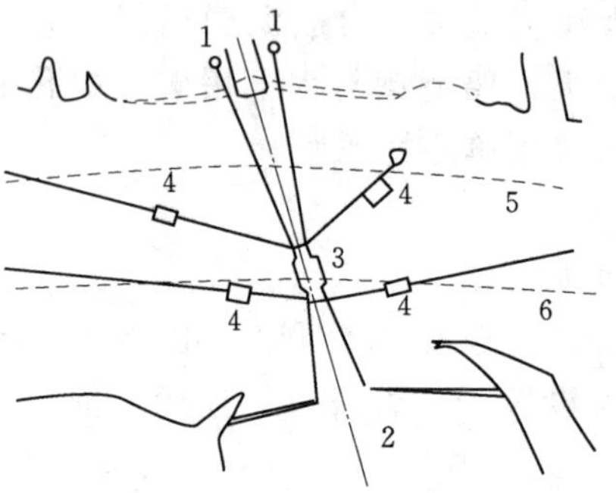

图5－66　宁波甬江沉管隧道

1—绞车；2—干坞；3—管段与浮箱骑吊组合体；4—工作方驳；5—主航道线；6—副航道南线

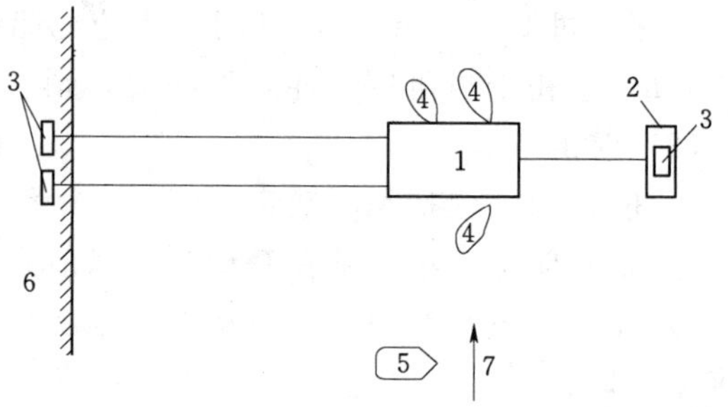

图5－67　广州珠江隧道

1—管段；2—方驳；3—液压绞车；4—顶推拖轮驳；5—备用拖轮；6—芳村岸；7—水流

(2) 管段沉放。

1) 管段沉放阶段。管段沉放作业分为3个阶段进行，初次下沉、靠拢下沉和着地下沉。在沉放前，应对气象、水文条件等进行监测、预测，确保在安全条件下进行作业。

a. 初步下沉。压载至下沉力达50%规定值后校正位置，之后再继续压载至下沉力达100%规定值，然后按不大于30cm/min的速度下沉，直到管段底部离设计高程4～5m为止。

b. 靠拢下沉。将管段向前节既设管段方向平移至距前节管段2～2.5m处，再将管段下沉到管段底部离设计高程0.5～1.0m，再次校正管段位置。

c. 着地下沉。先将管段底降至距设计高程10～20cm处，再将管段继续前移至距既设管段20～50cm处，校正位置后即开始着地下沉。下沉速度缓慢，随时校正管段位置。

2) 管段沉放方法。沉放方法主要有吊沉法和拉沉法。吊沉法使用最多，分为起重船吊沉法、浮箱吊沉法、自升式平台吊沉法和船组杠沉法。

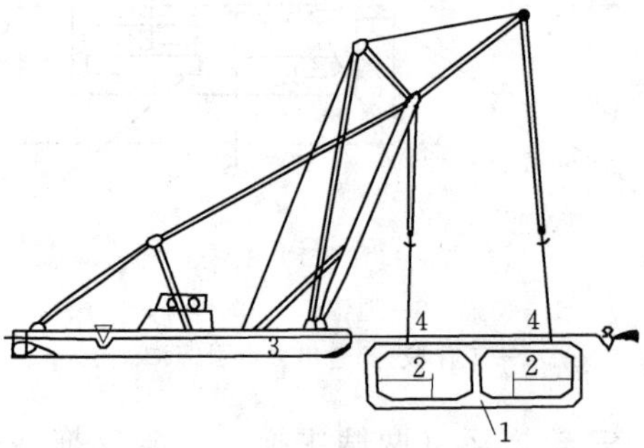

图5－68　起重船吊沉法

1—沉管；2—压载水箱；3—起重船；4—吊点

a. 起重船吊沉法（浮吊法），如图5-68所示。浮吊法一般用2～4艘起重能力为1000～2000kN的起重船提着管段顶板预先埋设的吊点，同时逐渐压载，使管段慢慢沉放到规定的位置上。

b. 浮箱吊沉法（图5-69）。管段顶板上方用4只浮力1000～1500kN的方型浮箱直接吊起，吊索起吊力作用于各浮箱中心，前后每组两只浮箱用钢桁架连接，并用4根锚索定位。起吊卷扬机与浮箱定位卷扬机均安放在浮箱顶部，管段本身则另用6根锚索定位，其定位卷扬机则安设在定位塔顶部。

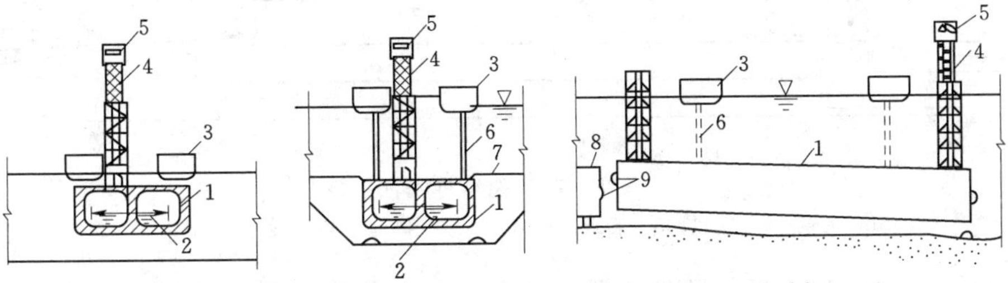

图5-69　浮箱吊沉法

(a) 就位前；(b) 加载下沉；(c) 沉放定位

1—沉放管段；2—压载水箱；3—浮箱；4—定位塔；5—指挥室；6—吊索；7—定位索；8—既设管段；9—鼻式托座

c. 自升式平台（SEP）吊沉法（图5-70）。自升式平台一般由4根柱脚与平台（船体）组成。移位时靠船体浮移，就位后柱脚靠液压千斤顶下压至河床以下，平台沿柱脚升出水面，利用平台上的起吊设备吊沉管段。施工完平台落到水面，利用平台船体的浮力拔出柱脚，浮运转移。

d. 船组杠吊法（图5-71）。每组船体可用两组浮箱或两只铁驳船组成，将两组钢梁（杠棒）两头担在两只船上，构成一个船组，再将先后两个船组用钢珩架连接起来形成一个整体船组。船组和管节各用6根锚索定位（均为四边锚及前后锚），所有定位卷扬机均安设在船体上，起吊卷扬机则安设在杠棒上，吊索的吊力通过杠棒传到船体上。在船组杠吊法中，需要4只铁驳或浮箱，其浮力只需用1000～2000kN就足够了。

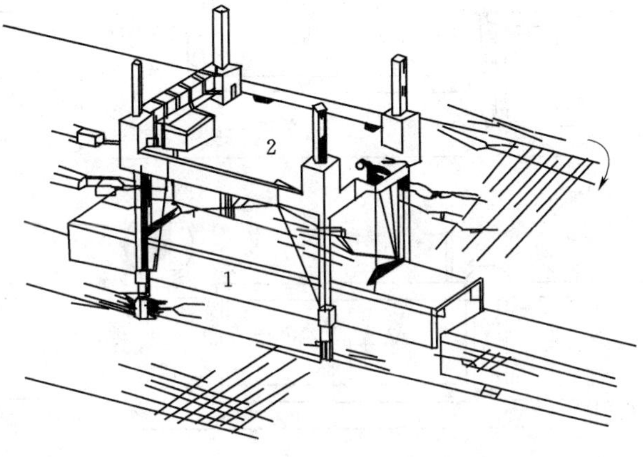

图5-70　自升式平台吊沉法

1—沉管段；2—SEP自升式平台

6. 管段的水下连接

(1) 水下混凝土连接法。水下混凝土连接法主要是沉管法发展期使用，目前只用于最终接头连接。其施工方法为：先在接头两侧管段端部安设平堰板（与管段同时制作），管段沉放后在前后两块平堰板的左右两侧，于水中安放圆弧形堰板，围成圆形钢围堰。同时

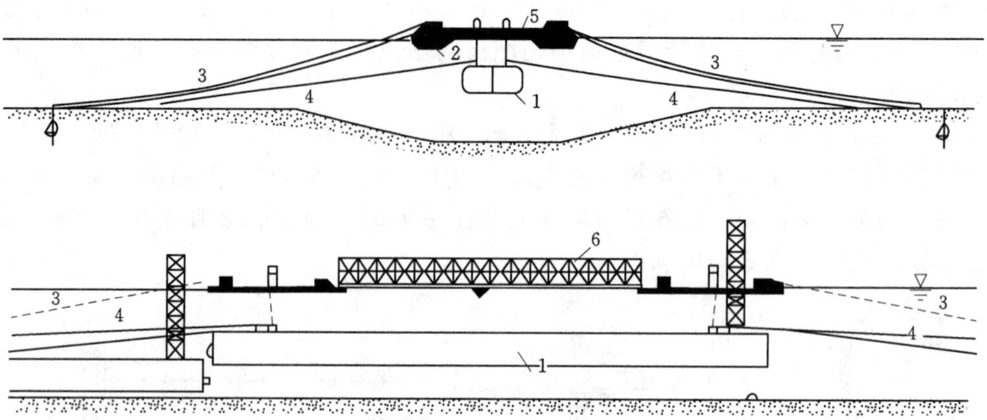

图 5-71 船组杠吊法

1—沉管；2—铁驳；3—船组定位索；4—杠棒；5—连接梁；6—定位塔

在隧道衬砌的外边用钢堰板把隧道内外隔开，最后往围堰内灌筑水下混凝土，形成管段连接。

（2）水力压接法。

1）作用原理。利用作用在管段上的巨大水压力使安装在管段前端面周边上的一圈胶垫发生压缩变形，形成一个水密性相当可靠的管段接头。沉放对位后拉紧相邻管段，接头胶垫第一次压缩初步止水；抽出封端墙之间的水使之为空气压力，作用于后封端墙的巨大压力二次压缩胶垫紧密连接。其作用原理如图 5-72 所示。

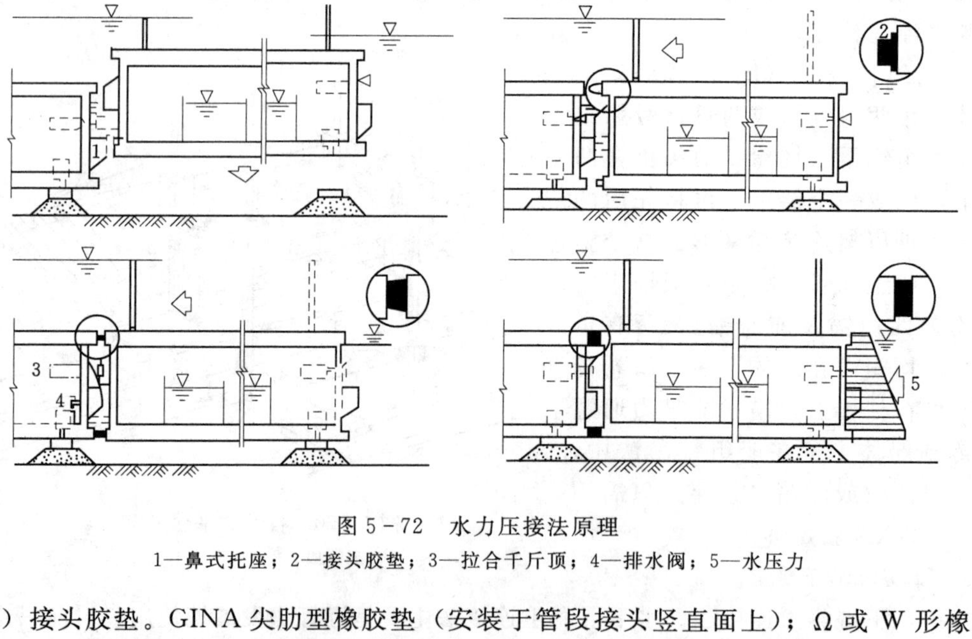

图 5-72 水力压接法原理

1—鼻式托座；2—接头胶垫；3—拉合千斤顶；4—排水阀；5—水压力

2）接头胶垫。GINA 尖肋型橡胶垫（安装于管段接头竖直面上）；Ω 或 W 形橡胶板（用扣板与螺栓连接）安装于管段接头水平方向。

3）施工顺序。①对位：着地下沉后，管段对位连接精度应满足要求。鼻式托座与卡式托座可确保定位精度。②拉合：用带有锤形拉钩的千斤顶将管段拉紧，压缩尖肋型橡胶垫初步止水。③压接：打开既设管段后封端墙下部的排水阀，排出前后两节沉管封端墙之间被胶垫所封闭的水。后封端墙水压力高达数十兆牛到数百兆牛，从而使管段紧密连接。④拆除封端墙：拆除封端墙，安装“Ω”或“W”型橡胶板，使管段向岸边延伸。

7. 基础处理

基础处理方法主要是垫平基槽底部，有刮铺、喷砂、压注法。

(1) 刮铺法（图5-73）。①在管段沉放前采用专用刮铺船上的刮板在基槽底刮平铺垫材料（粗砂或碎石或砂砾石）作为管段基础。②采用刮铺法开挖基槽底应超挖60～80cm，在槽底两侧打数排短桩安设导轨，以便在刮铺时控制高程和坡度。

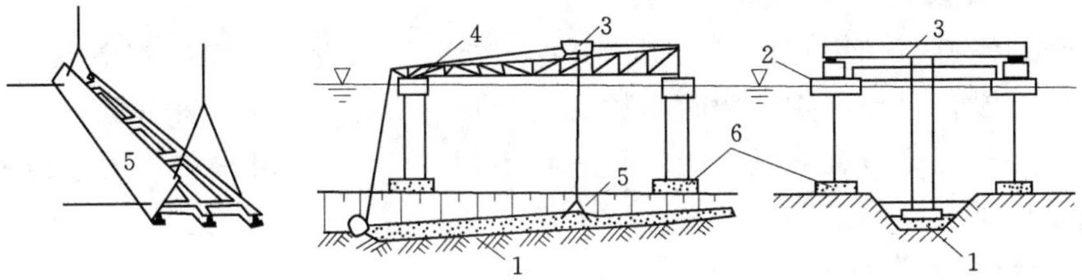

图5-73　刮铺法

1—粗砂或砾石垫层；2—驳船组；3—支架；4—桁架及轨道；5—钢犁；6—锚块

(2) 喷砂法（图5-74）。①从水面上用砂泵将砂、水混合料通过伸入管段底下的喷管向管段底喷注、填满空隙。砂垫层厚度1m左右。②可沿着轨道纵向移动的台架外侧挂三根L形钢管，中间为喷管两侧为吸管。

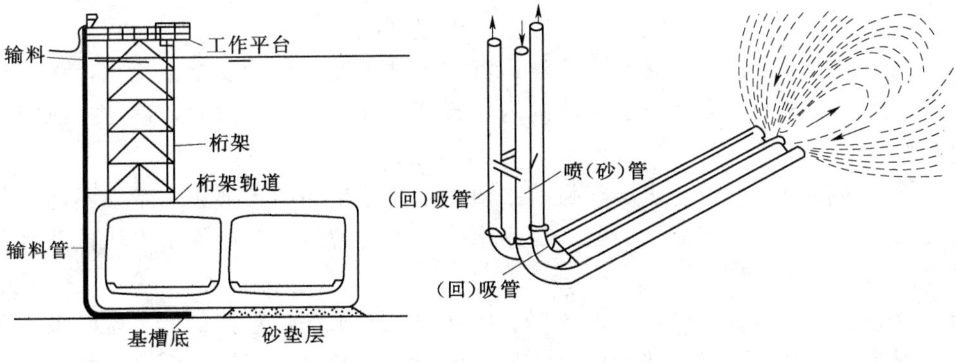

图5-74　喷砂法

(3) 压注法。在管段沉放后向管段底面压注水泥砂浆或砂作为管段基础。根据压注材料不同分成压浆法和压砂法两种。①压浆法：开挖基槽时应超挖1m左右，然后摊铺一层厚40～60cm的碎石。两侧抛堆沙石封闭槛后，通过隧道内预留压浆孔注入由水泥、膨润土、黄砂和缓凝剂配成的混合砂浆。②压砂法：与压浆法相似，但注浆材料为砂水混合物。

8. 覆土回填

(1) 回填工作是沉管隧道施工的最终工序，包括沉管侧面与管顶压石回填。沉管外侧下半段一般采用砂砾、碎石、矿渣等材料回填，上半段则可用普通土砂回填。

（2）注意事项：①全面回填工作必须在相邻的管段沉放完后方能进行。②采用压注法进行基础处理时，先对管段两侧回填，但要防止过多的岩渣存落管段顶部。③管段上、下游两侧（管段左右侧）应对称回填。④在管段顶部和基槽的施工范围内应均匀地回填，不能在某些位置投入过量而造成航道障碍，也不得在某些地段投入不足而形成漏洞。

三、易出现的问题及对策

迄今为止，世界各国采用沉管法修建的水下隧道已达130余座，有近100年的历史。但在设计和施工中仍存在一些问题。

1. 基槽边坡及回淤

沉管下放前需进行基槽开挖，而基槽开挖与沉管下放存在一定时间空当。一般基槽开挖好后至沉管沉没，可允许空置的时间约为一个月。实际施工时应根据沉管隧道的施组安排，基槽开挖完成至管节沉放就位的时间一般不超过10天，可采用吸泥船或专用清淤设备快速清淤，而不会影响工期。

2. 水流条件及管节浮运、沉放

对于沉管施工影响较大的是水流速度和水的重度，而对沉管结构设计及接头止水带选型影响较大的是高、低水位及水位差。设计提出的浮运沉放方案有水工模型试验依据，各项参数的选择都是在模拟隧址水流条件的情况下取得的。设计和实际常常存在一定出入，在工程实施阶段，可将第一管节作为现场试验管节，以便根据现场实际情况，修正和改善浮运沉放参数。但应注意如下问题：

（1）制订浮运沉放施工方案前必须先进行模拟试验，同时要实测河床断面、流速、江水重度、风速、风向、波浪高度等，并应注意天气情况。

（2）在沉管结构设计时，必须进行浮运沉放各种工况的结构安全性检算，包括浮运稳定性检算、浮运工况下应力及沉放工况的内力检算，并通过水工试验，确定拖航阻力及安装定位系泊力等。

（3）管段对接的第一道止水屏障目前必须采用荷兰出品的吉那止水带，不能用其他产品替代；第二道止水必须用荷兰的欧米加止水带，不可替代，以确保水力压接及接头防水万无一失。

（4）吉那止水带的选型必须考虑各接头所处位置的水深，包括最低水位时最大压接水深和最小压接水深以及百年一遇水位时的最大压接水深和最小压接水深，确保止水带的水密性要求。

（5）管节的浮运、沉放、对接施工难度较大，必须在11月～次年4月枯水期进行且必须编制一套严谨的施工组织计划。

3. 沉管隧道的沉降

沉管隧道的沉降原因是：①沉管地基变形是一个卸载、回弹、再压缩的过程；②槽底原状土的扰动；③基础的初始压缩；④列车、汽车震动使基底一定范围内的砂土进一步密实；⑤河床断面的变化；⑥震陷。前三种沉降主要发生在施工期，由于绝大部分沉管基底为细沙土，为瞬时沉降，施工阶段即已完成。后三种沉降发生在运营期，需采取措施加以控制。

控制沉降的措施主要有：①采用压浆法处理沉管基础；②对可液化地层换填处理；③所有沉管管节沉放时，根据具体位置预留沉降量；④全部接头采用半柔半刚接头并设置竖向剪切键，以抵抗不均匀沉降。

4. 沉管隧道的防水性

沉管隧道位于水下，它的防水性能比任何用其他方法修建的水下隧道都好，其主要原因是：①沉管管节在干坞中预制，可以有效地控制混凝土的浇注质量；②仅在管节之间存在连接接头；③连接接头的止水有二道屏障，即吉那止水带和欧米加止水带，其使用寿命均在100年以上；④混凝土结构采用自防水和外防水相结合的方式，混凝土的抗渗标号不低于S12，管节底板及以上2m采用钢板外包防水，其余均用橡胶防水涂料防水。

通过上述处理后的沉管隧道，可以做到滴水不漏。沉管防水的关键部位是接头，吉那止水带和欧米加止水带的产品质量和使用寿命是最重要的条件，必须采用业已成熟的产品，不宜自行研制，否则会带来风险。

5. 沉管隧道的抗震性能

沉管隧道的抗震性能包括：①列车、汽车及地震作用下沉管地基的稳定性；②列车震动及地震作用下沉管结构的安全性。

在列车震动及地震动力作用下，沉管地基稳定性和结构安全性一般是有保障的。但为了保证沉管隧道安全，在接头部位设置水平剪切键是必要的。

6. 防灾问题

防灾问题对隧道而言是十分重要的大事，在结构断面选择中必须考虑。在沉管隧道结构断面的设计中，由于管节是在干坞中工厂化制作，因此断面选择的自由度相对较大，可以是单框双线，也可以是带隔墙或隔廊的双框单线。从防灾角度来说，应采用带隔墙或隔廊的双框断面，这种断面由于基槽开挖及混凝土圬工数量增加，从而工程投资增加4000万～5000万元，但从防灾效果来说是值得的。因为一旦发生灾害所造成的损失有可能比这还大，因而从降低运营风险性考虑，建议选用带隔墙或隔廊的双框断面形式。

第十节 冻 结 法

一、简介

冻结法（图5-75）是一种特殊的隧道施工方法，最早用于俄国金矿开采，后由德国工程师用于煤矿矿井建设获得专利技术趋于成熟，现在已广泛应用于地铁、深基坑、矿井建设等工程中。

通常，当土体中的含水量大于2.5%、地下水含盐量不大于3%、地下水流速不大于40m/d时，均可适用常规冻结法，当含水量大于10%和地下水流速不大于7m/d时，冻土扩展速度和冻结体形成的效果最佳。

施工时，在地下结构开挖断面周围需加固的含水软弱地层中钻孔敷管，安装冻结器，通过人工制冷作用将天然岩土变成冻土，形成完整性好、强度高、不透水的临时加固体，

(a)

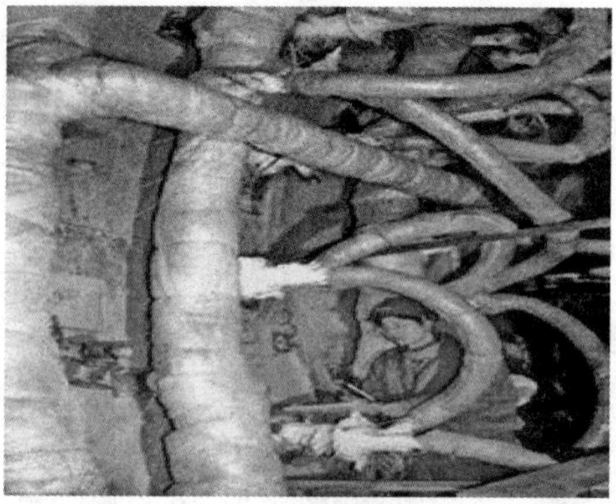
(b)

图 5-75 冻结施工现场

从而达到加固地层、隔绝地下水与拟建构筑物联系的目的。在冻结体的保护下进行竖井或隧道等地下工程的开挖施工，待衬砌支护完成后，冻结地层逐步解冻，最终恢复到原始状态。它的优点是：冻结加固的地层强度高，地下水密封效果好，地层整体固结性好，对工程环境污染小；缺点是成本较高并有一定的技术难度。

二、易出现的问题和对策

（1）土体进行冻结时，地下水流的速度有一极限值，若高于这一极限值，则冻结墙不能形成。当地下水流速度超过临界流速，又必须采用冻结法时，必须采取措施减缓流速，方法之一是在上游设置井点，减少水力梯度；方法之二是灌注药液，减少透水层的渗透系数。

（2）地下土体在冻结时，容易引起冻结膨胀。冻结膨胀是本方法的最大缺点，会造成冻结周围土体向上隆起，从而引起上部结构的破坏。减弱冻结膨胀可采用以下措施：精确计算冻土体积，将冻结范围降到最低；去掉冻结边缘线附近的水，以避免这部分水冻结；还可以采用间歇抑制冻结的方法，如降低冻结的速度、人为地控制冻结壁的发展等。

知 识 拓 展

一、箱涵顶进工法

地下部分的结构一般建成封闭箱涵形式，其施工方法可以采用基坑放坡开挖和预制钢筋混凝土箱涵顶进工法，箱涵顶进工法的优点在于不中断交通而广泛运用于城市铁路或公路建设中。箱涵顶进是在铁路、公路一侧，设置工作坑，坑底做滑板，在滑板上预制钢筋混凝土箱涵，箱涵的前端做成突出的刃角，再在离箱涵尾部不远处修筑后背，然后在后背梁与箱涵底板之间安设千斤顶（或称顶镐），同时对铁路、公路进行加固，最后顶镐借后背的反力将箱涵顶入路基。顶进时，箱涵前端刃角处不断挖土，随顶随挖，直至箱涵全部顶入路基为止，如图 5-76 所示。

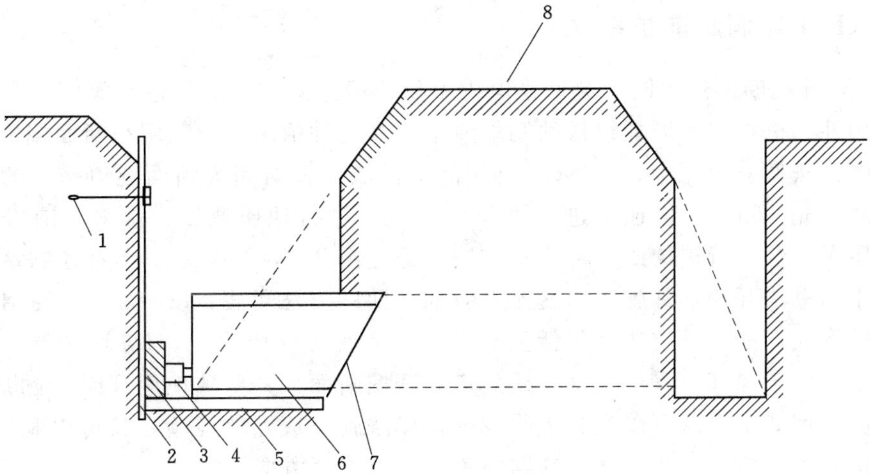

图 5-76 顶进法示意图

1—后背；2—钢桩；3—后背梁；4—千斤顶；5—底板；6—箱涵；7—刃角；8—高速公路

箱涵顶进法施工工艺流程如图 5-77 所示。

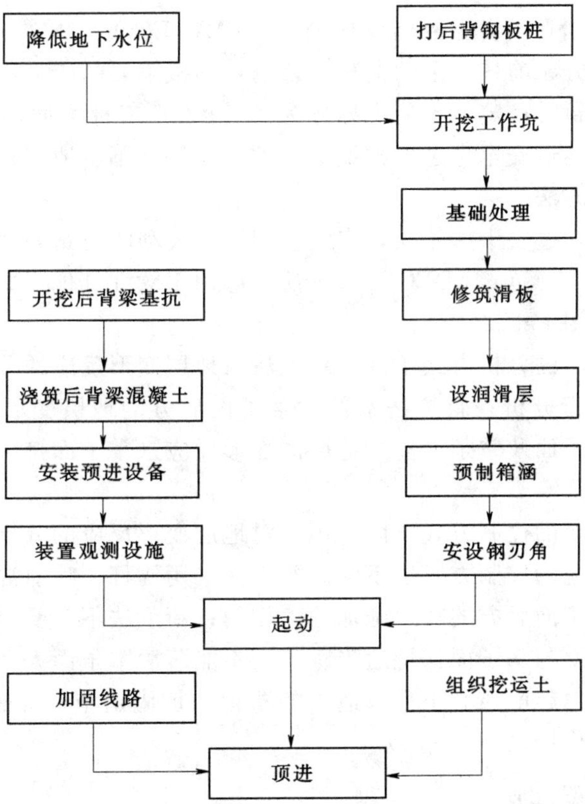

图 5-77 顶进法施工工艺流程

二、TBM导洞超前扩挖法

当TBM开挖断面过大时，会带来电力不足、运输困难、造价过高等问题，不仅影响机械的使用性，也将大大增加机械的制作成本。在这种情况下，利用小断面掘进机配合钻爆法开挖的方法就应运而生。TBM导坑超前扩挖法是针对超大断面隧道施工的，它是在开挖主洞之前先用TBM快速掘进一个超前导坑，进行地质调查、排水、围岩改良等作业，而后用爆破法进行扩挖的一种施工方法。即先由TBM开挖一个小直径洞室形成临空面，再使用钻爆法开挖，其施工速度比没有临空面的方法可提高2～3倍。使用这种方法可以有多种形式，如单导坑法（包括上部导坑法和底部导坑法）、双导坑法等。我国高速铁路隧道中，由于大部分采用单洞双线隧道，开挖断面大，单独使用TBM全断面施工较为困难，但采用此工法既可以充分吸收我国钻爆法施工成熟的经验，又可以利用TBM快速掘进的优越性，应该是我国高速铁路隧道的一个发展方向。

三、新意法

1. 概述

20世纪70年代中期，意大利的Pietro Luardi教授开始对数百座隧道进行理论和现场试验研究，并逐步创立了岩土控制变形分析法（ADECO-RS法）。ADECO-RS法是通过对隧道掌子面前方超前核心土的勘察、量测，预报围岩的应力—应变形态，并依据隧道开挖后围岩稳定、暂时稳定、不稳定划分为A、B、C三种类型，在此基础上进行信息化设计和施工，确保隧道安全穿越各种地层（尤其是复杂不良地层）和实现全断面开挖的一种隧道设计、施工方法。

ADECO-RS法在过去十多年间，广泛应用于意大利的公路和铁路领域，并已纳入意大利的隧道设计和施工规范。ADECO—RS法还应用于欧洲其他一些国家的隧道项目。

2. 新意法与新奥法的区别

(1) 地层变形反应的分析方式不同。新奥法对地层变形反应的分析仅限于掌子面的后方，仅对隧道收敛进行分析；新意法不仅对掌子面后方的地层变形反应（收敛）进行分析，而且更注重对掌子面及掌子面前方地层的变形反应（掌子面挤出变形和预收敛）进行分析（图5-78）。

(2) 地层变形反应的控制方式不同。由于对地层变形反应的分析方式不同，新奥法与新意法对地层变形反应的控制方式也不同。新奥法采用锚杆、喷射混凝土、钢拱架、施作仰拱等手段，仅对掌子面后方的隧道施加约束作用；新意法不仅要求隧道的支护措施（包括二次衬砌和仰拱）要与掌子面保持适当距离，不能落后掌子面太远，对隧道提供连续的约束作用，而且要求对超前核心土采取适当的防护和加固措施，提高其强度和变形特性，对隧道提供超前约束作用（图5-79）。

四、三台阶七步开挖法

1. 概述

铁路、公路大断面隧道三台阶七步开挖法（以下简称“三台阶七步开挖法”）是以弧

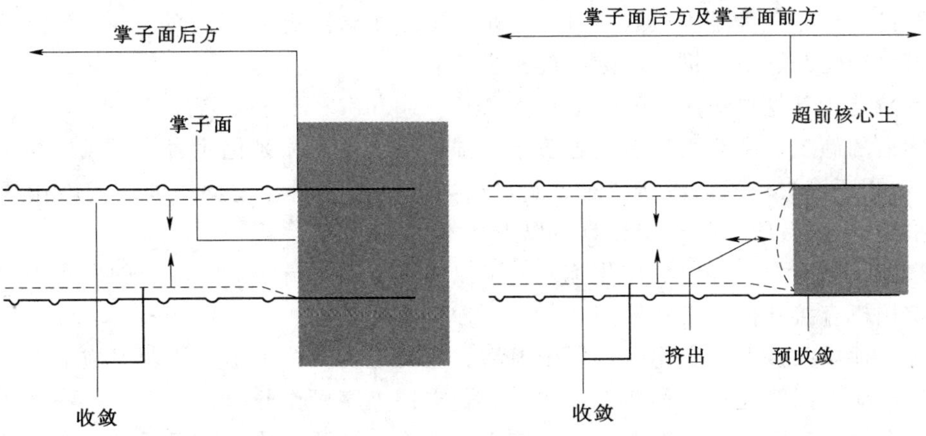

(a) (b)

图 5-78 地层变形反应的分析方式

(a) 新奥法及其诞生方法；(b) 新意法

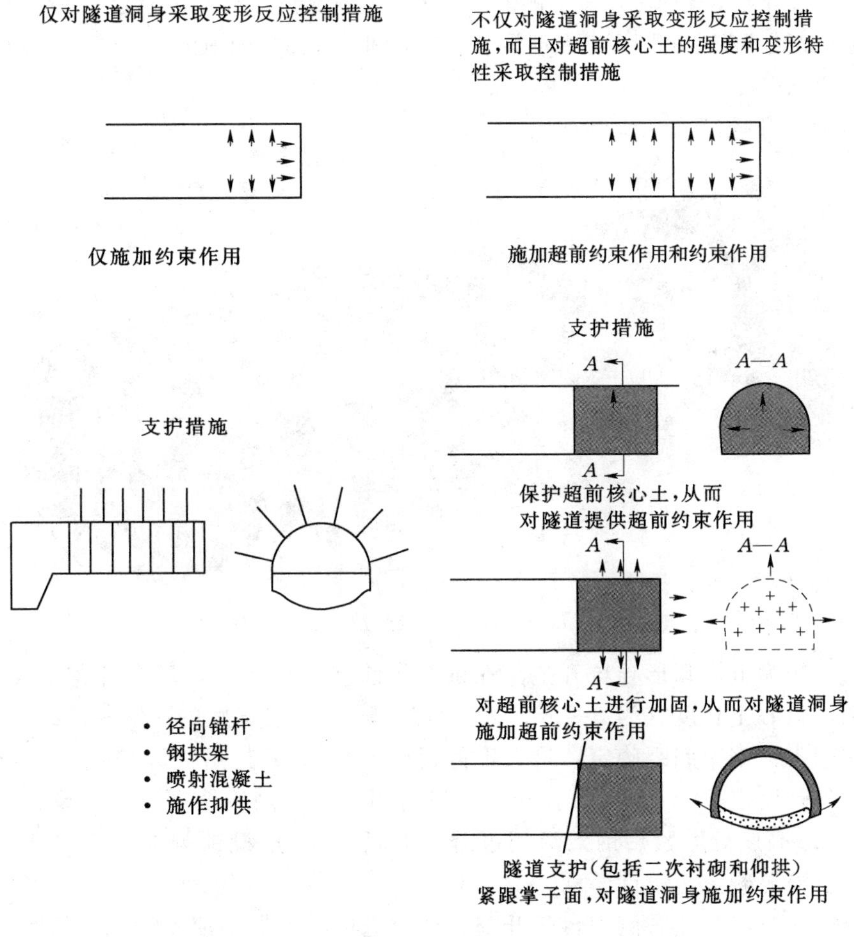

(a) (b)

图 5-79 地层变形反应的控制方式

(a) 新奥法及其派生方法；(b) 新意法

形导坑开挖留核心土为基本模式，分上、中、下三个台阶七个开挖面，各部位的开挖与支护沿隧道纵向错开、平行推进的隧道施工方法。

三台阶七步开挖法适用于开挖断面为 100～180m^2，具备一定自稳条件的Ⅳ、Ⅴ级围岩地段隧道的施工。主要表现包括：黄土、强风化岩层（强风化泥岩、强风化泥质粉砂岩等）。不适用于围岩地质为流塑状态、洞口浅埋偏压段（但经过反压处理或施作超前大管棚后可采用）。三台阶七步开挖法具有以下技术特点：

（1）施工空间大，方便机械化施工，可以多作业面平行作业。部分软岩或土质地段可以采用挖掘机直接开挖，工效较高。

（2）在地质条件发生变化时，便于灵活、及时地转换施工工序，调整施工方法。

（3）适应不同跨度和多种断面形式，初期支护工序操作便捷。

（4）在台阶法开挖的基础上，预留核心土，左右错开开挖，利于开挖工作面稳定。

（5）当围岩变形较大或突变时，在保证安全和满足净空要求的前提下，可尽快调整闭合时间。

总之，三台阶七步开挖法规避了侧壁导坑法、中隔壁法及交叉中隔壁法等需要拆除临时支护及受力转换造成不安全的因素，及时调整闭合时间，方便机械施工，利于施工工序转换。

2. 施工步序

三台阶七步开挖法施工步序如图 5－80 所示。

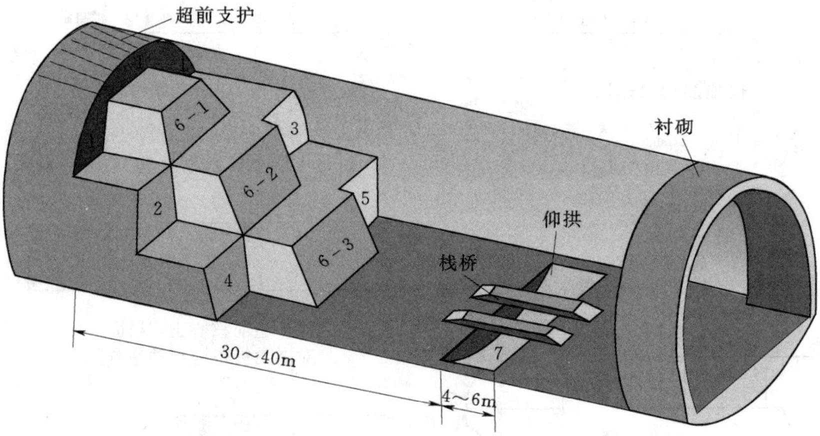

图 5－80　三台阶七步开挖法施工步序

（1）第一步为上部弧形导坑开挖。在拱部超前支护后进行，环向开挖上部弧形导坑，预留核心土，核心土长度宜为 3～5m，宽度宜为隧道开挖宽度的 1/3～1/2。开挖循环进尺应根据初期支护钢架间距确定，最大不得超过 1.5m，开挖后立即初喷 3～5cm 混凝土。上台阶开挖矢跨比应大于 0.3，开挖后及时进行喷、锚、网系统支护，架设钢架，在钢架拱脚以上 30cm 高度处，紧贴钢架两侧边沿按下倾角 30°搭设锁脚锚杆，拱脚锚杆和钢架牢固焊接，复喷混凝土至设计厚度。

（2）第二、三步为左右侧中台阶开挖。开挖进尺应根据初期支护钢架间距确定，最大不得超过 1.5m，开挖高度一般为 3～3.5m，左右侧台阶错开 2～3m，开挖后立即初喷 3～5cm 混凝土，及时进行喷、锚、网系统支护，接长钢架，在钢架拱脚以上 30cm 高度处，紧贴钢架两侧边沿按下倾角30°搭设锁脚锚杆，拱脚锚杆和钢架牢固焊接，复喷混凝土至设计厚度。

（3）第四、五步为左右侧下台阶开挖。开挖进尺应根据初期支护钢架间距确定，最大不得超过1.5m，开挖高度一般为3～3.5m，左右侧台阶错开2～3m，开挖后立即初喷3～5cm混凝土，及时进行喷、锚、网系统支护，接长钢架，在钢架拱脚以上30cm高度处，紧贴钢架两侧边沿按下倾角30°搭设锁脚锚杆、拱脚锚杆和钢架牢固焊接，复喷混凝土至设计厚度。

（4）第六步为上中下台阶预留核心土。各台阶开挖分别开挖后及时施作仰拱初期支护，完成两个隧道开挖、支护循环后，及时施作仰拱，仰拱分度长度宜为4～6m。

（5）第七步为隧底开挖。每循环开挖进尺长度宜为2～3m开挖后及时施作仰拱初期支护，完成两个隧底开挖、支护循环后，及时施作仰拱，仰拱分度长度宜为4～6m。

四、洞桩法施工实例

1. 工程概况

北海北站位于北海公园北门的西侧约200m，沿地安门西大街下方呈东西向布置，车站北侧自西向东是中国妇女报社（齐鲁饭店）、市级文物建筑贤良祠以及三层楼的中国建设银行，道路南侧自西向东为金融街房地产有限责任公司的3～4层的商业出租楼座、中石化加油站以及北海公园的国家重点文物建筑。本站地处风景区，现状道路为单向四车道，路幅宽度仅28m，交通繁忙，车流量大，道路两侧参观人员流量大。

车站为标准双层、直墙双联拱结构，PBA工法、逆筑施工。结构顶拱由钢格栅＋喷射混凝土的初期支护和模筑钢筋混凝土的二次衬砌构成，两次衬砌之间设柔性防水层；PBA工法主体结构边桩采用人工挖孔灌注桩（ϕ1000@1500），此桩起支护作用兼做竖向受力桩基，承受暗挖逆筑法顶拱拱脚竖向压力；灌注桩与结构内衬墙组成复合墙结构，两者间设置防水层。PBA工法车站主体结构施工导洞及主体结构顶拱初期支护结构，依据地质情况、结构形式等采用工程类比确定，小导洞初期支护为C25喷射混凝土，边墙厚300m，顶拱厚350mm，初期支护采用大管棚＋小导管、单排小导管等辅助措施超前加固地层。其PBA施工流程如下。

根据本次勘察，拟建场地第四纪地层分布较平稳，第四系覆盖层厚度为100～200m，整个场地位于冲积平原地貌，不存在岩体崩塌、开裂、滑坡等造成的地质灾害问题。可不考虑软土震陷所造成的灾害及断裂错动直接导致的地表地质灾害，基本可排除地层液化的可能性，除表层分布有填土外无其他特殊岩土。

此外，本站地表填土层厚度为1.2～7.9m，土体尚未密实，施工时的震动可能会使尚未密实的土体发生自沉，变化大的甚至会波及地面，对地面及地表建筑物产生影响。暗挖结构存在饱和的粉土、砂土，易出现流砂、管涌、坍塌、浮托破坏等现象，并可能导致围岩失稳、地面塌陷和管线开裂等。上、下水管道的渗漏及未疏干的地下水对拱部土体稳定性将产生不利影响，施工时应引起充分注意。

2. 施工方案

PBA工法施工：小导洞超前支护采用ϕ42×3.25小导管超前预注浆加固措施，顶拱超前

支护采用 $\phi127\times8$ 大管棚 $+\phi42\times3.25$ 小导管超前预注浆加固措施，局部地采用双排小导管注浆加固措施，注浆浆液采用水泥—水玻璃或水泥单浆液。围护桩采用 $\phi1000$@1500 人工挖孔桩，中间立柱采用 $\phi900$ 钢管柱。导洞采用台阶法施工，台阶长度为 3～5m。顶拱二衬采用台车施工，中楼板采用底模施工，边墙结构采用预制台车施工。小导洞采用人工开挖，顶拱二衬施工后的土方采用挖掘机配合人工开挖，机动三轮车运输土方。

因主体降水未施作完成，根据竖井开挖时的情况，下层小导洞处于潜水和承压水范围内，不降水无法施工，而上层小导洞开挖范围内，处于无水状态，可先行施工上层小导洞，待主体水位降至下层小导洞底面开挖标高下 1m 时，再施工下层小导洞。主体施工步序如图 5-81 所示。

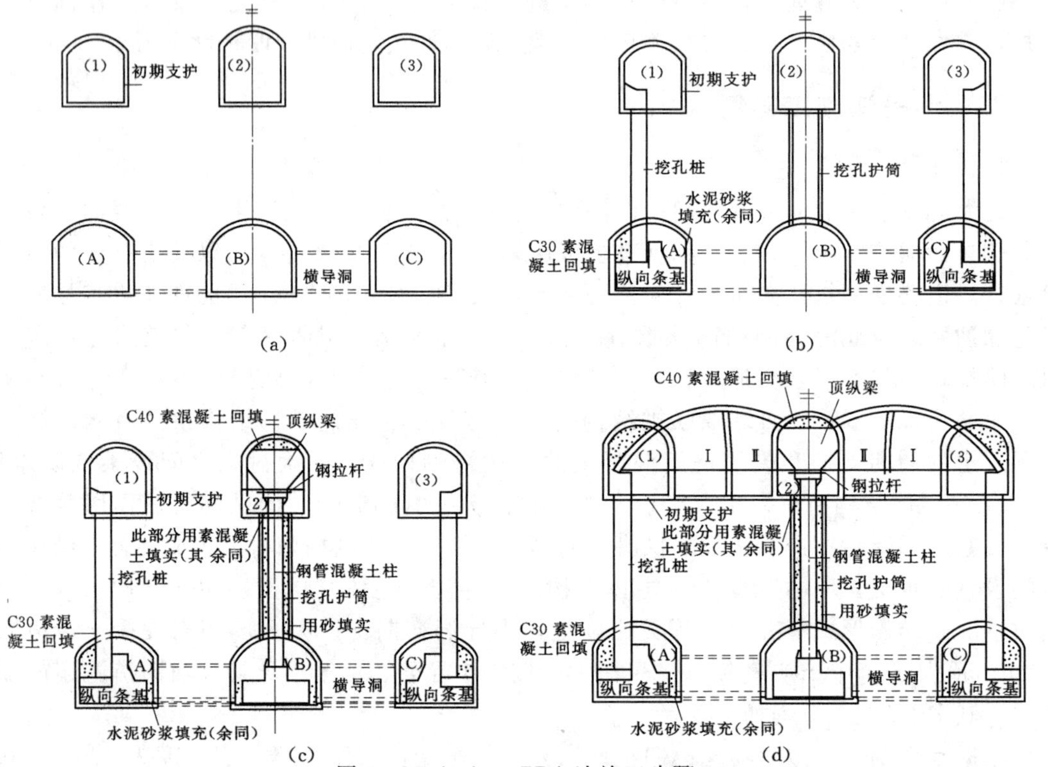

图 5-81（一） PBA 法施工步骤

(a) 自横通道进洞，施工导洞拱部超前小导管，并注浆加固地层，台阶法开挖导洞并施工初期支护（台阶长度 3～5m），下导洞贯通后，开挖横向导洞。开挖导洞时，先开挖上导洞后开挖下导洞，先开挖边导洞后开挖中间导洞。(b) 在导洞（A）（C）内施工条基，在两边上导洞内施工挖孔桩及桩顶冠梁（挖孔桩须跳孔施工，隔 3 挖 1，导洞（A）（C）拱部开孔时仅凿除初支混凝土，格栅钢筋不切断），并在中间导洞内施工上下导洞间钢管混凝土柱挖孔护筒。(c) 在下导洞（B）内施工底板梁防水层及底板梁后，施工钢管混凝土柱（柱挖孔护筒与钢管混凝土柱间空隙用砂填实），然后在导洞（2）内施工顶拱梁防水层及顶纵梁，并在顶纵梁中预埋钢拉杆。在横导洞内施作横向条基，采取措施与纵向条基、底纵梁顶紧（横向条基厚 300mm，布置在车站永久底板下方，与底纵梁、纵向条基及底板结构无钢筋连接，仅起横撑作用）。(d) 施工洞室Ⅰ、Ⅱ拱顶超前大管棚及小导管，并注浆加固地层。按导洞编号对称开挖导洞Ⅰ、Ⅱ土体（导洞Ⅰ先行，与导洞Ⅱ前后错开不小于 6m，施工过程中不得拆除导洞中隔壁）施工顶拱初期支护，开挖步距同格栅间距，并加强监控量测。在横导洞内施作横向条基，采取措施与纵向条基、底纵梁顶紧（横向条基厚 300mm，布置在车站永久底板下方，与底纵梁、纵向条基及底板结构无钢筋连接，仅起横撑作用）

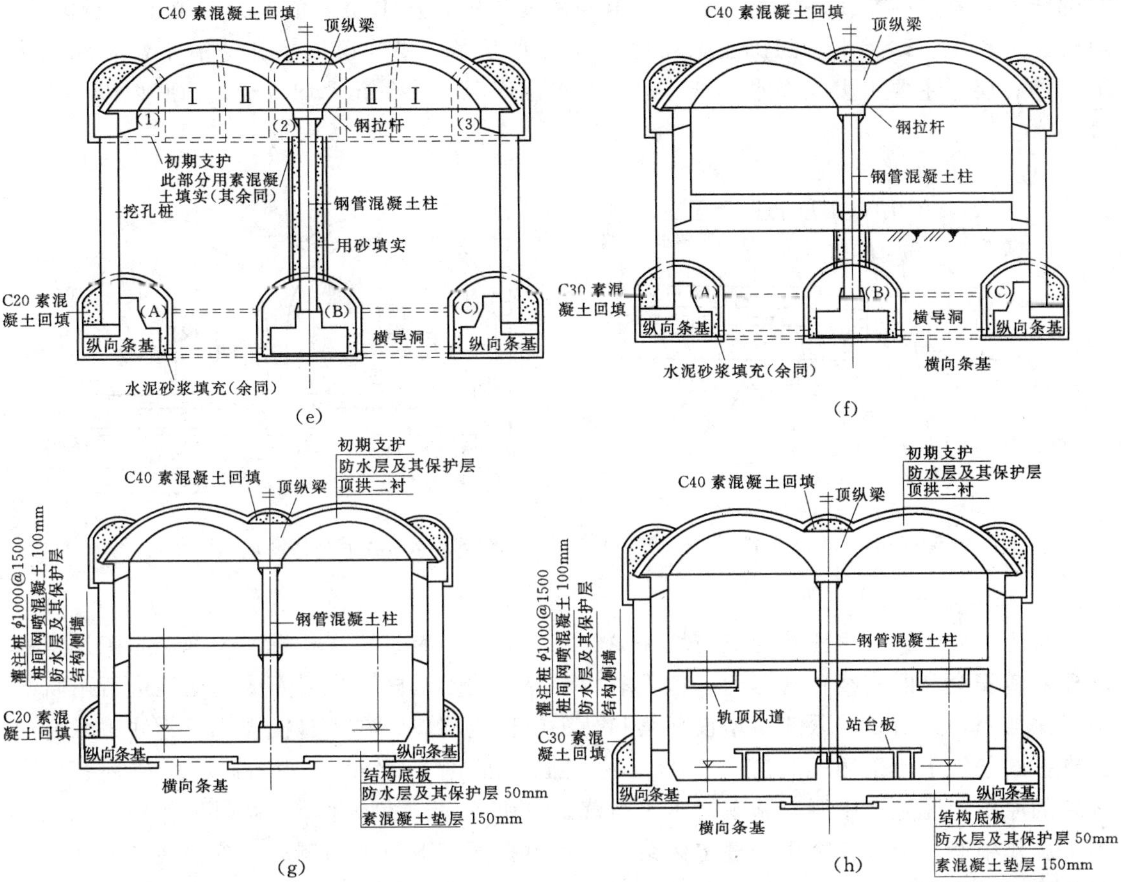

图 5-81（二） PBA 法施工步骤

（e）导洞Ⅰ、Ⅱ贯通后，由车站端头向横通道方向后退，沿车站纵向分段（每段不大于一个柱跨）凿除小导洞（1）（2）（3）Ⅰ、Ⅱ部分初期支护结构，对称施工顶拱防水层及结构二衬，并及时施工钢拉杆。施工过程中加强监控量测。（f）顶拱二衬施工完成后，沿车站纵向分为若干个施工段（不大于两个柱跨）：在每个施工段分层开挖土体至中楼板下 0.5m 处（边开挖边施工桩间网喷混凝土及切割掉挖孔护筒），分段施工中楼板梁及中楼板，并施工侧墙防水层、保护层及侧墙。（g）沿车站纵向分为若干个施工段（不大于两个柱跨）：在每个施工段分层开挖土体至基底（边开挖边施工桩间网喷混凝土），施工底板防水层及底板，然后施工侧墙防水层及侧墙。完成车站主体结构施工。（h）施工车站结构内部构件，拆除钢拉杆，完成车站结构施工

五、双连拱隧道施工实例

1．工程概况

京石客运专线石家庄隧道工程位于既有京广线东侧（图 5-82），自北向南纵穿石家庄市，隧道起讫里程 DK278＋000～DK282＋980，全长 4.98km。石家庄隧道工程起始段为四线隧道，在 DK278＋700 处新建石青线并入，成为六线隧道（局部七线）。线路从左至右（面向北京）依次为改建京广线、新建京石线和新建石青线。DK278＋300～DK278＋380 为暗挖段，是国内第一条穿城入地多线多连拱浅埋大跨隧道，下穿既有石太直通线路基（石太直通线为双线铁路，列车最高时速 120km/h，路基高约 6.5m）。隧道为双跨连拱复合式衬砌结构（图 5-83），隧道长 80m，跨度 28m，埋深 1.92～9.47m，距离石太

直通线上跨京广线桥 12.4m。隧道位于第四系地层中，从上至下依次为杂填土、新黄土、黏性土、粉土、砂类土、圆砾土。场地范围内地下水主要为第四系孔隙潜水，含水层为砂、卵石层，主要由大气降水补给。地下水水位埋深 45～50m，均位于结构底板以下，不需降水。

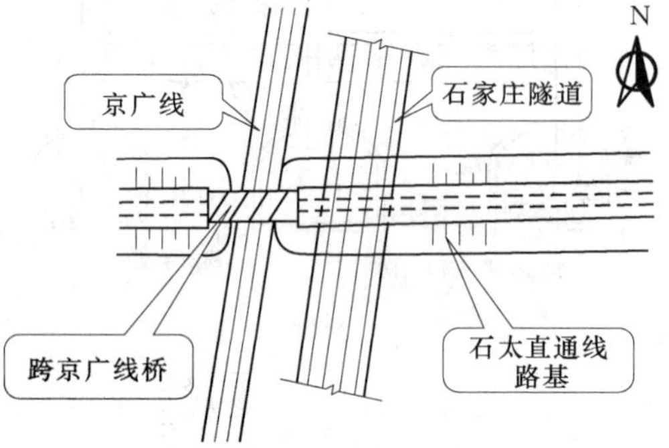

图 5-82　工程总布置图

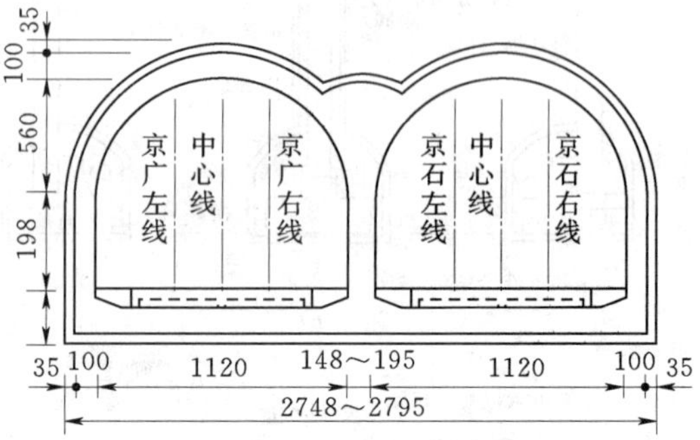

图 5-83　隧道结构断面图（单位：cm）

2. 施工方案

总施工方案：石家庄暗挖隧道埋深浅、跨度大且距跨京广线桥近，为确保施工过程中新建隧道安全和既有线正常运营，拟采取如下综合技术措施：先对石太直通线进行吊轨纵横梁法加固，并对线路限速，增设环梁和马头门稳定洞口。在大管棚与小导管注浆联合超前支护的条件下，采用中洞法＋CRD 工法施工，按照“小分块、短台阶、早成环、环套环”的原则，先施工中洞，施工时步步为营，分块成环，随挖随撑，及时施作初支，由下而上施作中墙，形成整个中洞稳定体系。再对称自上而下施工两侧洞，分部掘进成环，及时初支。侧洞开挖完成后，纵向分段自下而上对称施作二衬，完成结构闭合。具体开挖步序如图 5-84 所示。

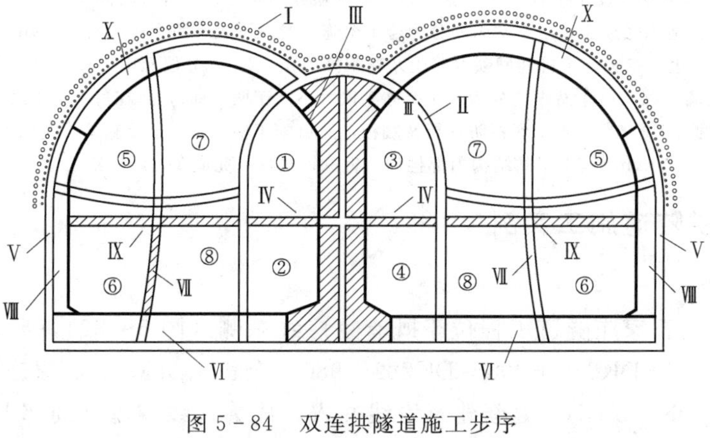

图 5-84　双连拱隧道施工步序

（1）沿隧道拱部开挖轮廓线外侧施打大管棚Ⅰ，南北方向相对打设。管棚安设后，在管棚钢管内压注水泥＋水玻璃双浆液，既可提高管棚钢管的刚度，又将浆液注入管棚周围的土体，提高围岩的自稳能力；同时在每一循环进尺之前打设超前小导管并注浆，进一步加固和补强大管棚遗漏或未加固的岩土体，在隧道开挖拱部形成一加固圈以稳定隧道开挖周边的岩土体。

(2) 按①、②、③、④的顺序开挖中洞，边挖边施作初支Ⅱ、临时仰拱和中隔壁，及时封闭。拆除部分临时仰拱和中隔壁，施作中隔墙Ⅲ和回撑Ⅳ，并施作中隔墙顶部防水层、回填混凝土。

(3) 左右主洞⑤开挖及支护。开挖循环进尺为 0.5m，当开挖完毕后迅速安设Ⅰ25a 工字钢钢拱架支撑，钢拱架与钢管棚用电焊相连，钢拱架纵向间距 1 榀/0.5m，钢拱架之间用环向间距为 1.0m 的 ϕ22mm 螺纹钢相连，以形成整体结构。钢拱架拱脚底设纵向托梁把几排钢拱架连成整体，下部开挖后及时拼接，为拱部初期支护提供稳固的基础。接着挂 ϕ6.5mm 双层钢筋网（15cm×15cm），并喷射厚 35cmC25 混凝土，形成拱腰初期支护并及时施作临时纵横隔壁（厚 30cm），封闭成环。

(4) 左右主洞⑥开挖及支护，上下台阶错台 3～5m，一次掘进 0.5m。⑥部开挖完毕后，迅速安设边墙钢拱架，打设锁脚锚杆，并与拱腰部钢拱架联结牢固。接着挂 ϕ6.5mm 双层钢筋网（15cm×15cm），并喷射厚 35cmC25 混凝土，形成边墙和墙脚初期支护并及时施作临时仰拱，封闭成环。

(5) 同⑤、⑥部位开挖⑦、⑧部位，随挖随撑，及时施作横撑和仰拱，形成稳定的封闭体系。

(6) 待左右主洞全部开挖并支护Ⅴ完毕后铺设防水层，分段自下而上对称施作厚度 100cm 为 C35 耐久性防水钢筋混凝土二次衬砌。依次施作底部Ⅵ二次衬砌、边墙Ⅷ二次衬砌并及时回撑Ⅶ和Ⅸ，最后施作拱部Ⅹ二次衬砌并拆除所有多余支撑。

(7) 左右侧水沟、电缆槽施工和路面施工。

六、浅埋暗挖法施工实例

1. 工程概况

西直门站～动物园站区间隧道处于西直门外大街下方。该区间起点里程左线为 K13+902.747，右线为 K13+903.000，终点里程为 K15+125.853，左线全长 1224.066m，右线全长为 1222.853m。隧道正线于桩号 K14+000～K14+104 段穿过高梁桥基础，设计过桥段长 104m；高梁桥上部结构为跨度 23m×3 的预应力简支 T 梁；下部为厚 2m 的扩大基础，分两层浇筑，底层面积 5.5m×5.5m，上层面积 3m×3m，基础埋深 4.874 m。扩大基础上为独立桥墩，两相邻桥墩上有盖梁相连。与区间隧道纵向相垂直方向一排上有 4 个基础，中心间距 11.546m；沿区间纵向有两排桥基，间距 21m。隧道埋深 17.9m，两隧道中心间距为 8.0m，如图 5-85 所示。隧道结构从一排 4 个基础中的中间 2 个基础正下方附近通过，结构顶与基础底之间净距为 11.66m。

该区间段隧道左右线全部穿越砂卵石地层。砂卵石地层是一种典型的力学不稳定地层，颗粒之间空隙大，黏聚力小，颗粒之间点对点传力，地层反应灵敏，稍微受到扰动，就很容易破坏原来的相对稳定平衡状态而坍塌，引起较大的围岩扰动，使开挖面和洞壁都失去约束而产生不稳定。通过筛分试验表明，该处地层为卵石～圆砾层，粒径 20～70mm，最大粒径达到 150mm，含砂率 11%～30%，平均内摩擦角 35°左右，N 值 27～

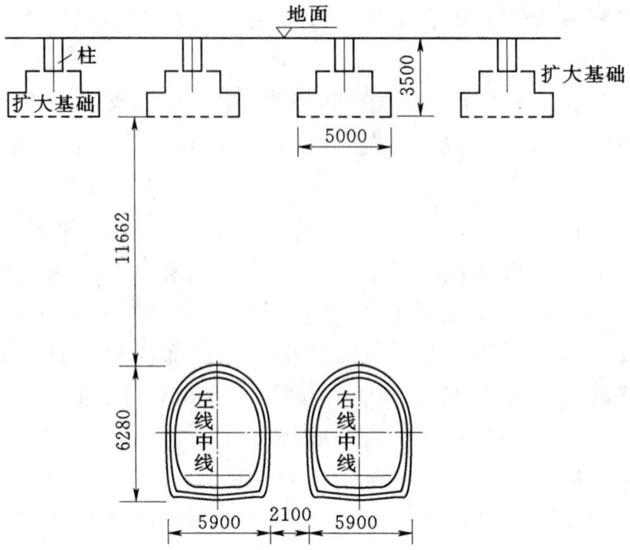

图 5-85 隧道与上部桥梁结构关系（单位：mm）

50，施工中遇到最大的卵石达 250mm。

在砂卵石地层中采用浅埋暗挖法施工，存在以下难点：

（1）超前小导管或注浆孔施工成孔难度大，施工速度慢。

（2）砂卵石地层容易坍塌，地层成拱性差，超挖量较大，工作面稳定性难以保证。

（3）由于没有地面降水条件，拱顶上方存在的上层滞水，易造成砂体的部分流失，增加地层沉降量控制的难度。

（4）砂卵石地层中浅埋暗挖法隧道下穿桥墩桩基相对其他地层，容易造成不均匀沉降。

2. 施工方案

为了严格控制结构沉降，通过对比试验，研究提出了适用于砂卵石地层的前进式分段超前深孔注浆加固方案。

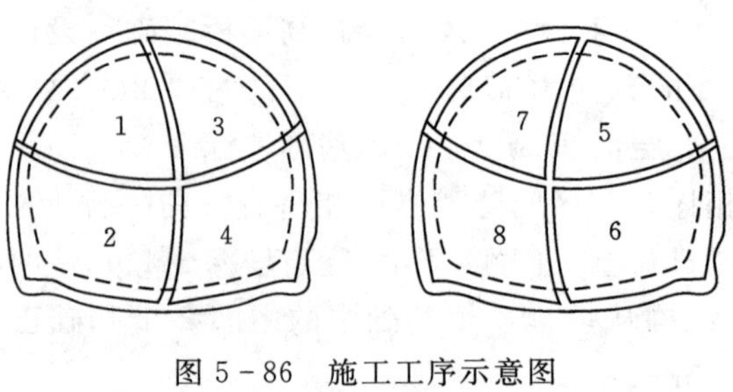

图 5-86 施工工序示意图

隧道采用 CRD 法进行施工，根据分析，确定区间两隧道按照导洞 1、2、3、4 和导洞 5、6、7、8 顺序施工，错距 10m。先施工 1 号导洞，为了减小各导洞之间的相互影响，待施工 10m 后，再施工 2 号导洞，依次施工其他导洞，直至完成（图 5-86）。具体施工步序如下。

第一步：施作超前支护，注浆加固地层，前后开挖两侧 1 号洞室，并预留核心土，施作初期支护。

第二步：继续前后开挖两侧 2 号洞室，施作初期支护，1、2 号洞室纵向间距 10m 左右。

第三步：施作超前支护，前后开挖两侧 3 号洞室，并预留核心土，施作初期支护，2

号与 3 号洞室纵向间距 10m。

第四步：继续前后开挖两侧 4 号洞室，施作初期支护，左侧 3 号与 4 号洞室纵向间距 10m。

第五步：待左洞开挖完毕，再以同样的方式开挖右导洞。

第六步：根据监测情况纵向分段拆除中隔墙，临时支撑，逐步完成侧洞底板防水与二次衬砌，先作业左洞，再作业右洞。

七、盾构法施工实例

1. 工程概况

南锣鼓巷站～东四站右线由盾构始发井向东至东四站西端盾构接收井为盾构法区间，盾构为土压平衡盾构机，盾构管片环外径 6m，内径 5.4m，壁厚 0.3m，环宽 1.2m，混凝土强度等级 C50，抗渗等级 P10。线路里程为右 K11＋204.221～K12＋862.303，右线长度约 1658m。左线的盾构始发井位于右线始发井东侧 35m 处，两井之间为暗挖区间，从左线盾构井向东为盾构法区间。里程范围左 K11＋253～K11＋328 为交叠段，左右线隧道成叠落状向东走向，左线在上右线在下。平面上隧道向东出发后接半径 300m 曲线折向南，沿北河沿大街南行，再接半径 300m 曲线折向东，与东四西大街顺行至东四站西端盾构接收井。左右线隧道逐渐分离，最终并行（图 5－87）。纵剖面上，随着平面上两线分离，左线逐渐降低、右线先降低后抬高，最终两线基本等高前进。左线埋深 18.8～26.8m，右线埋深 13.7m～26.8m。隧道先施工位于叠落段下方的右线，后施工左线，方向均为自西向东。盾构始发完毕后开始正常掘进，在 K11＋300～K11＋350 处下穿 4 层、5 层居民楼，拱顶与建筑物垂直距离 9.31m。居民楼与盾构隧道位置关系如图 5－88 所示。

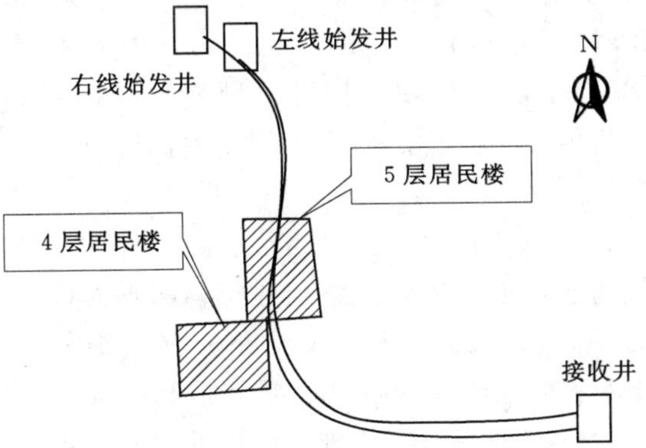

图 5－87 工程总布置图

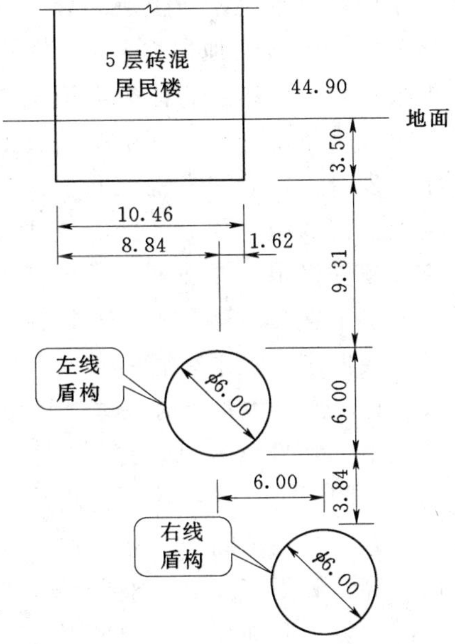

图 5－88 居民楼与隧道位置关系图（单位：m）

左线隧道主要通过粉细砂和卵石层，右线隧道主要通过卵石层和粉土层。勘察50m深度范围内，实际量测5层地下水，分别为上层滞水、潜水、层间潜水、承压水、层间水，其中层间水位于卵石层，本工程未涉及。本区间结构位于第二层潜水层以下，底板进入第三层层间潜水水位和第四层承压水静止水位0～3.5m。左线盾构机到达居民楼，到完全离开共需要13d的时间，盾构经过可能造成较大的地表沉降，给房子造成一定的损伤，因此下穿该居民楼是本工程的难点，施工风险较大。

2. *施工方案*

盾构法施工的地铁6号线下穿既有建筑物叠落段，呈左上右下交叠状，两线最小垂直距离为3.84m，为确保施工过程中左、右线以及既有建筑物的安全，采取如下综合技术措施：降水、打设竖井、盾构始发井WSS深孔旋喷加固，分体始发进行右线正线盾构，在下穿既有建筑物叠落段采用加强型盾构管片并向上注浆加固左右线间土体。待右线盾构完毕，进行左线盾构施工，同时设置右线内台车支撑体系，采用壁后注浆技术适时补强左右线间土体和弥补地层损失，防止既有建筑物沉降过大。

八、TBM施工实例

1. *工程概况*

重庆轨道交通六号线一期工程是国内首次采用复合式TBM法施工的城市地铁工程，是继一、二、三号线之后开始建设的第四条轨道交通线路。线路起点为茶园南站，终点为五路口站，线路全长61.23km。六号线一期工程TBM试验段全长约12.122km，起点位于五里店站，终点为光电园与竹林公园区间的山羊沟水库段。刀盘开挖直径6.36m，建筑限界为R=2.7m的圆形隧道，初期支护厚度0.12～0.15m，二次衬砌厚度为0.3m。沿线地层由第四系全新统松散土层和侏罗系中统沙溪庙组泥岩、砂岩组成。线路埋深在10～56m之间，绝大多数地段穿越侏罗系中统沙溪庙组砂岩、砂质泥岩。砂岩主要为Ⅲ级，砂质泥岩主要为Ⅳ级，岩体裂隙不发育～较发育，基岩完整性较好，呈厚层状～巨厚层状结构。沿线地下水一是赋存于松散层中的孔隙潜水；二是赋存于基岩风化层中的裂隙水，地下水不发育，地表未发现大的不良地质构造。重庆地铁六号线区间隧道线路穿越的地层主要为上沙溪庙组（J2S）泥岩和砂质泥岩，其中，砂岩、泥岩、砂岩夹泥岩段岩体较完整，饱和单轴极限抗压强度12.6～36.7MPa，岩体具有一定的自稳能力，因此采用复合式TBM进行施工。复合式TBM（图5-89）是以传统硬岩掘进机硬岩掘进机（TBM）为基础，吸取了土压平衡盾构和泥水平衡盾构的原理及优点后产生的一种掘进机。

2. *TBM穿越建筑物的施工微扰动方案*

重庆地铁六号线工程纵贯主城区，地表、地下建筑物众多，由于线路条件和车站埋深的控制，区间隧道与一些建筑物或其基础距离非常近，区间隧道与建筑物的平面位置关系主要分为侧穿（隧道结构与建筑物有一定的距离）、下穿两种，其中下穿又可细分为正下穿、侧下穿、斜下穿三类。根据复合式TBM下穿建筑物的控制因素和控制标准，主要采取从两结构物之间地层进行预加固、对既有建筑物进行现状评价和加固处理、根据需要适当调整复合式TBM施工参数等措施，确定复合式TBM下穿建筑时的掘进技术和具体的应对措施。以六号线区间隧道典型的几次穿越施工为例进行说明，具体见表5-7。

图 5-89 复合式 TBM

表 5-7 **复合式 TBM 下穿建筑物微扰动控制技术**

类别	复合式 TBM 下穿涵洞	复合式 TBM 下穿建筑物桩	复合式 TBM 上下立体小净距掘进
工程地质水文地质	涵洞基础以上为回填土，下伏厚层状泥质砂岩，浅埋隧道成洞条件差，洞顶易坍塌，涵洞内水体易通过裂隙下渗，造成隧道涌水量急剧增大，存在塌方、突水（泥）等风险	桩基与隧道间为中等风化砂质泥岩，呈块状砌体结构，较完整Ⅳ级围岩，有基岩裂隙水，水文地质条件简单	隧道所处地层以中等风化砂质泥岩为主，岩体较完整，成洞条件好，以松散层孔隙水及基岩裂隙水为主
空间位置关系	隧道从涵洞正下方垂直穿越；隧道拱顶距涵洞基础底面约 4.5m	区间隧道与建筑物桩基正交；桩基底部距隧道拱顶约 6.6m	左右线上下垂直设置，左下右上（右线先施工），净距 5.45m
建筑物现状评价	涵洞为双跨 5m 拱涵，起拱线高 5m，拱高 1.5m；基础材料为 C15 现浇混凝土或 M10 水泥砂浆砌 30#毛条石，墙身材料为，水泥砂浆砌 30#毛条石，拱圈为 C25 钢筋混凝土（厚 0.50m）	建筑物为 7F，采用桩基础，桩径 1.30m，桩底以中等风化砂质泥岩为主，嵌岩桩；隧道左右线范围内存在 5 根桩基	右线掘进完成后、二次衬砌施作前，进行左线掘进
微扰动控制措施	涵洞进行预加固（基底注浆加固）；穿越前，采用地质雷达对穿越地段做地下勘探；调整 TBM 掘进参数（减少推力，降低转速）；保证 TBM 匀速、连续穿越，确保在涵洞范围内不停机；严格控制同步注浆和二次补注浆；加强对涵洞的变形监控量测，对监测数据及时分析并反馈	调整 TBM 姿态及掘进参数（减少推力，降低转速），保证 TBM 匀速、连续穿越，确保在建筑物范围内不停机；严格控制掘进土压力和出土量，严格控制同步注浆和二次补注浆；加强对建筑物的变形监控量测，对监测数据及时分析并反馈	条件允许时尽量扩大隧道间距；保护好围岩，对围岩进行预注浆加固；加强上下隧道衬砌支护参数，提高右线的纵向刚度，左线掘进时设置必要的超前支护

由表 5-7 可知，复合式 TBM 穿越建筑物时，附加措施一般分为地表注浆加固与隧道内超前支护（包括支护参数的加强），但无论对地层如何加固，穿越过程中减少对周边地层的扰动才是解决问题的根本。

第六章　隧道施工技术

● **教学目标：**

1. 理解各种超前支护使用条件及施工工艺。
2. 能选择合适的爆破方法减弱开挖过程围岩损伤。
3. 能进行隧道锚喷支护及二次模筑混凝土施工。
4. 了解装渣运输过程、风水电与通风防尘措施。

第一节　超前预支护与预加固技术

在施工方法介绍过程中，假定了开挖面（或称掌子面）和开挖后的坑道能够暂时稳定，但实际工程中这个假定只能是对稳定性较好的围岩才成立，对于软弱破碎围岩则不然。在后面这种情形下，即使是采取缩短开挖进尺，开挖面和开完后的坑道亦稳定，也来不及进行隧道的锚喷支护。当地下水丰富时，这种情况就更为严重。在隧道工程历史中，隧道坍方的事例并不鲜见，造成了人、物、财的大量浪费。对于不稳定的围岩体系，工作面前方围岩的预加固和预支护是控制和减少坑道开挖后周边收敛变形、防止坍塌的关键环节。

随着开挖技术、锚喷支护技术、地层改良技术的研究应用和发展，隧道工作者研究出了许多辅助稳定措施，从而使得现代隧道工程施工的开挖和支护变得更简捷、及时、有效，也更具有可预防性和安全性。

隧道施工中常用稳定掌子面前方和洞周围岩的方法和措施有：

- 稳定工作面
  - 预留核心土挡护开挖面
  - 喷射混凝土封闭工作面
- 超前锚杆
- 超前小导管
- 超前大管棚
- 水平旋喷超前预支护
- 预切槽超前预支护
- 超前深孔围幕注浆

上述辅助稳定措施的选用应视围岩地质条件、地下水情况、施工方法、环境要求等具体情况而定，并尽量与常规施工方法相结合，进行充分的技术经济比较，选择一种或几种同时使用。

施工中应经常观测地形、地貌的变化以及地质和地下水的变异情况，制定有关的安全施工细则，预防突然事故的发生。必须坚持预支护（或强支护）、后开挖、短进度、弱爆破、快封闭、勤测量的施工原则。

一、预留核心土与喷射混凝土稳定工作面

预留核心土方法（详见第五章第三节）与喷射混凝土稳定工作面法常常配合使用，在留核心土仍不能满足工作面稳定的要求时，可及时喷射混凝土封闭开挖工作面，喷射混凝土厚度一般为5～10mm。这样可以大大提高工作面土体的稳定性，将工作面由二维受力状态变成三维受力状态。图6-1为喷射玻璃纤维混凝土稳定工作面。

图 6-1　喷射玻璃纤维混凝土稳定工作面

二、超前锚杆

1. 定义及构造

超前锚杆是沿开挖轮廓线，以10°～30°的外插角，向开挖面前方钻孔安装锚杆，形成对前方围岩的预锚固，在提前形成的围岩锚固圈的保护下进行开挖等作业，这是一种先加固后开挖的逆作业，即安装锚杆先于岩体开挖，故称为超前锚杆，如图6-2所示。

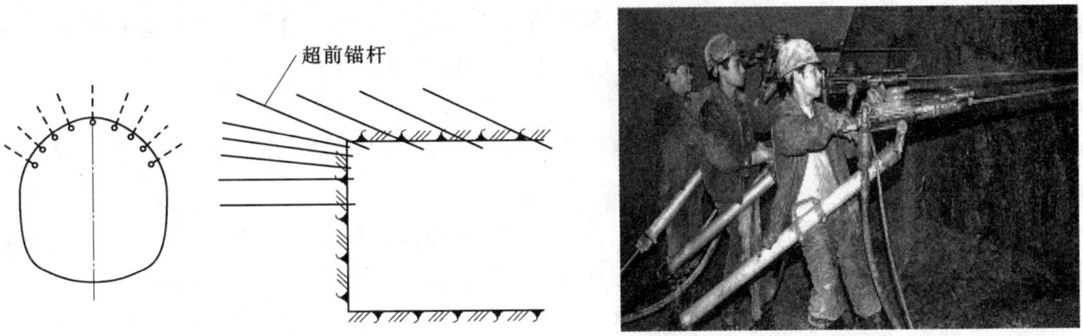

(a)　　　　(b)

图 6-2　超前锚杆

(a) 超前锚杆构造示意图；(b) 超前锚杆施工实物图

2. 适用条件及性能特点

锚杆超前支护的柔性较大，整体刚度较小。它主要适用于地下水较少的破碎、软弱围岩的隧道工程中，如裂隙发育的岩体、断层破碎带等、浅埋无显著偏压的隧道。风枪或凿岩机或专用的锚杆台车钻孔、锚固剂或砂浆锚固，其工艺简单、工效高。

3. 设计、施工要点

（1）超前锚杆的长度、环向间距、外插角等参数，应视围岩地质条件、施工断面大小、开挖循环进尺和施工条件而定。一般超前长度为循环进尺的3～5倍，宜采用3～5m长，环向间距采用0.3～1.0m；外插角宜用10°～30°；搭接长度宜为超前长度的40%～60%，即大致形成双层或双排锚杆。

（2）超前锚杆宜用早强砂浆全粘结式锚杆，锚杆材料可用不小于ϕ22的螺纹钢筋。

（3）超前锚杆的安装误差，一般要求孔位偏差不超过10cm，外插角不超过1°～2°，锚入长度不小于设计长度的96%。

（4）开挖时应注意保留前方有一定长度的锚固区，以使超前锚杆的前端有一个稳定的支点。其尾端应尽可能多地与系统锚杆及钢筋网焊连。若掌子面出现滑坍现象，则应及时喷射混凝土封闭开挖面，并尽快打入下一排超前锚杆，然后才能继续开挖。

（5）开挖后应及时喷射混凝土，并尽快封闭环形初期支护。

（6）开挖过程中应密切注意观察锚杆变形及喷射混凝土层的开裂、起鼓等情况，以掌握围岩动态，及时调整开挖及支护参数，如遇地下水时，则可钻孔引排。

三、超前小导管

1. 定义及构造

超前注浆小导管是在开挖前，沿坑道周边向前方围岩内打入带孔小导管，并通过小导管向围岩压注起胶结作用的浆液，待浆液硬化后，坑道周围岩体就形成了有一定厚度的加固圈。在此加固圈的保护下即可安全地进行开挖等作业（图6-3）。若小导管前端焊一个简易钻头，则可钻孔、插管一次完成，称为自进式注浆锚杆。

2. 适用条件及性能特点

浆液被压注到岩体裂隙中并硬化后，不仅将岩块或颗粒胶结为整体起到了加固作用，而且填塞了裂隙，阻隔了地下水向坑道渗流的通道，起到了堵水作用。因此，超前注浆小导管不仅适用于一般软弱破碎围岩，也适用于含水的软弱破碎围岩。

3. 设计、施工要点

（1）小导管钻孔安装前，应对开挖面及5m范围内的坑道喷射5～10cm厚的混凝土封闭。

（2）小导管一般采用ϕ32mm的焊接管或ϕ40mm的无缝钢管制作，长度宜为3～6m，前端做成尖锥形，前段管壁上每隔10～20cm交错钻眼，眼孔直径宜为6～8mm。

（3）钻孔直径应较管径大20mm以上，环向间距应按地层条件而定，一般采用20～50cm；外插角应控制在10°～30°，一般采用15°。

（4）极破碎围岩或处理坍方时可采用双排管；地下水丰富的松软层，可采用双排以上的多排管；大断面或注浆效果差时，可采用双排管。

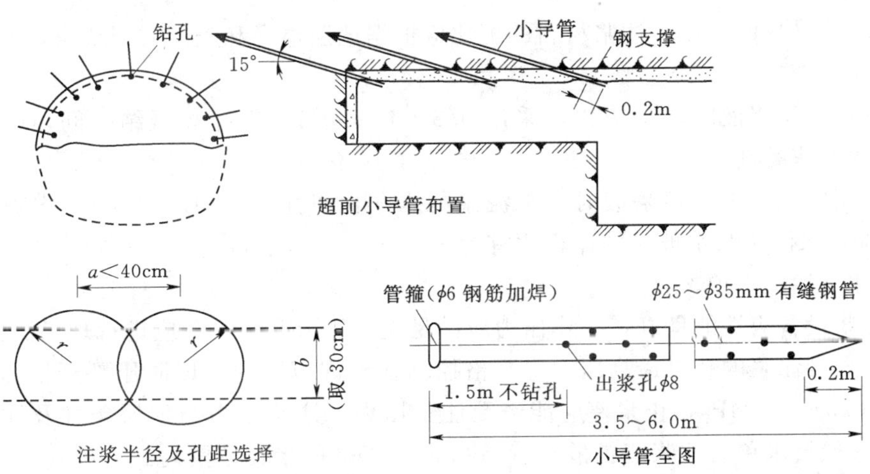

(a)

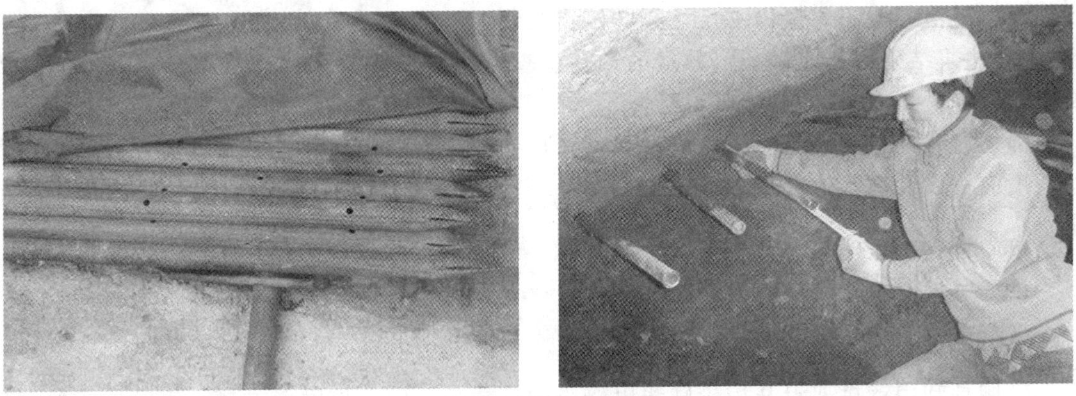

(b)

图 6-3　超前小导管

(a) 构造示意图；(b) 实物图

(5) 小导管插入后应外露一定长度，以便连接注浆管，并用塑胶泥（40°Be 水玻璃拌 525 号水泥）将导管周围孔隙封堵密实。

4. 注浆

(1) 注浆材料种类及适用条件。

1) 在断层破碎带及砂卵石地层（裂隙宽度或颗粒粒径大于 1mm，渗透系数 $k \geqslant 5\times10$ ～4m/s）等强渗透性地层中，应采用料源广且价格便宜的注浆材料。一般对于无水的松散地层，宜优先选用单液水泥浆；对于有水的强渗透地层，则宜选用水泥一水玻璃双浆液，以控制注浆范围。

2) 断层带，当裂隙宽度（或粒径）小于 1mm，或渗透系数 $k \geqslant 10$～5m/s 时，注浆材料宜优先选用水玻璃类和木胺类浆液。

3) 细、粉砂层、细小裂隙岩层及断层地段等弱渗透地层中，宜选用渗透性好、低毒及遇水膨胀的化学浆液，如聚胺酯类或超细水泥浆。

4) 对于不透水的黏土层，则宜采用高压劈裂注浆。

（2）注浆材料的配比。注浆材料的配比应根据地层情况和胶凝时间要求，并经过试验而定，一般的：

1）采用水泥浆液时，水灰比可采用 0.5：1～1：1，需缩短凝结时间，则可加入氯盐、三乙醇胺速凝剂。

2）采用水泥—水玻璃浆液时，水泥浆的水灰比可用 0.5：1～1：1；水玻璃浓度为 25°～40°Be，水泥浆与水玻璃的体积比宜为 1：1～1：0.3。

（3）注浆注意事项。

1）注浆设备应性能良好，工作压力应满足注浆压力要求，并应进行现场试验运转。

2）小导管注浆的孔口最高压力应严格控制在允许范围内，以防压裂开挖面，注浆压力一般为 0.5～1.0MPa，止浆塞应能经受注浆压力。注浆压力与地层条件及注浆范围要求有关，一般要求单管注浆能扩散到管周 0.5～1.0m 的半径范围内。

3）要控制注浆量，即每根导管内已达到规定注入量时，就可结束；若孔口压力已达到规定压力值，但注入量仍不足，亦应停止注浆。

4）注浆结束后，应做一定数量的钻孔检查或用声波探测仪检查注浆效果，如未达到要求，应进行补注浆。

5）注浆后应视浆液种类，等待 4h（水泥—水玻璃浆）～8h（水泥浆）方可开挖，开挖长度应按设计循环进尺的规定，以保留一定长度的止浆墙（亦即超前注浆的最短超前量）。

四、超前大管棚

1. 定义及构造

管棚是利用钢拱架沿开挖轮廓线以较小的外插角、向开挖面前方打入钢管构成的棚架来形成对开挖面前方围岩的预支护（图 6-4）。

采用长度小于 10m 的钢管的称为短管棚；采用长度为 10～45m 且较粗的钢管的称为长管棚。

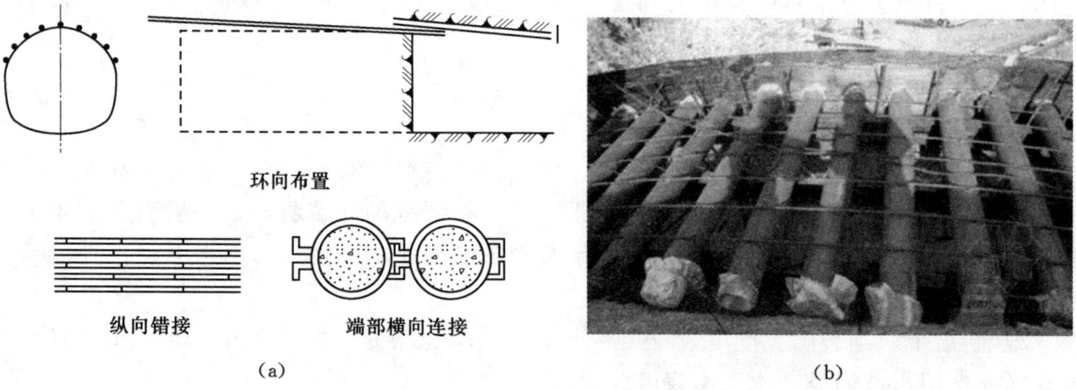

图 6-4　超前大管棚

(a) 结构示意图；(b) 实物图

2. 适用条件及性能特点

管棚因采用钢管或钢插板做纵向预支撑，又采用钢拱架做环向支撑，其整体刚度较大，对围岩变形的限制能力较强，且能提前承受早期围岩压力。因此管棚主要适用于围岩压力来得快来得大、对围岩变形及地表下沉有较严格要求的软弱、破碎围岩隧道工程中。如土砂质地层、强膨胀性地层、强流变性地层、裂隙发育的岩体、断层破碎带、浅埋有显著偏压等围岩的隧道中。此外，采用插板封闭较为有效；在地下水较多时，可利用钢管注浆堵水和加固围岩。

短管棚一次超前量少，基本上与开挖作业交替进行，占用循环时间较多，但钻孔安装或顶入安装较容易。

长管棚一次超前量大，虽然增加了单次钻孔或打入长钢管的作业时间，但减少了安装钢管的次数，减少了与开挖作业之间的干扰。在长钢管的有效超前区段内，基本上可以进行连续开挖，也更适于采用大中型机械进行大断面开挖。

3. 设计、施工要点

(1) 管棚的各项技术参数要视围岩地质条件和施工条件而定。长管棚长度不宜小于10m，一般为10～45m；管径70～180mm，孔径比管径大20～30mm，环向间距0.2～0.8m；外插角1°～2°。

(2) 两组管棚间的纵向搭接长度不小于1.5m；钢拱架常采用工字钢拱架或格栅钢架。

(3) 钢拱架应安装稳固其垂直度允许误差为±2°，中线及高程允许误差为±5cm。

(4) 钻孔平面误差不大于15cm，角度误差不大于0.5°，钢管不得侵入开挖轮廓线。

(5) 第一节钢管前端要加工成尖锥状，以利导向插入。要打一眼，装一管，由上而下顺序进行。

(6) 长钢管应用4～6m的管节逐段接长，打入一节，再连接后一节，连接头应采用厚壁管箍，上满丝扣，丝扣长度不应小于15cm；为保证受力的均匀性，钢管接头应纵向错开。

(7) 当需增加管棚刚度时，可在安装好的钢管内注入水泥砂浆，一般在第一节管的前段管壁交错钻10～15mm孔若干，以利排气和出浆，或在管内安装出气导管，浆注满后方可停止压注。

(8) 钻孔时如出现卡钻或坍孔，应注浆后再钻，有些土质地层则可直接将钢管顶入。

五、水平旋喷超前预支护

喷射注浆法又称旋喷法，分为垂直旋喷注浆和水平旋喷注浆两种方法，在20世纪70年代初期日本首次开发使用了这种地层加固技术。水平旋喷注浆法是在一般的初期导管注浆的基础上发展起来的，以高压旋喷的方式压注水泥浆，从而在隧道开挖轮廓外形成拱形预衬砌的超前预支护工法。水平旋喷注浆的施工原理类似于垂直旋喷注浆，只是一个为水平，一个为垂直，我国垂直旋喷注浆技术已比较成熟。水平旋喷注浆技术在我国已初步获得应用，如神延铁路的沙哈拉茆隧道和宋家坪隧道。其施工方法为，首先使用旋喷注浆机，沿着隧道掌子面周边的设计位置旋喷注浆形成旋喷柱体，通过固结体的相互咬合形成预支护拱棚。一般每根旋喷体，首先通过水平钻机成孔，钻到设计位置以后，随着钻杆的退出，用水泥浆或水泥—水玻璃双浆液旋喷注入钻成的孔腔，通过高压射流切割腔壁土体，被切割下的土体与浆液搅拌混合、固结形成直径 600mm 左右的固结体，同时周围地层受到压缩和固结，其土体的物理力学性能得到一定程度的改善。旋喷柱体沿隧道拱部形成环向咬合、纵向搭接的预支护拱棚，在松散不稳定地层隧道中，可有效控制坍塌和地层变形。水平旋喷注浆桩的应用在我国还不是很广，旋喷桩抗弯性能不强，施工控制的难度较大，特别是目前我国的水平旋喷钻机性能尚未过关，制约了水平旋喷预支护技术的应用和发展。

它主要适用于黏性土、砂类土、淤泥等地层。图 6-5 为水平旋喷工法的操作程序和旋喷柱布置，图 6-6 为三一重工生产的水平旋喷钻机。

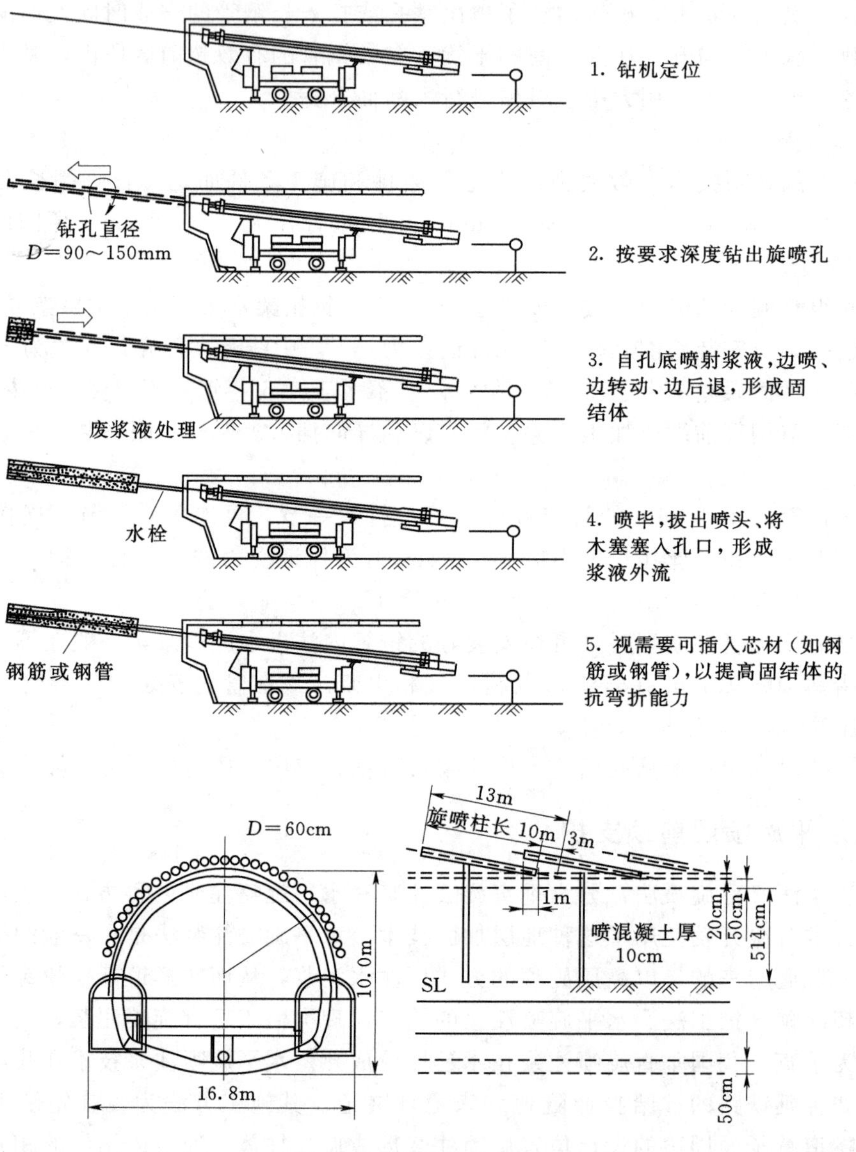

图 6-5 水平旋喷工法

图 6-6　水平旋喷钻机

六、预切槽超前预支护

机械预切槽法首次运用于 20 世纪 70 年代法国巴黎快速轨道运动系统的一个车站的建造工程中。它是利用专业的切槽机械，沿隧道外轮廓切割一定深度的切槽。切槽方式有带踞式和排钻式两种。在硬岩地层中，利用该切槽，作为爆破振动的隔振层，主要起隔振或减振的目的。在软石或砂质地层中，在切槽内填筑混凝土，形成预支护拱，提高隧道稳定性。图 6-7 为软岩中预切槽法示意图。

作业过程如下：

(1) 用预切槽锯沿隧道外廓弧形拱深切——宽 15～30cm、长约 5m 的切槽。

(2) 在切槽内立即填充高强度喷射混凝土，形成长 3～5m 的整体连续拱，两次连续拱的搭接长度为 0.5～2.0m，视围岩的不同而定。

(3) 在安全稳定的作业环境下，用挖掘机或臂式掘进机开挖前作业面。自卸汽车或翻斗车可穿行于预切槽机内。

(4) 必要时，作业面装以玻璃纤维锚杆，以稳定作业面，随后在作业面上喷混凝土。

(5) 紧随其后，安装隧道防水层，进行二次衬砌。

机械预切槽法的优点是：①可减轻在硬岩爆破时振动的扩展；②在作业面开挖前，快速形成一临时的整体弧形拱，从而减小围岩变形与地表沉陷；③为人员和设备提供清洁、安全的工作条件；④有利于作业全过程的工业化及机械化，从而使进度快速均衡，适应性增强，大大节约了成本。机械预切槽法在硬岩地层中应用的最大弱点是推进速度慢，较适合用于市区隧道工程、松散地层和大断面隧道。

机械切槽预支护，在国外已有多次成功应用的实例，取得了较好的经济效益和社会效益。在国内，硬岩锯式切槽机尚在研制当中。

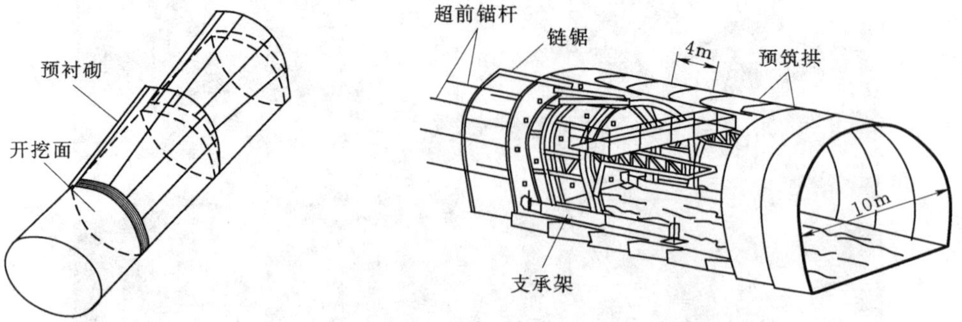

(a)

(b)

图 6－7　预切槽法

(a) 预切槽法示意图；(b) 预切槽法施工现场

七、超前深孔帷幕注浆

上述超前注浆小导管，对围岩加固的范围和止水的效果是有限的，作为软弱破碎围岩隧道施工的一项主要辅助措施，它占用时间和循环次数较多。因此，在不便采取其他施工方法（如盾构法）时，深孔预注浆止水并加固围岩就较好地解决了这些问题。注浆后即可形成较大范围的筒状封闭加固区，称为帷幕注浆（图 6－8）。

1. 注浆机理及适用条件

注浆机理可以分为以下四种。

（1）渗透注浆：是对于破碎岩层、砂卵石石层、中细、粉砂层等有一定渗透性的地层，采用中低压力将浆液压注到地层中的空穴、裂缝、孔隙里、凝固后将岩土或土颗粒胶结为整体，以提高地层的稳定性和强度。

（2）劈裂注浆：对于颗粒更细的黏土质不透水（浆）地层，采用高压浆液强行挤压孔

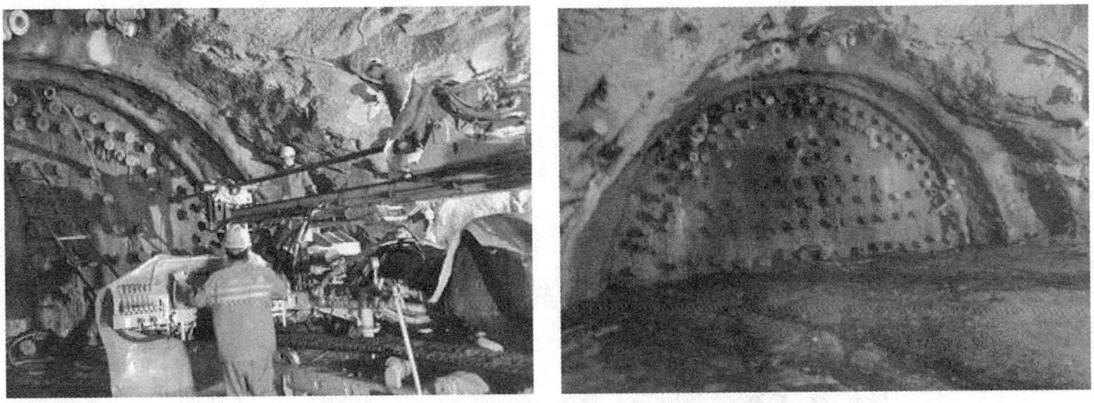

图 6-8　暗挖断面帷幕注浆现场施工

周，在注浆压力的作用下，浆液作用的周围土体被劈裂并形成裂缝，通过土体中形成的浆液脉状固结作用对黏土层起到挤压加固和增加高强夹层加固作用，以提高其强度和稳定性。

（3）压密注浆：用浓稠的浆液注入土层中，使土体形成浆泡，向周围土层加压使得到加固。

（4）高压喷灌注浆：通过灌浆管在高压作用下，从管底部的特殊喷嘴中喷射出高速浆液射流，促使土粒在冲击力、离心力及重力作用被切割破碎下，随注浆管的向上抽出与浆液混合形成柱状固结体，以达到加固之目的。

深孔预注浆一般可超前开挖面 30～50m，可以形成有相当厚度的和较长区段的筒状加固区，从而使得堵水的效果更好，也使得注浆作业的次数减少，它更适用于有压地下水及地下水丰富的地层中，也更适用于采用大中型机械化施工。

如果隧道埋深较浅，则注浆作业可在地面进行；对于深埋长大隧道可利用辅助平行导坑对正洞进行预注浆，这样都可以避免与正洞施工的干扰，缩短施工工期（图 6-9）。

2. 注浆范围

图 6-9 中已示意出对围岩进行注浆加固的大致范围，即形成筒状加固区。要确定加固区的大小，即确定围岩塑性破坏区的大小，可以按岩体力学和弹塑性理论计算出开挖坑道后围岩的压力重分布结果，并确定其塑性破坏区的大小，这也就是应加固区的大小。

3. 注浆数量及注浆材料选择

注浆数量应根据加固区需充填的地层孔隙数量来确定。

工程中常用充填率来估算和控制注浆总量。所谓充填率是指注浆体积占孔隙总体积的比率。于是注浆总量可按下式计算：

$$Q=naA$$

式中　Q——注浆总数量，m^3；

A——被加固围岩的体积，m^3；

n——被加固围岩的孔隙率，%；

a——过去实践证实了的充填率，%。

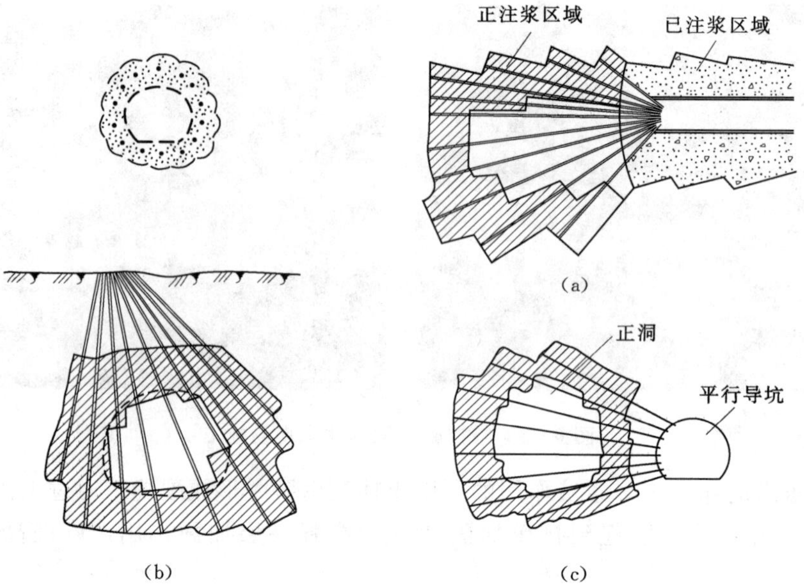

图 6-9 超前深孔围幕注浆

(a) 洞内超前注浆；(b) 地表超前注浆；(c) 平导超前注浆

后两项可参见表 6-1。

表 6-1 **隙率和注浆充填率表**

土质		壤土	黏土	粉砂	砂					砂砾		
注浆目的		堵水加固			堵水			加固		堵水		
孔隙率（%）	范围值	65～75	50～70	40～60	46～50	40～48	30～40	46～50	40～48	40～60	28～40	22～40
	标准值	70	60	50	48	44	35	48	44	50	34	31
充填率 a（%）		约 30	约 30	约 20	约 60	约 50	约 50	约 50	约 40	约 60	约 60	约 60

为了做好注浆工作，必须事先对被加固围岩进行试验，查清围岩的透水系数、土颗粒组成、孔隙率、饱和度、密度、pH 值、剪切和抗压强度等。必要时还要做现场注浆和抽水试验。注浆材料的选择参见小导管注浆部分。

4. 钻孔布置及注浆压力

图 6-9 中注浆钻孔的布置方式。另外，对于浅埋隧道，还可以采用平行布置方式，即注浆钻孔均呈竖直方向并互相平行分布，但每钻一孔即需移动钻机。

钻孔间距要视地层条件、注浆压力及钻孔能力等来确定。一般渗透性强的地层，可以采用较低的注浆压力和较大的钻孔间距，钻孔量也少，但平均单孔注浆量大。

渗透式注浆时，注浆压力应大于待注浆底层的静水压力；劈裂式注浆时，注浆压力应大于待注浆底层的水压力与土压之和；并取一定的储备系数，一般为 1.1～1.3。

5. 施工要点

(1) 注浆管和孔口套管。深孔注浆一次式注浆时，孔内可用注浆管或不用；分段式注浆时需用注浆管。注浆管一般采用带孔眼的钢管或塑料管。止浆塞常用的有两种，一种是橡胶式，一种是套管式。安装时，将止浆塞固定在注浆管上的设计位置，一起放入钻孔，然后用压缩空气或注浆压力使其膨胀而堵塞注浆管与钻孔之间的间隙，此法主要用于深孔注浆。

另外，若采用全孔注浆，因浆液流速慢，易造成“死管”问题，尤其是深孔注浆时。因此，多采用前进或后退式分段注浆。

（2）钻孔。钻孔可用冲击式钻机，或旋转式钻机，应根据地层条件及成孔效果选择。

（3）注浆顺序。应先上方后下方，或先内圈后外圈，先无水孔后有水孔，先上游（地下水）后下游顺序进行，应利用止浆阀保持孔内压力直至浆液完全凝固。

（4）结束条件。注浆结束条件应根据注浆压力和单孔注浆量两个指标来判断确定。单孔结束条件为：注浆压力达到设计终压；浆液注入量已达到计算值的80%以上。全段结束条件为：所有注浆孔均已符合单孔结束条件，无漏注。注浆结束后必须对注浆效果进行检查，如未达到设计要求，应进行补孔注浆。

第二节 钻爆开挖技术

在隧道开挖掘进过程中，每一次开挖，不仅仅是挖除了一定体积大小和形状的岩体，而且是开拓出了一定大小和形状的地下空间，更是致使这个空间周围岩体的暴露。简单地说，就是“挖除了岩体、获得了空间、暴露了围岩”。将隧道范围内岩体挖除以后，围岩是否能够处于稳定状态，主要取决于围岩的自稳能力，但开挖对围岩的稳定性有着重要和直接的影响。因此，隧道施工首先应关注三个问题：坑道内岩体好不好挖？开挖后围岩稳不稳定？如何挖才能既快又能保持围岩稳定？这就需要对破岩机理和开挖方式进行深入细致研究。

一、掘进方式

（一）岩体抗破性

1. 岩体坚固性及分级

岩体的坚固性是指岩体抵抗人为破坏的能力，即挖除岩体的难易程度。在露天土石方工程中，常将挖掘岩体的难易程度分为六级，岩体坚固性分级见表6-2。

表6-2　岩体的坚固性分级

等级	坚固性评价	类别名称	代表性岩体	γ（kN/m³）	φ
一	极软弱 极易挖除	松土	砂类土、种植土、软塑的黏砂土、砂黏土、弃土、未经压实的填土	15～16	9°～27°
二	软弱 易挖除	普通土	半干硬的、硬塑的黏砂土和砂黏土，可塑的黏土，可塑的膨胀土（裂土）、新黄土，中密的碎石类土（不包括块石土，漂石土），压实的填土，风积砂	15～18	30°～40°
三	较软弱 较易挖除	硬土	半干硬的黏土、半干硬的膨胀土（裂土）、老黄土、含块石、漂石≥30%且＜50%的土及其他密实的碎石类土、各种风化成土状的岩石	18～20	56°～60°

续表

等级	坚固性评价	类别名称	代表性岩体	γ（kN/m³）	φ
四	较坚固较难挖除	软石	块石土、漂石土、岩盐；各种软质岩石：泥岩、泥质页岩、泥质砂岩、泥质砾岩、煤、泥灰岩、凝灰岩、云母片岩、千枚岩等	22 ～ 26	65°～ 70°
五	坚固难挖除	次坚石	各种硬质岩：硅质页岩、钙质砂岩、钙质砾岩、白云岩、石灰岩、坚实的泥灰岩、软玄武岩、片岩、片麻岩、正长岩、花岗岩	24 ～ 28	70°～ 80°
六	极坚固极难挖除	坚石	各种极硬岩：硅质砂岩、硅质砾石、致密的石灰岩、大理岩、石英岩、硬玄武岩、闪长岩、正长岩、细粒花岗岩	25 ～ 30	80°～ 87°

注 软土（软黏性土、淤泥质土、淤泥、泥炭质土、泥炭）和多年冻土等应结合具体施工情况另定。

值得注意的是：我国公路、铁路及水电隧道工程中，一般都是直接借用围岩稳定性分级，作为对隧道工程中挖掘岩体的难易程度分级。或者说是将围岩分级作为一种综合分级，既是对围岩稳定性的分级，又是对岩体坚固性的分级。见（TB 10003—2005）铁路隧道围岩稳定性基本分级表。

这样做大致是可行的，其理由是：一般而言，坚固而难挖的岩体作为围岩，其稳定性也好；软弱易挖的岩体作为围岩，其稳定性也差。但严格地说，这种规律并不能代表隧道工程中所遇到的所有情形，实际隧道工程中有稳定能力基本相同的两种岩体，其坚固性和挖掘的难易程度却有较大的差异，如破碎的石英岩与老黄土的比较，就不符合上述规律。石英岩作为围岩，其稳定性很不好，但却并不好挖；而老黄土作为围岩，其稳定性很好，但却并不难挖。同样是软土，作为围岩，其稳定性很不好，但却很难挖。但值得注意的是，岩体的坚固性与围岩的稳定性不能完全等同。

分级方法是出于认识、区分、评价等目的，将一类对象按照其某种性质指标划分为若干个种属或级别的方法。针对不同的作业项目（如开挖、支护）和出于不同的分级目的（如区分开挖岩体的难易程度、评价围岩的稳定性、制定劳动定额或材料消耗定额等），对象（被挖除的岩体、周围的岩体即围岩）进行级别划分时，所采用的分级指标是不尽相同的。即使采用了同类指标（坚硬完整或软弱破碎程度），对象在不同分类中的排序也是不同的。因为岩体的坚固性与岩体的坚硬完整或软弱破碎程度之间的关系，以及围岩的稳定性与岩体的坚硬完整或软弱破碎程度之间的关系，这两种关系虽然相似，但却并不是完全一致的，两种关系并没有递推关系，即岩体的坚固性与围岩的稳定性不能完全等同。

2. 岩体的抗爆性/抗钻性及分级

岩体的抗爆破性（或抗钻性）是指岩体抵抗爆炸冲击波（或钻头冲击力）破坏的能力。岩体的抗爆破性能（或抗钻性能）主要取决于其物理力学性质，特别是岩石（即结构体）在动载作用下的变形性质和黏聚力的强弱。另外，其也受到岩体的结构特征（即结构面及其产状）和地下水等因素的影响。隧道爆破掘进时，应按岩体的抗爆破性能进行爆破设计。而在钻眼时，则应按其抗钻性能选择凿岩机具。但目前还没有针对岩体的抗钻性能的研究及分级方法。

近年来，有研究资料建议采用岩体爆破性指数 N 作为分级指标，将岩体的抗爆破性分为极易爆破、易爆破、中等、难爆破、极难爆破共五级，见表 6－3。岩体爆破性指数 N 的确定，是在炸药能量等相同的条件下，进行爆破漏斗试验，根据爆破后的漏斗体积、大块率、小块率、平均合格率和岩体的波阻抗等指标进行计算的。

表 6－3　　岩体的抗爆破性分级

抗暴破级别		N	爆破难易程度	代表性岩石
一	I_1	＜29	极易爆破	千枚岩、破碎板岩、泥质板岩、破碎白云岩
	I_2	29～38		
二	II_1	38～46	易爆破	角砾岩、绿泥岩、米黄色白云岩
	II_2	46～53		
三	III_1	53～60	中等	阳起石、石英岩、煌斑岩、大理岩、灰白色白云岩
	III_2	60～68		
四	IV_1	68～74	难爆破	磁铁石英岩、角闪斜长片麻岩
	IV_2	74～81		
五	V_1	81～86	极难爆破	矽卡岩、花岗岩、矿体浅色砂岩
	V_2	＞86		

（二）掘进方式

1. 掘进方式的分类

掘进方式是指对坑道范围内岩体的挖除方式（破岩方式）。按照破岩方式来分，掘进方式有人工掘进、机械挖掘、钻眼爆破掘进三种。

（1）人工掘进。人工掘进是采用十字镐、风镐［图 6－10（a）］等简易工具来挖除岩体。人工掘进对围岩的扰动破坏小，有利于保持围岩原有的稳定能力，但人工掘进速度较慢，劳动强度较大，安全性差，故一般适用于围岩稳定性较差的土质隧道或软岩隧道中。

人工掘进只在特殊地质条件或特小断面的隧道工程中偶有采用。如在不能采用爆破掘进的软弱破碎围岩和土质隧道中，若隧道工程量不大，工期要求不太紧，又无机械或不宜采用机械掘进时，则可以采用人工掘进。人工采用铁锹、斗箕装渣。人工掘进时，尤其应做好安全防护措施，并安排专人负责工作面的安全观察。

（2）机械挖掘。机械挖掘有两方面含义：大型综合机械和一般机械。

大型综合机械指的是 TBM 与盾构，详见第五章七、八节。一般机械常见的是挖掘机和独臂钻。它们均采用机械方式切削破碎岩土并挖除坑道范围内的岩土。

1）挖掘机。挖掘式挖掘机一般用来挖土方，有正铲［图 6－10（b）］和反铲［图 6－10（c）］之分，隧道挖掘中更常用的是反铲。可以将挖掘和装渣同机完成，但其破岩能力有限，一般只适用于挖掘硬土至软塑泥质土，且需配以人工修凿周边。

2）独臂钻。采用装在可移动式机械臂上的切削头来破碎岩体，可以挖掘各种土和中硬以下的岩石，它集挖渣、装渣于一身，如图 6－10（d）所示。

（3）钻眼爆破掘进。钻眼爆破掘进是在被爆破岩体的各个部位钻孔后，将炸药分散安装于各个钻孔中并引发炸药爆炸，从而爆破坑道范围内的岩体。隧道工程中一般是采用“掏槽爆破”。

爆炸破岩对围岩的扰动较大，导致围岩稳定能力降低，有时由于爆破震动致使围岩产

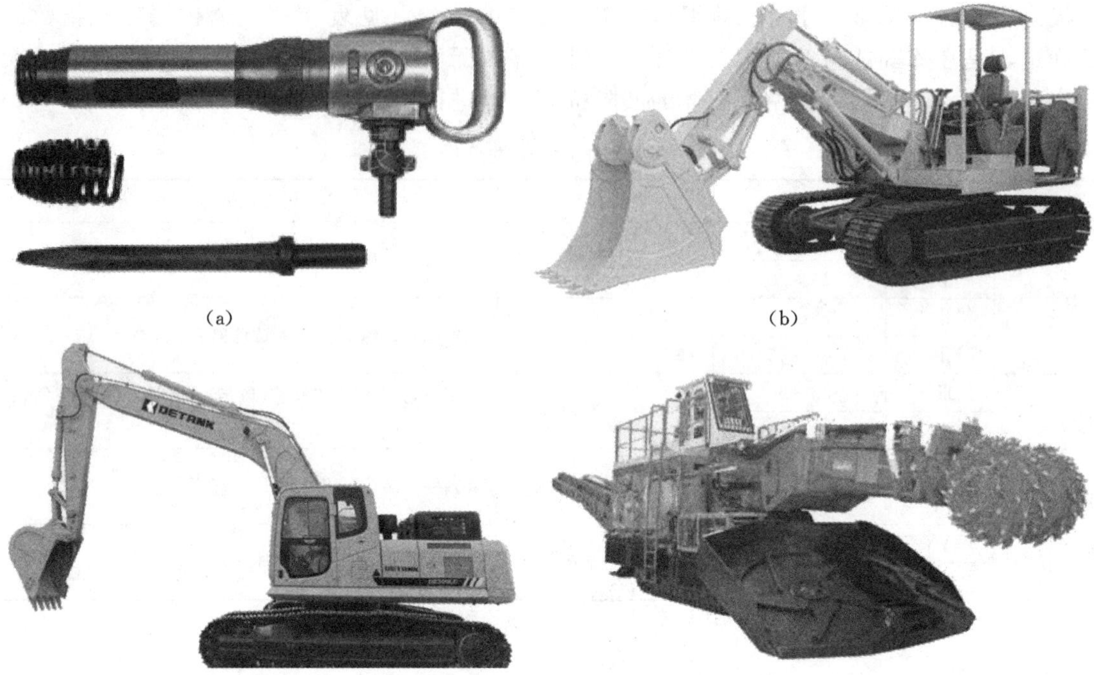

(a)　(b)　(c)　(d)

图 6-10　掘进方式

(a) 风镐；(b) 正铲；(c) 反铲；(d) 独臂钻

生坍塌，故其一般只适用于围岩稳定性较好的石质岩体隧道中。但随着控制爆破技术的发展，爆破法的应用范围也逐渐加大，如用于软石及硬土的松动爆破。钻眼爆破掘进是一般山岭隧道工程中最常用的掘进方式。钻眼爆破需要专用的钻眼设备及消耗大量炸药等爆破材料，并只能分段循环掘进。

2. *掘进方式的选择原则*

原本充塞在隧道所在位置的岩体，其软硬程度和破碎程度各不相同，要破碎并挖除这些岩体的难易程度不尽相同；反之，不同的掘进方式对围岩的扰动程度是不同的。掘进方式是影响围岩稳定的又一重要因素。不同的岩体和围岩，适宜采用的破岩方式也不尽相同。

隧道掘进方式的选择就是要确定每一部分岩体的破岩挖除方式，以及破岩时对围岩扰动的控制措施。在实际隧道工程中，掘进方式的选择原则是：应主要考虑坑道范围内被挖除岩体的坚固性，掘进方式对围岩的扰动程度、围岩的抗扰动能力（即其稳定性）；其次要考虑开挖方法、作业空间大小、机械配备能力、工期要求、工区长度、经济性等因素的影响，进行综合分析，选用既经济、快速，又不严重影响围岩稳定的掘进方式。

综前所述，钻爆掘进虽然较经济，但对围岩扰动太大，尤其对软弱破碎围岩的稳定不利；机械掘进虽然对围岩扰动小，速度也快，但机械投资较大；人工掘进对围岩扰动小，但掘进速度太慢，劳动强度太大。目前，在山岭隧道中，主要是石质岩体时，多数仍采用钻眼爆破方式掘进。值得注意的是，在采用钻眼爆破方式掘进时，尤其应当严格实施爆破控制，以减少爆破震动对围岩的扰动破坏和对已做支护的影响。

上述几种掘进方式的适用范围见表 6-4。

表 6-4 **掘进方式选择**

类别名称	坚固等级	岩体名称	围岩级别	主要工程地质特征	挖除难易程度	挖进方式选择建议				爆破难易程度	抗爆级别	代表岩石
坚石	六	各种极硬岩：硅质砂岩、硅质砾石、致密的石灰岩、大理岩、石英岩、硬玄武岩、闪长岩、正长岩、细粒花岗岩	Ⅰ	硬质岩，饱和单轴抗压强度 $R_c>60$MPa，受地质构造运动影响轻微，节理不发育，无软弱面或夹层，层状岩体为厚层，层间结合良好	极坚固极难挖除	宜用钻眼爆破掘进				极难爆破	五	矽卡岩、花岗岩、矿体浅色砂岩
次坚石	五	各种硬质岩：硅质页岩、钙质砂岩、钙质砾岩、白云岩、石灰岩、坚实的泥灰岩、软玄武岩、片岩、片麻岩、正长岩、花岗岩	Ⅱ	硬质岩，$R_c>30$MPa，受地质构造运动影响较重，节理较发育，有少量软弱面（或夹层）和贯通微张节理，但其产状及组合关系不致产生滑动，层状岩体为中层或厚层，层间结合一般，很少有分离现象，或为硬质岩石偶夹软质岩石	坚固难挖除				可用全断面掘进机（TBM）掘进	难爆破	四	磁铁石英岩、角闪斜长片麻石
				软质岩，$R_c\approx30$MPa，受地质构造运动影响轻微，节理不发育，层状岩体为厚层，层间结合良好						中等	三	阳起石、石英岩、煌斑岩、大理岩、灰白色白云岩
软石	四	块石土、漂石土、岩盐；各种软质岩石：泥岩、泥质页岩、泥质砂岩、泥质砾岩、煤、泥灰岩、凝灰岩、云母片岩、千枚岩等	Ⅲ	硬质岩，$R_c>30$MPa，受地质构造运动影响严重，节理发育，有层状软弱面或夹层，但其产状及组合关系尚不致产生滑动，层状岩体为薄层或中层，层间结合差，多有分离现象，或为硬、软质岩石互层	较坚固较难挖除		宜用单臂掘进机掘进	可用各种盾构加单臂掘进机或人工掘进		易爆破	二	角砾岩、绿泥岩、米黄色白云岩
				软质岩，$R_c=5\sim30$MPa，受地质构造运动影响较重，节理较发育，层状岩体为薄层、中层或厚层，层间结合一般						极易爆破	一	千枚岩、破碎板岩、泥质板岩、破碎白云岩
硬土	三	半干硬的黏土、半干硬的膨胀土（裂土）、老黄土、含30%～50%块石或漂石的块石土或漂石土及其他密实的碎石类土、各种风化成土状的岩石半干硬的、硬塑的黏砂土和砂黏	Ⅳ	硬质岩，$R_c>30$MPa，受地质构造运动影响很严重，节理很发育，层状软弱面或夹层已基本被破坏	较软弱较易挖除	可用人工掘进						
				软质岩，$R_c=5\sim30$MPa，受地质构造运动影响严重，节理发育								
				土：1. 略具压密或成岩作用的黏性土及砂类土； 2. 黄土（Q1，Q2）； 3. 一般钙质、铁质胶结的碎、卵石土和大块石土								
普通土	二	土、可塑的黏土、可塑的膨胀土（裂土）、新黄土、中密的碎石类土、压实的填土、风积砂	Ⅴ	石质围岩位于挤压强烈的断裂带内，裂隙杂乱，呈石夹土或土夹石状	软弱易挖除							
				一般第四系的半干硬～硬塑的黏性土，及稍湿至潮湿的一般碎（卵）石土、圆砾、角砾及黄土（Q3，Q4）								
松软土	一	砂类土、种植土、软塑的黏砂土、砂黏土、弃土、未经压实的填土	Ⅵ	软塑状黏性土及潮湿的粉细砂等	极软弱极易挖除							

注 岩体的坚固性等级与围岩级别、岩体的抗爆破级别三者并不是完全一一对应的。

二、钻爆

21 世纪将是地下空间开发利用的世纪，隧道建设项目会越来越多，而作为隧道开挖重要手段的爆破必将有广泛的应用前景。钻爆施工是把钻爆设计付诸实施的重要环节，包括钻孔、装药、堵塞和爆破后可能出现的问题处理等。隧道爆破通常都要求每一循环进尺尽可能大，但在很多情况下，往往会碰到由于过高估计爆破效果而带来的一些困难，因此在施工设计中，不但要了解实际掘进速度的可能性，而且还要研究开挖方法。

（一）钻爆特点及程序

1. 特点

（1）爆破的临空面少，岩石的夹制作用大，耗药量大。

（2）对钻眼（drilling）爆破质量要求较高。既要保证隧道的开挖方向满足精度要求，又要使爆破后隧道断面达到设计标准，不能超、欠挖过大。另外，爆破时要防止飞石崩坏支架、风管、水管、电线等，爆落的岩石块度要均匀，便于装渣运输。

（3）交通隧道的断面一般比较大，造价高，服务年限长，因此在施工中必须确保良好的工程质量。

（4）隧道施工中新奥法的应用，要求施工中尽量减少爆破对围岩的扰动，确保围岩完整，以充分利用围岩自身的承载能力。

（5）隧道爆破的施工方法、施工机具和设备的选择主要取决于开挖断面的大小和隧道所处的山体位置。此外，变化复杂的围岩及围岩的结构、强度、松动程度、耐风化性、初始地应力方向、隧道的跨度和地下水活动情况对钻爆施工也有较大的影响。

（6）由于滴水、潮湿、噪声、粉尘等的影响，钻眼爆破作业条件差，加之与支护、出渣运输等工作交替进行，增加了爆破施工的难度。

2. 程序

（1）钻眼。目前，在隧道开挖过程中，广泛采用的钻孔设备为凿岩机（rock drill）和钻孔台车（drill jumbo）。为保证达到良好的爆破效果，施钻前应由专门人员根据设计布孔图现场布设，必须标出掏槽眼和周边眼的位置，严格按照炮眼的设计位置、深度、角度和眼径进行钻眼。如出现偏差，由现场施工技术人员决定取舍，必要时应废弃重钻。钻眼时应注意如下安全事项：

1）开眼时必须使钎头落在实岩上，如有浮矸，应处理好后再开眼。

2）不允许在残眼内继续钻眼。

3）开眼时给风阀门不要突然开大，待钻进一段后，再开大阀门。

4）为避免断钎伤人，推进凿岩机不要用力过猛，更不要横向用力，凿岩时钻工应站稳，应随时提防突然断钎。

5）一定要把胶皮风管与风钻接牢，并在使用过程中随时注意检查，以防脱落伤人。

6）缺水或停水时，应立即停止钻眼。

7）工作面全部炮眼钻完后，要把凿岩机具清理好，并撤至规定的存放地点。

（2）装药。在炸药装入炮眼前，应将炮眼内的残渣、积水排除干净，并仔细检查炮眼的位置、深度、角度是否满足设计要求。装药时应严格按照设计的炸药量进行装填。隧道爆破中常采用的装药结构有连续装药、间隔装药和不耦合装药。连续装药结构按照雷管所在位置不同又可分为正向起爆、反向起爆和多点起爆三种起爆形式。

隧道周边眼一般采用小直径药卷连续装药结构或普通药卷间隔装药结构（图 4－14）。当岩石很软时，也可用导爆索装药结构，即用导爆索取代炸药药卷进行装药。装药时应注意以下安全事项：

1）装药前应检查顶板情况，撤出设备与机具，并切断除照明以外一切设备的电源。照明灯及导线也应撤离工作面一定距离；装药人员应仔细检查炮眼的位置、深度、角度是否满足设计要求，对准备装药的全部炮孔进行清理，清除炮孔内的残渣和积水。

2）应严格按照设计的装药量进行装填。

3）应使用木质或竹制炮棍装填炸药和填塞炮孔。

4）不应投掷起爆药包和炸药，起爆药包装入后应采取有效措施，防止后续药卷直接冲击起爆药包。

5）装药发生卡塞时，若在雷管和起爆药包放入之前，可用非金属长杆处理。装入起爆药包后，不应用任何工具冲击、挤压。

6）在装药过程中，不应拔出或硬拉起爆药包中的导火索、导爆管、导爆索和电雷管脚线。

（3）填塞。填塞是保证爆破成功的重要环节之一，必须保证足够的填塞长度和填塞质量，禁止无填塞爆破。隧道内所用的炮眼填塞材料一般为砂子和黏土混合物，其比例大致为砂子 40％～50％，黏土 50％～60％，填塞长度视炮眼直径而定。当炮眼直径为 25mm 和 50mm 时，填塞长度不能小于 18cm 和 45cm。填塞长度也和最小抵抗线有关，通常不能小于最小抵抗线。填塞可采用分层捣实法进行。

（4）起爆。爆破网路必须保证每个药卷按设计的起爆顺序和起爆时间起爆。爆破工程在起爆前后要发布三次信号，即预警信号、起爆信号和解除警戒信号。

第一次预警信号：该信号发出后爆破警戒范围内开始清场工作。

第二次起爆信号：起爆信号应在确认人员、设备等全部撤离爆破警戒区，所有警戒人员到位，具备安全起爆条件时发出。起爆信号发出后，准许负责起爆的人员起爆。

第三次解除警戒信号：安全等待时间过后，检查人员进入爆破警戒范围内检查、确认安全后，方可发出解除爆破警戒信号。在此之前，岗哨不得撤离，不允许非检查人员进入爆破警戒范围。

（5）爆后检查及处理。隧道开挖工程爆破后，经通风吹散炮烟、检查确认隧道内空气合格、等待时间超过 15min 后，方准作业人员进入爆破作业地点。爆后检查内容主要检查有无冒顶、盲炮、危岩、支撑是否破坏、炮烟是否排除等。爆后检查人员发现盲炮及其他险情，应及时上报或处理。处理前应在现场设立危险标志，并采取相应的安全措施，无关人员不应接近。盲炮的处理按有关规定进行。

（二）爆破相关术语

1. 临空面

临空面是指被爆岩石与空气的交界面，爆破作用是朝临空面方向突破，如图 6－11 所示。临空面越多，爆破岩石越容易，爆破效果也越好。临空面多时，炸药的用量相对越少。

炮眼与临空面的夹角越小，爆破效果也越好。炮眼方向垂直于临空面时，爆破效果最差；炮眼方向平行于临空面时，爆破效果最好。隧道爆破的一个主要特点，就是只有一个临空面。

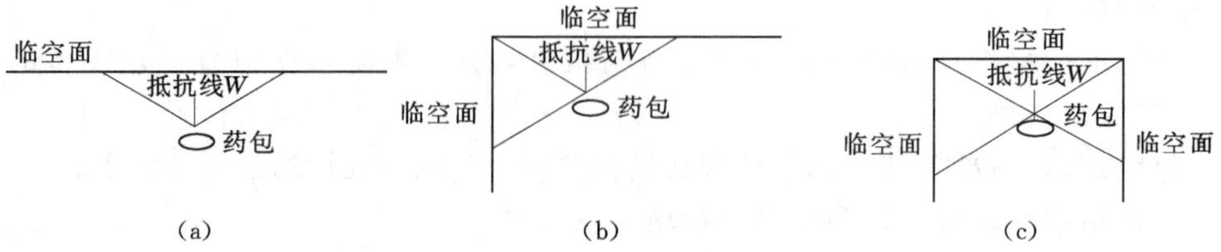

图 6－11　临空面

(a) 一个临空面；(b) 两个临空面；(c) 三个临空面

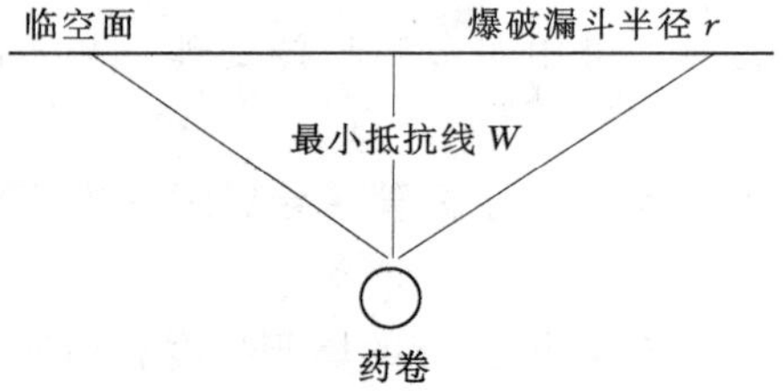

图 6－12　临空面、爆破漏斗及最小抵抗线

2. 爆破漏斗

当单个药包在岩体中埋置深度不大时，爆破的外部作用特点是在临空面上形成一个倒圆锥形爆坑，称为爆破漏斗，如图 6－12 所示。

3. 最小抵抗线

工程爆破中，通常把药包中心线或重心到最近临空面的最短距离称为最小抵抗线，用 W 表示，单位是 cm，如图 6－13 所示。

最小抵抗线是爆破时岩石阻力最小的方向，所以在此方向上岩石运动速度最大，爆炸作用最集中。因此，最小抵抗线是爆破作用的主导方向，也是岩石移动的主导方向。在隧道光面爆破中，周边眼与内圈眼之间的排距就是周边眼的抵抗线。

(三) 钻具

隧道工程中，常使用的钻眼机有风动凿岩机和液压凿岩机，另有电动凿岩机和内燃凿岩机，但较少采用。无论何种凿岩机，其工作原理都是利用镶嵌在钻头前端的凿刃反复冲击并转动来破碎岩石的。

1. 钻头和钻杆

钻杆和钻头如图 6－13 所示。钻头可以直接连接在钻杆前端，也可以套装在钻杆前端。钻杆尾则是套装在凿岩机的头部。钻头前端则镶入硬质、高强、耐磨的合金钢——凿刃。

凿刃起着直接破碎岩石的作用。它破碎岩石主要是靠高频率的冲击作用，旋转仅是辅助作用。使用一段时间后，经过修磨可以重复使用。

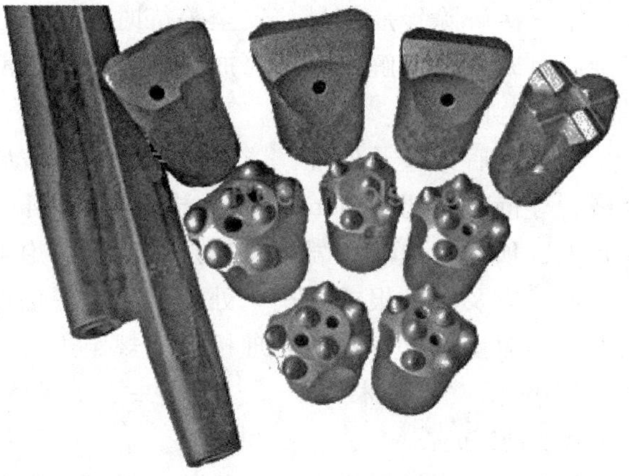

图 6－13　钻头和钻杆

常用钻头的钻孔直径有 38mm、

40mm、42mm、45mm 48mm 等，用于钻中空眼的钻孔直径可达 102mm，甚至更大。

为了达到湿式钻眼，钻头和钻杆上均有射水孔，高压水即通过此孔清洗石粉。

2. 风动凿岩机

风动凿岩机俗称风钻，以压缩空气为动力，具有结构简单、制造维修简便、操作方便、使用安全的优点，如图 6-14（a）所示。但压缩空气的供应设备比较复杂，机械效率低，能耗大，噪声大。凿岩速度比液压凿岩机低。

风动凿岩机钻孔直径为 34～45mm，钻孔深一般在 3m 以内，用于浅孔爆破钻孔。风动凿岩机常常与多功能作业台架一起使用。一个台架上同时有十多把风钻人工钻眼，钻眼速度并不低于凿岩台车。现在有很多隧道的开挖都采用此种方式。

(a) (b)

图 6-14 凿岩机

(a) 风动凿岩机；(b) 液压凿岩机

3. 液压凿岩机

液压凿岩机以电力带动高压油泵，通过改变油路，使活塞往复运动，实现冲击作用，如图 6-14（b）所示。

液压凿岩机钻孔直径为 34～45mm，钻孔深一般为 3～5m，用于浅孔、中深和深孔爆破钻孔。

比起风动凿岩机，它具有以下特点：

(1) 动力消耗少，能量利用率高。

(2) 凿岩速度更快。

(3) 环境保护好、噪声低。

(4) 构造复杂，造价高，重量大，一般多安装在凿岩台车上。

4. 凿岩台车

将多台凿岩机安装在一个专用的移动、控制设备上，实现多机同时作业和集中控制，称为凿岩台车。现代的凿岩台车的能量传递和动作传递方式多采用全液压系统来实现。尤其是采用了液压控制的机械臂进行方向控制，可以方便地实现向上打眼，解决了人工操纵向上打眼的困难。

由于液压凿岩机的国产化技术水平不高，机械购置费和机械使用费较高。加之一些承包人对液压凿岩的管理水平不高，机时利用率较低，致使液压凿岩台车在隧道工程中的使用呈下降的趋势，也使得大角度向上打眼安装锚杆成为施工中的一大困难。

凿岩台车按其走行方式可分为轨道走行式、轮胎走行式及履带走行式；按其结构形式可分为实腹式［图 6－15（a）］、门架式［图 6－15（b）］两种。

目前我国隧道工程中使用较多的是轮胎走行实腹式凿岩台车。它通常可以安装 1～4 台凿岩机及一支工作平台臂。其占用坑道空间较大，需与出渣运输车辆交会避让，占用循环时间，尤其是在隧道断面不大时，机械避让的非工作时间就更长。轮胎走行的实腹式凿岩台车，其立定工作范围可以达到宽 10～15m，高 7～12m，且因为轮胎走行使得移位方便灵活，可适用各种断面形状和不同尺寸大小的隧道中，尤其多应用于较大断面的隧道中。

门架式凿岩台车采用了轨道走行门架式结构，其腹部可以通行进料、出渣等运输车辆，可以大幅度缩短不同作业机械的交会避让时间。轨道走行的门架式凿岩台车，通常安装 2～3 台凿岩机及一支工作平台臂，多用于中等断面（20～80m^2）的隧道开挖，且因其采用轨道走行，需要铺设轨道，移动换位不便，故在一次开挖断面较大时不宜采用。

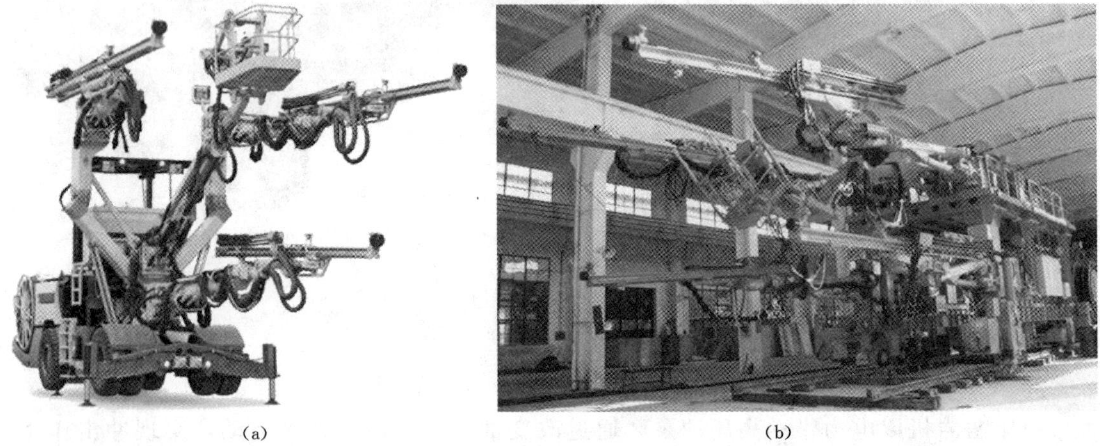

图 6－15 凿岩台车

（a）实腹式；（b）门架式

凿岩台车按其工作状态的操纵控制方式可以分为人工控制、电脑控制、电脑导向三种。

人工控制是由驾驶员控制操纵杆来实现钻机的定位、定向和钻进的。钻眼位置由工程师在作业面上放线标出，钻眼方向则由驾驶员根据每隔 20m 悬挂于洞顶的方向指示线，按经验目测确定。

电脑控制凿岩台车的所有动作都在电脑的控制下自动进行，必要时可由操作手进行干预。但台车立定就位的位置和方向仍需要由工程师通过测量提供，电脑才能按照位置、方向、岩体条件和钻爆设计等参数自动进行钻眼作业。

电脑导向是在电脑自动控制的基础上又加上自动定位和导向装置。它不仅具有电脑自动控制功能，而且可以在隧道定位、导向激光束的帮助下进行自动定位和定向。因此能进一步缩短钻眼作业时间，提高钻眼精度，减少超欠挖量。

（四）爆破材料

1. 隧道工程常用的炸药

工程用炸药一般以某种或几种单质炸药为主要成分，另加一些外加剂混合而成。目前在隧道爆破施工中使用最广的是硝铵类炸药。硝铵类炸药品种极多，但其主要成分是硝酸铵，占 60%以上，其次是梯恩梯或硝酸钠（钾），占 10%～15%。

（1）铵梯炸药［图 6－16（a）］。在无瓦斯坑道中使用的铵梯炸药，简称岩石炸药，其中 2 号岩石炸药是最常用的一种；在有瓦斯坑道中使用的炸药，简称煤矿炸药，它是在岩石炸药的基础上外加一定比例食盐作为消焰剂的煤矿用安全炸药。

(a)

(b)

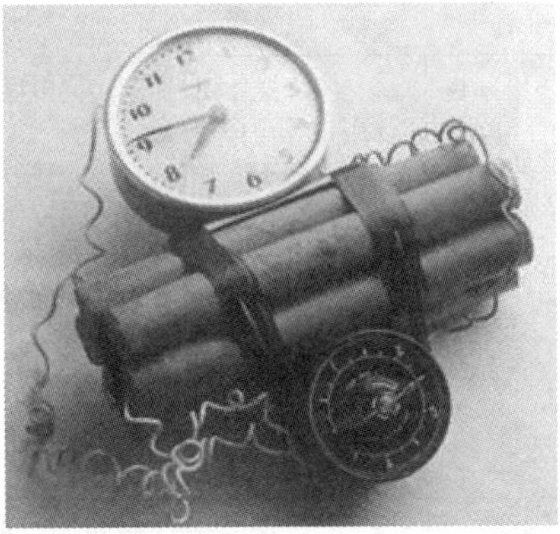

(c)

(d)

图 6－16 工业炸药

（a）铵梯炸药；（b）浆状炸药；（c）乳化炸药；（d）硝化甘油炸药

（2）浆状（水胶）炸药［图 6－16（b）］。是近 10 年发展起来的新型安全炸药。由于这类炸药含水量较大，爆温较低，比较安全，发展前景良好。浆状炸药是由氧化剂水溶液、敏化剂和胶凝剂为基本成分组成的混合炸药。水胶炸药是在浆状炸药的基础上应用交联技术，使之形成塑性凝胶状态．进一步提高了炸药的化学稳定性和抗水性，炸药结构更均一，提高了传爆性能。浆状（水胶）炸药具有抗水性强、密度高、爆炸威力较大、原料广、成本低和安全等优点，常用在露天有水深孔爆破中。

（3）乳化炸药［图 6－16（c）］。通常是以硝酸铵，硝酸钠水溶液与碳质燃料通过乳化作用，形成的乳脂状混合炸药，亦称为乳胶炸药。其外观随制作工艺不同而呈白色、淡黄色、浅褐色或银灰色。乳化炸药具有爆炸性能好、抗水性能强、安全性能好、环境污染小、原料来源广和生产成本低、爆破效率比浆状及水胶炸药更高等优点。有资料表明，在地下开挖中保持原使用 2 号岩石炸药孔网参数不变的情况下，乳化炸药可使平均炮孔利用牢牢稳定在90%以上；平均炸药单耗较2号岩石炸药下降1.35%。在露天爆破中，使用乳化炸药每立方米岩石炸药耗量比混合炸药（浆状炸药70%～80%，铵油炸药30%～20%）降低23.1%，延米炮孔爆破量增加18.2%，石渣大块率从0.97%～1.0%下降到0.6%～0.7%，尤其适用于硬岩爆破。

(4) 硝化甘油炸药［图6-16 (d)］。又称胶质炸药，是一种高猛度炸药，它的主要成分是硝化甘油（或硝化甘油与二硝化乙二醇的混合物）。硝化甘油炸药抗水性强、密度高、爆炸威力大，因此适用于有水和坚硬岩石的爆破。但它对撞击摩擦的敏感度高，安全性差，价格昂贵；保存期不能过长，容易老化而性能降低甚至失去爆炸性能。一般只在水下爆破中使用。

隧道爆破使用的炸药一般均由厂制或现场加工成药卷形式，药卷直径有 ϕ22mm、ϕ25mm、ϕ32mm、ϕ35mm、ϕ40mm 等，长度为165～500mm，可按爆炸设计的装药结构和用药量来选择使用。隧道工程中，常用的几种炸药成分性能见表6-5。各系列的炸药成分、性能详见有关资料及产品说明书。

表6-5　　隧道内常用炸药的规格性能及其他

序号	炸药名称	药卷规格			药卷性能							适用范围
		直径 (mm)	长度 (mm)	质量 (g)	密度 (g/cm³)	爆速 (m/s)	猛度 (mm)	爆力 (mL)	殉爆 (cm)	有害气体 (1/kg)	保存期 (月)	
1	2号岩石硝铵炸药	35	165	150	0.95	3.50	12	320	7	<43	6	适用于一般岩石隧道，孔径40mm以下的炮眼爆破；大孔径的光爆
2	2号岩石小药卷	22	270	105	0.84	2200		320	3	<43	6	适用于一般岩石隧道的周边光爆
3	1号抗水岩石硝铵	42	500	450	0.95	3850	14	320	12	<45	6	适用于一般有水的岩石隧道，孔径42mm的深孔炮眼爆破
4	1号抗水岩石硝铵	25	165	80	0.96	2400	12	320	6	<45	6	适用于一般有水岩石隧道的周边光面爆破
5	RJ—2乳胶炸药	40	330	490	1.20	4100	13～16	340	13	<42	6	适用于坚硬岩石隧道，孔径48mm的深炮眼爆破，大孔径光爆
6	RJ—2乳胶炸药	32	200	190	1.20	3600	12	340	9	<42	6	适用于一般有水岩石隧道，孔径40mm以下的炮眼爆破，大孔径光爆
7	粉状硝化甘油炸药（标准型）	32	200	170	1.10	4200	16	380～410	15	<40	8	适用于有一定涌水量的隧道、竖井、斜井掘进爆破中

续表

序号	炸药名称	药卷规格			药卷性能							适用范围
		直径（mm）	长度（mm）	质量（g）	密度（g/cm³）	爆速（m/s）	猛度（mm）	爆力（mL）	殉爆（cm）	有害气体（1/kg）	保存期（月）	
8	粉状硝化甘油炸药（2号光爆）	22	500	152	1.10	2300～2700	13.7	410	10	<40	8	适用于一定岩石隧道的周边光面爆破
9	SHJ－K型水胶炸药	35	400	650	1.05～1.30	3200～3500		340	3～5			适用于岩石隧道，孔径48mm的深炮眼爆破，且属防水型炸药
10	EJ－102乳化炸药（标准性）	32	200	170	1.15～1.35	4000	15～19	88～143	10～12	22～29		适用于一般有水岩石隧道的炮眼爆破
11	EJ－102乳化炸药（小直径）	20	500	190	1.15～1.35	4000	15～19	88～143	2	22～29		适用于一般有水岩石隧道的周边眼光面爆破

2. 炸药的性能评判

炸药爆炸是一种高速化学反应过程。在这个过程中炸药物质成分发生改变，生成大量的气体物质并释放大量的热能，表现为对周围介质的冲击、压缩、破坏和抛掷作用。炸药的性能取决于所含化学成分。掌握炸药等爆破材料的性能，对正确使用、储存、运输，确保安全和提高爆破效果，具有重要意义。炸药的主要性能如下。

（1）敏感度。炸药的敏感度简称感度，是指炸药在外界起爆能作用下发生爆炸反应的难易程度，也就是炸药爆炸对外能的需要程度。根据外能形式的不同，炸药感度主要有：

1）热敏感度。宜称爆发点，即使炸药爆炸的最低温度，它表示炸药对热的敏感度。工程中几种常用炸药的爆发点见表6-6。

表6-6　　几种炸药的爆发点

炸药名称	爆发点（℃）	炸药名称	爆发点（℃）	炸药名称	爆发点（℃）	炸药名称	爆发点（℃）
EL系列乳化炸药	330	梯恩梯	290～295	2号岩石硝铵炸药	186～230	硝化甘油	200
2号煤矿硝铵炸药	180～188	黑索金	230	黑火药	290～390	特屈儿	195～200

2）火焰感度。表示炸药对火焰（明火星）的敏感度。有些炸药虽然对温度比较钝感，但对火焰却很敏感，如黑火药一接触明火星便易燃烧爆炸。

3）机械感度。机械感度是指炸药对机械能（撞击、摩擦）作用的敏感程度。一般来说，对于撞击比较敏感的炸药，对摩擦也比较敏感。一般以试验次数的爆炸百分率来表示，见表6-7。

表 6-7　几种炸药的撞击、摩擦感度

炸药名称	EL 系列乳化炸药	2 号岩石硝铵炸药	硝化甘油	黑索金	特屈儿	黑火药	梯恩梯
撞击感度（%）	≤8	20	100	70～75	50～60	50	4～8
摩擦感度（%）	0			90	24		0

4）爆轰感度。爆轰感度是指炸药对爆炸能的敏感程度。通常在起爆作用下，炸药的爆炸是由冲击波、爆炸产物流或高速运动的介质颗粒的作用而激发的。不同的炸药所需的起爆能也不同。爆轰感度一般用极限起爆药量表示。

（2）爆速。炸药爆炸时爆轰在炸药内部的传播速度称为爆速。不同成分的炸药有不同的爆速，但一般来说密度越大的炸药其爆速也越高。同一种成分的炸药其爆速还受装填密实程度、药量多少，含水量大小和包装材料等因素的影响，几种炸药的爆速见表 6-8。

表 6-8　几种炸药的爆速

炸药名称	铵梯炸药	硝化甘油	梯恩梯	特屈儿	黑索金	太安
密度（g/cm^3）	1.40	1.60	1.60	1.59	1.76	1.72
爆速（m/s）	5200	7450	6850	7334	8660	8083

（3）爆力（威力）。炸药爆炸时对周围介质作功的能力称为爆力（或威力）。炸药的爆力越大，其破坏能力越强，破坏的范围及体积也越大。一般地，爆炸产生的气体物质越多，或爆温越高，则其爆力越大。炸药的爆力通常用铅柱扩孔实验法测定。铅柱扩孔容积等于 $280cm^3$ 时的爆力称为标准爆力。几种炸药的爆力见表 6-9。

表 6-9　几种炸药的爆力

炸药名称	2 号铵梯岩石炸药	硝化甘油	梯恩梯	特屈儿	黑索金	太安
密度（g/cm^3）	0.1～1.1	1.60	1.50	1.60	1.70	
爆力（cm^3）	320	600	285	300	600	580

（4）猛度。炸药爆炸后对与之接触的固体介质的局部破坏能力称为猛度。这种局部破坏表现为固体介质的粉碎性破坏程度和范围大小。一般地，炸药的爆速越高，则其猛度也越大。炸药的猛度通常用铅柱压缩法测定，以铅柱被爆炸压缩的数值表示，见表 6-10。

表 6-10　几种炸药的猛度值

炸药名称	2 号铵梯岩石炸药	EL 系列乳化炸药	RJ 系列乳化炸药	硝化甘油	梯恩梯	特屈儿	黑索金	太安
密度（g/cm^3）	0.1～1.1			1.60	1.50	1.60	1.70	
爆力（cm^3）	320			600	285	300	600	580

（5）爆炸稳定性和临界直径、最佳密度、管道效应。爆炸稳定性是指炸药经起爆后，能否连续、完全爆炸的能力。它主要受炸药的化学性质、爆轰感度以及装药密度、药包大小（或药卷直径）、起爆能量等因素的影响。

1）临界直径。工程爆破采用柱状装药时，常用药卷的“临界直径”来表示炸药的爆炸稳定性。“临界直径”是在柱状装药时被动药卷能发生殉爆的最小直径 ϕ_{min}。临界直径越小，则其爆炸稳定性越好。如铵梯炸药的爆炸稳定性较好，其临界直径为15mm。浆状炸药的爆炸稳定性较差，其临界直径为100mm，但加入敏化剂后其临界直径降为32mm，也能稳定爆炸。

工程爆破中，为保证装药能稳定爆炸而不发生断爆，在选择药卷直径时应注意以下两点。药卷直径应不小于炸药的临界直径。装药直径越大，其爆炸越稳定。但当药卷直径超过某值（极限直径）后，爆炸稳定性即不随药卷直径而变化。

若因需减少炸药用量而缩小装药（药卷）直径时，则应相应选用爆轰感度较高的炸药或加入敏化剂以降低其临界直径。

2）最佳密度。对于单质猛炸药，其装药密度越大，则其爆速越大，爆炸越稳定。对于工程用混合炸药，在一定密度范围内，也有以上关系。炸药爆炸稳定，且爆速最大时的装药密度称为“最佳密度”。如硝铵类炸药的最佳密度为0.9～1.19g/cm^3，乳化炸药一般为1.05～1.30g/cm^3。但随后爆速又随着密度的增加而下降，直至某一密度时，爆炸不稳定，甚至拒爆，这时炸药的密度称为“临界密度”。

3）管道效应。工程爆破中，常采用钻孔柱状药卷装药，若药卷直径较钻孔直径小，则在药卷与孔壁之间有一个径向空气间隙。药卷起爆后，爆轰波使间隙中的空气产生强烈的空气冲击波，这股空气冲击波速度比爆轰波速度更高，它在爆轰波未到达之前，即将未爆炸的炸药压缩，当炸药被压缩到临界密度以上时，就会导致爆速下降，甚至断爆。这种现象称为管道效应。为减少管道效应，可减小间隙，或采用高感度、高爆速的炸药。

（6）殉爆距离。一个药包爆炸（主动药包）后，能引起与它不相接触的邻近药包爆炸（被动药包），这种现象称为被动药包的“殉爆”。发生殉爆的原因是主动药包爆炸产生冲击波和高速物流，使邻近药包在其作用下而爆炸。是否会发生殉爆，则主要取决于主动药包的药量和爆力、被动药包的爆轰感度、主动与被动药包之间的距离和介质性质。当主动、被动药包采用同性质炸药的等直径药卷时，则用被动药包能发生殉爆的最大距离来表示被动药包的殉爆能力，称为“殉爆距离”。当然它也反映了主动药包的致爆能力。

工程爆破中，常采用柱状间隔（不连续）装药来减少炸药用量和调整装药集中度。但应注意使药卷间距不大于殉爆距离。实际殉爆距离应做现场试验确定。

（7）安定性。炸药的安定性是指其物理化学性质的安定性，主要表现为吸湿、结块、挥发、渗油、老化、冻结和化学分解等。如硝铵炸药吸湿性很强，也容易结块。遇此需人工解潮和碾碎后再使用。胶质炸药易老化和冻结。老化的胶质炸药敏感度和爆速降低，威力减小；冻结的胶质炸药感度高，使用危险，必须解冻后才允许使用。硝铵炸药的安定性差，易分解，运输存放中应通风避光，不宜堆放过高。

3. 工业雷管

常用的工业雷管有火雷管、电雷管和导爆管雷管。雷管属于起爆器材，是起爆炸药用的。雷管属于高度危险的爆炸物品，其感度较高，必须确保安全。

雷管按管内装药量的多少，可分为8号和6号两种，号数越大，主装药量越大，起爆能力越强。常用的铵梯炸药和乳化炸药药卷均使用8号雷管引爆。

（1）火雷管。通过导火索燃烧后喷出火星引爆的雷管，称火雷管，如图6-17所示。火雷管是结构最简单的一种雷管，是其他各种雷管的基本部分。

火雷管由三部分组成：管壳、加强帽、装药部分。而装药部分包括副药和主药。主药比副药感度低，但爆炸威力大。

导火索火焰首先引爆的是加强帽的副药，再由副药引爆主药，火雷管引爆炸药。导火索如图 6－18 所示。

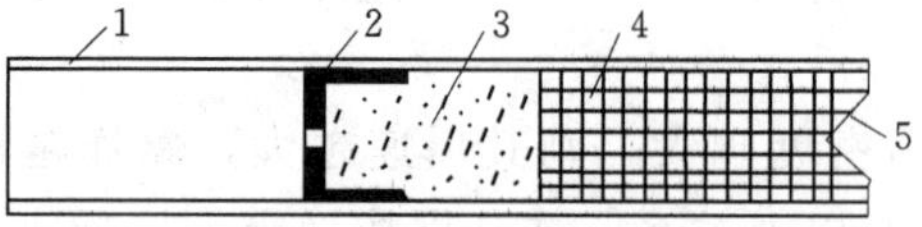

图 6－17　火雷管

1—管壳；2—加强帽；3—正起爆药；4—副起爆药；5—聚能穴

图 6－18　导火索

图 6－19　电雷管

火雷管一端开口，另一端封闭成窝穴状，起聚能作用。

(2) 电雷管。电雷管是在火雷管中加设电发火装置而成的，如图 6－19 所示。它用电线传输电流使装在雷管中的电阻发热而引起雷管爆炸。

商品包装方式：纸箱或木箱，1000 发/箱（含 2m 爆破线）。

按用途不同，电雷管分为普通电雷管和煤矿许用电雷管。煤矿许用电雷管主要适用于有瓦斯、煤尘及其他可燃矿尘爆炸危险的爆破作业场所。

按通电后爆炸延期时间不同，电雷管又可分为即发电雷管（图 6－20）和迟发电雷管（图 6－21）。

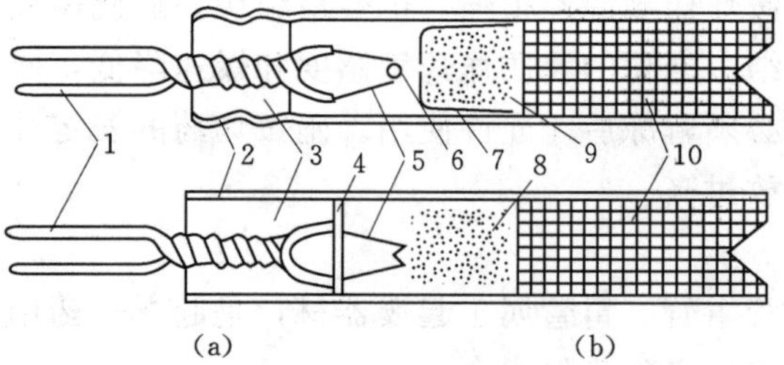

图 6－20　即发电雷管

(a) 直插式；(b) 引火头式

1—脚线；2—管壳；3—密封塞；4—纸垫；5—桥丝；6—引火头；7—加强帽；8—DDNP；9—正起爆药；10—副起爆药

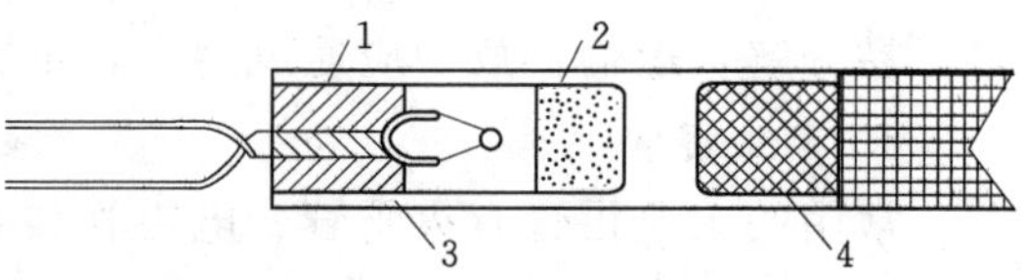

图 6－21　迟发电雷管

1—塑料塞；2—延期药；3—延期内管；4—加强帽

即发电雷管是通电后立即爆炸，迟发电雷管是通电以后延期爆炸，延期的长短用段数表示，段数越大，表示延期越长，即爆炸的越迟。按延期的单位，分为秒迟发和毫秒迟发两种。

秒迟发电雷管是通电后延迟爆炸时间以“秒”为计量单位的，共计 7 段，见表 6 - 11。

表 6 - 11　　秒迟发电雷管

段号	1	2	3	4	5	6	7
延期时间（s）	0	1.0	2.0	3.1	4.3	5.6	7
脚线颜色	灰蓝	灰白	灰红	灰绿	灰黄	灰白	黑白

毫秒迟发电雷管是通电后延迟爆炸时间以“毫秒”为计量单位的。1ms＝1/1000s，共计 20 段，延期时间见表 6 - 12。

表 6 - 12　　毫秒迟发电雷管和非电毫秒雷管

段号	1	2	3	4	5	6	7	8	9	10
延期时间（ms）	0	25	50	75	110	150	200	250	310	380
段号	11	12	13	14	15	16	17	18	19	20
延期时间（ms）	460	550	650	760	880	1020	1200	1400	1700	2000

秒迟发电雷管起延期作用的原理，是在即发电雷管内部增加了一小段的精致导火索，其延期长短，是靠精致导火索的长短来控制的。

毫秒迟发电雷管起延期作用的原理，是在即发电雷管内部加装了延期药，其延期长短，是靠药量的多少来控制的，由它控制时间更精确。

(3) 导爆管雷管。导爆管雷管实质上是由火雷管（加装了延期药）和导爆管组合而成，靠导爆管内传递的爆轰波来引爆的。因它不是由电流来引爆的，而且可以做到毫秒延期，所以又叫非电毫秒雷管。

导爆管和导爆管雷管如图 6 - 22 所示。

图 6 - 22　导爆管雷管

导爆管雷管在出厂时就带有3m左右的导爆管脚线。

一般的火雷管都是即发的，而导爆管雷管则可以延期，它的段数与延期长短和毫秒迟发电雷管一样。参见表6-12。

导爆管雷管的构造在延期药、副药、主药，即装药部分与管壳部分与火雷管、电雷管相同。导爆管雷管禁止在有瓦斯、煤尘或有其他爆炸危险的场所使用。

4. 索状起爆器材

（1）导火索。导火索索芯为黑火药，燃烧速度为120m/s，喷火长度不小于40mm，可储存2年。它主要用来将火焰传递给火雷管，使火雷管在火花的作用下爆炸，导火索本身不会爆炸。导火索如图6-18所示。

（2）导爆索。导爆索一般是塑料的，可以防水，如图6-23所示。药芯是黑索金猛炸药，它不仅具有良好的传爆能力，而且本身有一定的爆炸力，其外观颜色一般是红色的。

经雷管起爆后，导爆索可以传爆，也可以直接引爆铵梯炸药和乳化炸药。它的传爆速度为6000m/s，储存有效期2年。

应特别注意，导爆索是可以爆炸的传爆器材，所以应特别防止撞击和拉拔。

导爆索可以传爆，可作为“雷管”引爆炸药。利用这个性质，隧道周边眼采用的间隔装药结构中，当药卷之间的距离大于殉爆距离时，可以用导爆索将药卷串联起来，以确保每个药卷都爆炸。

因其本身有一定的爆炸能力，导爆索可作为炸药用于弱爆破，如隧道爆破的周边弱爆破，就有将导爆索作为“炸药卷”使用的。也就是所谓的导爆索装药结构。

（3）导爆管。塑料导爆管是一种外径约3mm、内径约1.4mm的塑料软管，管子的材料为PVC，管的内壁涂有薄薄一层混合炸药，主要成分是奥托金。其外观颜色很多，隧道现场一般用的是白色的，如图6-24所示。

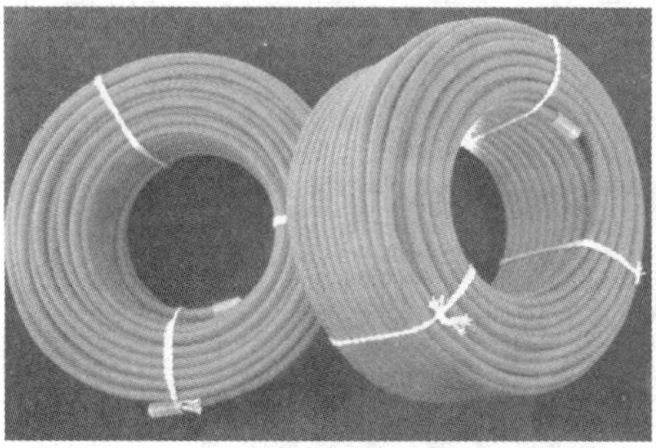

图6-23 导爆索

图6-24 导爆管

导爆管的内壁炸药经引爆后能够稳定传爆，管内产生的爆轰波可以引爆雷管，但不能引爆工业炸药。导爆管的传爆速度为1650m/s。

导爆管与雷管组装在一起成为导爆管雷管。

导爆管具有很好的性能，所以自发明以来，在全世界迅速地广泛采用。

导爆管雷管有较好的抗电性能，能抗3万V以下的直流电，不被击穿。有很好的抗水性能，在水下80m处放置48h，仍然能正常起爆和传爆。它的安全性能好，火焰和机械冲击不能激发导爆管，管身燃烧不能引爆导爆管。

导爆管可以作为非危险品运输。

在隧道爆破中，导爆管本身一般是用雷管来激发的。

鉴于导火索、火雷管、铵梯炸药技术含量低，安全性能差，且导火索、火雷管引爆炸药操作简单，极易被不法分子用来实施爆炸犯罪活动，威胁公共安全。根据《民用爆破器材行业“十一五”规划纲要》的要求，导火索、火雷管、铵油炸药已于 2008 年 1 月 1 日起停止生产。

（五）起爆方法

爆破工程是通过工业炸药爆炸实施的，而引爆炸药有两种方法：一种是通过雷管的爆炸起爆工业炸药；一种是利用导爆索爆炸产生的能量引爆工业炸药，而导爆索本身需要雷管将其引爆。

1. 电力起爆法

电力起爆法就是利用电能引爆雷管进而引爆工业炸药的方法，构成电力起爆的器材有电雷管、导线、起爆器（图 6 - 25）和测量仪表。

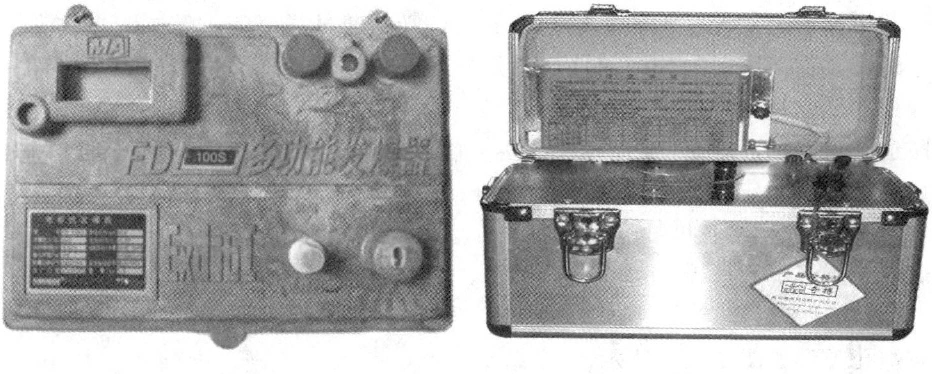

图 6 - 25　起爆器

电力起爆系统示意为：起爆电源→导线（母线）→连接电雷管连线→电雷管→起爆药卷。

目前，在隧道工程爆破中，电力起爆一般用在竖井或有瓦斯或矿尘的隧道中。

2. 导爆管雷管起爆法

目前，在隧道钻爆中，最常用的就是导爆管雷管起爆法。

导爆管雷管起爆法利用导爆管传递冲击波点燃雷管，进而直接或通过导爆索起爆工业炸药，属非电起爆法。如图 6 - 26、图 6 - 27 所示。

在有瓦斯或矿尘的隧道中，不能使用导爆管雷管起爆法。

导爆管雷管起爆法示意为：导火索→火雷管→导爆管→导爆管雷管→起爆药卷。

当然也可用电雷管来代替火雷管，示意为：导线→电雷管→导爆管→导爆管雷管→起爆药卷。

不过现场最常用的是导火索和火雷管。构成导爆管雷管起爆的器材主要有以下几种。

(1) 击发元件。击发导爆管的叫击发元件，现场一般采用火雷管或电雷管。由于

2008年1月1日起，导火索与火雷管停止生产和使用，现在现场使用电力起爆器来激发导爆管，电力起爆器的电源用的是干电池。

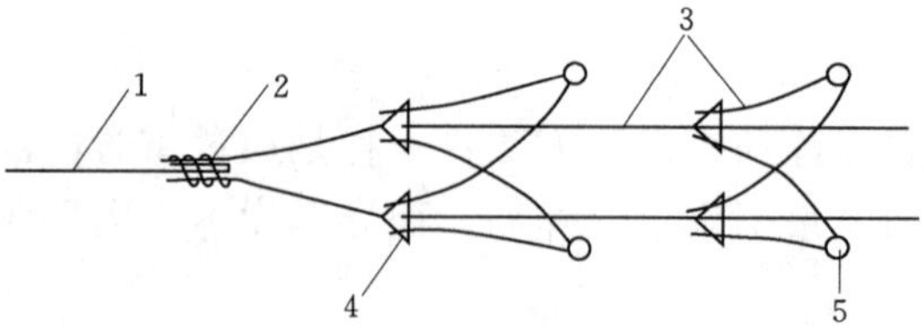

图 6-26 连通器连接继爆

1—导爆索；2—8号雷管及胶布；3—导爆管；4—连接块；5—炮眼

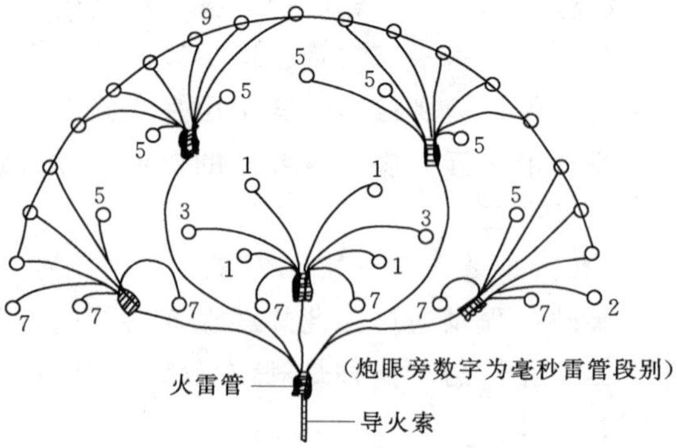

图 6-27 集束捆扎雷管继爆

(2) 起爆元件。导爆管不能直接起爆炸药，必须通过导爆管雷管来起爆药卷。

(3) 传爆元件。所谓的传爆元件，就是导爆管与导爆管之间连接所用的元件，即通过雷管或炸药的爆炸将网络连接下去的装置。

在隧道施工现场，广泛使用的方法是：直接用导爆管雷管作为传爆元件，将被传爆的导爆管用电工黑胶布牢固地捆绑在传爆雷管的周围。这种连接方法称簇联，俗称“一把抓”。但必须注意，捆绑长度要在15～20cm之间，用黑胶布缠绕几层，捆牢固。一般情况下，簇联导爆管不超过15根。

(六) 炮眼种类及作用

爆破炮孔类型如图 6-28 所示。

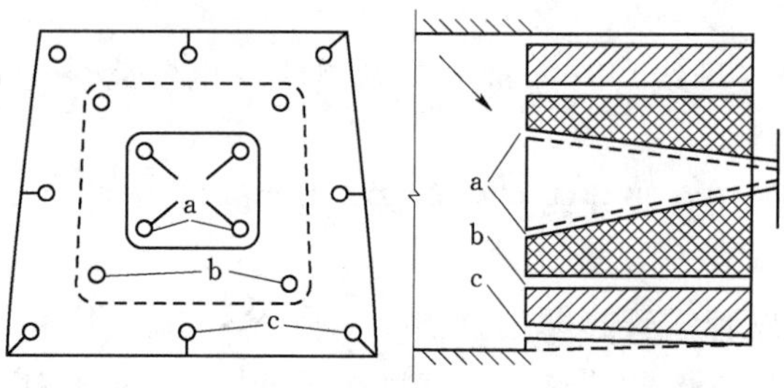

图 6-28 爆破炮孔类型

a—掏槽眼；b—辅助眼；c—周边眼

1. 掏槽眼

针对隧道爆破只有一个临空面的特点，为增强爆破效果，先在开挖断面的中下部位置布置一些装药量较多的炮眼，这些炮眼即为掏槽眼。将掏槽眼先行爆破，炸出一个槽腔，为后续炮眼的爆破创造新的临空面。

为有效地将石渣抛出槽口，掏槽眼的深度应比设计掘进进尺加深10cm。

2. 辅助眼

位于掏槽眼与周边眼之间的炮眼，统称为辅助眼。其作用是扩大槽眼炸出的槽腔，为后续和周边眼爆破创造新的临空面。

常把靠近掏槽眼并有扩大掏槽作用的炮眼，称为“扩槽眼”；把靠近周边眼的一排眼，称为“内圈眼”。

3. 周边眼

沿隧道周边布置的炮眼，称为周边眼。其作用是炸出较平整光滑的隧道断面轮廓。按其所在位置的不同，又可分为“帮眼”“顶眼”和“底板眼”。

（七）掏槽形式

掏槽效果的好坏，直接影响整个隧道爆破的成败。根据掏槽眼与开挖面的关系，可将掏槽形式分为如下几类。

1. 斜眼掏槽

斜眼掏槽的特点是掏槽眼与开挖断面斜交。隧道爆破中常用的是垂直楔形掏槽和锥形掏槽。

（1）垂直楔形掏槽。掏槽眼水平成对布置，爆破后将炸出楔形槽口，如图 6-29 所示。

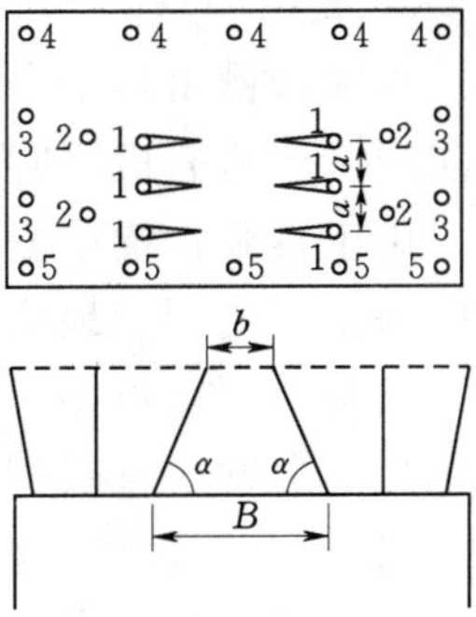

图 6-29　楔形掏槽

1—掏槽眼；2—辅助眼；3—帮眼；4—顶眼；5—底眼

影响此种掏槽爆破的重要因素包括炮眼与开挖面间的夹角 α、上下两对炮眼的间距 a、同一平面上一对掏槽眼眼底的距离 b，见表 6-13。

表 6-13　垂直楔形掏槽参数

围岩级别	α	a（cm）	b（cm）	炮眼数量（个）
Ⅳ级及以上	70°～80°	70～80	30	4
Ⅲ级	75°～80°	60～70	30	4～6
Ⅱ级	70°～75°	50～60	25	6
Ⅰ级	55°～70°	30～50	20	6

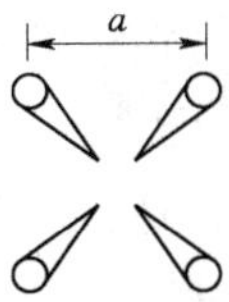

图 6-30　四角锥形掏槽

（2）锥形掏槽。这种炮眼呈角锥形布置，各掏槽眼以相等的角度向工作面中心轴线倾斜，眼底趋于集中，但互相并不贯通，爆破后形成锥形槽。

根据掏槽炮眼的个数，可将锥形掏槽分为三角锥形掏槽、四角锥形掏槽（图 6-30）、五角锥形掏槽等多种类型。

影响此种掏槽爆破的主要因素见表 6-14。

表 6-14　锥形掏槽参数

围岩级别	α	a（cm）	炮眼个数（个）
Ⅳ级及以上	70°	100	3
Ⅲ级	68°	90	4
Ⅱ级	65°	80	5
Ⅰ级	60°	70	6

斜眼掏槽的优点是操作简单，易把岩石抛出，掏槽炮眼的数量少且炸药耗量低。其缺点是：炮眼深度易受开挖断面尺寸的限制，不易提高循环进尺，也不便于多台凿岩机同时作业。

2. 直眼掏槽

直眼掏槽由若干个垂直于开挖面的炮眼组成，炮眼深度不受开挖断面尺寸的限制，可以实现多台凿岩机同时作业和深眼爆破。

由于直眼掏槽凿岩作业比较方便，不需随循环进展的改变而变化掏槽形式，仅需改变炮眼深度，受到工地欢迎。尤其是能钻大于 102mm 直径炮孔的液压钻机投入施工以后，直眼掏槽应用得更多。但直眼掏槽的炮眼数目和用炸药量多。

目前，常用直眼掏槽的形式有两种：

（1）柱状掏槽。这是原中铁隧道局（现改名为中国中铁隧道集团有限公司）在 1979 年研究并投入使用的一种非常成功的掏槽形式，它是充分利用大直径中空眼作为"临空孔"和岩石破碎后的膨胀空间，使爆破后能形成柱状槽口的掏槽爆破。

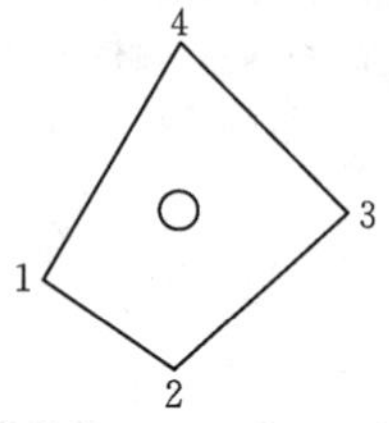

图 6－31　螺旋形掏槽

（2）螺旋形掏槽。它是由柱状掏槽发展而来的，其特点是中心眼为空眼（不装药），邻近空眼的各装药孔至空眼之间的距离逐渐增大，其连线呈螺旋状，如图 6－31 所示。

影响直眼掏槽效果的因素有以下几个：

1）眼距。空眼与装药之间的距离。当采用大直径空眼（直径 $d \geqslant$ 63mm），眼距不宜超过空眼直径的 2 倍。掏槽效果对眼距变化很敏感，往往眼距稍大就会造成掏槽效果降低或失败，而眼距过小不仅钻眼困难，还会发生槽内岩石被挤实现象，不能形成槽腔。

2）空眼。空眼不仅起着临空面和破碎岩石的发展导向作用（即使岩石破碎后向空眼方向运动），同时还为槽内岩石破碎提供一个空间。所以，增加空眼数目能获得良好的效果，一般随眼深加大，空眼数目也相应增加。

3）装药。对于直眼掏槽装药眼一般要"过量装药"，装药长度占炮眼长度的 85%～90%。如果装药长度不够，则会发生"留门槛"和"挂门帘"现象。

4）钻眼质量。要保证钻眼的准确，使各炮眼之间保持等距、平行极为重要。两眼打穿，易造成殉爆，降低槽内岩石抛掷，使岩石挤紧，不能形成临空面。距离过大，或钻眼偏斜，易发生单个炮眼爆炸，炮眼间的岩石不易崩落。

（八）隧道爆破参数设计

1. 炮眼直径

炮眼直径对凿岩生产率、炮眼数目、单位耗药量和洞壁的平整程度均有影响。加大炮眼直径以及相应装药量可使炸药能量相对集中，爆炸效果得以改善。但炮眼直径过大将导致凿岩速度显著下降，并影响岩石破碎质量、洞壁平整程度和围岩稳定性。因此，必须根据岩性、凿岩设备和工具、炸药性能等综合分析，合理选用孔径。一般隧道的炮眼直径在 ϕ32～50mm 之间，药卷与眼壁之间的间隙一般为炮眼直径的 10%～15%。

2. 炮眼数量

炮眼数量主要与开挖断面、炮眼直径、岩石性质和炸药性能有关，炮眼的多少直接影响凿岩工作量。炮眼数量应能装入设计的炸药量，通常可根据各炮眼平均分配炸药量的原则来计算。其公式为

$$N=\frac{qS}{\alpha\gamma} \tag{6-1}$$

式中 N——炮眼数量，不包括未装药的空眼数；

q——单位炸药消耗量，一般取 $q=1.1\sim2.9\text{kg/m}^3$，见表- 15；

S——开挖断面积，m^2；

α——装药系数，即装药长度与炮眼全长的比值，可参考表 6-16；

γ——每米药卷的炸药质量，kg/m，2 号岩石铵梯炸药的每米质量见表 6-17。

炮眼数量常用的经验数值可参考表 6-18。

3. 炮眼深度

炮眼深度是指炮眼底至开挖面的垂直距离。合适的炮眼深度有助于提高掘进速度和炮眼利用率。随着凿岩、装渣运输设备的改进，目前普遍存在加长炮眼深度以减少作业循环次数的趋势。炮眼深度一般根据下列因素确定。

(1) 围岩的稳定性，避免过大的超欠挖。

(2) 凿岩机的允许钻眼长度、操作技术条件和钻眼技术水平。

(3) 掘进循环安排，保证充分利用作业时间。

表 6-15　　爆破 1m^3 岩石用药量　　单位：kg

工程项目		炸药类型	岩石级别			
			特坚石Ⅰ	坚石Ⅱ～Ⅲ	次坚石Ⅲ～Ⅳ	软石Ⅴ
导坑	$4\sim6\text{m}^2$	硝铵炸药	2.9	2.3	1.8	1.5
		62%胶质炸药	2.1	1.7	1.8	1.1
	$7\sim9\text{m}^2$	硝铵炸药	2.5	2.0	1.6	1.3
		62%胶质炸药	2.0	1.6	1.25	1.1
	$10\sim12\text{m}^2$	硝铵炸药	2.25	1.8	1.5	1.2
		62%胶质炸药	1.7	1.35	1.1	0.9
扩大炮眼		硝铵炸药	1.10	0.85	0.7	0.6
周边炮眼			0.90	0.75	0.65	0.55
底部炮眼			1.4	1.2	1.1	1.0
半断面（多台阶）	拱部	硝铵炸药	1.0～1.1			
	底部		0.5～0.6			
全断面		硝铵炸药	1.4～1.6			

表 6-16　　装药系数 α 值

炮眼名称	围岩级别			
	Ⅱ、Ⅲ	Ⅳ	Ⅴ	Ⅵ
掏槽眼	0.5	0.55	0.60	0.65～0.80
辅助眼	0.4	0.45	0.50	0.55～0.70
周边眼	0.4	0.45	0.55	0.60～0.75

表 6-17 2号岩石铵梯炸药每米质量 γ 值

药卷直径（mm）	32	35	38	40	44	45	50
γ（kg/m）	0.78	0.96	1.10	1.25	1.52	1.59	1.90

表 6-18 炮眼数量参考值

围岩级别	开挖面积（m^2）				
	4～6	7～9	10～12	13～15	40～43
软岩（Ⅵ、Ⅴ）	10～13	15～15	17～19	20～24	
次坚岩（Ⅲ、Ⅵ）	11～16	16～20	18～25	23～30	
坚岩（Ⅱ、Ⅲ）	12～18	17～24	21～30	27～35	75～90
特坚岩（Ⅰ）	18～25	28～33	37～42	38～43	80～100

确定炮眼深度的常用方法有三种。

一种是采用斜眼掏槽时，炮眼深度受开挖面大小的影响，炮眼过深，周边岩石的夹制作用较大，故炮眼深度不宜过大。一般最大炮眼深度取断面宽度（或高度）的 0.5～0.7 倍，即 $L=(0.5\sim0.7)B$。当围岩条件好时，采用较小值。

另一种方法是利用每一掘进循环的进尺数及实际的炮眼利用率来确定，即

$$L=\frac{l}{\eta} \tag{6-2}$$

式中 L——炮眼深度，m；

l——每掘进循环的计划进尺数，m；

η——炮眼利用率，一般要求不低于 0.85。

第三种方法是按每一掘进循环中所占时间确定，即

$$L=\frac{mvt}{N} \tag{6-3}$$

式中 m——钻机数量；

v——钻眼速度，m/h；

t——每一掘进循环中钻眼所占的时间，h；

N——炮眼数目。

所确定的炮眼深度还应与装渣运输能力相适应，使每个作业班能完成整个循环，而且使掘进每米坑道消耗的时间最少，炮眼利用率最高。目前较多采用的炮眼深度为 1.2～1.8m，中深孔 2.5～3.5m，深孔 3.5～5.15m。

4. 装药量的计算及分配

炮眼装药量的多少是影响爆破效果的重要因素。药量不足，会出现炸不开，炮眼利用率低和石渣块度过大；装药量过多，则会破坏围岩稳定，崩坏支撑和机械设备，使抛渣过散，对装渣不利，且增加了洞内有害气体，相应地增加了排烟时间和供风量等。合理的药量应根据所使用的炸药的性能和质量、地质条件、开挖断面尺寸、临空面数目、炮眼直径和深度及爆破的质量要求来确定。目前多采取先用体积公式计算出一个循环的总用药量，然后按各种类型炮眼的爆破特性进行分配，再在爆破实践中加以检验和修正，直到取得良

好的爆破效果的方法。计算总用药量 Q 的公式为

$$Q=qV$$
$$V=lS \qquad (6-4)$$

式中　Q——一个爆破循环的总用药量，kg；

q——爆破每立方米岩石所需炸药的消耗量，kg/m^3，见表 6－15；

V——一个循环进尺所爆落的岩石总体积，m^3；

l——计划循环进尺，m；

S——开挖面积，m^2。

总的炸药量应分配到各个炮孔中去。由于各炮眼的作用及受到岩石夹制情况不同，装药数量亦不同，通常按装药系数 α 进行分配，α 值可参考表 6－16 取值。

5. 炮眼布置

（1）炮眼布置的方式。

1）首先布置掏槽眼，其次是周边眼，最后是辅助眼。

掏槽眼一般应布置在断面中央偏下部位，其深度应比其他眼深 10cm。为爆出平整开挖面，除掏槽眼和底板眼外，所有掘进炮眼眼底应基本落在同一平面上。底板眼深度一般与掏槽眼相同。

之所以要加深掏槽眼、底板眼深度，是因为要确保掏槽的效果和深度，确保底板不留台阶（不留“门槛”），同时因为掏槽眼、底板眼的爆破，岩层对其的夹制作用特别大。

2）周边眼沿隧道轮廓布置，基本上取等距离布眼，断面拐角拐弯处应布眼。为了钻眼施工的方便，应考虑周边眼有一定的外插角，外插斜率为 3%～5%，并应使前后两槽炮眼的衔接台阶为最小，一般为 15cm 左右。

周边眼的眼距用 E 表示，具体取值参见表 6－19，预裂爆破的 E 值要比光面爆破的 E 值取得小一些。

表 6－19　　周边炮眼参数表

围岩级别	周边眼间距 E（cm）		抵抗线 W（cm）
Ⅰ、Ⅱ	光爆 55～70	预爆 40～50	60～80
Ⅱ、Ⅲ	光爆 45～65	预爆 40～45	60～80
Ⅲ、Ⅳ	光爆 35～50	预爆 35～40	40～60

注　表中抵抗线 W 为内圈眼到轮廓线的距离。

（2）辅助眼的布置原则。在掏槽眼与周边眼之间，均匀分布、一圈一圈地布置辅助眼。需确定同一圈的炮眼间距和圈与圈的距离，这个距离一般就是抵抗线形。

这里应注意拱部炮眼可稀一些，因为拱部爆破，岩石有自重作用。施工经验证明，一般情况下，抵抗线为炮眼间距的 60%～80%。

6. 起爆顺序及延期时间

正确的起爆顺序是先掏槽，后辅助，再周边，由里向外分层起爆。应根据雷管的延期时间（ms）的长短来安排起爆雷管。

正确的起爆顺序可使先爆破的炮眼为后续爆破的炮眼减小岩石的夹制作用和增大临空面，创造更好的爆破条件。同时起爆的一组炮眼，能共同作用，爆炸力更强。

为了保证正确地按设计顺序起爆，应使用毫秒雷管，这样爆破就能由里向外，一层一层地准确剥离、破碎岩石，达到高的炮眼利用率和平整的开挖轮廓。

起爆延期时间：每一段雷管“内存”有“时间”，这是一种比喻，起爆是同时点火起爆的，将不同段别的雷管装在炮眼中，则起爆时间“有先有后”，只要正确安排，就能达到有顺序起爆的目的。

起爆延期时间安排的主要原则如下：

（1）前后时间间隔最好为50～100ms。

（2）周边眼和底板眼尽量分别使用同段雷管，同时起爆有共同作用效果。

7. 装药结构

隧道爆破钻凿炮眼的孔径，一般要求比药卷直径大3～6mm，在装药前必须检查炮眼是否达到设计深度，并将孔内泥污杂物吹洗干净，然后进行装药。

所有的装药炮眼均应堵塞泡泥，周边眼的堵塞长度不得小于20cm，泡泥一般为砂子和黏土的混合物，比例大致为1∶1。

带雷管的药卷叫作起爆药卷，通常把普通药卷和起爆药卷在炮眼中的布置方法叫作装药结构。

（1）按起爆药卷在炮眼中的位置和其中雷管聚能穴的方向，可将装药结构分为正向装药和反向装药。

1）正向装药：是将起爆药卷放在眼口第二个药卷位置上，雷管聚能穴朝向眼底，并用炮泥堵塞眼口，如图6-32（a）所示。这种装药结构过去使用得较多，现在隧道周边眼间隔装药时，往往采用正向起爆方式，即孔口向孔底方向起爆。

2）反向装药：是将起爆药卷放在眼底第二个药卷位置上，雷管聚能穴朝向眼口，如图6-32（b）所示。反向装药的爆破方向与抛掷石渣的方向一致，所以效果较好，现在掏槽眼和辅助眼多用反向装药。

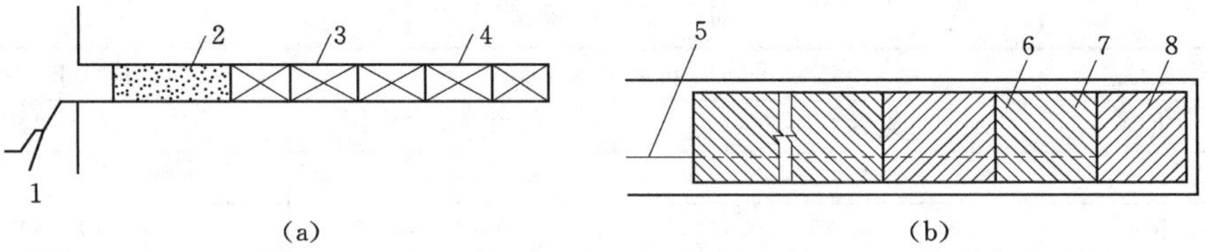

图6-32　装药形式

（a）正向装药；（b）反向装药

1、5—导爆管；2—炮泥；3、6—起爆药卷；4—普通药卷；7—雷管；8—底药

（2）按其连续性，则可分为连续装药和间隔装药。

1）连续装药：这种装药方式就是把药卷一个紧接一个地装入炮眼，直至把该炮眼需用药量装完，此种方式又叫柱状装药。

连续装药的起爆药卷放置位置，应保证最大限度利用炸药性能，一般采用反向，即将起爆药卷放在眼底的第二个药卷的位置［图6-32（b）］，这样做的好处是：既可保证不破坏眼底岩石，又因雷管聚能穴朝外，爆轰波由里向外，可取得较好的效果。现在掏槽眼和辅助眼多用连续装药。

2）间隔装药：光面爆破的周边眼如无专用的小直径药卷（ϕ25mm，标准药卷为ϕ32mm），则采用此种装药方式。

间隔装药是每间隔一定距离装半个药卷，如图 6-33 所示，直到把该炮眼需用药量装完。

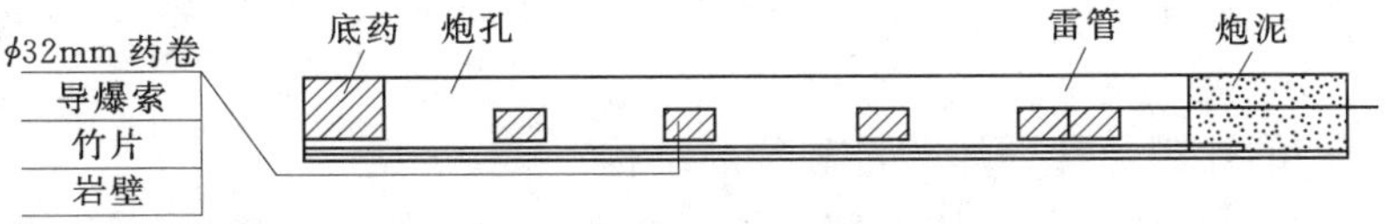

图 6-33　周边眼间隔装药

药卷的间隔距离，不应超过炸药殉爆距离的 80%，以确保每个药卷都能完全爆炸。如果间隔距离大于殉爆距离，则应用导爆索将各个药卷串联起来。

为正确掌握间隔距离，可事先将药卷按间距用细绳捆扎在一根竹片上，导爆索、导爆管或电雷管的脚线也附着竹片一起引出炮眼外。

（3）周边眼的其他装药结构形式。

1）小直径连续装药结构：一般情况下，如果现场有光面爆破专用的小直径药卷（ϕ25mm，标准药卷为 ϕ32mm），周边眼宜选用小直径连续装药结构，如图 6-34 所示。

2）导爆索装药结构：当岩石很软时，只在眼底装一卷炸药，中间用导爆索代替药卷，此种装药方式称为导爆索装药结构，如图 6-35 所示。

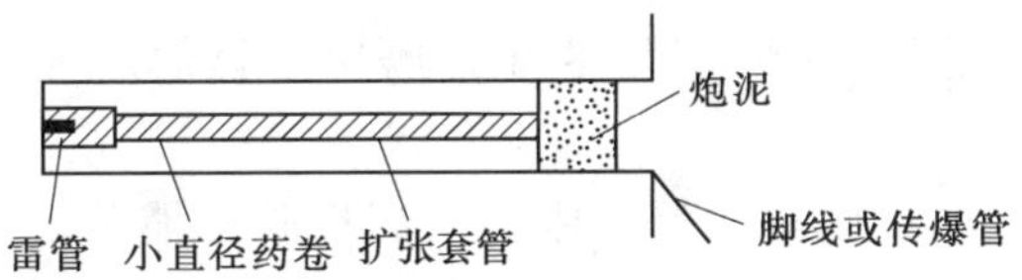

图 6-34　小直径连续装药结构

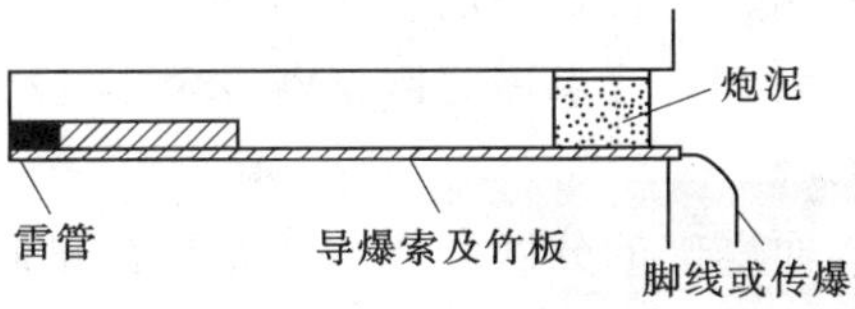

图 6-35　导爆索装药结构

8. 光面爆破和预裂爆破

（1）光面爆破。光面爆破是为了使爆破形成平整的开挖面，减小超挖，由开挖面中部向外侧依次顺序起爆的爆破方法。

光面爆破是在设计断面内的岩体爆破崩落后才爆周边眼，使爆破后的围岩断面轮廓整齐，最大限度地减轻爆破对围岩的扰动和破坏，尽可能保持围岩的完整性和稳定性。

其主要标准为：开挖轮廓成形规则，岩面平整；围岩上半面炮眼痕迹（也称炮眼痕迹保存率），硬岩不少于 80%，中硬岩不少于 60%；无明显的裂缝；超欠挖符合规定，围岩壁上无危石。如图 6-36 所示。

图 6-36　上半面炮眼痕迹

以下介绍光面爆破的主要参数。

1）适当加密周边眼间距 E，调整间距

抵抗比 E/W 值。

周边眼间距 E 要视岩石的抗爆性、炸药性能、炮眼直径和装药量而定，一般可取40～70cm，大部分取45cm，具体选择时，对于硬岩取小值，软岩取大值。

为了保证孔间贯通裂缝优先形成，必须使周边眼的抵抗线形大于炮眼眼距 E，即 $E<W$，以 $E/W=0.8$ 为宜，即 $W=50\sim90$cm。有些书上把 E/W 形定义为周边眼的密集系数。

2）选择合理的炸药品种、炸药量和装药结构。

用于光面爆破的炸药，与主体爆破的炸药相比，应选用爆速较低、猛度较低、爆力较大、传爆性能良好的炸药。但底板眼则宜选用高爆力的炸药，既可以克服上覆石渣的压制，又起到翻渣作用。

周边眼装药量应既具有破岩所需的能量（不留残眼），又不致造成对围岩的严重破坏。一般地，单位炮眼长度装药量控制在0.04～0.4kg/m，称为线装药密度。

周边眼的装药结构，可采用间隔装药或小直径不耦合装药。当采用不耦合装药时，不耦合系数 λ（为炮眼直径 D 与药卷直径 d 之比）最好大于2，但应注意药卷直径不应小于该炸药的临界直径，以保证完全爆轰。

当采用标准药卷时，不耦合系数一般小于2，往往采用间隔装药。此时，相邻炮眼所用的药卷位置应错开，以充分利用炸药效能。

3）保证周边眼同时起爆。

据测定，各炮眼的起爆时差超过0.1s时，就等于各个炮眼单独爆破，不能形成贯通裂缝。因此，要求周边眼必须采用同段雷管、同时起爆，并尽可能减少雷管的延期时间误差。

光面爆破的分区起爆顺序是：掏槽眼——辅助眼——周边眼——底板眼。辅助眼则应由里向外逐层起爆。

（2）预裂爆破。预裂爆破是在岩石隧道开挖中，先行爆破周边眼，预先拉成断裂面，然后再爆中央部分的爆破方法。

在开挖断面内其他炮眼爆破之前，先起爆周边眼，可沿开挖轮廓线预裂爆出一条裂缝，即各周边眼形成相互贯通的裂缝，与原岩体分割开来，这条裂缝用以反射爆破地震应力波。

预裂爆破的分区起爆顺序是：周边眼——掏槽眼——辅助眼——底板眼。

由于预裂面的存在，对后起爆的掏槽眼、辅助眼的爆轰波能起缓冲作用，从而减轻对围岩的破坏影响，使围岩保持完整，使开挖面整齐规则。

预裂爆破尤其适用于稳定性较差的软弱围岩，但预裂爆破的周边眼间距和最小抵抗线都要比光面爆破的小，相应地要增加炮眼数量，当然钻眼工作量也增大了。

对于预裂爆破的周边眼，在堵塞炮泥时，应从药卷顶端堵塞，不得只堵塞眼口。

9. 隧道瞎炮的处理

放炮时，炮眼内的装药未发生爆炸，雷管未爆炸，俗称瞎炮。瞎炮的处理方法主要有以下几种。

（1）经检查确认炮眼的起爆线路完好时，可重新起爆。

(2) 在未爆的眼旁，打平行眼装药起爆，平行眼距瞎炮孔口不得小于0.3m。

(3) 用木制、竹制或其他不发生火星的材料制成的工具，轻轻将炮眼内大部分填塞物掏出，用药包诱爆。

(4) 瞎炮应在当班处理完。当班不能处理完毕，应将瞎炮做上记号，在现场交接清楚，由下一班继续处理。

(5) 导爆管起爆法，若导爆管在孔外被打断，可以掏出仍在孔内的部分导爆管，接上导爆管雷管重新起爆。

第三节 出渣运输技术

一、出渣

将开挖的石渣迅速装车运出洞外，是提高隧道掘进速度的重要环节。该项作业往往占全部开挖作业时间的50%左右，控制着隧道的施工速度。因此，正确选择并准备足够的装渣运输方案，维修好线路，减少相互干扰，提高装渣效率是加快隧道施工速度，尤其是加快长大隧道施工速度的关键。

装渣就是把开挖下来的石渣装入运输车辆。

1. 渣量计算

出渣量应为开挖后的虚渣体积，可按下式计算

$$Z=R\Delta LS$$

式中 Z——单循环爆破后石渣量；

R——岩体松胀系数，见表6-20；

Δ——超挖系数，视爆破质量而定，一般可取1.05～1.15；

L——设计循环进尺；

S——开挖断面面积。

表6-20 岩体松胀系数R值

岩体级别	Ⅵ		Ⅴ		Ⅳ	Ⅲ	Ⅱ	Ⅰ
土石名称	沙砾	黏性土	砂夹卵石	硬黏土	石质	石质	石质	石质
松胀系数	1.15	1.25	1.30	1.35	1.6	1.7	1.8	1.85

2. 装渣方式

装渣的方式可采用人力装渣或机械装渣。人力装渣劳动强度大、速度慢，仅在短隧道缺乏机械或断面小无法使用机械装渣时才考虑采用。机械装渣速度快、可缩短作业时间，目前隧道施工中经常采用，但仍需配少数人工辅助。

3. 装渣机械

隧道用的装渣机又称装岩机，要求外形尺寸小，坚固耐用，操作方便和生产效率高。装渣机械的类型很多，按其扒渣机构型式可分为：铲斗式、蟹爪式、立爪式、挖斗式。铲

斗式装渣机为间歇性非连续装渣机，有翻斗后卸、前卸和侧卸式三个卸渣方式。蟹爪式、立爪式和挖斗式装渣机是连续装渣机，均配备刮板（或链板）转载后卸机构。

装渣机的走行方式有轨道走行和轮胎走行两种。也有配备履带走行和轨道走行两种走行机构的。轨道走行式装渣机需铺设走行轨道，因此其工作范围受到限制。但有些轨道走行式装渣机的装渣机构能转动一定角度，以增加其工作宽度。必要时，可采用增铺轨道来满足更大的工作宽度要求。轮胎走行式装渣机移动灵活，工作范围不受限制。但在有水土质围岩的隧道中，有可能出现打滑和下陷。

装渣机械扒渣方式的不同，走行方式不同，装备功率不同，则其工作能力各不相同。装渣机的选择应充分考虑围岩及坑道条件、工作宽度及其与运输车辆的匹配和组织，以充分发挥各自的工作效能，缩短装渣的时间。

隧道施工中较为常用的装渣机有以下几种：

（1）翻斗式装渣机。又称铲斗后卸式装渣机，有风动和电动之分。它是利用机体前方的铲斗铲起石渣，然后后退并将铲斗后翻，经机体上方将石渣投入机后的运输车内，如图6-37所示。

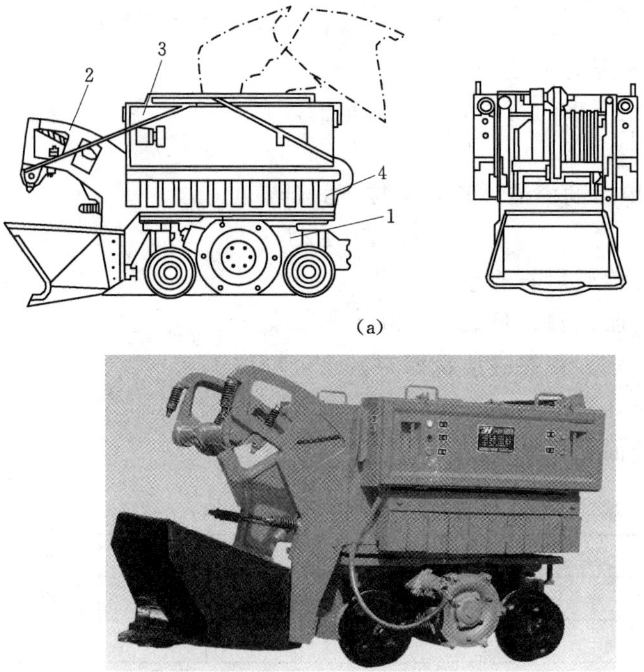

(a)

(b)

图 6-37 翻斗式装渣机

(a) 构造图；(b) 实物图

1—行走部分；2—铲斗；3—操纵箱；4—回转部分

该机具有构造简单、操作方便的特点，但工作宽度一般只有1.7～3.5m，工作长度较短，需将轨道延伸至渣堆，且一进一退间歇装渣，工作效率低，其斗容量小，工作能力较低，一般只有30～120m^3/h（技术生产率），主要使用于小断面或规模较小的隧道中。

(2) 蟹爪式装渣机（图 6-38）。这种装渣机多采用履带走行，电力驱动。它是一种连续装渣机，其前方倾斜的受料盘上装有一对由曲轴带动的扒渣蟹爪。装渣时，受料盘插入岩堆，同时两个蟹爪交替将岩渣扒入受料盘，并由刮板输送机将岩渣装入机后的运输车内。

因受蟹爪拨渣限制，岩渣块度较大时，其工作效率降低，故主要用于块度较小的岩渣及土的装渣作业。工作能力一般在 60～80m^3/h 之间。

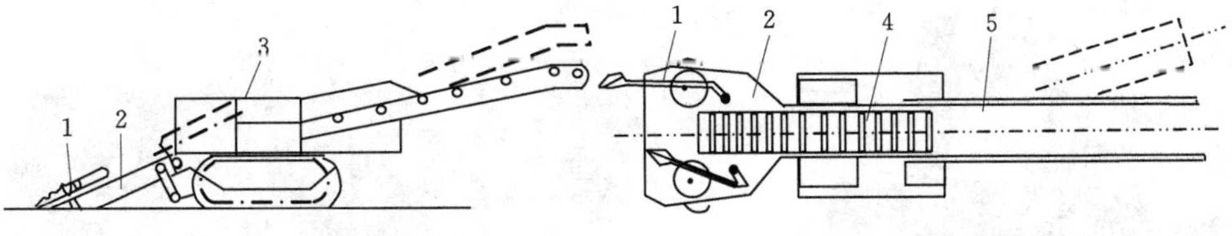

(a)

(b)

图 6-38　蟹爪式装渣机

(a) 构造图；(b) 实物图

1—蟹爪；2—受料机；3—机身；4—链板输送机；5—带式输送机

(3) 立爪式装渣机（图 6-39）。这种装渣机多采用轨道走行，也有采用轮胎走行或履带走行的。以采用电力驱动、液压控制的较好。装渣机前方装有一对扒渣立爪，可以将前方或左右两侧的石渣扒入受料盘，其他同蟹爪式装渣机。立爪扒渣的性能较蟹爪式的好，对岩渣的块度大小适应性强，轨道走行时，其工作宽度可达到 3.8m，工作长度可达到轨端前方 3.0m，工作能力一般在 120～180m^3/h 之间。

(4) 挖掘式装渣机（图 6-40）。这种装渣机（如 ITC312H4 型）是近几年发展起来的较为先进的隧道装渣机。其扒渣机构为自由臂式挖掘反铲，其他同蟹爪式装渣机，并采用电力驱动和全液压控制系统，配备有轨道走行和履带走行两套走行机构。立定时，工作宽度可达 3.5m，工作长度可达轨道前方 7.11m，且可以下挖 2.8m 和兼作高 8.34m

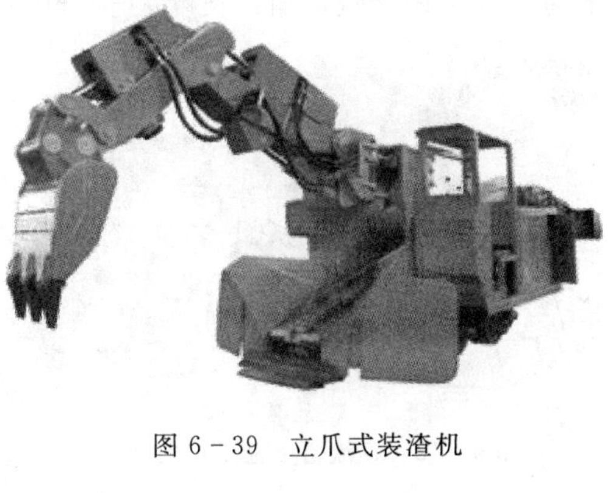

图 6-39　立爪式装渣机

范围内清理工作面及找顶工作，生产能力为 $250m^3/h$，如图 6－40 所示。

（5）铲斗式装渣机（图 6－41）。这种装渣机多采用轮胎走行，也有采用履带走行或轨道走行的。轮胎走行的铲斗式装渣机多采用铰接车身、燃油发动机驱动和液压控制系统。

图 6－40 挖掘式装渣机

图 6－41 铲斗式装渣机

轮胎走行铲斗式装渣机转弯半径小，移动灵活；铲取力强，铲斗容量大，达 0.76～$3.8m^3$，工作能力强；可侧卸也可前卸，卸渣准确，但燃油废气污染洞内空气，需配备净化器或加强隧道通风，常用于较大断面的隧道装渣作业。

轨道走行及履带走行的铲斗式装渣机，多采用电力驱动。轨道走行装渣机一般只适用于断面较小的隧道中，履带走行的大型电铲则适用于特大断面的隧道中。

二、运输

隧道施工的运输（出渣和进料）可以分为有轨运输和无轨运输两种方式。

有轨运输为铺设小型轨道，用轨道式运输车出渣和进料。有轨运输多采用蓄电池车或内燃机车牵引，斗车或梭式矿车运渣。

无轨运输为采用各种运输车出渣和进料。其特点是机动灵活，不需铺设轨道，能适用于弃渣场离洞口较远、道路坡度较大的场合。缺点是由于多采用内燃驱动，在整个洞内排除废弃，污染空气，因此应注意加强通风。

双线隧道，掘进长度在 3000m 以下时，可采用无轨运输。单线隧道，长度在 1000m 以下时，宜采用无轨运输；长度大于 1500m 时，宜采用有轨运输。

图 6－42 直流蓄电池工矿机车

1. 有轨运输

（1）牵引电力机车。铁路隧道施工有轨运输的牵引电力机车，一般又称为蓄电池车。

以前常用的为直流蓄电池工矿机车（图 6－42）。最近几年，中铁隧道股份有限公司开发出直交流变频电机车（图 6－43），克服了直流机车换挡时的扭矩波动大、制动结构复杂、串激电机碳刷与换向器日常维护工作量大等不足。机车吨位有 8t、12t、15t、18t、25t、

35t、45t等系列产品，每种吨位的机车有762mm和900mm两种规矩规格。

图6-43 直交流变频电机车

图6-44 梭式矿车

(2) 梭式矿车（图6-44）。梭式矿车是放在两个转向架上的大斗车，车底设有链板式或刮板式输送带，石渣从前端装入，依靠输送带传递到后端，石渣就可布满整个矿车的底部。

梭式矿车具有的在长车厢内输渣功能，是专门为配合带有转载设备的装渣机使用的，例如配合耙斗式、力爪式装渣机。

梭式矿车还可串列转渣，由一辆机车牵引两辆梭式矿车。

梭式矿车由机车牵引，与凿岩台车、装渣机等配套使用，组成隧道机器化作业线。由于梭式矿车本身具有自卸料功能，所以在卸料场不需配置辅助卸料设备，但需在料堆的上方卸渣。

梭式矿车近年来向大型化发展，由过去的8m^3，12m^3发展到现在的16m^3和20m^3。采用大容量的梭式矿车增大了运输量。

(3) 侧卸式矿车。小型（6m^3以下）侧卸式矿车一般用于斜井施工，由提升机牵引，运行速度不超过1m/s，装料后牵引动力引至专用的曲轨卸料机构，当车厢翻至与水平成最大角度时，车侧门也开到最大限度，这时矿车卸料得以全部完成。返回时，矿车通过曲轨，侧门又自动关闭到位。如图6-45所示。

2. 有轨运输作业要求

(1) 线路铺设标准和要求。

1) 钢轨类型：不宜小于38kg/m；

2) 道岔型号：宜选择不小于6号的道岔，并安装转辙器；

3) 轨枕：间距不应大于0.7m；

4) 道床：厚度不应大于20cm；

5) 有轨运输设单道时，每间隔300m应设一个会车道。

图6-45 侧卸式矿车

(2) 有轨运输作业规定。

1) 机动车牵引不得超载；

2) 列车连接必须良好，机车摘挂后调车、编组和停留时，应备有刹车装置；

3）车辆在同方向行驶时，两组列车的间距不得小于100m；

4）轨道旁临时堆放的材料，距钢轨边缘不得小于80cm，高度不得大于100cm；

5）卸渣场线路应设置安全线，并设置1%～3%的上坡道，卸渣码头应搭设牢固，并设有挂钩、栏杆及车挡装置，注意防止溜车；

6）车辆运行时，必须鸣笛或按喇叭，并注意瞭望，严谨非专职人员开车、调车和搭车，以及在运行中进行摘挂作业；

7）车隧道施工上下班的载人列车，应制订保证安全的措施。

3. 列车运行图

编制列车运行图，是为了统一指挥调度列车运行，加速车辆周转，充分发挥运输能力的有效作用，减少干扰，消除局部积压车辆、堵塞轨道等不良现象，确保隧道各工序都能正常施工。

列车运行图是根据隧道施工方法，轨道布置及机车车辆配备情况，各施工工序在隧道中所处的位置和进度安排，以及装渣、调车、编组、运行、错车、卸渣、列车解体等所需要的时间，综合考虑确定列车数量后编制而成的。

图6-46所示列车运行图横坐标表示时间，纵坐标表示距离，列车的运行用斜线表示，装渣、卸渣、编组、解体、调车等用水平线表示。该图所示的是一个隧道的出渣列车运行图，共有三组列车，洞内设编组站一个，洞外设会让站一个。以第一组列车为例，重车运行20min，卸渣10min，空车返回到会让站5min，在会让站停车待避5min，再运行10min到编组站，在编组站停车待避5min，再行车5min到终点，空车解体、装渣、重车编组15min，全列车往返循环一次共75min。

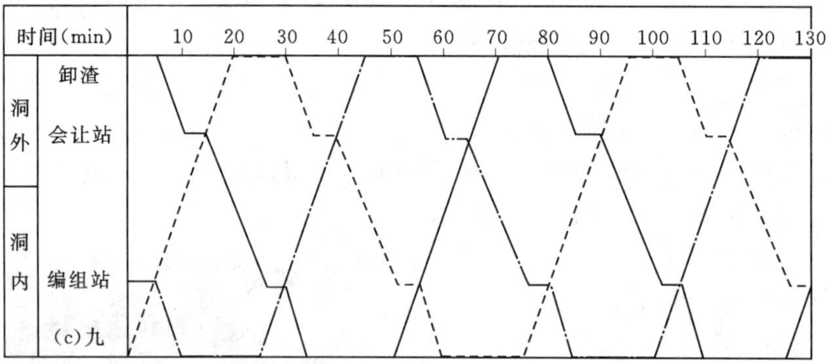

图6-46 列车运行图

在实际的隧道施工中，运行图中所需要的时间应实测确定，随着隧道施工的不断向前推进和卸渣线的不断向前延伸，运输距离愈来愈长，因此运行图也要定期修正。

当列车运行图编制完成，一旦付诸实践之后，各项作业均应遵照执行，不得随意改动，以免打乱全局计划。

4. 无轨运输

（1）自卸汽车。自卸汽车主要用于洞内无轨运输（图6-47），它是燃油动力、轮胎走行，载质量为5～25t，还有铰接式双向驾驶车辆，与装载机或装渣机配合。

（2）仰拱栈桥。仰拱栈桥是为了满足客运专线仰拱施工和填充，解决仰拱施工与隧道内运输相矛盾，桥上通行运输车辆，桥下修筑仰拱，而开发的一种专用的配套设备，如图6－48所示。

图6－47　自卸汽车

图6－48　仰拱栈桥

5. 无轨运输作业要求

（1）运输道路应铺设路面，与仰拱、底板混凝土配合施工，并做好排水和路面的维修工作；

（2）行车速度，施工作业地段不得大于15km/h；

（3）洞内应加强通风，洞内环境应符合劳动卫生标准；

（4）单线隧道采用无轨运输时，应在每间隔150～300m处设一个会车点；

（5）单线隧道采用无轨运输时，宜采用轮式正铲侧卸装载机等小型装渣设备；当采用力爪轨行装岩机时，应在距开挖面70～80m范围内铺设轨道，轨枕采用120行槽钢代替，并与钢轨焊接成整体；

（6）隧道采用无轨运输时，严谨汽油机进洞，内燃机宜采用尾气净化装置并加强通风。

第四节　初 期 支 护 技 术

一、概述

1. 初期支护的基本概念

隧道是围岩与支护结构的综合体。隧道开挖破坏了地层的初始应力平衡，产生围岩应力释放和洞室变形，过量变形将导致围岩松动甚至坍塌。在开挖后的洞室周边，施作钢、混凝土等支撑物，向洞室周边提供抗力、控制围岩变形，这种开挖后隧道内的支撑体系，称为隧道支护。为控制围岩应力适量释放和变形，增加结构安全度和方便施工，隧道开挖后立即施作刚度较小并作为永久承载结构一部分的结构层，称为初期支护。

初期支护一般由锚杆、喷射混凝土、钢架、钢筋网等及其它们的组合组成，它是现代隧道工程中最常用的支护形式和方法。

初期支护施作后即成为永久性承载结构的一部分，它与围岩共同构成了永久的隧道结构承载体系。在这一点上，初期支护不同于传统施工方法中采用的钢木构件支撑。构件支撑在模筑整体式衬砌时，通常应予以拆除，即不作为永久承载构件，称为临时支撑。

2. 锚喷支护工程特点

锚喷支护较传统的构件支撑，无论在施工工艺和作用机理上都有一些特点。

（1）灵活性。锚喷支护是由喷射混凝土、锚杆、钢筋网、钢架等支护部件进行适当组合的支护形式，它们既可以单独使用，也可以组合使用。其组合形式和支护参数可以根据围岩的稳定状态，施工方法和进度，隧道形状和尺寸等加以选择和调整。它们既可以用于局部加固；也易于实施整体加固；既可一次完成，也可以分次完成。充分体现了“先柔后刚，按需提供”的原则。

（2）及时性。锚喷支护能在施作后迅速发挥其对围岩的支护作用。这不仅表现在时间上，即喷射混凝土和锚杆都具有早强性能，需要它时，它就能起作用，而且表现在空间上，即喷射混凝土和锚杆可以最大限度地紧跟开挖而施工，甚至可以利用锚杆进行超前支护。虽然构件支撑的最大优点是即时承载，而锚喷支护同样具有即时维护甚至超前维护作用，且能容纳必要的支撑构件（如格栅钢架）参与工作。

（3）密贴性。喷射混凝土能与坑道周边的围岩全面、紧密地粘结，因而可以抵抗岩块之间沿节理的剪切和张裂。

从整体结构来看，喷射混凝土填补了洞壁的凹穴，使洞壁变得圆顺，从而减少了应力集中。喷射混凝土尚能使锚杆和钢筋网的点约束作用得以分配和改善，使其发挥协同作用，从而增强了支护对围岩的有效约束，体现出“围岩—支护”一体化的力学分析和结构设计思想。

（4）深入性。锚杆能深入围岩体内部一定深度，对围岩起约束作用。这种作用尤其是以适当密度的径向锚杆群（称为系统锚杆）的效果最为明显。系统锚杆在围岩中形成一定厚度的锚固区，锚固区内的岩体强度和整体性得以提高和加强，应力分布状态也得以改善。其承载能力和稳定能力显著增强。此时隧道的稳定性实际上就是指锚固区的承载能力和稳定能力。在围岩中加以锚杆，相当于在混凝土中加入钢筋形成钢筋混凝土，可以称为加筋岩石或加筋土。

另外，沿隧道轴线方向有一定外插角的超前锚杆或钢管，同样具有深入岩层内部对围岩起预支护的作用。它们也经常与系统锚杆、喷射混凝土一起发挥协同作用。这对于处理一般的工作面不稳定的问题颇有效果。

（5）柔性。锚喷支护属于柔性支护，它可以较便利地调节围岩变形，允许围岩做有限的变形，即允许在围岩塑性区有适度的发展，以发挥围岩的自承能力。

根据大量工程实践和理论分析表明，对绝大多数的一般松散岩体，在隧道开挖后，适度的变形有利于发挥围岩的自承能力，而过度的变形则会导致坍塌。因此就要求支护既能允许有限变形，又能限制过度变形且自身不被破坏。

锚喷支护就很好地满足了这一要求。这一方面是因为喷射混凝土工艺上的特点，使得它能与岩体密贴黏结，且能喷得很薄，故呈现柔性（尽管喷混凝土是一种脆性材料），而且这柔性还可以通过分层分次喷射和加钢纤维或钢筋网来进一步发挥。另一方面，锚杆也有一定的延性，它可以允许岩体有较大的变形，甚至同被加固岩体一起做整体位移，而仍能继续工作不失效。

（6）封闭性。喷射混凝土能全面及时地封闭围岩，这种封闭不仅阻止了洞内潮气和水对围岩的侵蚀作用，减少了膨胀性岩体的潮解软化和膨胀，而且能够及时有效地阻止围岩变形，使围岩较早地进入变形收敛状态。

二、锚杆

（一）锚杆的支护效应

锚杆（索）是用金属或其他高抗拉性能的材料制作的一种杆状构件。使用某些机械装置和粘结介质，通过一定的施工操作，将其安设在地下工程的围岩或其他工程结构体中。

锚杆（索）支护作为一种新的支护手段，它在技术、经济方面的优越性和能适应不同地质条件的性质，使其在建筑领域尤其是地下工程中得到广泛应用和迅速发展。

锚杆的支护效应一般认为有如下几种。

1. 支承围岩

锚杆能限制约束围岩变形，并向围岩施加压力，从而使处于二轴应力状态的洞室内表面附近的围岩保持三轴应力状态，因而能制止围岩强度的恶化。如图 6 - 49（a）所示。

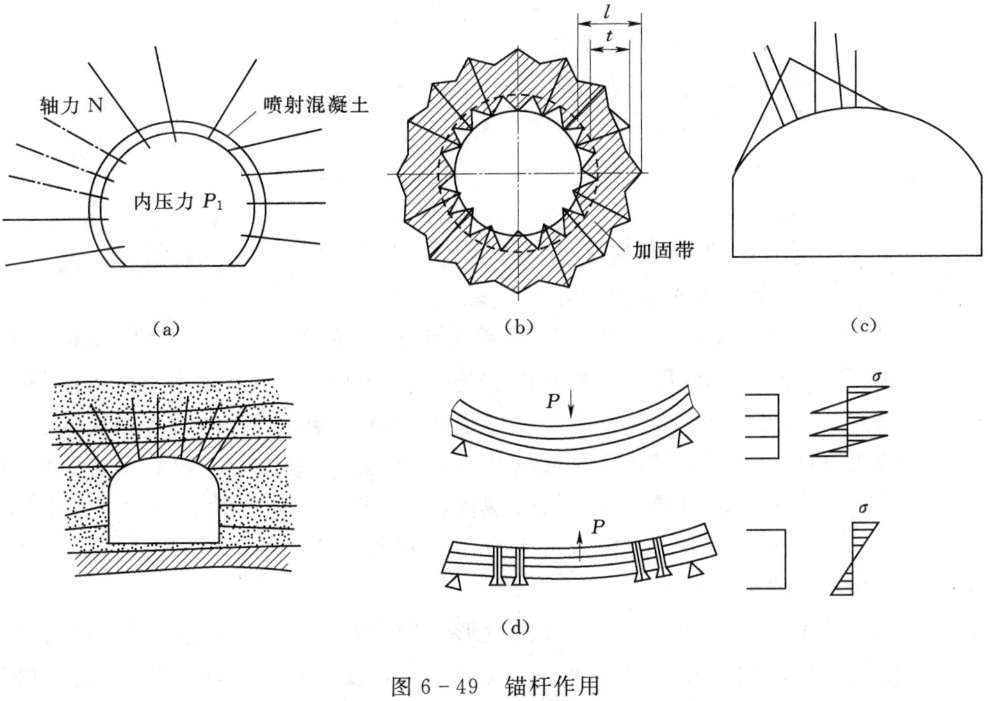

(a)　(b)　(c)　(d)

图 6 - 49　锚杆作用

（a）支撑；（b）加固；（c）悬吊；（d）组合梁

2. 加固围岩

由于系统锚杆的加固作用，使围岩中，尤其是松动区中的节理裂隙、破裂面得以连接，因而增大了锚固区围岩的强度（即 c、φ 值）；锚杆对加固节理发育的岩体和围岩松动区是十分有效的，有助于裂隙岩体和松动区形成整体，成为“加固带”[图 6-49 (b)]。

3. 能起“悬吊”作用

“悬吊”作用是指为防止个别危岩的掉落或滑落，用锚杆将其与稳定围岩联结起来，这种作用主要表现在加固局部失稳的岩体 [图 6-49 (c)]。

4. 提高层间摩阻力——形成“组合梁”

对于水平或缓倾斜的层状围岩，用锚杆群能把数层岩层连在一起，增大层间摩阻力，从结构力学观点来看就是形成“组合梁”[图 6-49 (d)]。

（二）锚杆类型及施工要点

锚杆是用金属或其他高抗拉性能的材料制作的一种杆状构件，使用某些机械装置和黏结介质，通过一定的施工操作，将其安设在地下工程的围岩中。

锚杆的种类很多，若按其与被支护体的锚固形式来分，大致可分为以下几种：

（1）端头锚固式
- 机械内锚头锚杆（索）
  - 胀壳式锚杆（索）
  - 楔缝式锚杆
  - 楔头式锚杆
- 黏结式内锚头锚杆（索）
  - 水泥砂浆内锚头锚杆（索）
  - 快硬水泥卷内锚头锚杆
  - 树脂内锚头锚杆

（2）全长黏结式
- 水泥浆全黏结式锚杆
- 水泥砂浆全黏结式锚杆（砂浆锚杆）
- 树脂全粘结式锚杆

（3）摩擦式
- 楔管式锚杆
- 缝管式锚杆

（4）混合式
- 先张拉后灌浆预应力锚杆（索）
- 先灌浆后张拉预应力锚杆（索）

端头锚固式锚杆，利用内、外锚头的锚固来限制围岩变形松动。安装容易，工艺简单，安装后即可以起到支护作用，并能对围岩施加预应力。但杆体易腐蚀，锚头易松动，影响长期锚固力，一般用于硬岩地下工程中的临时加固。隧道工程中，常用作局部锚杆。

全长黏结式锚杆，采用水泥砂浆（或树脂）作为填充黏结料，不仅有助于锚杆的抗剪和抗拉以及防腐蚀作用，而且具有较强的长期锚固能力，有利于约束围岩位移。安装简便，在无特殊要求的各类地下工程中，可大量用于初期支护和永久支护。隧道工程中，常用作系统锚杆和超前锚杆。

摩擦式锚杆是用一种沿纵向开缝（或预变形）的钢管，装入比钢管直径小的钻孔，对孔壁施加摩擦力，从而约束孔周岩体变形。安装容易，安装后立即起作用，能及时控制围岩变形，又能与孔周变形相协调。但其管壁易锈蚀，故一般不适于做永久支护。隧道工程中，常由于端头机械锚固容易失效，或全长黏结不便施工（不能生效），而采用全长摩擦式锚杆。

混合式锚固锚杆是端头锚固方式与全长黏结锚固方式的结合使用，它既可以施加预应力，又具有全长黏结锚杆的优点。但安装施工较复杂，一般用于大体积、大范围工程结构的加固，如高边坡、大坝、大型地下洞室等。

下面简要介绍隧道工程中几种常用锚杆的构造和设计、施工要点。

1．水泥砂浆锚杆

(1) 构造组成。普通水泥砂浆锚杆，是以普通水泥砂浆作为黏结剂的全长黏结式锚杆，其构造如图 6－50 所示。

(2) 设计、施工要点。

1) 杆体材料宜用 20MnSi 钢筋，亦可以采用 A_3 钢筋；直径 14～22mm 为宜，长度 2～3.5m，为增加锚固力，杆体内端可劈口叉开。

2) 水泥一般选用普通硅酸盐水泥，砂子粒径不大于 3mm，并过筛。

3) 砂浆标号不低于 M10；配合比一般为水泥：砂：水＝1：(1～1.5)：(0.45～0.5)。

4) 钻孔应符合下列要求。孔径应与杆径配合好。一般孔径比杆径大 15mm（采用先插杆体后注浆施工的孔径比先注浆后插杆体施工的孔径要大一些），这主要考虑注浆管和排气管占用空间。孔位允许偏差为±15～50mm；孔深允许偏差为±50mm。钻孔方向宜适当调整以尽量与岩层主要结构面垂直。孔钻好后用高压水将孔眼冲洗干净（若是向下钻孔还需用高压风吹净水），并用塞子塞紧孔口，防止石渣掉入。

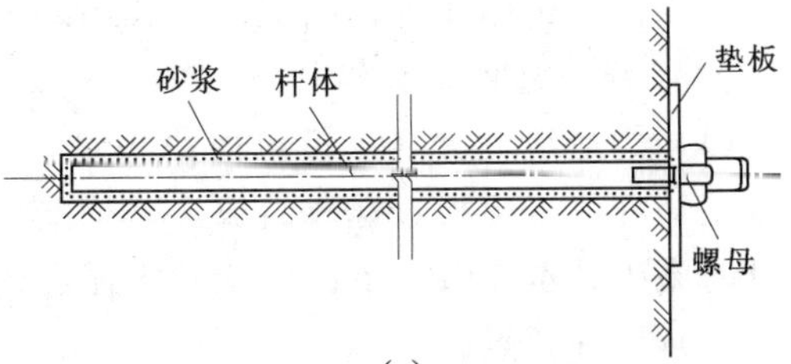

(a)

(b)

图 6－50 水泥砂浆锚杆

(a) 构造图；(b) 实物图

5) 锚杆及黏结剂材料应符合设计要求，锚杆应按设计要求的尺寸截取，并整直、除锈和除油，外端不用垫板的锚杆应先弯制弯头。

6) 黏结砂浆应拌和均匀，并调整其和易性，随拌随用，一次拌和的砂浆应在初凝前用完。

7) 先注浆后插杆体时，注浆管应先插到钻孔底，开始注浆后，徐徐均匀地将注浆管往外抽出，并始终保持注浆管口埋在砂浆内，以免浆中出现空洞。

8) 注浆体积应略多于需要体积，将注浆管全部抽出后，应立即迅速插入杆体，可用锤击或通过套筒用风钻冲击，使杆体强行插入钻孔。

9) 杆体插入孔内的长度不得短于设计长度的 95%，实际黏结长度亦不应短于设计长度的 95%。注浆是否饱满，可根据孔口是否有砂浆挤出来判断。

10) 杆体到位后要用木楔或小石子在孔口卡住，防止杆体滑出。砂浆未达到设计强度的 70%时，不得随意碰撞，一般规定三天内不得悬挂重物。

2. 早强水泥砂浆锚杆

早强水泥砂浆锚杆的构造、设计和施工与普通水泥砂浆锚杆基本相同，所不同的是早强水泥砂浆锚杆的黏结剂是由硫铝酸盐早强水泥、砂、TI型早强剂和水组成。因此，它具有早期强度高、承载快、不增加安装困难等优点。弥补了普通水泥砂浆锚杆早强低，承载慢的不足。尤其是在软弱、破碎、自稳时间短的围岩中显示出其一定的优越性。另外，以快硬水泥或树脂作为黏结剂的全长黏结式锚杆，也具有以上的优点，但费用较高。

3. 早强药包内锚头锚杆

(1) 构造组成。早强药包内锚头锚杆由内锚头（快硬水泥卷或早强砂浆卷或树脂）、螺纹钢锚杆体、垫板、螺母组成。其构造如图6-51所示。不管采用什么类型的药包，其设计、施工基本一致，下面以快硬水泥卷内锚头锚杆为例说明。

(2) 设计要点。

1) 快硬水泥卷有三个主要参数：

d——快硬水泥卷直径，mm；

L——快硬水泥卷长度，mm；

G——快硬水泥卷的水泥质量，g。

2) 快硬水泥卷直径要与钻眼直径配合好，若使用D_{42}钻头，则采可用$d37$直径的水泥卷。

3) L要根据内锚固段长度l和生产制作的要求来决定，其计算公式如下

$$L=\frac{D^2-\varphi^2}{d^2}lk \tag{6-5}$$

式中 D——钻眼直径，mm；

φ——锚杆直径，mm；

l——内锚固段长度，mm；

k——富余系数，一般$k=1.05\sim1.10$。

(3) G主要由装填密度γ来确定。γ是控制水灰比的关键，当$\gamma=1.45\text{g/cm}^3$时，水泥净浆的水灰比控制在0.34左右为好。每个快硬水泥卷的G值可按下式计算

$$G=\frac{\pi d^2}{4}L\gamma \tag{6-6}$$

(4) 施工要点。

1) 钻眼要求同前、但孔眼应比锚杆长度短4～5cm。

2) 用2～3mm直径，长150mm的锥子，在快硬水泥卷端头扎两个排气孔。然后将水泥卷竖立放于清洁水中，保持水面高出水泥卷100mm。浸水时间以不冒气泡为准，但不得超过水泥初凝时间，必要时要做浸水后的水灰比检查。

3) 将浸好水的水泥卷用锚杆送至眼底，并轻轻捣实。若中途受阻，应及时处理，若处理时间超过水泥终凝时间，则应换装新水泥卷或钻眼作废。

4) 将锚杆外端套上连接套筒（带有六方旋转头的短锚杆；断面打平，对中焊上锚杆螺母），装上搅拌机，然后开动搅拌机，带动锚杆旋转，搅拌水泥浆，并用人力推进锚杆至眼底，再保持10s的搅拌时间（总时间30～40s）。

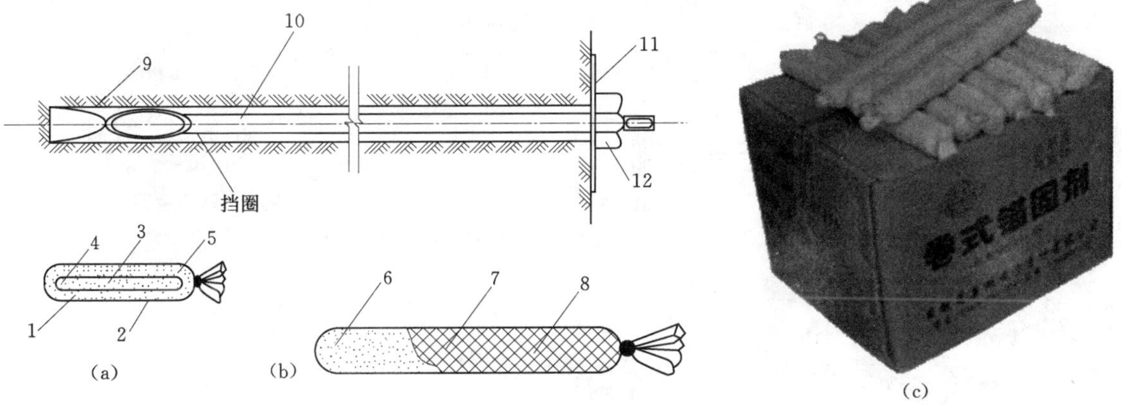

图 6-51　早强药包内锚头锚杆

1—不饱和聚酯树脂＋加速剂＋填料；2—纤维纸和塑料袋；3—固化剂＋填料；4—玻璃管；5—堵头（树脂胶泥封口）；6—快硬水泥；7—湿强度较大的滤纸筒；8—玻璃纤维纱网；9—树脂锚固剂；10—带麻花头杆体；11—垫板；12—螺母

5）轻轻卸下搅拌机头，用木楔楔住杆体，使其位于钻眼中心。自浸水后 20min，快硬水泥有足够强度时，才能使用扳手卸下连接套筒（可准备多个套筒周转使用）。

采用树脂药包时，还需注意：搅拌时间应根据现场气温决定。20℃时，固化时间为 5min。温度下降 5℃，固化时间大致会延长 1 倍，即 15℃时，为 10min，10℃时，为 20min。因此，隧道工程在正常温度下，搅拌时间约为 30s，温度在 10℃以下时，搅拌时间可适当延长为 45～60s。

4. 缝管式摩擦锚杆

（1）构造组成。

缝管式锚杆由前端冠部制成锥体的开缝管杆体、挡环以及垫板组成（图 6-52）。缝管式锚杆是一种全长锚固，主动加固围岩的新型锚杆，它立体部分是一根纵向开缝的高强度钢管，当安装于比管径稍小的钻孔时，可立即在全长范围内对孔壁施加径向压力和阻止围岩下滑的摩擦力，加上锚杆托盘托板的承托力，从而使围岩处于三向受力状态。

（2）设计施工要点。

1）缝管式锚杆的锚固力与锚杆的材质、构造尺寸、围岩条件、钻孔与锚管直径之差，锚固长度等有直接关系，其中，钻孔与缝管直径之差是设计与施工要严格控制的主要因素。锚固力与孔、管径差的关系是：径差小，锚杆安装推进阻力小，锚固力亦小；径差大，锚杆安装推进阻力大，锚固力也大。

2）可根据需要和机具能力，选择不同直径的钻头和管径，通过现场试验确定最佳径差。另外施工中还应考虑到因钻头磨损导致孔径缩小等情况。

3）缝管式锚杆的杆体一般要求材质有较高的弹性极限。

4）安装时先将锚杆套上垫板，将带有挡环的冲击钎杆插入锚管内（钎杆应在锚管内自由转动），钎杆尾端套入凿岩机或风镐的卡套内，锚头导入钻孔，调正方向，开动凿岩机，即可将锚杆打入钻孔内，至垫板压紧围岩为止。停机取出钎杆即告完成。2.5m 长的

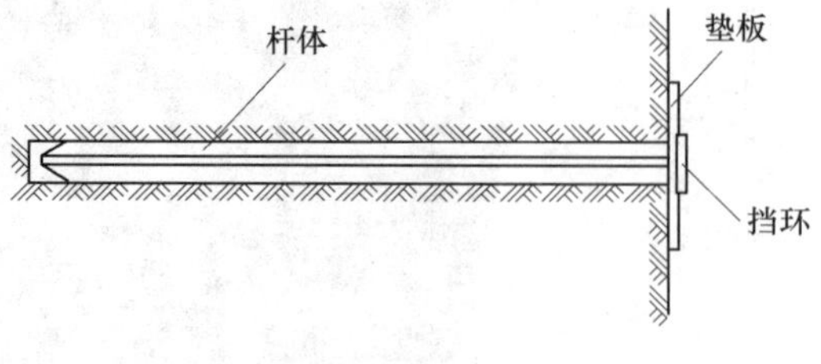

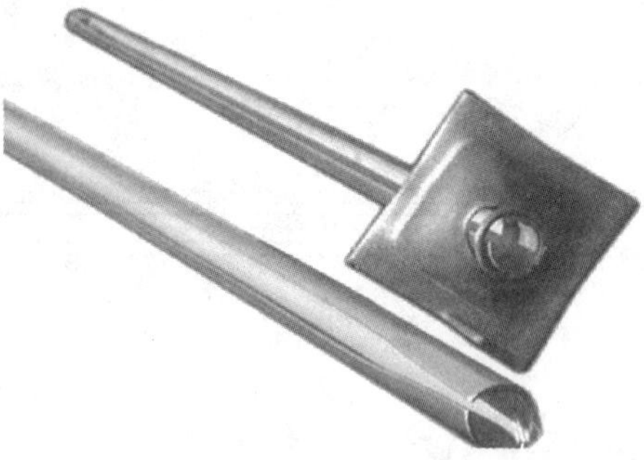

图 6-52 缝管式摩擦锚杆

(a) 构造图；(b) 实物图

锚杆，一般 20～60s 时间即可安装完毕。

5）若作为永久支护，则应做防锈处理，并灌注有膨胀性的砂浆。

另有一种楔管式锚杆，它是楔缝式锚杆与缝管式锚杆结合的一种锚杆。其施工与缝管式锚杆相同。

5. 楔缝式内锚头锚杆

（1）构造组成。楔缝式内锚头锚杆由杆体、楔块、垫板和螺母组成（图 6-53）。

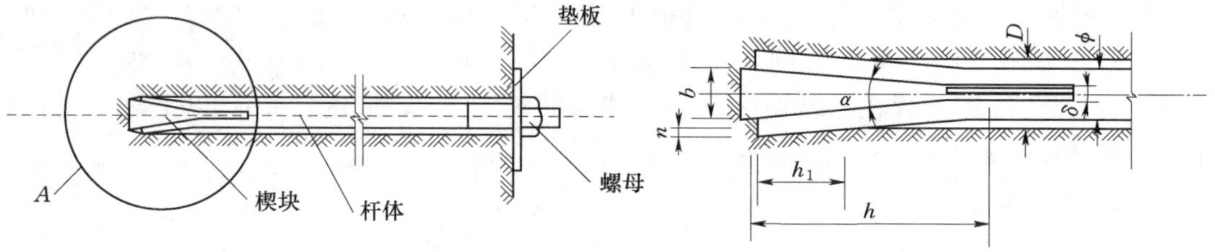

图 6-53 楔缝式内锚头锚杆

D—钻孔直径；ϕ—锚杆杆体直径；δ—锚杆杆体楔缝宽度；b—楔块端头厚度；α—楔块的楔角；h—楔块长度；h_1—楔头两翼嵌入钻孔壁长度；n—楔缝两翼嵌入钻孔壁深度

（2）设计要点。影响锚固力的主要因素有：岩体性质，锚杆有效直径 ϕ'，楔块端部厚度 b 和楔角 α。

1）在其他条件相同时，围岩愈坚硬则锚固力愈大；嵌入孔底围岩的深度与长度愈大，则锚固力愈大；或锚杆有效直径（ϕ'）愈大则锚固力愈大。另外钻孔直径（D）与锚杆直径（ϕ）的配合情况对锚杆锚固力也有一定影响。

2）在一定的岩体和相同的安装冲击（或锤击）条件下，提高楔缝式锚固力的办法有：加大楔块长度 h，或加大楔块端头厚度 b，或减小钻孔直径与锚杆直径之差，或减小楔缝宽度 δ。

一般而言，对于坚硬岩体，楔角在 8°以上为好。楔缝宽度一般为 3mm。其他尺寸可根据其对锚固力的影响关系适当选择。

3）采用楔缝式锚杆，若对锚固力有明确要求，则应根据以上配合和影响关系，先行试验，以检验初选参数的合理性，否则应修改参数，直到满足锚固力的要求为止。

（3）施工要点。

1）楔缝式锚杆的安装是先将楔块插入楔缝，轻敲，使其固定于缝中，然后插入眼底；并以适当的冲击力冲击锚杆尾，至楔块全部楔入楔缝为止。有时为了防止杆尾受冲击发生变形，可以采用套筒保护。

2）一般均要求锚杆具有一定的预应力，此时可采用测力矩扳手或定力矩扳手来拧紧螺母，以控制锚固力。

若要求在楔缝式锚杆的基础上再做灌浆处理，则除按砂浆锚杆灌浆外，楔块预张力应在砂浆初凝前完成，并注意减小砂浆的收缩率。

另外，若只要求作为临时支护，则可以改楔缝式锚杆为楔头式锚杆或胀壳式锚杆。楔头式锚杆及胀壳式锚杆均可以回收，但锚头加工制作复杂，故一般在煤矿中应用稍多。

6. 胀壳式内锚头预应力锚索

（1）构造组成。胀壳式锚头预应力锚索主要由机械胀壳式内锚头、锚索（钢绞线）外锚头以及灌注的黏结材料等组成（图 6 - 54）。

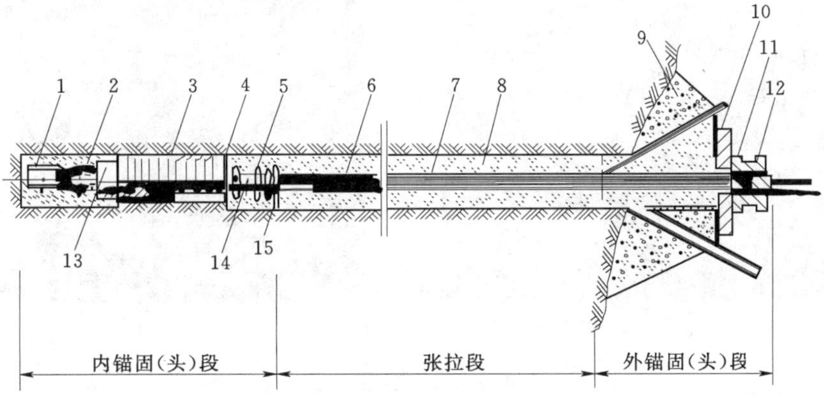

图 6 - 54　胀壳式内锚头钢绞线预应力锚索

1—导向帽；2—六棱锚塞；3—外夹片；4—挡圈；5—顶簧；6—套管；7—排气管；8—黏结砂浆；9—现浇混凝土支墩；10—垫板；11—锚环；12—锚塞；13—锥筒；14—顶簧套筒；15—托圈

（2）性能特点。胀壳式内锚头预应力锚索常用在中等以上的围岩中。它具有施工工序紧密简单、安装迅速方便的特点，是能立即起作用的大型预应力锚杆。可以在较小的施工现场中作业，常用于高边坡、大坝以及大型地下洞室的支护、抢修加固。目前的预应力值一般为 600kN。内锚头采用机械加工，比较复杂，价格较高，在软弱围岩中不能使用。施工中还要及时注浆，以减少预应力损失。

（3）施工要点。

1）胀壳式内锚头预应力锚索的加工应符合设计质量要求，在运输、存放及安装过程中不能有损伤、变形。

2）钻孔一般采用冲击式潜孔钻，也可以选用各种旋转式地质钻。钻后应予以清洗，并做好孔口支墩。

3）锚索安装要平直不紊乱，同时安装排气管。

4）锚索推送就位后，即可进行张拉。一般先用20%～30%的预应力值预张拉1～2次，促使各相连部位接触紧密，绞线平直。最终张拉值，应有5%～10%的超张量，以保证预应力损失后仍能达到设计预应力值要求。张拉时，千斤顶后严禁站人。

5）预应力无明显衰减时，才最后锁定，且48h内再检查。

6）注浆应饱满，注浆达到设计强度后，进行外锚头覆盖。

（三）锚杆布置形式

锚杆的布置一般采用局部和系统两种形式。

1. 局部锚杆

在硬岩中，由于岩层倾斜或呈水平状，常用锚杆进行局部加固。这种锚杆的布置是不规则的，锚杆的方向按实际需要布置。

有一种局部锚杆叫做锁脚锚杆，数量少但很重要，它是为了阻止钢拱架的掉落而设置的，如图6-55（a）所示。如果其掉落，将直接威胁到施工人员的安全。

(a)

(b)

图6-55　锚杆布置
（a）锁脚锚杆；（b）系统锚杆

2. 系统锚杆

系统锚杆是指沿着隧道开挖周边纵横方向有规则布置的锚杆，其目的是将锚杆有系统地深入岩层内部，改善围岩的承载能力，如图6-55（b）所示。

系统锚杆的布置形式有两种，即矩形和梅花形，如图6-56所示。梅花形布置比较均匀，效果较好，因此多以梅花形布置为主。

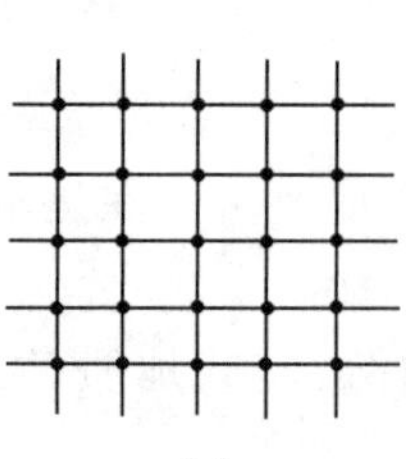

(a)

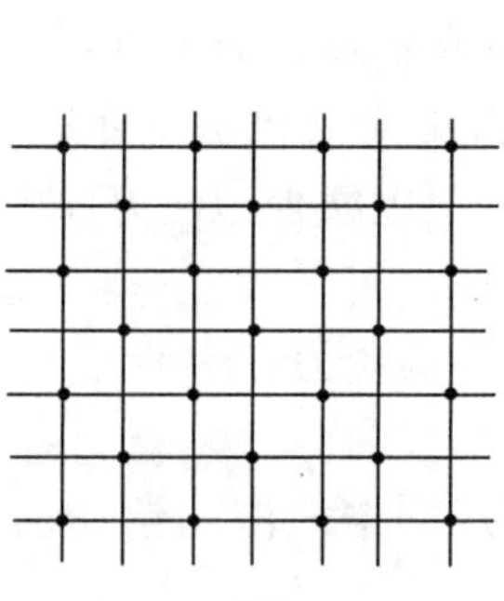

(b)

图6-56　系统锚杆布置形式
（a）矩形；（b）梅花形

三、喷射混凝土

喷射混凝土既是一种新型的支护结构，又是一种新的施工工艺。它是使用混凝土喷射机，按一定的混合程序，将掺有速凝剂的细石混凝土，喷射到岩壁表面上，并迅速固结成一层支护结构，从而对围岩起到支护作用。

喷射混凝土可以作为隧道工程的永久性和临时性支护，也可以与各种型式的锚杆、钢纤维、钢拱架、钢筋网等构成组合式支护结构。它的灵活性也很大，可以根据需要分次追加厚度。因此除用于地下工程外，还广泛应用于地面工程的边坡防护、加固，基坑防护，结构补强等。随着喷射混凝土原材料、速凝剂及其他外加剂、施工工艺、机械的研究和应用，喷射混凝土不管作为新材料，还是新的施工工艺，将有更为广阔的发展前景。

（一）喷混凝土的作用

（1）支撑围岩。由于喷层能与围岩密贴和粘贴，并施与围岩表面以抗力和剪力，从而使围岩处于三向受力的有力状态，防止围岩强度恶化。此外，喷层本身的抗冲切能力可阻止不稳定块体的滑塌［图 6－57（a）］。

（2）“卸载”作用。由于喷层属柔性，能有控制地使围岩在不出现有害变形的前提下，进行一定程度的变形，从而使围岩“卸载”，同时喷层中的弯曲应力减小，有利于混凝土承载力的发挥［图 6－57（b）］。

（3）填平补强围岩。喷射混凝土可射入围岩张开的裂隙，填充表面凹穴，使裂隙分割的岩层面粘连在一起，保护岩块间的咬和、镶嵌作用，提高其间的黏聚力、摩阻力，有利于围岩松动，并避免或缓和围岩应力集中［图 6－57（c）］。

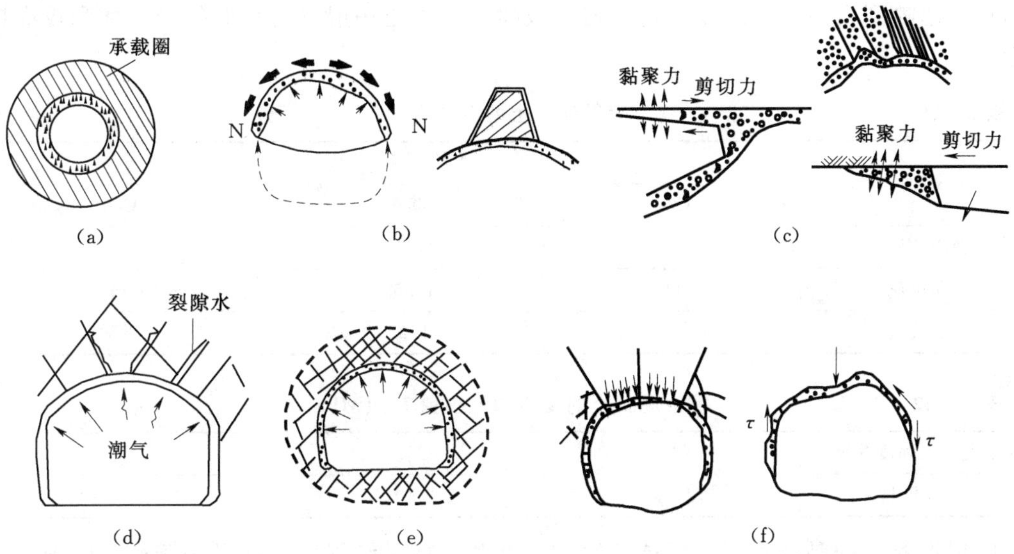

图 6－57 喷射混凝土作用

（a）支撑；（b）抗弯；（c）镶嵌；（d）封闭；（e）加固；（f）分载传递

（4）覆盖围岩表面。喷层直接粘贴岩面，形成风化和止水的保护层，并阻止裂隙中充填物流失［图 6－57（d）］。

（5）阻止围岩松动。喷层能紧跟掘进进程并及时进行支护，早期强度较高，因而能及时向围岩提供抗力，阻止围岩松动［图 6-57（e）］。

（6）分配外力。通过喷层把外力传给锚杆、钢拱架等，使支护结构受力均匀分担［图 6-57（f）］。

（二）喷混凝土的特点及力学性能

1. 喷混凝土的特点

（1）喷射混凝土具有强度增长快、黏聚力强、密度大、抗渗性好的特点。它能较好地填充岩块间的裂隙的凹穴，增加围岩的整体性，防止自由面的风化和松动，并与围岩共同工作。

（2）与普通模筑混凝土相比，喷射混凝土施工将输送、浇注、捣固几道工序合而为一，更不需模板，因而施工快速、简捷。

（3）喷射混凝土能及早发挥承载作用。它能在 10min 左右终凝，一般 2h 后即具有强度，8h 后可达 2MPa，16h 后达 5MPa，一天后可达 7 ～8 MPa，四天达到 28d 强度的 70％左右。

（4）试验表明，喷射混凝土与模筑混凝土相比，密实性和稳定性性能要差。而性能较干式喷射混凝土有显著改善。

2. 喷混凝土的力学性能

喷射混凝土的力学特性直接影响地下工程加固效果，主要力学特性有强度和变形特性。

评价喷射混凝土质量的主要强度指标见表 6-21、表 6-22。由于采用喷射法施工，拌和料高速喷到岩面上且反复冲击压密，故喷射混凝土一般具有良好的密实性和较高抗压强度。

表 6-21　　喷射混凝土的设计强度

强度种类	喷射混凝土强度等级		
	C20	C25	C30
轴心抗压	10	12.5	15
弯曲抗压	11	13.5	16
轴心抗拉	1.0	1.2	1.4

表 6-22　　喷射混凝土的受压弹性模量 E_c（MPa）

喷射混凝土强度等级	C20	C25	C30
受压弹性模量 E_c	2.1×10^4	2.3×10^4	2.5×10^4

喷射混凝土的黏结强度包括抗拉黏结强度和抗剪黏结强度。前者用于衡量喷射混凝土在受到垂直于界面方向拉应力作用时的黏结能力，后者则反映抵抗平行于界面作用力的能力。

喷射混凝土与岩石的黏结强度，与待喷岩石性质、岩面条件、节理充填物等有密切关系，表 6-23 为喷射混凝土与各种岩石的黏结强度。新喷射混凝土与原喷混凝土的黏结强度一般为 0.7～2.85MPa，与喷射混凝土界面的抗拉黏结强度是 1.47～3.49MPa。喷射混凝土层与岩石之间的黏聚力取决于岩石表面的清洁度，所以喷射前应清洗岩石表面。

表 6-23　　岩石与水泥结石体之间的黏结强度值　　单位：MPa

岩石种类	岩石单轴饱和抗压强度	岩石与水泥结石体之间黏结强度值
硬岩	＞60	1.5～3.0
中硬岩	30～60	1.0～1.5
软岩	5～30	0.3～1.0

（三）喷射工艺种类

喷射混凝土的工艺流程有干喷、潮喷、湿喷和混合喷四种。主要区别是各工艺的投料程序不同，尤其是加水和速凝剂的时机不同。

1. 干喷和潮喷

干喷是将骨料、水泥和速凝剂按一定的比例干拌均匀，然后装入喷射机，用压缩空气使干集料在软管内呈悬浮状态送到喷枪，再在喷嘴处与高压水混合，以较高速度喷射到岩面上。

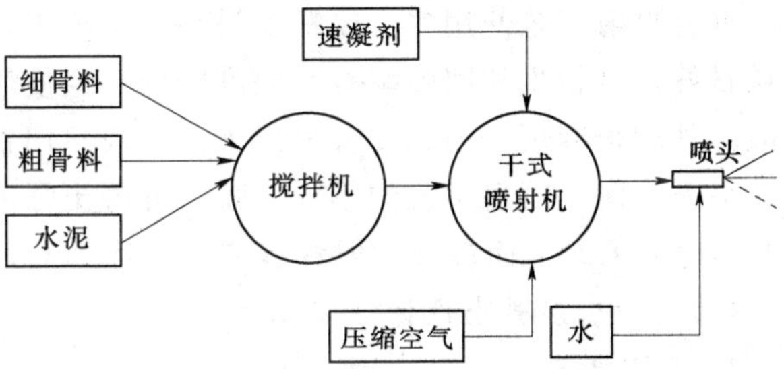

图 6-58　干喷、潮喷工艺流程

干喷的缺点是产生的粉尘量大，回弹量大，加水是由喷嘴处的阀门控制的，水灰比的控制程度与喷射手操作的熟练程度有关。但使用的机械较简单，机械清洗和故障处理容易。

潮喷是将骨料预加少量水，使之呈潮湿状，再加水泥拌和，从而降低上料、拌和与喷射时的粉尘。但大量的水仍是在喷头处加入和喷出的，其喷射工艺流程和使用机械同干喷工艺，如图 6-58 所示。目前施工现场较多使用的是潮喷工艺。

2. 湿喷

湿喷是将骨料、水泥和水按设计比例拌和均匀，用湿式喷射机压送到喷头处，再在喷头上添加速凝剂后喷出，其工艺流程如图 6-59 所示。

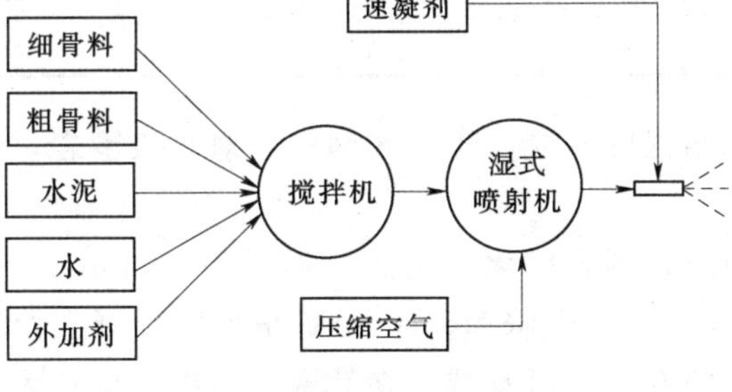

图 6-59　湿喷工艺流程

湿喷混凝土质量容易控制，喷射过程中的粉尘和回弹量很少，是应当发展应用的喷射工艺。但对喷射机械要求较高，机械清洗和故障处理较麻烦。对于喷层较厚的软岩和渗水隧道，则不易使用湿喷。

3. 混合喷射

混合喷射又称水泥裹砂造壳喷射法，是将一部分砂加第一次水拌湿，再投入全部水泥强制搅拌造壳；然后加第二次水和减水剂拌和成 SEC 砂浆；将另一部分砂和石、速凝剂强制搅拌均匀。然后分别用砂浆泵和干式喷射机压送到混合管混合后喷出。其工艺流程如图 6-60 所示。

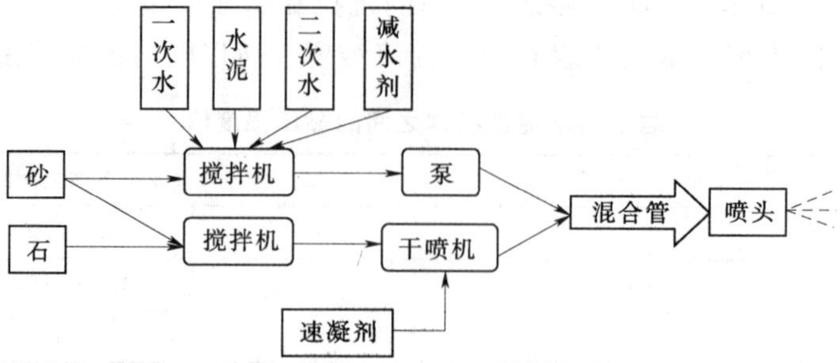

图 6-60　混合喷射工艺流程

混合喷射是分次投料搅拌工艺与喷射工艺的结合，关键是水泥裹砂（或砂、石）造壳技术。

混合喷射工艺使用的主要机械设备与干喷工艺基本相同，但混凝土的质量较干喷混凝土质量好，且粉尘和回弹率有大幅度降低。但使用机械数量较多，工艺较复杂，机械清洗和故障处理很麻烦。因此混合喷射工艺一般只用在喷射混凝土量大和大断面隧道工程中。

另外，由于喷射工艺的不同，喷射混凝土强度不同，干喷和潮喷混凝土强度较低，一般只能达到 C20，而混合喷射和湿喷则可达到 C30～C35。

（四）素喷混凝土设计与施工

1. 设计要点

（1）为使喷射混凝土有一定的力学性能和耐久性以及早期强度，喷射混凝土设计的最低强度不应低于 15MPa，一般设计强度为 20MPa，一天龄期抗压强度不应低于 5MPa。不同强度等级的喷射混凝土设计强度及弹性模量、容重按国家标准列于表 6-24。

表 6-24　喷射混凝土的设计强度弹性模量、容量

性　能	C15	C20	C25	C30
轴心受压（MPa）	7.5	10	12.5	15
弯曲抗压（MPa）	8.5	11	13.5	16
抗压（MPa）	0.8	1.0	1.2	1.4
弹性模量（MPa）	1.85×10^4	2.1×10^4	2.30×10^4	2.50×10^4
容重（kg/m^3）	2200			

对Ⅱ～Ⅲ级围岩，喷射混凝土与岩面的黏结强度不应低于 0.8 MPa，对Ⅳ级围岩，喷射混凝土与岩面的黏结强度不应低于 0.5MPa。

（2）喷射混凝土支护的设计厚度，若作为防止围岩风化、侵蚀，不得小于 30mm，若作为支护结构，不得小于 50mm；若围岩含水，不得小于 80mm；为防止喷射混凝土由于收缩裂纹而剥落并妨碍喷射混凝土的柔性特点的发挥，以及减少在软弱围岩中产生较大变形压力，喷射混凝土最厚不宜超过 200mm。

（3）在Ⅱ、Ⅲ、Ⅳ级围岩中，易出现局部不稳定岩块，喷射混凝土的设计厚度应按下式验算

$$d \geqslant \frac{k_s G}{0.75 f_{ct} u_r} \qquad (6-7)$$

式中 d——设计的喷射混凝土厚度，当 $d>10\text{cm}$ 时，仍按 10cm 计；

f_{ct}——喷射混凝土设计抗拉强度；

u_r——局部不稳定块体出露的周边长度；

G——不稳定岩块重量；

k_s——安全系数，一般取 2.5。

(4) 喷射混凝土中含有较多的大小适中、分布均匀、彼此不串通的气泡，故提高了抗渗性。一般若水灰比不超过 0.55 时，可以达到 P8。要求有较高的抗渗性时，水灰比最好不超过 0.45～0.50。

(5) 采用水泥裹砂喷射工艺时，除应试验确定总的水灰比外，还应注意试验选择最佳造壳水灰比 W_1/C。

有试验表明，对普通中砂，当造壳水灰比 W_1/C 为 0.20～0.25 时，28d 强度及其他指标均最高，称为最佳造壳水灰比。造壳水灰比与砂子的细度模数关系很大，砂子越细，其表面需水量越大，则需要较大的造壳水灰比，否则用较小的 W_1/C 值，一般在 0.15～0.35 范围内。最佳造壳水灰比与水泥品种亦有很大关系，一般地，矿渣水泥、火山灰水泥较之硅酸盐（普通硅酸盐）水泥的最佳造壳水灰比大 0.05 以上。

(6) 拌制 SEC 砂浆应采用强制式搅拌机，以缩短搅拌时间和改善造壳效果。尤其第二次加水后的搅拌时间不能太长，要加以严格控制。

2. *原料*

(1) 水泥。为保证喷射混凝土的凝结时间与速凝剂有较好的相容性，应优先采用 425 号以上的普通硅酸盐水泥，其次是矿渣硅酸盐水泥和火山灰质硅酸盐水泥。在有专门使用要求时，采用特种水泥。所使用的水泥，其性能应符合国家现行标准。

(2) 砂。为保证喷射混凝土的强度和减少施工操作时的粉尘，以及减少硬化时的收缩裂纹，应采用坚硬而耐久的中砂或粗砂，细度模数一般宜大于 2.5。

(3) 碎石或卵石（细石）。为防止喷射混凝土过程中的堵管和减少回弹量，应采用坚硬耐久的细石，粒径不宜大于 15mm，以细卵石较好。

(4) 骨料成分和级配。若使用碱性速凝剂，砂、石骨料均不得含有活性二氧化硅，以免产生碱骨反应，引起混凝土开裂，为使喷射混凝土密实和在输送管道中顺畅，砂石骨料级配应按国家标准控制在表 6-25 的范围之内。

表 6-25　喷射混凝土骨料通过各筛径的累计重量百分数　%

粒径 (mm)	0.15	0.30	0.60	1.20	2.50	5.00	10.00	15.00
优	5～7	10～15	17～22	23～31	35～43	50～60	78～82	100
良	4～8	5～12	13～31	18～41	26～54	40～54	62～90	100

(5) 水。为保证喷射混凝土正常凝结、硬化，保证强度和稳定性，饮用水均可用于喷射混凝土；若采用其他水，则不应含有影响水泥正常凝结与硬化的有害物质；不能使用污水以及 pH 值小于 4 的酸性水，也不能使用硫酸盐含量（按 SO_4^{-2} 计算）超过水重 1‰

的水。

(6) 外加剂。主要是速凝剂，在喷射混凝土中添加速凝剂的目的是使喷射混凝土速凝，以减少回弹和早强，选用时应做与水泥的相容性试验。

3. 配比

(1) 干集料中水泥与砂石重量比，一般为1：4～1：4.5，每立方米干集料中，水泥用量约为400kg。这种配比能满足喷射混凝土强度要求，回弹也较少。

(2) 砂率一般为45%～55%。实践证明，低于45%或高于55%时，均易造成堵管，且回弹大，强度降低，收缩加大。

(3) 水灰比一般为0.4～0.45。否则强度降低，回弹增大，采用水泥裹砂喷射工艺时，还应试验选择最佳造壳水灰比。

(4) 速凝剂和其他外加剂的掺量。一定要由试验来确定其最佳掺量，并达到各龄期的设计强度要求。

(5) 喷射混凝土搅拌时间及搅拌后临时存放时间。均应按工艺要求及规范规定进行。

4. 喷射混凝土机械设备

(1) 喷射机（图6-61）。喷射机是喷射混凝土的主要设备。国内已有多种鉴定定型产品，各有特点，可以由施工的具体情况选用。但以保证喷射混凝土的质量，减少回弹和粉尘，控制施工成本，提高工作效率为前提。

(a)

(b)

图6-61 喷射机

(a) 干式；(b) 湿式

常用的干式喷射机有双罐式喷射机、转体式喷射机、转盘式喷射机。新研制的湿式喷射机有挤压泵式、转体活塞泵式、螺杆泵式喷射机。这些泵式喷射机均要求混凝土具有较大的流动性（水灰比大于0.5，含砂率大于70%），其机械构造较为复杂，易损件使用寿命短，机械使用费较高，机械清洗和故障处理较麻烦，目前现场使用尚较少，有待进一步改进推广。

(2) 机械手。喷头的移动和喷射方向、距离的控制，可采用人力直接控制或机械手控制。

人力直接控制虽然可以近距离随时观察喷射情况，但劳动强度大，粉尘危害健康，因此劳动保护要求佩戴防尘面具；对于软弱破碎围岩，需紧跟开挖面及时施喷时，有可能因突发性坍塌危及工人人身安全；另外对大断面隧道，还需要搭设临时性工作台。所以，人力直接控制一般只用于解决少量的和局部喷敷。机械手控制则可以避免以上缺点，且方便灵活，工作范围大，可覆盖 $140m^2$（图 6－62）。

图 6－62 机械手喷射混凝土

（3）强制式搅拌机。喷射混凝土的拌制宜用强制式搅拌机。喷射时风压为 0.1～0.15MPa，且水压应稍高于风压。湿式喷射时，风压及水压均较干喷时高。输料管在使用过程中应注意转向，以减少管道磨损。

5. 喷前检查及准备

（1）喷前应对开挖断面尺寸进行检查，清除松动危面，欠挖超标严重的应予处理。

（2）根据石质情况，用高压风或水清洗受喷面。

（3）受喷岩面有集中渗水时，应做好排水引流处理，无集中水时，应根据岩面潮湿程度，适当调整水灰比。

（4）埋设喷层厚度检查标志，一般是在石缝处钉铁钉，或用快硬水泥安设钢筋头，并记录其外露长度。

（5）检查调试好各机械设备的工作状态。

6. 施喷注意事项

喷射作业应注意以下事项。

（1）喷射时应分段（不超过 6m）、分部（先下后上）、分块（2.0m×2.0m），严格按先墙后拱、先下后上的顺序进行［图 6－63（a）］，以减少混凝土因重力作用而引起的滑动或脱落现象发生。

（2）喷射时可以采用 S 形往返移动前进，也可以采用螺旋形移动前进［图 6－63（b）］。

（3）喷射时喷嘴要垂直于受喷面，倾斜角不大于 10°，距离 0.8～1.2m。

（4）对于岩面凹陷处应先喷多喷，凸出处应后喷少喷。

（5）喷射时一次喷射厚度不得太薄或太厚，它主要与混凝土的黏聚力和受喷部位及回

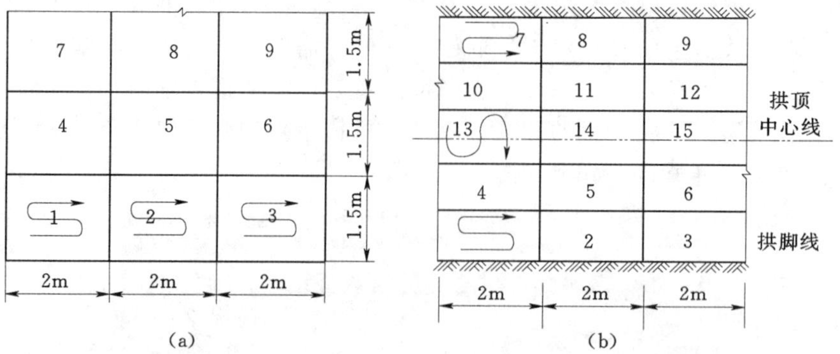

图 6-63　喷射分区及喷射顺序

(a) 边墙喷射分区及喷射顺序；(b) 拱圈喷射分区及喷射顺序

弹情况等有关，一般规定按表 6-26 执行。

表 6-26　　一次喷射厚度　　单位：cm

部位	掺速凝剂	不掺速凝剂
边墙	7～10	5～7
拱部	5～7	3～5

(6) 若设计喷射混凝土较厚，应分层喷射，一般分 2～3 层喷射；分层喷射的间隔时间不得太短，一般要在初喷混凝土终凝以后再进行复喷；喷射混凝土的终凝时间受水泥品种、施工温度、速凝剂类型及掺量等因素影响。

间隔时间较长时，复喷应将初喷混凝土表面清洗干净，复喷应将凹陷处进一步找平。

(7) 喷射混凝土的养护应在其终凝 1～2h 后进行水养护，养护时间一般不少于 7d。

(8) 冬季施工时喷射混凝土作业区的气温不得低于 5℃；若气温低于 5℃，亦不得洒水；混凝土强度未达到设计强度的 50%时，若气温降低到 5℃以下，则应注意采取保温防冻措施。

(9) 回弹物料的利用。实测表明，采用干法喷射混凝土时，一般边墙的回弹率为 10%～20%，拱部为 20%～35%，回弹量相当大。除应设法减少回弹外，尚应将回弹物料回收利用。

及时回收的洁净而尚未凝结的回弹物，可以按一定比例掺入混合料中重新搅拌后喷射，但掺量不宜大于 15%，且不宜用于喷射拱部；回弹物的另一处理途径是掺进普通混凝土中，但掺量也应加以控制。

(五) 钢筋网喷射混凝土

钢筋网喷射混凝土是在喷射混凝土之前，在岩面上挂设钢筋网，然后再喷射混凝土。其物理力学性能基本上同钢纤维喷射混凝土，只是其配筋均匀性较钢纤维差。目前，我国在各类隧道工程中应用钢筋网喷射混凝土支护的比较多，主要用于软弱破碎围岩，而更多的是与锚杆或者钢拱架构成联合支护。

1. 构造组成

钢筋网（图 6-64）通常做环向和纵向布置。环向筋一般为受力筋，由设计确定，直

径 $\phi12$ 左右；纵向筋一般为构造筋，直径 $\phi6\sim\phi10$；网格尺寸一般为 20cm×20cm，20cm×25cm，25cm×25cm，25cm×30cm 或 30cm×30cm，围岩松散破碎严重的，或土质和砂土质隧道，可采用细一些的钢丝，直径一般小于 $\phi6$；网格尺寸亦应小一些，一般为 10cm×10cm，10cm×15cm，15cm×15cm，15cm×20cm 或 20cm×20cm。

图 6-64　钢筋网

2. 施工要点

(1) 钢筋网应根据被支护围岩面上的实际起伏形状铺设，且应在喷射一层混凝土后再行铺设。钢筋与岩面或与初喷混凝土面的间隙应不小于 3cm，钢筋网保护层厚度不小于 3cm，有水部位不小于 4cm。

(2) 为便于挂网安装，常将钢筋网先加工成网片，长宽可为 100～200cm。

(3) 钢筋网应与锚杆或锚钉头连接牢固，并应尽可能多点连接，以减少喷射混凝土时使钢筋发生“弦振”。锚钉的锚固深度不得小于 20cm。

(4) 开始喷射时，应缩短喷头至受喷面之间的距离，并适当调整喷射角度，使钢筋网背面混凝土密实。对于干燥土质隧道，第一次喷射不能太厚，以防起鼓剥落。

四、钢拱架

无论是采用喷射混凝土还是锚杆（抑或是加长、加密锚杆）或是在混凝土中加入钢筋网、钢纤维，都主要是利用其柔性和韧性，而对其整体刚度并未过多要求。这对支护不太破碎的围岩使其稳定是可行的。但当围岩软弱破碎严重、其自稳性差时，开挖后要求早期支护具有较大的刚度，以阻止围岩的过度变形和承受部分松弛荷载。钢拱架就具有这样的力学性能。

1. 构造组成

钢拱架可以采用型钢、工字钢、钢管或钢筋制成。现场采用以钢筋制作的格栅钢架较多，如图 6-65 所示。

2. 性能特点

(1) 钢拱架的整体刚度较大，可以提供较大的早期支护刚度；型钢拱架较格栅钢架能更早承载。

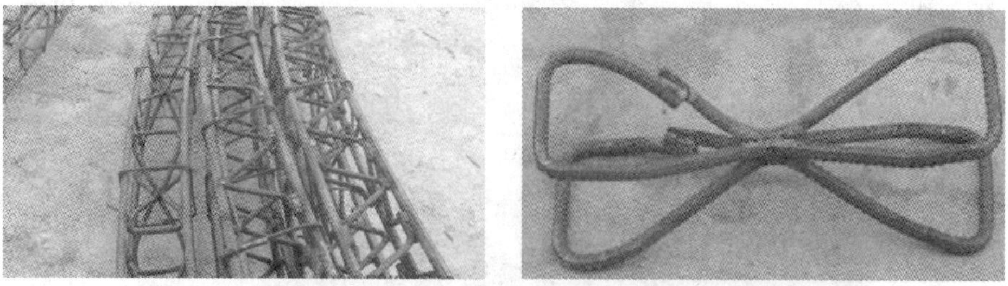

(a)

(b)

图 6-65　钢拱架

(a) 格栅拱架；(b) 型钢拱架

(2) 钢拱架可以很好地与锚杆、钢筋网、喷射混凝土相结合，构成联合支护，增强支护的有效性，且受力条件较好。尤以格栅钢架结合最好。

(3) 格栅钢架采用钢筋现场加工制作，技术难度和要求并不高；对隧道断面变化适应性好。

(4) 钢拱架的安装架设方便。

3. 设计要点

(1) 从理论上讲，钢拱架应按其与锚杆、喷射混凝土共同工作状态来设计，即按 $P=KU$（P 为支护阻力；K 为支护刚度；U 为位移）来确定初期支护的最大阻力。但由于在软弱破碎围岩中，围岩变形与支护阻力之间的极限平衡状态随着支护变形程度而变化，难以确定。另外由于软弱破碎围岩早期变形快，有可能造成较大变形和一定范围的松弛荷载，因此，钢拱架的设计可按其单独承受早期松弛荷载来设计。根据设计、施工经验，早期松弛荷载的量值一般按全部松弛荷载的 10%～40%来考虑。用下式表示：

$$q'=\mu q \tag{6-8}$$

式中　q'——钢拱承受的早期松弛荷载；

q——围岩松弛荷载，按松弛荷载统计公式计算；

μ——钢拱架的荷载系数，一般取0.1～0.4。

（2）拟定钢拱架尺寸后，进行强度、刚度和稳定性检算。常用的钢拱架设计参数见表6－27。

表6－27　常用钢拱架支护设计参数

围岩级别	荷载系数μ	钢拱架类型	每榀轴线间距（m）
Ⅳ	0.25	三肢格栅钢架	1.0
	0.4	三肢格栅钢架＋喷射混凝土	
	0.3	工字钢架	
	0.35	工字钢架＋喷射混凝土	
Ⅴ	0.2	四肢格栅钢架	0.8
	0.6	四肢格栅钢架＋喷射混凝土	
	0.4	工字钢架	
	0.45	工字钢架＋喷射混凝土	
Ⅵ	0.1	四肢格栅钢架	0.6
	0.15	四肢格栅钢架＋喷射混凝土	
	0.1	工字钢架	
	0.1	工字钢架＋喷射混凝土	

（3）钢拱架的截面高度应与喷射混凝土厚度相适应，一般为16～20cm，且要有一定保护层。钢拱架通常是在初喷封面混凝土后架设的，初喷混凝土厚度约4cm。

（4）为架设方便，每榀钢拱架一般应分为2～6节，并保证接头刚度，节数应与断面大小及开挖方法相适应。每榀钢拱架之间应设置不小于$\phi22$的纵向钢拉杆。

（5）当围岩变形量较小或只允许围岩有小量变形时，钢拱架可以设计为固定型。当围岩流动性强、变形量大，且允许围岩有较大变形时，宜将钢拱架设计为可缩性，其可缩节点位置宜设置在拱顶节点处。

4. 施工要点

（1）钢拱架应架设在隧道横向竖直平面内，其垂直度允许误差为±2°。

（2）钢拱架的拱脚应稳定，一般有垫板、纵向托梁、锁脚锚杆等。

（3）钢拱架的安设应在开挖后的2h内完成。

（4）钢拱架应尽可能多地与锚杆露头及钢筋网焊接，以增强其联合支护效应。

（5）可缩性钢拱架的可缩性节点不宜过早喷射混凝土，待其收缩合拢后，再补喷射混凝土。

（6）喷射混凝土时，应注意将钢拱架与岩面之间的间隙喷射密实。

（7）喷射混凝土应分层分次喷射完成，初喷混凝土应尽早进行，复喷混凝土应在量测指导下进行，以保证其适时、有效。

五、联合支护

前面分别介绍了锚杆（系统锚杆或局部锚杆）、喷射混凝土、钢筋网喷射混凝土或纤维喷射混凝土、钢拱架（型钢拱架或格栅钢架）等常用支护方法。在隧道工程中，为适应地质条件和结构条件的变化，常将各种单一支护方法进行恰当组合，共同构成较为合理的、有效的和经济的支护结构体系。但不论何种组合形式，将其通称为联合支护。

目前在隧道工程中，作为初期支护，使用最多的组合形式是锚杆（主要指系统锚杆）加喷射混凝土（素喷或网喷）。因此，初期支护可以称为锚喷支护，它是一种最基本的组合形式。图 6-66 为系统锚杆＋钢筋网＋型钢支撑＋喷射混凝土的联合支护。

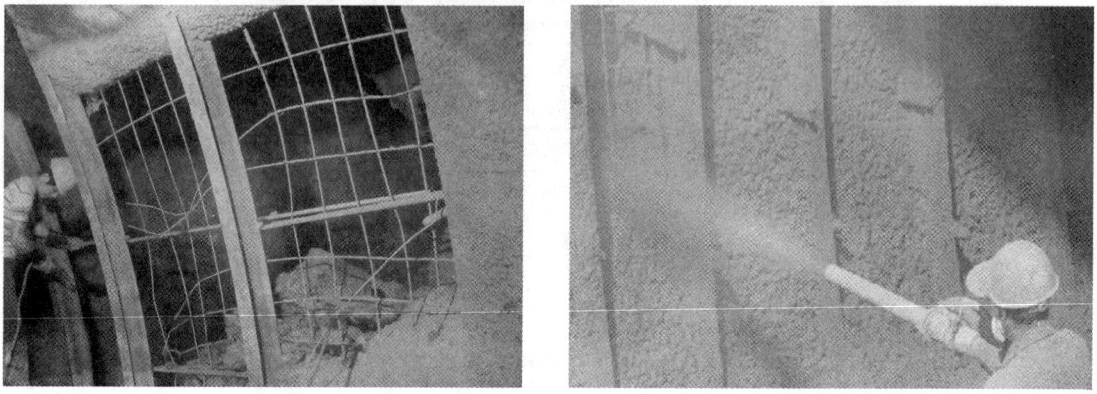

图 6-66 联合支护

联合支护的施工不仅应满足各部件安设施工的技术要求，还应注意以下事项：

（1）联合支护宜联不宜散，彼此要直接地牢固相连，以充分发挥联合支护效应。

（2）钢筋网及钢拱架要尽可能多地与锚杆头焊连，锚杆要有适量的露头。

（3）钢筋网及钢拱架要被喷射混凝土所包裹、覆盖，即喷射混凝土要将钢筋网和钢拱架包裹密实。

（4）分次施作的联合支护，应尽快将其相连，如超前锚杆与系统锚杆及钢拱架的联结。

（5）分次施作的联合支护，要在量测指导下进行，以做到及时、有效，并作适当调整。

六、施工过程中（二次衬砌前）可能发生的问题及对策

前面介绍了隧道开挖方式、方法和初期支护的多种类型。应该说这些方式、方法、类型及其组合是能够适应绝大多数的围岩地质条件和工程结构条件的。但这种适应在工程实际中并非绝对。之所以这样，是基于下面几个方面的原因：其一是在施工、设计过程中，对围岩性质判断不准或情况不明；其二是支护类型与实际要求不适应；其三是支护的时机和方法不恰当；其四是其他的不明原因。由于以上原因的存在，使得在实际施工过程中，经常会出现不良变形甚至松弛坍塌等异常现象。对此，一方面应进行隧道动态信息的反馈分析，对施工方法、支护时机、各支护参数等加以调整；另一方面只能针对一些不能明确原因的现象采取及时有效的处理措施，并加以总结和防范，以利于施工安全顺利地进行，现将这些问题及对策总结归纳见表 6-28。其中 A 项是指进行比较简单的改变就可解决问

题的措施，B项是指包括需要改变支护方法等比较大的变动才能解决问题的措施。

表6-28　　施工中的现象及其处理措施

	施中现象	措　施　A	措　施　B
开挖面及其附近	正面变得不稳定	1. 缩短一次掘进长度； 2. 开挖时保留核心土； 3. 向正面喷射混凝土； 4. 用插板或并排钢管打入地层进行预支护	1. 缩小开挖断面； 2. 在正面打锚杆； 3. 采取辅助施工措施对地层进行预加固
	开挖面顶部掉块增大	1. 缩短开挖时间及提前喷射混凝土； 2. 采用插板或并排钢管； 3. 缩一次开挖长度； 4. 开挖面暂时分部施工	1. 加钢支撑； 2. 预加固地层
	开挖面出现涌水或者涌水量增	1. 加速混凝土硬化（增加速凝剂等）； 2. 喷射混凝土前做好排水； 3. 加挂网格密的钢筋网； 4. 设排水片	1. 采取排水方法（如排水钻孔、井点降水等）； 2. 预加固围岩
	地基承载力不足，下沉增大	1. 注意开挖，不要损害地基围岩； 2. 加厚底脚处喷混凝土，增加支承面积	1. 增加锚杆； 2. 缩短台阶长度，及早闭合支护环； 3. 用喷混凝土作临时底拱； 4. 预加固地层
	产生底鼓	及早喷射底拱混凝土	1. 在底拱处打锚杆； 2. 缩短台阶长度，及早闭合支护环
喷混凝土	喷混凝土层脱离甚至塌落	1. 开挖后尽快喷射混凝土； 2. 加钢筋网； 3. 解除涌水压力； 4. 加厚喷层	打锚杆或增加锚杆
	喷混凝土层中应力增大，产生裂缝和剪切破坏	1. 加钢筋网； 2. 在喷混凝土层中增设纵向伸缩缝	1. 增加锚杆（用比原来长的锚杆）； 2. 加入钢支撑
锚杆	锚杆轴力增大，垫板松弛或锚杆断裂		1. 增强锚杆（加长）； 2. 采用承载力大的锚杆； 3. 为增大锚杆的变形能力，在垫锚板间夹入弹簧垫圈等
钢支撑	钢支撑中应力增大，产生屈服	松开接头处螺栓，凿开喷混凝土层，使之可自由伸缩	1. 增强锚杆； 2. 采用可伸缩的钢的支撑，在喷混凝土层中设纵向伸缩缝
	净空位移量增大，位移速度变快	1. 缩短从开挖到支护的时间； 2. 提前打锚杆； 3. 缩短台阶、底拱一次开挖的长度； 4. 当喷混凝土开裂时，设纵向伸缩缝	1. 增强锚杆； 2. 缩短台阶长度，提前闭合支护环； 3. 在锚杆垫板间夹入弹簧垫圈等； 4. 采用超短台阶法，或在上半断面建造临时底拱

第五节　防排水技术

高速铁路隧道要求二次衬砌表面无湿渍，不允许渗水，公路隧道防水要求也很高。通常都在复合式衬砌中设防水板；用防水混凝土灌注二次衬砌；施工缝及变形缝中都设止水带。每个环节都要认真处理才能保证质量。

一、隧道防水施工流程

隧道防水施工流程如图 6-67 所示。

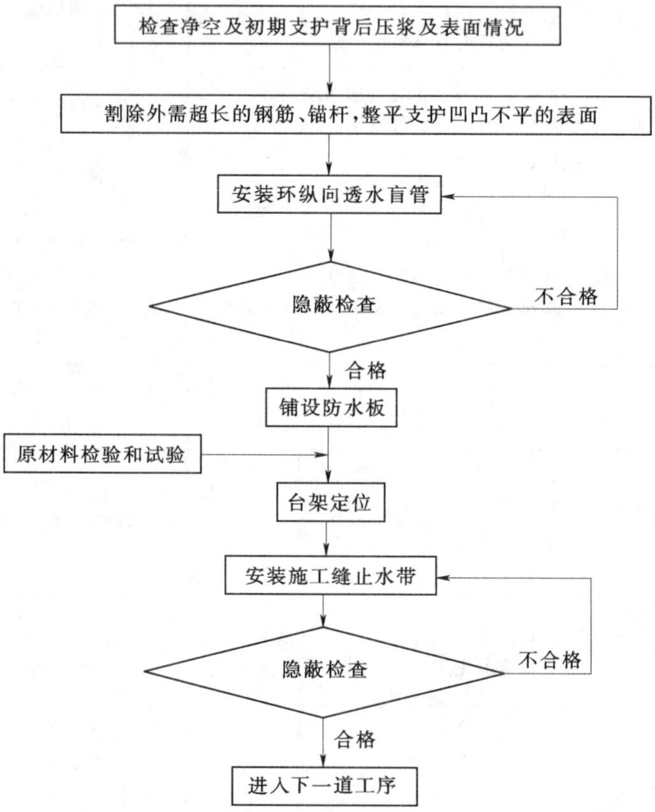

图 6-67　隧道防水施工流程

二、防水板施工

围岩如有淋水，应先采用注浆措施将大的淋水或集中出水点封堵，然后在围岩表面设排水管或排水板竖向盲沟将局部渗水引排。初期支护如有淋水，在初期支护与二次衬砌之间设竖向排水。竖向排水在拱脚处用硬聚氯乙烯排水管穿过二次衬砌排入侧沟中。在初期支护与二次衬砌之间铺设土工布、防水板（图 6-68），变形缝、施工缝采用中埋式橡胶止水带或其他止水措施。

（a）

（b）

图 6-68　隧道防水材料

（a）防水板挂设现场；（b）土工布及防水板实物

1. 基面处理

（1）喷射混凝土基面的表面应平整，两凸出体的高度与间距之比，拱部不大于 1/8，其他部位不大于 1/6，否则应进行基面处理。

（2）拱墙部分自拱顶向两侧将基面外露的钢筋头、铁丝、锚杆、排水管等尖锐物切除锤平，并用砂浆抹成圆曲面。

（3）欠挖超过 5cm 的部分需作处理。

（4）仰拱部分用风镐修凿，清除回填渣土和喷射混凝土回填料。

（5）隧道断面变化或突然转弯时，阴角应抹成半径大于 10cm 的圆弧，阳角应抹成半径大于 5cm 的圆弧。

（6）检查各种预埋件是否完好。

（7）喷射混凝土强度要求达到设计强度。

2. 缓冲垫层的铺设

常用缓冲材料有土工布和聚乙烯泡沫塑料，铺设过程如下：

（1）将垫衬横向中线同隧道中线对齐。

（2）由拱顶向两侧边墙铺设。

（3）采用与防水板同材质的 ϕ80mm 专用塑料垫圈压在垫衬上，使用射钉或胀管螺丝锚固。

（4）垫衬缝搭接宽度不小于 5cm。

（5）锚固点应垂直基面并不得超出垫圈平面，锚固点呈梅花形布置。锚固点间距，拱部为 0.5～0.7m，边墙为 1.0～1.2m，凹凸处应适当增加锚固点。

3. 防水板铺设

防水板铺设多采用无钉（暗钉）铺设法。无钉铺设法是先在喷混凝土基面上用明钉铺设法固定缓冲层，然后将防水板热焊或粘合在缓冲层垫圈上，使防水板无穿透钉孔，如图 6-69 所示。防水板铺设要点如下：

(1) 防水板需环向铺设，相邻两幅接缝错开，结构转角处错开不小于规定值。

(2) 防水板短长边的搭接均以搭接线为准。防水板搭接处采用双焊缝焊接，焊接宽度不小于10mm，且均匀连续，不得有假焊、漏焊、焊焦、焊穿等现象。

(3) 防水板铺设应自上而下进行，铺设时根据基面平整度的不同，应留出足够的富余，防止浇注混凝土衬砌时因防水板绷得太紧而拉坏防水材料或使衬砌背后形成积水空隙。

(4) 在检查焊接质量和修补质量时，严禁在热的情况下进行，更不能用手撕。

(5) 防水板铺设可采用自制台车进行。

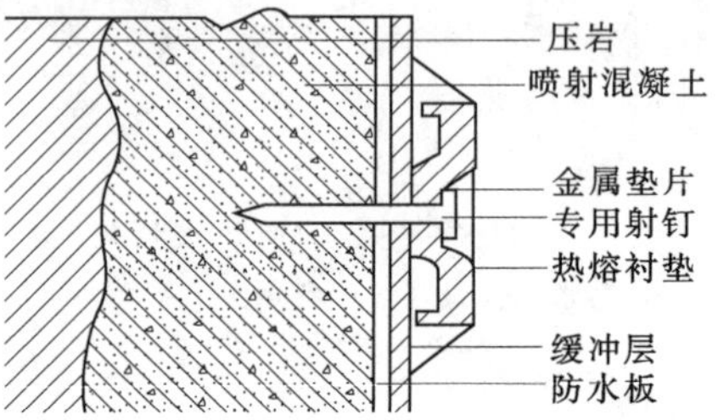

(a)

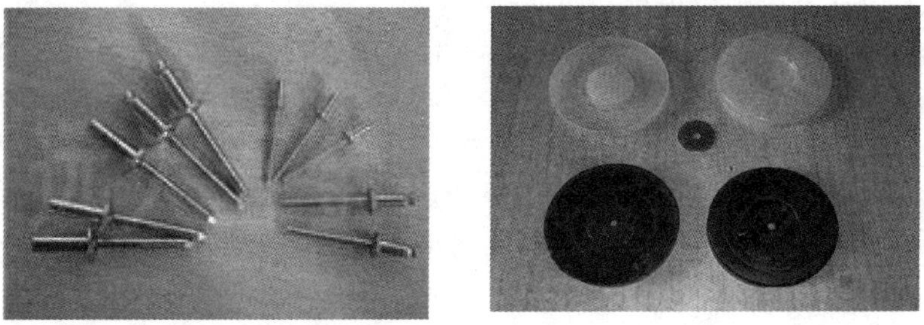

(b)

图 6-69 无钉铺设

(a) 无钉铺设示意图；(b) 射钉及垫圈实物图

4. 防水板搭接

防水板通常采用自动爬行热合机双焊缝焊接，如图 6-70 所示。防水板焊接在热融垫片表面。焊接前将防水板铺设平整、舒展，并将焊接部位的灰尘、油污、水滴擦拭干净，焊缝接头处不得有气泡、褶皱及空隙，而且接头处要牢固，强度不得小于同一种材料；防水板焊接时，要严格掌握焊接速度或焊接时间，防止过焊或焊穿防水材料；防水板之间搭接宽度为10cm，双焊缝的每条缝宽1cm，两条焊缝间留不小于1.5cm宽的空腔做充气检查用。焊缝处不允许有漏焊、假焊，凡烤焦、焊穿处必须用同种材料片焊接覆盖。防水板搭接要求成鱼鳞状，以利排水。

5. 质量检验

(1) 在洞外检查防水板及土工布的颜色、厚度、合格证是否符合要求。

用手将已固定好的防水板上托或挤压，检查其是否与喷混凝土层密贴，检查防水板有无破损、断裂、小孔，吊挂点是否牢固，焊缝有无烤焦、焊穿、假焊和漏焊现象，搭接宽

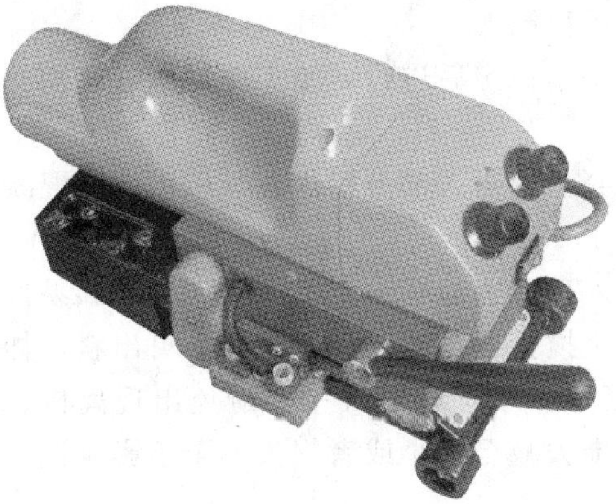

(a)

(b)

图 6-70　防水板搭接

(a) 爬行热合焊机；(b) 防水板焊接现场

度是否符合设计，焊缝表面是否平整光滑，有无波形断面。

防水板安装后至混凝土浇注前这段时间的施工非常容易损伤防水卷材，从而影响整体的防水效果。如果防水卷材两面的颜色是对比色，裂痕或损伤会明显地表现出卷材内层较深的颜色，这样可直接看出安装好的卷材整体质量，对破损处可通过焊接同材质的材料进行修补。

(2) 防水板焊接质量检测。防水板铺设应均匀连续，焊缝宽度不小于 20mm，搭接宽度不小于 100mm，焊缝应平顺、无褶皱、均匀连续，无假焊、漏焊、焊过、焊穿或夹层等现象。检查方法有压气检查、压缩空气枪检查、焊缝拉伸强度、抗剥离强度检查等（图 6-71）。

检查出防水板上有破坏之处时，必须立即做出明显标记，以便毫不遗漏地把破损处修补好，补后一般用真空检查法检查修补质量。补丁不得过小，离破坏孔边缘≥7cm。补丁要剪成圆角，不要有正方形、长方形、三角形等的尖角。

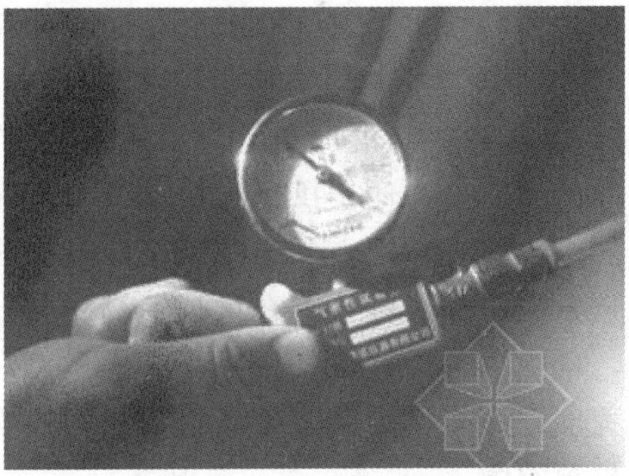

图 6-71　气密性实验

6. 混凝土施工时防水板保护

(1) 底板防水层可使用细石混凝土保护。

(2) 衬砌结构钢筋绑扎时不得划伤或戳穿防水板，钢筋头采用塑料帽保护。焊接钢筋时，用非燃物（如石棉板）隔离。

(3) 浇注混凝土时，振动棒不得接触防水层。

三、防水混凝土施工

隧道衬砌混凝土既是外力的承载结构，也是防水的最后一道防线，因此要求衬砌既要有足够的强度，还要有一定的抗渗性。衬砌采用防水混凝土。为了能够更好地满足设计要求，施工中要加强管理，对混凝土施工进行全过程控制。

（1）防水混凝土施工尽量在围岩和初期支护基本稳定后进行，施工前要做好初期支护的注浆堵水和结构外防水的防水层铺设。

（2）为减少水化热现象的出现，施工时在混凝土中掺入部分粉煤灰，借以提高混凝土的和易性。粉煤灰采用Ⅰ级标准，掺量比例不大于25%。

（3）防水混凝土的搅拌除可使材料均匀混合外，还能起到一定的塑化和提高和易性作用，这对防水混凝土的性能影响较大，为此混凝土搅拌要达到色泽一致后方可出料，拌和时间不应小于2min。混凝土采用混凝土拌和车运送，在运输过程中要避免出现离析、漏浆现象，并要求浇注时有良好的和易性，坍落度损失减至最小或者损失不至于影响混凝土的浇注质量与捣实。

（4）防水混凝土的灌注。

1）二次衬砌拟采用模板台车和组合钢模板，每次立模长度为9～12m为宜。

2）模板要架立牢固、严密，尤其是挡头板，不能出现跑模现象。混凝土挡头板做到表面规则、平整，避免出现水泥浆漏失现象。

3）防水混凝土采用高压输送泵输送入模。施工前，用等强度的水泥砂浆润管，并将水泥砂浆摊铺到施工接茬面上，摊铺厚度为20～25mm，以促使施工缝处新旧混凝土有效结合。混凝土泵送入模时，左右对称灌注，每一循环应连续灌注，以减少接缝造成的渗漏现象。为了控制其自由倾落高度，应将混凝土输送管接到离浇注面不大于$2m^2$的位置，并随着模内混凝土浇注高度的上升而经常提升管口，模板台车和组合钢模板按灌注孔先下后上、由后向前有序进行，防止发生混凝土砂浆与骨料分离。

4）混凝土振捣时，振捣棒应等距离地插入，均匀地捣实全部混凝土，插入点间距应小于振捣半径，前后两次振捣棒的作用范围应相互重叠，避免漏捣和过捣，振捣时严禁触及钢筋和模板。顶部浇注混凝土时，采用附壁式振捣器捣固，混凝土的振捣时间宜为10～30s，以混凝土开始出浆和不冒气泡为准。

5）隧道拱顶混凝土灌注采用泵送挤压混凝土施工工艺，拱顶宜设计三个灌注孔，由后向前灌注。为便于拱顶浇注方便，可在衬砌台车顶部加一台方便纵向移动的浇筑平台车。由于客观原因，拱顶混凝土往往会出现不密实、灌不满等现象，对此部位的混凝土施工，根据工程经验，可在拱顶最高位置贴近防水板面预埋注浆管。其目的：一是作为排气孔，排除拱部附近空气，减小泵送压力；二是通过灌注过程观察灌浆情况，检查混凝土饱满程度；三是作为注浆管，对二次衬砌实施回填注浆，以弥补混凝土因收缩或未灌满造成的拱顶空隙。

6）混凝土灌注完毕，待终凝后应及时采用喷、洒水养护。由于模板台车和组合钢模板不能及时拆除，初期养护洒水至模板表面和挡头板进行降温，待拆模后，对结构表面及时进行洒水养护，保持混凝土表面湿润，养护期不短于14d，以防止混凝土在硬化期间产生干裂，形成渗水通道。

四、施工缝、变形缝施工

施工缝、变形缝是防水的薄弱环节，因此必须按规范规定和设计要求认真施作。

1. 施工缝

施工缝处采用止水带或止水条防水，设置在结构厚度的1/2处。

(1) 施工时要对其材质、性能、规格进行检查，符合设计要求，无裂纹和气泡。

(2) 先施工结构中预埋的一半止水带，应用止水带钢筋夹固定或通过边孔的钢丝固定在结构钢筋骨架上，并用两块挡头板牢牢固定住，避免混凝土灌注过程中止水带移位。止水带不得打孔或用铁钉固定。

(3) 拆模时和进行施工缝凿毛处理时，应仔细保护止水带，以防被破坏。后施工的结构在灌注前，必须对止水带加以清洗。

2. 变形缝

变形缝是由于考虑结构不均匀受力和混凝土结构胀缩而设置的允许变形的缝隙，它是防水处理的难点，也是结构自防水中的关键环节。

变形缝设计为缝宽20～30mm，防水材料可选用橡胶钢片止水带、双组分聚硫橡胶、四油两布双组分聚氨酯、聚苯板、EVA防水砂浆等。结构中间埋入钢边橡胶止水带，止水带两侧分别用聚苯乙烯泡沫板填充。

具体操作方法：用特制钢筋箍夹紧橡胶钢片止水带，使其准确居中，在封口处开宽90mm、深35mm槽，槽体与缝交接处放双组分聚硫橡胶，其余部分填聚苯板。在嵌双组分聚硫橡胶前，将缝两边基面的表面松动物及浮渣等凿除，清扫干净并用砂浆找平，使其与变形缝两侧黏结牢固。槽体的槽帮涂四油两布双组分聚氨酯，槽体填充EVA防水砂浆。

3. 变形缝、施工缝的质量保证措施

(1) 保证施工缝粘贴止水条处混凝土面光滑、平整、干净，施工缝凿毛时不被破坏。

(2) 止水条的安装确保密贴、牢固、混凝土浇注前无膨胀失效，使用氯丁胶粘贴并加钢钉固定，接头用氯丁胶斜面粘贴紧密。

(3) 止水带的安装确保居中、平顺、牢固、无裂口脱胶，并在浇注混凝土的过程中注意随时检查，防止止水带移位、卷曲。塑料止水带接头采取焊接。

(4) 各种贯通的施工缝、变形缝的止水条、止水带的安装确保形成全封闭的防水网。

(5) 浇注混凝土前，先将混凝土基面充分凿毛并清洗干净。采用手工凿毛时，对施工缝的清洗必须彻底，必要时还要用钢刷刷干净。

(6) 混凝土浇注时，确保新旧混凝土结合良好，使混凝土接合处有20～30mm厚的水泥砂浆。水平施工缝可先铺设厚20～30mm的与混凝土等强度的防水砂浆。

4. 止水带

止水带一般用于施工缝部位，为防止因混凝土施工未连续浇注而导致的缝隙，水见缝就会渗透，特别是地下水，有一定压力，因此在这些部位进行防水处理。按所用材料，可将止水带分为橡胶止水带、钢边止水带、塑料止水带和钢板止水带等，如图6-72所示。

5. 止水带施工

(1) 背贴式橡胶止水带的施工（图6-73）。

1) 背贴式橡胶止水带设置在衬砌结构施工缝、变形缝的外侧，施工时按设计要求先在需要安装止水带的位置放出安装线。

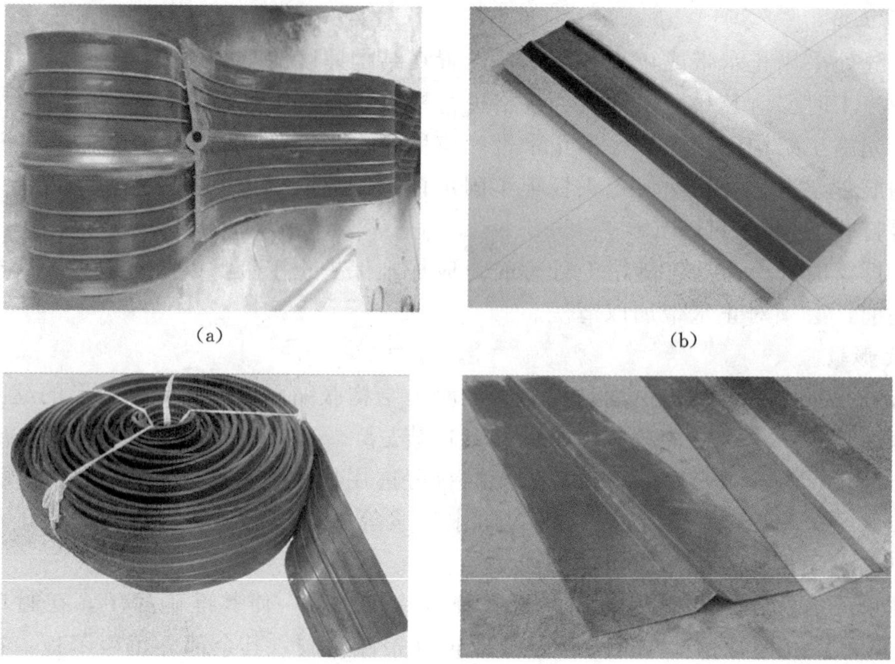

图 6-72　止水带类型

(a) 橡胶止水带；(b) 钢边止水带；(c) 塑料止水带；(d) 钢板止水带

2）施工缝处设计有防水板的，如止水带材质与防水板相同，则采用热焊机将止水带固定在防水板上；如设计为橡胶止水带时，则采用黏结法将其与防水板黏结。

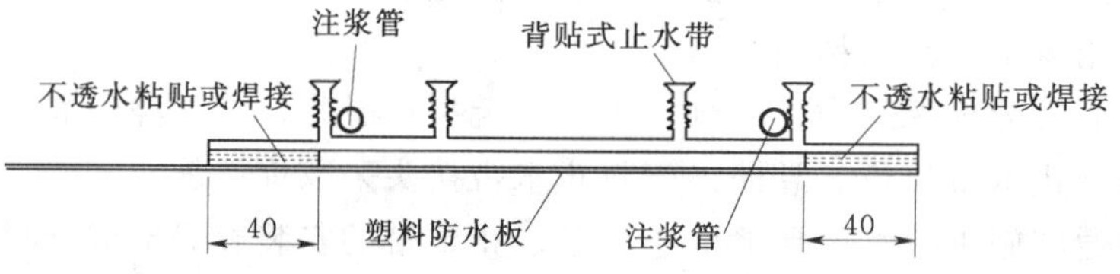

图 6-73　背贴式橡胶止水带示意图

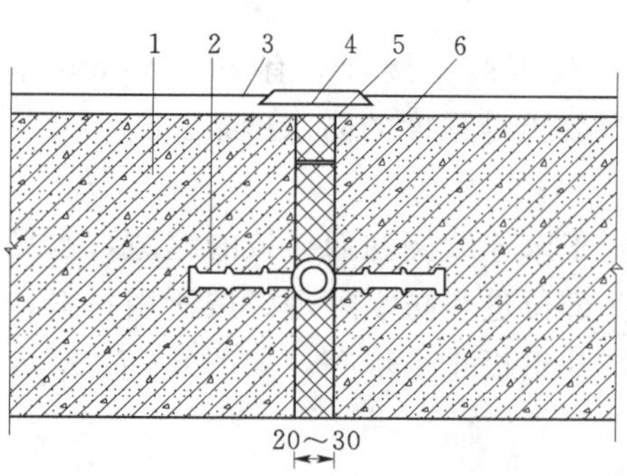

图 6-74　中埋式橡胶止水带示意图

1—混凝土结构；2—中埋式止水带；3—防水层；4—隔离层；5—密封材料；6—填缝材料

（2）中埋式橡胶止水带的施工（图 6-74）。中埋式橡胶止水带施工时，将加工的 ϕ10mm 钢筋卡由待模筑混凝土一侧向另一侧穿入，卡紧止水带一半，另一半止水带平结在挡头板沙窝内，待模筑混凝土凝固后弯曲 ϕ10mm 钢筋卡套上止水带，模筑下一循环混凝土。

1）止水带安装的横向位置，用钢卷尺量测内模到止水带的距离，与设计位置相比，允许偏差为±5cm。

2）止水带安装的纵向位置，通常止水带以施工缝或伸缩缝为中心两边对称，用钢卷尺检查，要求止水带偏离中心的允许偏差为±3cm。

3）用角尺检查止水带与衬砌端头模板是否正交，不正交时会降低止水带的有效长度。

4）检查接头处上下止水带的压茬方向，此方向应以排水畅通、将水外引为正确方向，即接茬部位下部止水带压住上部止水带。

5）用手轻撕接头来检查接头强度，观察接头强度和表面打毛情况。接头外观应平整、光洁，抗拉伸强度不低于母材，不合格时应重新焊接。

（3）遇水膨胀橡胶止水带的施工（图6-75）。

1）选用的遇水膨胀橡胶止水带应具有缓胀性能，其7d的膨胀率不大于最终膨胀率的60%。

2）遇水膨胀橡胶止水带应牢固地安装在缝表面或预留槽内。先将预留槽清洗干净，然后涂一层胶黏剂，将止水带嵌入槽内，并用钢钉固定。止水带连接应采用搭接方法，搭接长度大于50mm，搭接头要用水泥钉钉牢。止水带应沿施工缝回路形成闭合回路，不得有断点。

3）止水带安装位置、接头连接应符合设计要求。

4）止水带表面没有开裂、缺胶等缺陷，无受潮提前膨胀现象。

5）止水带与槽底密贴，没有空隙。

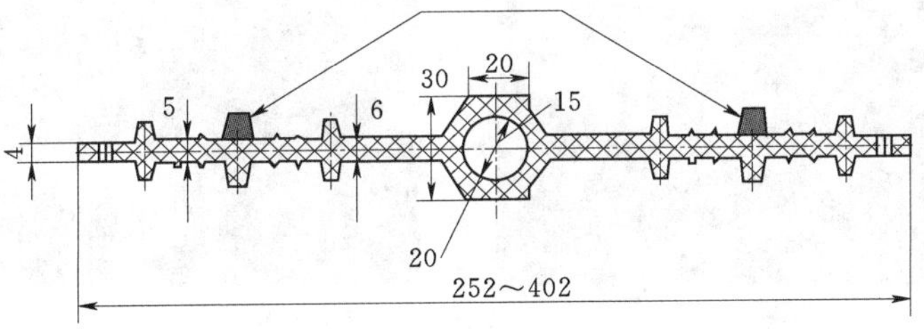

图6-75　遇水膨胀橡胶止水带示意图

第六节　二 次 衬 砌 技 术

在永久性的隧道及地下工程中常用的衬砌形式有以下三种：整体式衬砌、复合式衬砌及锚喷衬砌。本节二次衬砌施工主要为复合式二次衬砌。

一、二次衬砌施工方法

按照现代支护理论和新奥法施工原则，二次衬砌是在围岩与支护基本稳定后施作的，此时隧道已成型，为保证衬砌质量，衬砌施工按先仰拱、后墙拱，即由下到上的顺序连续灌筑。在隧道纵向，则需分段进行，分段长度一般为9～12m。

二、模板类型

常用的模板有整体移动式模板台车、穿越式分体移动模板台车、拼装式拱架模板三种类型。

1. 整体移动式模板台车

整体移动式模板台车［图 6 - 76（a）］主要由大块曲模板、机械或液压脱模、背附式振捣设备集装成整体，并在轨道上走行。有的还设有自行设备，从而缩短立模时间，墙拱连续灌筑，加快衬砌施工速度。

(a)　(b)　(c)

图 6 - 76　衬砌台车形式

(a) 整体式；(b) 穿越式；(c) 拼装式

模板台车的长度即一次模筑段长度，应根据施工进度要求、混凝土生产能力和灌筑技术要求以及曲线隧道的曲线半径等条件来确定。

整体移动式模板台车的生产能力大，可配合混凝土输送泵联合作业，是较先进的模板设备，但其尺寸大小比较固定，可调范围较小，影响其适用性，且一次性设备投资较大。我国有些施工单位自制较为简单的模板台车，效果也很好。

2. 穿越式分体移动模板台车

穿越式分体移动模板台车［图 6 - 76（b）］是将走行机构与整体模板分离，因此一套走行机构可以解决几套模板的移动问题，既提高了走行机构的利用率，又可以多段衬砌同时施作。

3. 拼装式拱架模板

拼装式拱架模板［图 6 - 76（c）］的拱架可采用型钢制作或现场用钢筋加工成桁架式拱架。为便于安装和运输，常将整榀拱架分解为 2～4 节，进行现场组装，其组装连接方式有夹板连接和端板连接两种。为减少安装和拆卸工作量，可以做成简易移动式拱架，即将几榀拱架连成整体，并安设简易滑移轨道。

拼装式拱架模板多采用厂制定型组合钢模板，其厚度均为5.5cm，宽度有10cm、15cm、20cm、25cm、30cm，长度有90cm、120cm、150cm等。局部异形及挡头板可采用木板加工。

拼装式拱架模板的一次模筑长度，应与围岩地质条件、施工进度要求、混凝土生产能力以及开挖后围岩的动态等情况相适应。一般分段长度为2～9m，松软地段最长不超过6m。拱架间距应视未凝混凝土荷载大小及隧道断面大小而定，一般可采用90cm、120cm及150cm。

拼装式拱架模板的灵活性大，适应性强，尤其适用于曲线地段。因其安装架设较费时费力，故生产能力较模板台车低。在中小型隧道及分部开挖时，使用较多。传统的施工方法中，因受开挖方法及支护条件的限制，其衬砌施作多采用拼装式拱架模板。

三、衬砌施工准备

在灌筑衬砌混凝土之前，要进行隧道中线和水平测量、检查开挖断面、放线定位、混凝土制备和运输等准备工作。

这些准备工作，除应按模筑混凝土工程的一般要求进行外，还应注意以下各点。

1. 断面检查

根据隧道中线和水平测量，检查开挖断面是否符合设计要求，欠挖部分按规范要求进行修凿。并做好断面检查记录。

墙脚地基应挖至设计标高，并在灌筑前清除虚渣，排除积水，找平支承面。

2. 放线定位

根据隧道中线和标高及断面设计尺寸，测量确定衬砌立模位置，并放线定位。

采用整体移动式模板台车时，实际是确定轨道的铺设位置。轨道铺设应稳固，其位移和沉降量均应符合施工误差要求。轨道铺设和台车就位后，都应进行位置、尺寸检查。放线定位时，为了保证衬砌不侵入建筑限界，须预留误差量和沉落量。并注意曲线加宽。

预留误差量是考虑到放线测量误差和拱架模板就位误差，为保证衬砌净空尺寸，一般将衬砌内轮廓尺寸扩大5cm。

预留沉落量是考虑到未凝混凝土的荷载作用会使拱架模板变形和下沉，后期围岩压力作用和衬砌自重作用（尤其是先拱后墙法施工时的拱部衬砌）会使衬砌变形和下沉。这部分预留沉落量根据实测数据确定或参照经验确定。

预留误差量和预留沉落量应在拱架模板定位放线时一并考虑确定，并按此架设拱架模板和确定模板架的加工尺寸。

3. 拱架模板整备

使用拼装式拱架模板时，立模前应在洞外样台上将拱架和模板进行试拼，检查其尺寸、形状，不符合要求的应予修整。配齐配件，模板表面要涂抹防锈剂。洞内重复使用时亦应注意检查修整。拱架模板尺寸应按计算的施工尺寸放样到放样台上，并注意曲线加宽后的衬砌及模板尺寸。

使用整体移动式模板台车时，在洞外组装并调试好各机构的工作状态，检查好各部尺寸，保证进洞后投入正常使用。每次脱模后应予检修。

4. 立模

根据放线位置，架设安装拱架模板或模板台车就位。安装和就位后，应做好各项检查，包括位置、尺寸、方向、标高、坡度、稳定性等；并注意处理好以下几个问题：

(1) 每排拱架应架设在垂直于隧道中线的竖直平面内，不得倾斜；对于曲线隧道，因曲线外弧长、内弧短，则应分段调整拱架方向和模板长度。

(2) 拱架应立于稳固的地基上。拱架下端一般应焊接端头板，以增大支承面，减少下沉；当地基较软弱时，应先用碎石垫平，再用短枕木支垫，此垫木不得伸入衬砌混凝土中。

当采用整体移动式模板台车时，其走行轨道应铺设稳定，轨枕间距要适当，道床要振捣密实，必要时可先施作隧道底板，防止过量下沉。

(3) 拱架的架设要牢固稳定，保证其不产生过量位移。拱架立好后还应对其稳定性进行检查。固定的方法：横向有过河撑（断面较小时采用）、斜撑（断面较大时采用）、锚杆（锚固于围岩，穿过衬砌、模板、墙架、带木，用螺栓垫板固定拉住墙架）；纵向有带木、拱架间撑木、拉杆及斜撑，拱架与围岩之间的顶撑等。其中锚杆应先行安设，并作抗拔力的施工检算。

拱架模板的架设和加强，均应考虑其腹部的通行空间，以保证洞内运输的畅通。

(4) 挡头模板应同样安装稳固，挡头板常用木板加工，现场拼铺，以便于与岩壁之间的缝隙嵌堵严密；也可以采用气囊式堵头。

(5) 设有各种防水卷材、止水带时，应先行安装好，并注意挡头板不得损伤防水材料，以免影响防水效果。

5. 混凝土制备与运输

由于洞内空间狭小，混凝土多在洞外拌制好后，用运输工具运送到工作面再灌筑。其实际待用时间中主要是运输时间，当隧道长大和运距较远时，运输工具的选择应注意装卸方便，运输快速，保证拌好的混凝土在运输过程中不发生漏浆、离析泌水，坍落度损失和初凝等现象。

可结合工程情况，选用各种斗车、罐式混凝土运输车或输送泵等机械。

6. 混凝土的灌筑、养护与拆模

在做好上述准备工作后，即可进行混凝土灌筑。隧道衬砌混凝土的灌筑应注意以下几点：

(1) 保证捣固密实，使衬砌具有良好的抗渗防水性能，尤其应处理好施工缝。

(2) 整体模筑时，应注意对称灌筑，两侧同时或交替进行，以防止未凝混凝土对拱架模板产生偏压而使衬砌尺寸不合要求。

(3) 若因故不能连续灌筑，则应按规定进行接茬处理。衬砌接茬应为半径方向。

(4) 边墙基底以上 1m 范围内的超挖，宜用同级混凝土同时灌筑。其余部分的超、欠挖应按设计要求及有关规定处理。

(5) 衬砌的分段施工缝应与设计沉降缝、伸缩缝及设备洞位置统一考虑，合理确定

位置

(6) 封口方法。当衬砌混凝土灌筑到拱部时，需改为沿隧道纵向进行灌筑，边灌筑边铺封口模板，并进行人工捣固，最后堵头，这种封口称为“活封口”。当两段衬砌相接时，纵向活封口受到限制，此时只能在拱顶中央留出一个50cm×50cm的缺口，待后进行“死封口”(图6-77)。采用整体式模板台车配以混凝土输送泵时，可以简化封口。

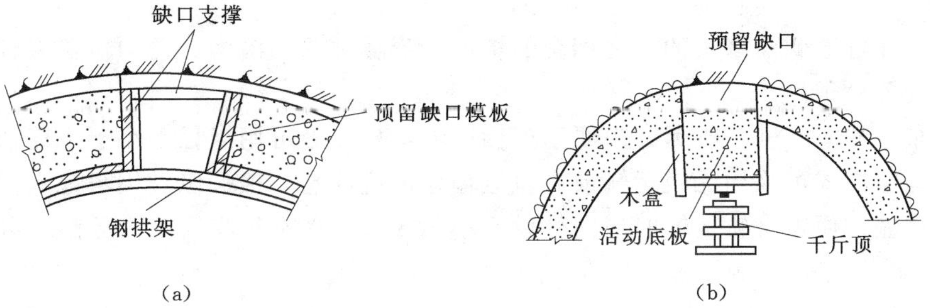

图6-77 拱部衬砌封口(死封口)
(a) 预留缺口的模板；(b) 干硬性混凝土顶入

(7) 多数情况下隧道施工过程中，洞内的湿度能够满足混凝土的养护条件。但在干燥无水的地下时，则应注意进行洒水养护。

采用普遍硅酸盐水泥拌制的混凝土，其养护时间一般不少于7d；掺有外加剂或有抗渗要求的混凝土，其养护时间一般不少于14d。养护用水的温度应与环境温度基本相同。

(8) 二次衬砌的拆模时间，应根据混凝土强度增长情况来确定。一般应在混凝土达到施工规范要求强度时，方可拆模。有承载要求时，应根据具体受力条件来确定。

7. 压浆、仰拱和底板

(1) 压浆。在灌筑衬砌混凝土时，虽然要求将超挖部分回填，但由于操作方法的原因，其中有些部位并不可能回填得很密实。这种情况在拱顶背后一定范围内较为明显。因此，要求在衬砌混凝土达到设计强度后，对这些部位进行压浆处理，以使衬砌与围岩密贴(全面紧密接触)，达到限制围岩后期变形，改善衬砌受力工作状态的目的。压浆浆液材料多采用单液水泥浆。

(2) 仰拱和底板。若设计无仰拱，则铺底通常是在拱墙修筑好后进行，以避免与拱墙衬砌和开挖作业相互干扰。若设计有仰拱，说明侧压和底压较大，则应及时修筑仰拱使衬砌环向封闭，避免边墙挤入造成开裂甚至失稳。但仰拱和底板施工占用洞内运输道路，对前方开挖和衬砌作业的出渣、进料造成干扰。因此，应对仰拱和底板的施作时间、分块施工顺序和运输的干扰问题进行合理安排。

第七节 辅助坑道设置技术

当隧道较长时，可选择设置适当的辅助坑道，如横洞、斜井、竖井、平行导坑等，用以增大施工工作面，加快施工速度，改善施工条件(通风、排水)。

设置辅助坑道可能使隧道工程造价提高，辅助坑道选择适当与否，会影响其作用的发挥。因此，在选择辅助坑道时应根据是否利用其作为永久通风通道、工期要求、施工组织、地形条件、地质及水文地质情况、弃渣场地、施工机具、经济性等各个方面综合考虑，其断面尺寸由地质及施工需要、机具情况而定，一般不宜过大。在无特殊要求时，辅助坑道的支护一般只要求能够保证施工期间的稳定和安全即可。

一、横洞

横洞是在隧道侧面修筑的与之相交的坑道。当隧道傍山沿河、侧向覆盖层较薄时，就可以考虑设置横洞。

横洞布置如图 6-78 所示。为便于车辆运输，相交处可用半径不小于 7 倍轴距的圆曲线相连。运输方式可采用无轨运输或有轨运输。但应注意，横洞纵坡因考虑到便于排水及重车下坡运输方便，有轨运输时应向外设不小于 3‰长度的下坡，无轨运输时可视车辆情况而定。

(a)　　(b)

图 6-78 横洞

(a) 示意图；(b) 施工现场

一般情况下，横洞不长，故较经济，因此在地形条件允许时，宜优先考虑采用横洞来增辟工作面。

选择横洞与隧道的交角一般不小于 60°，地形限制时不宜小于 40°，交角太小则锐角段围岩较易坍塌，斜交时最好朝向主攻方向。

二、平行导坑

平行导坑是与隧道平行修筑的坑道，简称平导（图 6-79）。对于长大越岭隧道，由于地形限制，或因机具设备条件、运输道路等条件的限制，无法选用横洞、竖井、斜井等辅助坑道时，为加快施工速度，及超前地质勘察，可采用平行导坑方案。但由于多开挖一个导坑使工程造价提高，因此在 3000m 以上的隧道，无其他辅助导坑可设时才考虑平行导坑方案。大断面开挖的隧道，采用大型机具施工，干扰小，施工条件也好（如通风、排水、运输等），因此一般不需采用平行导坑。

1. 平导作用

平行导坑超前掘进，可进行地质勘察，充分掌握前方地质状况；平行导坑通过横通道与正洞联络，可以增大正洞工作面，加快施工速度，且构成巷道式通风系统、排水降水系统、进料出渣运输系统，可以将洞内作业分区段进行，减小相互干扰；此外还可以构成洞内测量导线网，提高测量精度。

图 6-79　平导

2. 平导设计及施工要点

(1) 平行导坑的平面布置。平行导坑一般设于地下水流向隧道的一侧，以利用排水，使正洞干燥，但同时也应结合地质情况及弃渣场地等条件综合确定。平行导坑与正洞之间的最小净距离，应视地质条件、施工方法、导坑跨度等因素确定，并考虑由于导洞开挖而形成的两个“自然拱”不相接触为好，否则容易造成塌方。一般平行导坑距正洞约为 20m。平行导坑底面标高应低于隧道底面标高 0.2m，以有利于正洞的排水和运输。纵坡原则上与隧道纵坡一致，或出洞 3‰的下坡。

(2) 初进洞时可在适当长度（500m 左右）不设横通道，以后，每隔 120～180m 设一个横通道，以便于运输，为方便运输调车作业，每隔 3～4 个横通道设置一个反向横通道。

从维持围岩稳定和运输顺畅考虑，横通道与隧道中线的平面交角一般以 40°～45°为宜，夹角过小则夹角中围岩易坍，并且增加横通道的长度；夹角过大则运输线路的运行条件差。横通道坡度则由正洞与平行导坑的高差而定。

(3) 平行导坑衬砌与否，视地质情况而定，一般可不修筑。当考虑作为永久通风道或泄水洞时应作衬砌。

(4) 为更好地发挥平行导坑的增辟工作面的作用，以及利用平行导坑超前预测正洞经过地带的地质情况，平行导坑应超过正洞导坑两个横通道以上间距，不过，也不宜过大，以减少平行导坑施工通风等的困难。

(5) 平行导坑与正洞的各项作业应分区分段进行，以减少干扰。分区分段长度应结合横通道及运输组织来选择。

有轨运输时，在平行导坑中一般都采用单道运输，为满足运输调车的需要，可每隔 2～3 个横通道铺设一个双道的会车站，其有效长度一般为 50～60m。

三、斜井

斜井是在隧道侧面上方开挖的与之相连的倾斜坑道。当隧道洞身一侧有较开阔的山谷且覆盖不太厚时，可考虑设置斜井。

当隧道埋深不大，地质条件较好，隧道侧面有沟谷等低洼地形时，可采用斜井作为辅助坑道。斜井的设置如图 6-80 所示。

斜井长度一般不超过 200m，以降低工程造价及保证运输效能，因此，在选用较长斜井方案时，应作经济比较。

斜井井口位置不应设在洪水淹没处。斜井仰角 α 的大小，主要考虑斜井长度及施工方

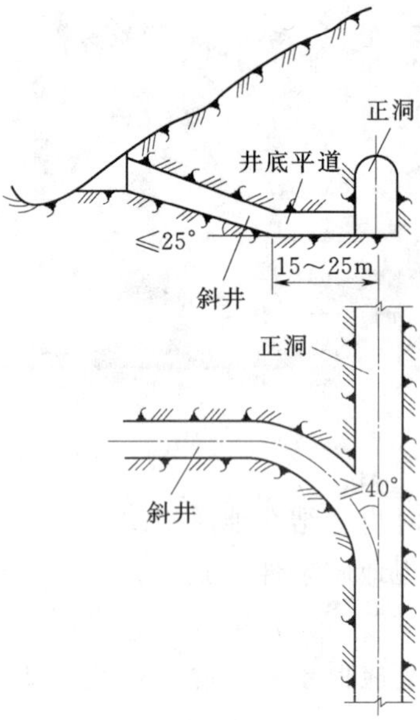

(a)

(b)

图 6-80 斜井
(a) 示意图；(b) 施工现场

便，一般以不大于 25°为宜，且井身不宜设变坡。斜井与隧道中线的夹角不宜小于 40°，并在与隧道连接处宜用 15～25m 的水平道相连，以便于运输作业和保证运输安全。井口场地通常设有向洞外的不小于 3‰长度的下坡，以防车辆溜向洞内造成事故，且有利于排水。

提升机械一般用卷扬机牵引斗车，坡度很小时亦可采用皮带输送或无轨运输，斜井内的轨道数视出渣量而定。

井口段应修筑衬砌，其他部分视地质条件及是否作为永久通风道等条件决定是否修筑永久衬砌。

施工期间应做好井口防排水工程，严防洪水淹没。卷扬机牵引斗车需防止钢丝绳中断或脱钩等事故。为此应严格控制牵引速度，斜井长小于 200m 时，车速不大于 3.5m/s；斜井长超过 200m 时，可适当提高车速。井口应设置安全闸，斗车出洞后及时安好安全闸以防溜车，为防止斗车在坡道上因脱钩或钢丝绳断裂而下滑，可在斗车上或坡道上设置止溜沟，以阻止斗车继续下滑。也可以在斜井坡道终点或坡道中间适当位置设置安全缆绳，由专人负责看守，斗车经过后，即在坑道的两帮间揽以钢丝绳，万一斗车脱钩，也不致冲入井底车场而发生严重事故。此外，在井底调车场及井身每隔 30～50m 处宜设避险洞以保证作业人员安全。

四、竖井

竖井是在隧道上方开挖的与隧道相连的竖向坑道。

覆盖层较薄的长隧道，或在中间适当位置覆盖层不厚、具备提升设备、施工中又需增加工作面时，则可用竖井增加工作面的方案。竖井深度一般不超过150m。

竖井可设在隧道一侧，与隧道的距离一般情况下为15～25m之间（图6-81），或设置在隧道的正上方。竖井设置在隧道一侧时，施工安全、干扰少，但通风效果差；竖井设在隧道正上方时，通风效果好，不需另设水平通道，但施工干扰大，施工时不太安全。圆形断面的断面利用率低，但施工较方便，且受力条件好，故常用于压力较大的围岩中修筑临时性竖井和简易竖井。

因此，竖井的位置、断面形状，应根据施工要求、通风、是否作为永久通风道、造价等因素综合考虑确定。

当隧道设两个以上竖井时，应做经济性分析，以保证工程造价不致过高。

竖井断面尺寸根据提升能力、机具设备、通风排水等铺设的管道、安全梯等设备的布置以及安全间隙等因素确定，多采用圆形断面，直径为4～6m。竖井构造包括井口圈、井筒、壁座、井筒与隧道间的连接段、井下集水坑等部分（图6-81）。

(a)　　(b)

图6-81　竖井

(a) 布置示意图；(b) 施工现场

井口段常处于松软土壤中，从地面往下1～2m（严寒地区至冻结线以下0.25m）应设置钢筋混凝土锁口圈，以承受土压和经土壤传来的井口建筑物、机具设备所产生的荷重，并承受施工时挂钩所悬吊的荷重。围岩较破碎时需修筑永久衬砌，开挖面与衬砌之间的距离不宜超过30m，衬砌厚度由设计计算确定，并不小于20cm。壁座是为防止井壁下滑而设置的，视地质情况及衬砌结构确定壁座位间距，一般为30～40m。

施工中，井口、井底需有必要的安全措施，以防施工时发生事故。井口要注意防洪，加强排水防洪设施。井口与井底间应设置施工人员联系用的通信设备。

根据地质及水文条件，竖井可采用人工开挖或下沉沉井的方法进行施工。此外，在有条件和必要时，可设置投料孔（即一种小断面简易竖井），用于向洞内投放砂、石材料甚至混凝土等。此外投料孔常用钻井的方法施作，并与斜井或竖井配合使用，以减少进料对斜井或竖井运输的要求，从而提高斜井的生产能力。

第八节　水电供应与通风防尘技术

隧道施工中的凿岩、防尘、喷射混凝土、灌注混凝土、混凝土养护及空压机冷却等需要大量用水，施工人员生活（饮水及洗澡）也要用水，因此要有供水设施。

为了保证洞内有个良好的施工环境，洞内施工所用的水、渗漏出来的地下水都必须及时排到洞外。

一、施工供水

1. 水质要求

凡无臭味、不含有害矿物质的洁净天然水都可以做施工用水，但应做水质实验分析。对混凝土拌制用水，要求硫酸盐含量不大于1500mg/L，氢离子含量（pH 值）不小于 4，且无油、糖、酸等杂质。

作为防尘用水，要求大肠杆菌指数每升水中不超过 3 个。生活用水要求新鲜清洁。

2. 用水量估算

用水量与隧道工程的规模、施工进度、施工人员数量、机械化程度等条件有关，关系幅度较大，一般可参照表 6－29 来估算 1d 的用水量，再加一定的储备量。

表 6－29　　**1d 的用水量**　　单位：t

用水项目	单位	耗水量	说明
手持式凿岩机	t/(台×h)	0.20	
喷雾洒水	t/min	0.03	爆破后喷雾 30s
衬砌	t/h	1.50	包括混凝土养护
机械	t/(台×h)	5.00	循环冷却
浴池	t/次	15.0	
生活	t/(人×d)	0.02	

3. 供水方式

供水方式主要根据水源情况而定。在选择水源时，要根据当地季节变化，要求有充足的水量，保证不间断供水。

通常应尽量利用自流水源，以减少抽水机械设备。一般是把山上流水或泉水，河水或地下水（打井）用水管或抽水机引或扬升到修建于山顶的蓄水池中，然后利用地形高差形成水压，通过管路送达使用地点。

蓄水池一般为开口式，水池容量根据最大计算用水量、水源及抽水机等情况而定。为防止抽水机发生故障或偶尔停电，还应考虑备用水量。

蓄水池位置应选在基地坚固的山坡上，避开隧道洞顶，以防水池下沉开裂后漏水渗入隧道，造成山体滑坡或洞内塌方。

水从水池出水口到达隧道开挖面，其水压应不小于 0.3MPa，又因为 10m 高的水柱可以产生 0.1MPa 的水压，所以水池与隧道开挖面间应有一定的高差值，即

$$H \geqslant 1.2(30 + h_{损}) \quad (6-9)$$

$$h_{损} = \sum h_{摩} + \sum h_{局}$$

式中 1.2——水压储备系数；

$h_{损}$——管路全部水头损失；

$\sum h_{摩}$——管路摩擦损失；

$\sum h_{局}$——管道局部损失。

4. 供水管道的布置

(1) 供水管道主管直径一般为75～150mm，支管直径为50mm。

(2) 管道铺设要求平顺、短直且弯头少，干路管径尽可能一致，接头密不漏水。

(3) 管道沿山顺坡铺设悬空跨距大时，应根据计算来设立支柱承托，支撑点与水管之间加木垫；严寒地区应采用埋设或包扎等防冻措施，以防水管冻裂。

(4) 水池的输出管应设总闸阀，干路管道每隔300～500m安装闸阀一个，以便维修和控制管道。

(5) 给水管道应安设在电线路的异侧，不应妨碍运输和行人，并设专人负责检查养护。

(6) 管道前端至开挖面一般保持30m距离，用直径50mm高压软管接分水器，中间预留三通，至其他工作面供水使用软管连接，其长度不宜超过50m。

(7) 如利用高山水池，其自然压头超过所需水压时，应进行减压，一般是在管路中段设中间水池作为过渡站，也可利用减压阀来降低管道中水流的压力。

二、施工排水

洞内施工排水方式，根据线路坡度情况可分为顺坡排水和反坡排水两种情况。

1. 顺坡排水

顺坡即进洞为上坡，一般只需按线路设计坡度，在坑道一侧挖出纵向排水沟，水即可沿沟自然排除洞外，此种情况不需要抽水机。

2. 反坡排水

反坡即进洞为下坡，此时水向工作面汇集，需要抽水机排水。一般是在侧沟每一段上设一集水坑，用抽水机把水排除洞外，此种情况需要抽水机。

三、施工供电与照明

随着隧道施工机械化程度的提高，隧道施工的耗电量也越来越大，且负荷集中。同时为保证施工质量和安全，对隧道施工供电的可靠性要求也越来越高，因而施工供电显得越来越重要。

1. 供电线路

隧道供电电压一般三相四线400V/230V，动力机械电压标准是380V，成洞地段照明用220V，工作地段照明24～26V。

对于长隧道考虑到低压输电，因线路过长而使末端电压降得太多，故用6～10kV高压电缆进洞，然后在洞内适当地点设变电站，将高压电变为400V/230V，再送至工作地点。

洞内 220V 照明线均应使用防潮绝缘导线，并架设在离地面 2.2m 以上高的瓷瓶上。高压电缆的架设高度应高出地面 3.5m。

隧道施工供电有自设发电站和地方电网两种方式。一般应尽量采用地方电网供电，只有在地方供电不能满足施工用电要求或距离地方电网太远时，才自设发电站。

此外，自发电还可作为备用，当地方电网供电不稳时，在有些重要施工场所还应设置双回路供电网，以保证供电的稳定性。

在成洞地段用 400V/230V 供电线路，一般采用塑料绝缘铝绞线或绝缘铝芯线架设；开挖未衬砌地段及手提灯应使用铜芯橡皮绝缘电缆。

布置线路时应注意以下几点：

(1) 输电干线或动力、照明线路安装在同一侧时，必须分层架设。其原则是：高压在上，低压在下；干线在上，支线在下；动力在上，照明在下。且应在风、水管相对的一侧。

(2) 隧道内配电线路分低压进洞和高压进洞两种。隧道在 1000m 以下，一般采用低压进洞，电压为 400V，配电变压器设在洞外。当隧道在 1000m 以上，则采用高压进洞，以保证线路终端电压不致过低。高压进洞电压一般为 10kV，配电变压器设在洞内。

(3) 根据隧道作业特点，供电线路架设分两次进行。在进洞初期，先用橡套电缆装设临时电路，随着工作面的推进，在成洞地段用胶皮绝缘线架设固定线路，换下电缆继续前进的工作面使用。

(4) 不允许将通信的多余电缆盘绕堆放，以免引起电缆过热发生燃烧。

2. 施工照明

隧道施工采用电灯照明，照明光线要充足均匀。以往施工照明采用白炽灯，既费电，亮度又差，且易造成事故。近年来已开始采用高压钠灯、低压卤钨灯、钠铊铟灯、镐灯等新光源。另外，在隧道内还应设置避难紧急照明用灯，采用电池供电。

(1) 高压钠灯。高压钠灯的发光效率为 20～30lm/W，透雾性好，没有眩光。尽管洞内放炮后烟雾弥漫，但灯下物体仍清晰可见，此灯能经受爆破冲击波的振动，锈蚀少，使用寿命长，可达 2000～5000h，时洞内施工较理想的照明光源。

(2) 低压卤钨灯。低压卤钨灯的发光效率为 20～30lm/W，通常使用的有两种：一种为 36V、300W 或 36V、500W 卤钨灯，寿命大于 600h，亮度为白炽灯的 2 倍；另一种是 36V、500W 溴钨灯，使用寿命大于 500h，亮度为白炽灯的 3 倍，适用于作业面的照明。

(3) 钠铊铟灯。钠铊铟灯是一种新型气体放电灯，发光率为 60～80lm/W，光色好，适用于大面积照明，灯的使用寿命为 1000～2000h。但在洞内使用时透雾性能差，悬挂高度在 15m 以下时有眩光。

(4) 镐灯。镐灯是一种高强度气体放电灯，发光率在 70lm/W 以上，显色性能好，光色洁白，清晰宜人，灯的使用寿命大于 500h，适用于洞外场地照明。

随着新型照明灯具的出现，隧道内应该积极采用照明效果更为理想的光源。

四、施工通风与防尘

（一）隧道施工作业环境标准

隧道施工中，由于炸药爆炸、内燃机械的使用、开挖时地层中放出有害气体，以及施工人员呼吸等因素，使洞内空气十分污浊，对人体的影响较为严重。通风可以有效地降低有害气体的浓度，供给足够的新鲜空气，稀释有害气体和降低粉尘浓度，降低洞内温度、湿度，改善劳动条件，保障作业人员的身体健康。隧道运营期间的通风则应满足铁路或公路隧道运营通风设计规范的相应要求。

实际隧道施工中，最常使用轴流式风机配软管压力式通风，较少采用自然通风。

按照有关规定，隧道施工作业环境必须符合下列卫生标准：

（1）坑道中氧气含量。按体积计，不得低于20%。

（2）粉尘允许浓度。每立方米空气中含10%以上游离二氧化硅的粉尘为2mg；含10%以下游离二氧化硅的水泥粉尘为4mg；二氧化硅含量在10%以下，不含有毒物质的矿物性和动植物性的粉尘为10mg。

（3）有害气体浓度。

1）一氧化碳（CO）：不大于30mg/m³，当作业时间短暂时，一氧化碳浓度可放宽。作业时间在1h以内为50 mg/m³，在0.5h以内为100 mg/m³，在15～25min内为200 mg/m³，在上述条件下反复作业时，两次作业时间间隔必须在2h以上。

2）二氧化碳（CO_2）：按体积计，不得超过0.5%。

3）二氧化氮（NO_2）：氧化物换算成二氧化氮含量应在5 mg/m³以下。

（4）瓦斯（CH_4）浓度。按体积计，不得大于0.5%，否则必须按煤炭工业部现行的《煤炭安全规则》处理。

（5）洞内工作地点的空气温度。不得超过30℃（铁路规定不得超过28℃）。

（6）洞内工作地点噪声。声强不宜大于90dB。

（二）通风方式

施工通风方式应根据隧道的长度、掘进坑道的断面大小、施工方法和设备条件等诸多因素来确定。在施工中，有自然通风和强制机械通风两类，其中自然通风是利用洞室内外的温差或风压差来实现通风的一种方式，一般仅限于短直隧道，且受洞外气候条件的影响极大，因而完全依赖于自然通风是较少的，绝大多数隧道均应采用强制机械通风。

1. 机械通风方式的种类

机械通风方式，可分为管道通风和巷道通风两大类。管道通风根据隧道内空气流向的不同又可分为压入式、吸出式和混合式三种。如图6-82～图6-84所示。

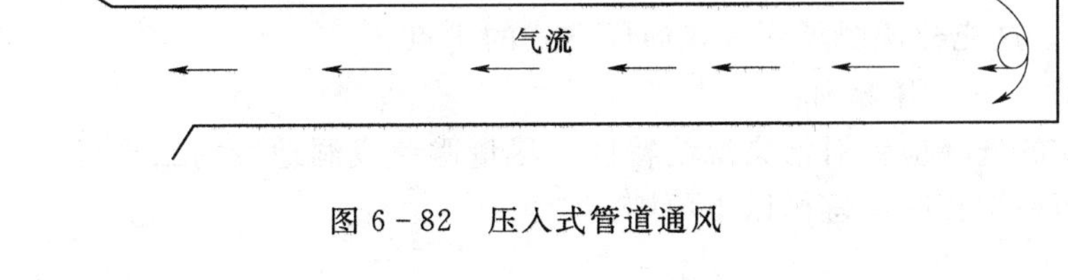

图6-82　压入式管道通风

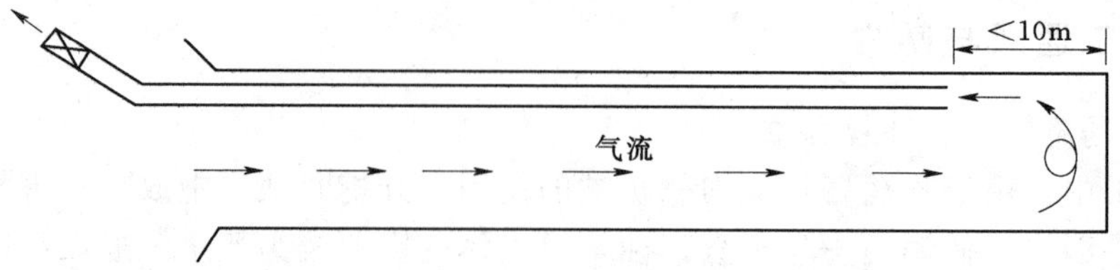

图 6-83 吸入式管道通风

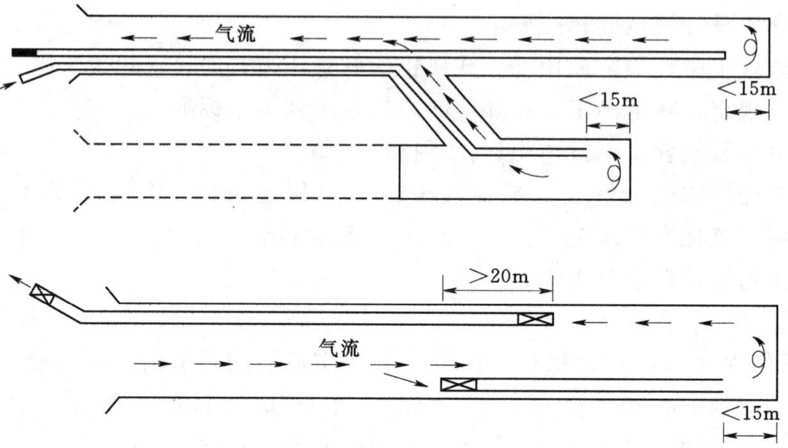

图 6-84 混合式管道通风

这些方式，根据通风机（以下简称风机）的台数及其设置位置、风管的连接方法的不同又分为集中式和串联（或分散）式；根据风管内的压力不同还可分为正压型和负压型。

巷道式通风方式是利用隧道本身（包括成洞、导坑及扩大地段）和辅助坑道（如平行导坑）组成主风流和局部风流两个系统，二者互相配合以达到通风目的。下面以设有平行导坑的隧道为例来说明一个风流循环系统的组成：在平行导坑的侧面开挖一个通风洞，在通风洞口安装主通风机，在平导洞口设置两道风门，除将最里面一个横通道作为风流通道外，其余横通道全部设风门或砌筑堵塞。

当主通风机向外抽风时，平导内产生负压，洞外新鲜空气向洞内补充，由于平导口及横通道全部风门关闭或砌堵，新鲜空气只得由正洞进入，直至最前端横通道，带动污浊气体经平导进入通风洞排出洞外，形成循环风流，以达到通风目的。

另外，巷道通风尚有风墙式、通风竖井、通风斜井、横洞等方式。但随着目前我国巷道式通风独头掘进技术的提高，开挖断面的增大，通风方式更趋向于采用大功率、大管径的压入式通风。秦岭隧道Ⅱ线平导，开挖断面为 $28m^2$，独头掘进 9.5km。通风设计分为两阶段，第一阶段采用 PF-110SW55 型风机，$\phi 1.3m$ 的 PVC 塑布软风管的单机压力式通风，通风长度可达 6km；第二阶段在 4.5～5km 处设通风站，采用混合式通风，通风长度可达 10km。这充分说明了压入式通风方式的优点。

2. 通风方式的选择原则

通风方式的选择应针对污染源的特性，尽量避免成洞地段的二次污染，且应有利于快速施工。因而在选择时应遵循以下原则：

（1）自然通风因其影响因素较多，通风效果不稳定且不易控制，故除短直隧道外，应尽量避免采用。

（2）压入式通风又称为射流纵向式通风，它能将新鲜空气直接输送至工作面，有利于工作面施工，但污浊空气将流经整个坑道。若采用大功率、大管径风机，其适用范围较广。

（3）吸出式通风的风流方向与压入式相反，但其排烟速度慢，且易在工作面形成炮烟停滞区，故一般很少单独使用。

（4）混合式通风集压入式和吸出式的优点于一身，但管路、风机等设施增多，在管径较小时可采用，若有大管径、大功率风机时，其经济性不如压入式。

（5）利用平行导坑作巷道通风，是解决长隧道施工通风的方案之一，其通风效果主要取决于通风管理的好坏。若无平行导坑，如断面较大，可采用风墙式通风。

（6）选择通风方式时，一定要选用合适的通风机和风管等设备，同时要解决好风管的连接，尽量减小漏风率。

（7）做好施工中的通风管理工作，对设备要定期检查，及时维修，加强环境监测，使通风效果更加经济合理。

（三）通风计算

施工通风计算的目的是供给洞内所需的新鲜空气，选择合适的通风机，以便布置合理的通风管道，从而满足施工作业环境的要求。

1. 风量计算

隧道施工的通风计算，因施工方法、隧道断面、爆破器材、炸药种类、施工设备等不同而变化。目前所用的通风计算公式大都是从矿井通风及铁路运营通风的计算公式类比或直接引用的，一般按以下几个方面计算，并取其中最大的数值，再考虑漏风因素进行调整，并加备用系数后，作为选择风机的依据。

（1）按洞内同时工作的最多人数计算。

$$Q=kmq \qquad (6-10)$$

式中　Q——所需风量，m^3/min；

k——风量备用系数；常取1.1～1.2；

m——洞内同时工作的最多人数；

q——洞内每人每分钟需要新鲜空气量，通常按3 $m^3/(人\cdot min)$ 计算。

（2）按同时爆破的最多炸药量计算。由于通风方式不同，计算方法也各不相同，以下分别介绍。

1）巷道式通风。

$$Q=\frac{5Ab}{t} \qquad (6-11)$$

式中　A——同时爆破的炸药量，kg；

b——1kg炸药折合成一氧化碳的体积，一般采用 $b=40L/kg$；

t——爆破后的通风时间，min。

2）管道通风。

a. 压入式通风。

$$Q=\frac{0.13}{t}\sqrt[3]{A \cdot S^2 \cdot L^2} \tag{6-12}$$

式中　S——坑道断面面积，m^2；

L——坑道长度，m；

其他符号意义同前，此式又称沃洛宁公式。

b. 吸出式通风。

$$Q=\frac{0.13}{t}\sqrt{A \cdot S \cdot L_{散}} \tag{6-13}$$

式中　$L_{散}$——爆破后炮烟的扩散长度，m；非电起爆 $L_{散}=15+A$(m)；电雷管起爆 $L_{散}=15+A/5$(m)；

其他符号意义同前。

c. 混合式通风。

$$Q_{混压}=7.8\sqrt[3]{A \cdot S^2 \cdot L_{入口}^2/t} \tag{6-14}$$

$$Q_{混吸}=1.3Q_{混压} \tag{6-15}$$

式中　$Q_{混压}$——压入风量；

$Q_{混吸}$——吸出风量；

$Q_{入口}$——压入风口至工作面的距离，一般采用25m计算；

其他符号意义同前。

(3) 按内燃机作业废气稀释的需要计算。

$$Q=n_iB \tag{6-16}$$

式中　n_i——洞内同时使用内燃机作业的总千瓦数；

B——洞内同时使用内燃机每千瓦所需的风量，一般用 $3m^3/min$ 计算。

(4) 按洞内允许最小风速计算。

$$Q=60Q=60VB \tag{6-17}$$

式中　V——洞内允许最小风速，m/s，全断面开挖时为0.15m/s，其他坑道为0.25m/s；

S——坑道断面面积，m^2；

其他符号意义同前。

2. 漏风计算

通风机的供风量（$Q_{供}$）除满足上述计算的需要风景外，还应考虑漏失的风量，即

$$Q_{供}=PQ \tag{6-18}$$

式中　Q——前述计算结果的最大值，称计算风量；

P——漏风系数，与风管直径、长度、接头质量、风压、风管材料等因素有关，是一个大于1的系数，可按有关设计手册查用。

对于长距离大风量供风，目前一般采用PVC塑布软管，管路直径大于1m。由于采用长管节（20～50m），因此可大大降低接头漏风，漏风以管壁为主。如选用优质管路，在管理良好的条件下，每百米漏风率一般可控制在2%以下，其漏风系数可由送风距离及每百米漏风率计算而得。

若处于高山地区，由于大气压强降低，供风量尚需进行风量修正，即

$$Q_{高}=\frac{100Q_{正}}{P_{高}} \tag{6-19}$$

式中 $Q_{高}$——高山修正后的供风量，m^3/min；

$P_{高}$——高山地区大气压，kPa，见表6-30；

$Q_{正}$——正常条件下的供风量，即上述$Q_{高}$。

表6-30 海拔高度与大气压（$P_{高}$）的关系

海拔高度（m）	1500	2000	2500	3000	3500	4000	4500	5000
大气压强（kPa）	82.9	77.9	73.2	68.8	64.6	60.8	57.0	53.6

3. 风压计算

在通风过程中，要克服风流沿途所受阻力，保证将所需风量送到洞内，并达到规定的风速，则必须要有一定的风压。因此，风压计算的目的就是要确定通风机本身应具备多大的压力才能满足通风需要。

气流所受到的阻力有摩擦阻力、局部阻力（包括断面变化处阻力、分岔阻力、拐弯阻力）和正面阻力，其计算式如下

$$\left.\begin{aligned}h_{机}&\geqslant h_{总阻}\\h_{总阻}&=\sum h_{摩}+\sum h_{局}+\sum h_{正}\end{aligned}\right\} \tag{6-20}$$

式中 $h_{机}$——通风机的风压；

$h_{总阻}$——气流受到的总阻力；

$h_{摩}$——气流经过各种断面的管（巷）道时产生的摩擦阻力；

$h_{局}$——气流经过断面变化、拐弯、分岔等处分别产生的阻力；

$h_{正}$——巷道通风时受运输车辆阻塞而产生的阻力。

（1）摩擦阻力（$h_{摩}$）。摩擦阻力是管道（巷道）周壁与风流互相摩擦以及风流中空气分子间的挠动和摩擦而产生的阻力，也称沿程阻力。

根据流体力学的达西公式可以导出隧道通风的摩擦阻力公式：

$$h_{摩}=\alpha\frac{Lu}{S^3}Q^2 \tag{6-21}$$

式中 $h_{摩}$——摩擦阻力，Pa；

α——阻力系数，可查阅相关手册；

L——风管长度，m；

u——风流周长，m；

Q——所需供风量，m^3；

S——风管的断面积，m^2。

（2）局部阻力（$h_{局}$）。风流经过风管的某些局部地点（如断面扩大、断面减小、拐弯、分岔）时，由于速度或方向发生突然变化而导致风流本身产生剧烈的冲击，由此产生的风流阻力称局部阻力。

$$h_{局}=\xi\frac{Q^2}{2gS^2} \tag{6-22}$$

式中 ξ——局部阻力系数，可查阅《铁路工程施工技术手册·隧道》；

g——重力加速度，m/s^2；

其他符号意义同前。

(3) 正面阻力 ($h_{正}$)。当通风面积受阻时，受阻区域会出现过风断面先减小后增大这一现象，相应地风流阻力会增加，一般可用下式计算

$$h_{正}=\frac{0612\phi SQ^2}{(S-S_m)^3} \tag{6-23}$$

式中 ϕ——正面阻力系数，当列车行走时，$\phi=0.5$，当列车停放时，$\phi=0.5$，当列车停放间距超过 1m 时，则逐量相加；

S_m——阻塞物最大迎风面积，m^2；

其他符号意义同前。

4. 通风机的选择

通风机有轴流式和射流式两类。在隧道施工通风中，主要采用轴流式通风机。选择时按下式进行通风机功率计算。

$$\left.\begin{aligned} N_z&=\frac{BQ_{供}\ h_{总阻}}{102\eta} \\ N_d&=\frac{N_zB_1}{\eta_1} \end{aligned}\right\} \tag{6-24}$$

式中 N_z——通风机轴功率，kW；

N_d——电机功率，kW；

B——通风机的安全系数，取 1.05；

B_1——电机的安全系数，取 1.15；

η、η_1——通风机、电机的效率，取 0.95；

$Q_{供}$——供风量，m^3/s。

5. 风机、风管布置及安装

(1) 通风机应安装于稳固的基础或台架上，基础或台架要能承受机体重力及其运行时产生的振动。风机进气口应安装喇叭口，以提高吸入的效率。注意在风机进气口附近不要放置液体和固体物品，以免被风机吸入造成损坏。

(2) 隧道内的风管，应布设在不妨碍运输作业、衬砌作业的空间处，如隧道拱顶中央、隧道中部或靠边墙墙角等处。一般拱顶中央处通风效果较佳。在衬砌模板台车附近，不要使风管急剧弯曲，以减小风压损失。

风管安装要牢固，以免受到冲击振动而发生移动、掉落。一般采用夹具将其固定在锚杆或钢拱架等构件上。若无锚杆或钢拱架，可设置小型膨胀螺栓，并悬挂承力索，然后用吊钩将风管悬挂在承力索上。

风管的连接应密贴，以减少漏风，一般硬管用密封带或垫圈连接，软管则用紧固件连接。

(四) 防尘措施

在隧道施工中，由于钻眼、爆破、装渣、喷混凝土等原因，洞内空气中飘浮着大量的粉尘。这些粉尘对施工人员的身体健康危害极大，特别是粒径小于 10μm 的粉尘，极易被

人吸入，沉积支气管或肺泡表面。隧道施工人员常见的肺矽病就是因此而形成的，此病极难治愈，病情严重发展会使肺功能完全丧失而死亡。因而，防尘工作是十分重要的。

目前，在隧道施工中采取湿式凿岩、机械通风、喷雾洒水和个人防护相结合的综合性防尘措施。

1. 湿式凿岩

湿式凿岩，就是在钻眼过程中利用高压水湿润粉尘，使其成为岩浆流出炮眼，防止了岩粉的飞扬。根据现场测定，这种方法可降低80%粉尘量。目前，我国生产并使用的各类风钻都有给水装置，使用方便。

对于缺水、易冻害或岩石不适于湿式钻眼的地区，可采用干式凿岩孔口捕尘，其效果也较好。

2. 机械通风

施工通风可以稀释隧道内的有害气体浓度，给施工人员提供足够的新鲜空气，同时也是防尘的基本方法。因此，除爆破后需要通风外，还应保持通风的经常性，这对于消除装渣运输中产生的粉尘是十分必要的。

3. 喷雾洒水

喷雾一般在爆破时实施，主要是防止爆破中产生粉尘浓度过大。喷雾器分两大类，一类是风水混合喷雾器，另一类是单一水力作用喷雾器。前者是利用高压风将流入喷雾器中的水吹散而形成雾粒，更适合于爆破作业时使用。后者则无须高压风，只需一定的水压即可喷雾，且这种喷雾器便于安装，使用方便，可安装于装渣机上，故适合于装渣作业时使用。

洒水是降低粉尘浓度的简单而有效的措施，即使在通风条件较好的情况下，洒水降尘也仍然需要。因为单纯加强通风，还会吹干湿润的粉尘重新飞扬。对渣堆洒水必须分层洒透，一般每吨岩石洒水为10～20L，如果岩石湿度较大，水量可适当减少。

4. 个人防护

对于防尘而言，个人防护主要是指佩戴防护口罩，在进行凿岩、喷混凝土等作业时还要佩戴防噪声的耳塞和防护眼镜等。

知 识 拓 展

一、纤维喷射混凝土

1. 钢纤维喷射混凝土

无纤维喷射混凝土与普通混凝土一样，抗压强度高，但抗拉强度低，其拉、压强度比同样仅为1/10左右。为改善混凝土的性能，提高混凝土拉、压强度比，人们常常在混凝土内添加各类增强纤维。

常见的混凝土增强纤维有钢纤维和非钢纤维（图6-85），非钢纤维中又分为高弹纤维（$E_f/E_c>1$，如碳纤维、芳族聚酰胺纤维、石棉纤维、玻璃纤维等）和低弹纤维（$E_f/$

$E_c<1$，如聚丙烯纤维、聚乙烯醇纤维及维纶纤维、聚酰胺类纤维等)。

(a)　　(b)

图 6-85　纤维形式

(a) 钢纤维；(b) 聚丙烯纤维

钢纤维喷射混凝土是在喷射混凝土中加入钢纤维，弥补喷射混凝土的脆性破坏缺陷，改善喷射混凝土的物理力学性能。

钢纤维的生产方法通常有钢丝切断法、薄钢板切断法、铣削法、熔抽法及轧制法。作为混凝土增强材料，钢纤维在投入搅拌机后，其形状、尺寸要能均匀地分散到混凝土中，同时喷射混凝土要容易输送、喷射。若钢纤维过长、过细，搅拌过程中钢纤维集结，并在喷射过程中宜堵塞管道。反之，若钢纤维过短、过粗，运输、搅拌过程中易与混凝土分离下沉，不能均匀分布于混凝土中，起不到有效增强作用。通常在喷射钢纤维混凝土中，钢纤维的直径（或等效直径）为 0.3～0.6mm，长度为 20～40mm，长径比为 40～60，钢纤维的体积掺量为 1%～2%。为增大钢纤维与混凝土的黏聚力，通常改变钢纤维的表面特征，其几何形状、端面形状形式多样。

2. 聚丙烯纤维喷射混凝土

在单一纤维混凝土中，钢纤维效果较好，成功应用的实例较多，价格也较高；碳纤维具有胜过钢材的刚度和强度的优良性能，价格更为昂贵；石棉纤维应用时间虽然较长，但最近已被世界卫生组织确定为鼻咽癌的致癌物，对人体健康有害，将很快被淘汰；玻璃纤维在新浇混凝土中易受碱的腐蚀，从而降低混凝土强度，同时也有污染环境的问题。20 世纪 80 年代以来，合成纤维混凝土在国外得到了广泛的研究和应用，国内则相对较少。目前，美国合成纤维混凝土的使用量已占混凝土总量的 7%，数量已远远超过先期开发的钢纤维混凝土（占混凝土总量地 3%）。

研究和应用较多的合成纤维有：聚丙烯、聚乙烯醇、聚酰胺类、芳族聚酰胺、聚酯类和碳纤维，另外还有聚乙烯、聚丙烯腈等。而聚丙烯纤维混凝土是研究与应用最多的合成纤维混凝土。

聚丙烯纤维根据其形状和构造不同，可分为单丝纤维和网状纤维。单丝纤维有较高的长径比，常以长丝短切加工而成，但在混凝土中分散性较差。聚丙烯纤维网状纤维通过特殊工艺制造而成，其外观呈多根纤维单丝相互交融的网状结构，网状纤维用于配制混凝土时，混凝土拌合物的搅拌可产生原材料自身的揉搓与摩擦作用，破坏单丝间的横向联系，形成纤维单丝或网状结构的充分张开，从而比单丝纤维更易在混凝土中分散。

聚丙烯纤维在混凝土的碱性环境下非常稳定，熔点较高，表面憎水，100%的湿强保持率，质量轻，价格低，加工性能优良。聚丙烯纤维在混凝土中不成团、不缠结，与基准混凝土相比，混凝土的能量吸收能力和延性提高了，抗弯强度和疲劳极限也有提高，但抗压强度提高不多。聚丙烯纤维减少了混凝土的早期塑性收缩裂纹并能阻止它们的发展，从而提高了混凝土的抗渗性。聚丙烯纤维能推迟混凝土表面的劣化，提高耐久性。

混凝土用聚丙烯纤维的应用可以大大提高混凝土的力学性能，因此，聚丙烯纤维混凝土可以广泛应用于刚性路面、码头、桥梁、地下工程、屋面、内外墙粉刷、停车场、储水池、腐化池等工程中。混凝土用聚丙烯纤维在发达国家已广泛应用于高速公路、机场跑道、地铁、隧道、桥梁、铁路水泥枕木、住宅墙体中等。混凝土用掺聚丙烯纤维已在上海国际体操中心、虹口足球场、浦东国际东方医院、龙华旅游城等工程中成功应用于刚性防水、大面积的基础底板防裂结构中；北京住总集团在南线阁商住楼楼板自密集混凝土中使用了聚丙烯纤维，用于混凝土防裂、抗渗，取得了良好的使用效果；广州棠下安居工程 $8000m^2$ 地下室、新中国大厦地下室工程、南方实业大厦地下工程、50层高的中水广场大厦 $4500m^2$ 地下室等工程中，采用聚丙烯纤维混凝土，使用效果十分满意。

从现代建筑和可持续发展观点看，聚丙烯纤维在高性能混凝土中的应用发展是当前水泥基材料的主要发展方向，被称为“21世纪混凝土”，更具有“绿色”意义。对于提高建筑物耐久性、延长建筑物的使用寿命是极其重要的。混凝土专用聚丙烯纤维由于能积极有效地改善混凝土的耐久性，使混凝土高性能化，且工作机理简单，适用性广泛，使用效果显著，在工程界已受到越来越多的关注。从确保工程质量，施工便利，兼顾成本及长、短期效益等诸方面考虑，在混凝土中添加聚丙烯纤维不失为改善混凝土性能的有效途径。在北美和欧洲，经过20年来的大量工程实践，使用聚丙烯纤维混凝土的技术已日臻完善，聚丙烯纤维已成为改善混凝土性能最为广泛使用的手段之一。在我国，随着高性能混凝土的广泛使用，聚丙烯纤维在铁路隧道衬砌中将具有广阔的应用前景。

二、爆破技术实例

某隧道为石灰岩，无地下水，属Ⅳ级围岩，隧道为矩形断面，其尺寸为 4.2m×3.0m，月掘进计划为130m，每月施工28d，采用四班四循环作业，炮眼利用率为0.9，采用2号岩石铵梯炸药，药卷直径 ϕ32mm。钻爆设计如下：

（1）根据隧道的地质情况决定采用垂直楔形掏槽。

（2）计算导坑炮眼数 N。

$$N=\frac{qS}{\alpha\gamma}$$

式中，开挖面积 $S=4.2\times3=12.6m^2$；单位耗药量 $q=1.4kg/m^3$（根据开挖面面积及围岩级别查表6-15）；$\alpha=0.8$（查表6-16并根据工程实践经验）；$\gamma=0.78$（根据药卷直

径 ϕ32mm 表 6-17）。则

$$N=\frac{1.4\times12.6}{0.8\times0.78}=28(个)$$

（3）根据采用的垂直楔形掏槽及Ⅳ级围岩由《铁路工程施工技术手册·隧道》中查得：掏槽炮眼与开挖面间的夹角 $\alpha=70°$，上、下两对炮眼间的距离 $a=50\text{cm}$，同一平面上两炮眼眼底的距离 $b=20\text{cm}$，掏槽炮眼为 6 个。

（4）计算每一循环炮眼深度为

$$l=130/(28\times4\times0.9)=1.29(\text{m})\approx1.30(\text{m})$$

每一循环进尺为 1.3×0.9=1.17（m）。

故掏槽眼及底眼深度 $l_{掏、底}=1.3+0.10=1.4$（m）。

辅助眼、帮眼、顶眼深度 $l_{辅、帮、顶}=1.3\text{m}$。

（5）计算各种炮眼的长度 L 及同一平面上两掏槽炮眼眼口间的距离 B（图 6-86）。

掏槽炮眼长度为 $l_{掏}=\frac{l}{\sin\alpha}=\frac{1.40}{\sin70°}=\frac{1.40}{0.94}=1.49$（m），同一平面上两掏槽炮眼眼口的距离 $B=2c+b=2\times1.49\times\cos70°+0.2=1.22$（m），因辅助炮眼垂直于开挖面，故辅助炮眼长度 $l_{辅}=l_{辅}=1.3\text{m}$。

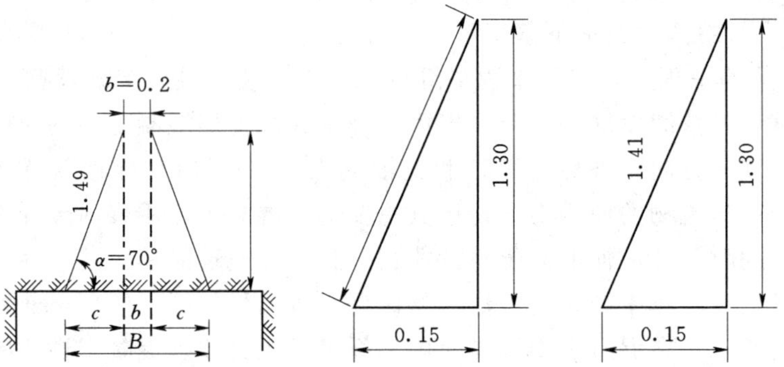

图 6-86　炮眼示意图（单位：m）

为钻眼方便，根据围岩情况，各周边眼眼口均距开挖轮廓线 5cm，其眼底超出开挖轮廓线 10cm。

帮眼和顶眼长度　　$L_{帮、顶}=\sqrt{1.3^2+(0.05+0.1)^2}=1.3(\text{m})$

底眼长度　　$L_{底}=\sqrt{1.4^2+(0.05+0.1)^2}=1.41(\text{m})$

（6）炮眼布置如图 6-87 所示。

（7）每一循环装药量 Q 的计算及炮眼装药量的分配。根据炸药供应及围岩情况，使用 2 号岩石铵梯炸药，其药卷直径为 32mm，长度为 200mm，每卷药卷为 0.15kg。

因
$$q=1.4\text{kg/m}^3$$
$$V=12.6\times1.17=14.7\text{m}^3$$
故
$$Q=qV=1.414.7=20.6(\text{kg})$$

各个炮眼的装药量（折合卷数）分配为 20.6/0.15=138（卷）

因为采用 $\alpha=0.8$，设各种炮眼的装药系数：掏槽眼为 0.9，辅助眼为 0.8，帮、顶眼

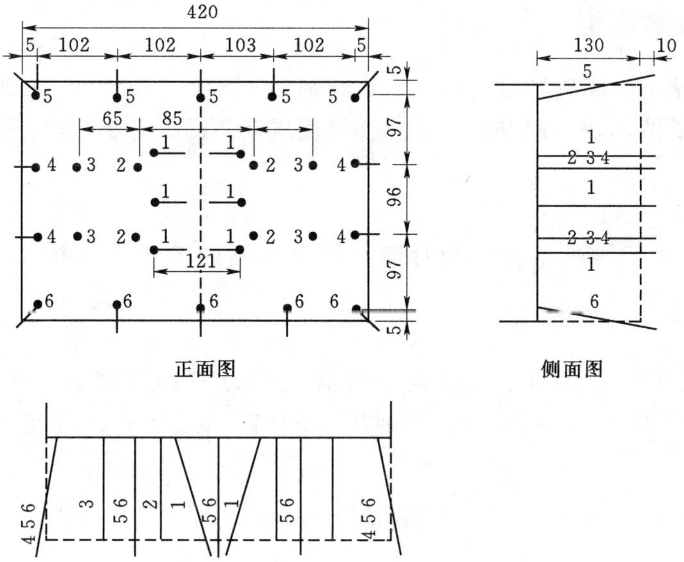

图 6-87 炮眼布置图（单位：cm）

为 0.7，底眼为 0.9，则

$$6\times0.9+8\times0.8+9\times0.7+5\times0.9=(6+8+9+5)\alpha$$

所以 $$\alpha=0.8$$

故按上列装填系数进行分配是可以的。

每个掏槽眼装药量＝0.78×1.17×0.9＝0.82（kg），折合为 5.4 卷，采用 6 卷。

每个辅助眼装药量＝0.78×1.17×0.8＝0.73（kg），折合 4.8 卷，采用 4.5 卷。

每个帮、顶眼装药量＝0.78×1.17×0.7＝0.64（kg），折合 4.2 卷，采用 4 卷。

每个眼底装药量＝0.78×1.17×0.9＝0.82kg，折合 5.4 卷，采用 6 卷。

各种炮眼用药量为：

掏槽眼	6×6＝36(卷)
辅助眼	8×4.5＝36(卷)
帮眼	4×4＝16(卷)
顶眼	5×4＝20(卷)
底眼	5×6＝30(卷)

合计 138 卷。

（8）根据爆破器材情况，采用导爆管雷管孔内延期起爆法。

起爆顺序按炮眼布置图的图标顺序起爆，共分 6 段，采用毫秒延期导爆管雷管。考虑爆区长度 150m，首段 6 个掏槽眼选用 5 段导爆管雷管，其余依次为辅助眼 4 个 6 段、4 个 7 段，帮眼 4 个 8 段，顶眼 5 个 9 段，底眼 5 个 10 段。采用连续装药结构，反向起爆方式。由起爆药卷引出的导爆管在孔外通过反射四通连接件联成闭合起爆网路，由 1 发 8 号火雷管起爆导爆管网路。

三、通风技术实例

京珠高速公路上的洋碰隧道左右线全长分别为2053m、2110m，右线出口独头掘进距离为各洞口中最长的，独头掘进1290m。隧道通风断面面积为107m²。对洋碰隧道施工通风进行如下设计。

(1) 风量计算。

1) 根据同一时间洞内工作人数计算。同时在洞内工作人数按68人考虑，即$m=68$，则

$$Q_1=1.5\times 68\times 3=306(\mathrm{m^3/min})$$

2) 按爆破工作确定风量，按沃洛宁公式进行计算。爆破施工中，每次炸药量以180kg计，换气长度以1290m计，通风所需时间为15min，隧道通风截面面积为107m²，则

$$Q_2=\frac{0.13}{15}\sqrt[3]{180\times(107\times 1290)^2}=131(\mathrm{m^2/min})$$

3) 按最小风速计算。按稳定状态风流，最小风速0.15m/s，隧道最大开挖面积为125m²，则

$$Q_3=0.15\times 60\times 125=1125(\mathrm{m^3/min})$$

4) 按内燃机所需风量计算。出渣工况为同时作业的内燃机械履带式挖掘机(87kW)、轮式装载机（118kW)、15t自卸汽车（191kW)，出渣时安排3台15t汽车，洞内内燃机同步效率按65%考虑，则：

$$Q_4=3\times 65\%\times(87+118+191\times 3)=1517(\mathrm{m^3/min})$$

从上述计算可以看出，出渣工况应作为通风量设计的控制工况。出渣时，洞内按20人计，则计算通风量应为

$$Q=1517+90=1607(\mathrm{m^3/min})$$

(2) 通风方式、设备的拟定。考虑独头掘进1290m，采用压入式通风。初步选用MFA125P-SCHS型通风机（动力规格22kW、2000m³/min)，风管采用直径150cm的拉链式软管，其单节风管长20m，周长为4.71m，断面面积为1.767m²。

(3) 阻力损失计算。

1) 各种阻力损失的计算。由于采用管道式通风，正面阻力损失不计，则

$$h_{摩}=0.00015\times\frac{1290\times 4.71}{1.763^3}\times\left(\frac{1607}{60}\right)^2=119(\mathrm{mmH_2O})$$

$$h_{局}=2\times 0.15\times\frac{\left(\frac{1670}{60}\right)^2}{2\times 9.8\times 1.767^2}=4(\mathrm{mmH_2O})$$

计算中仅考虑两处弯管损失，则总阻力为

$$h_z=123\mathrm{mmH_2O}$$

2) 主管漏风系数。查阅《铁路工程施工技术手册·隧道》得出主管漏风系数为1.027。

(4) 供风量计算。供风量可通过下式计算：

$$Q_{供}=1.027\times1607=1650(m^3/min)$$

（5）通风机的选型。根据计算 $Q_{供}$、通风系统的总阻力 h_z，计算通风机应采用的功率。

$$N_z=\frac{1.05\times\left(\frac{1607}{60}\right)\times123}{102\times0.95}=36(kW)$$

$$N_d=\frac{36\times1.15}{0.95}=44(kW)$$

（6）通风设计。通过上述计算，可知拟定的通风机电动机的功率不能达到要求。实际施工中采用 MFA125P－SCHS＋MFA100P－SCHS 风机组，压入式布置；采用直径为150cm 的拉链式软管。通风布置如图 6－88 所示。

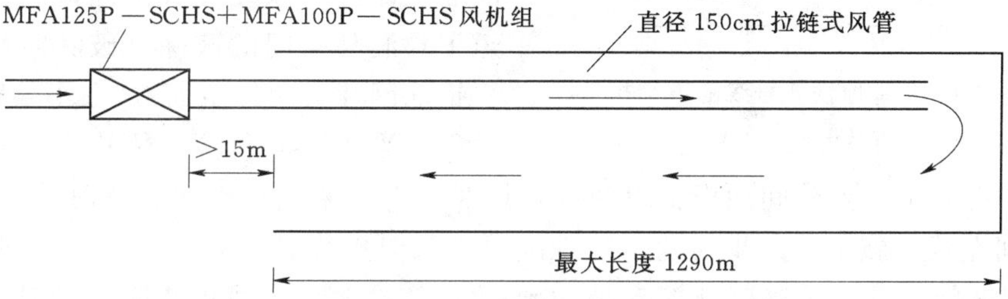

图 6－88　洋碰隧道出口右线通风布置示意图

四、WSS 深孔注浆技术实例

1. 工程概况

北京地铁 6 号线一期工程平安里站至北海北站区间线路起点位于平安里站东端（图 6－89），起止里程为 K8＋469.725～K9＋599.691，线路长度约 1130m，起始左、右线间距 16 m。之后线路向东延伸，左、右线间距逐渐减小，线路里程在 K9＋0.000 处，左、右线间距减至最小为 12m。4 号线为既有双线盾构区间隧道，隧道直径为 6m；6 号线暗挖段采用了单线单洞马蹄形断面、复合衬砌结构（图 6－90），区间隧道埋深 16.6～20.32m。在 K8＋495～K8＋510 处垂直下穿地铁 4 号线平安里站南端盾构区间（南北方向）。其 6 号线区间隧道拱顶与既有 4 号线盾构区间结构仰拱净距约 2.613m，该区域内地层主要为圆砾卵石层、中粗砂层。在建 6 号线下穿既有 4 号线盾构区间隧道工程主要有以下几个特点：①在建隧道左、右线距离近，施工相互干扰大；②在建隧道与已建盾构区间隧道上下净距小，稍有不慎易造成对既有地铁线的破坏；③在建隧道采用

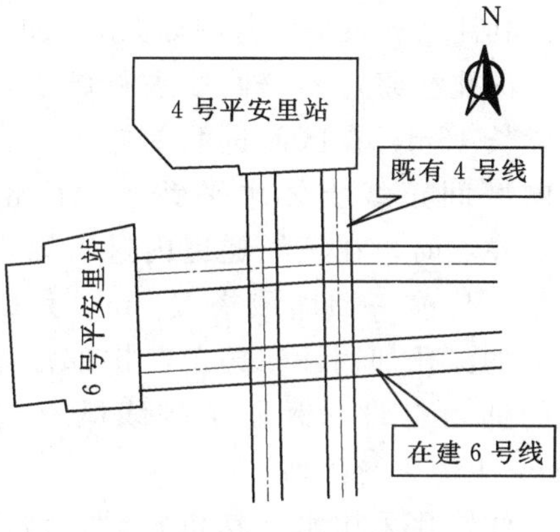

图 6－89　北京地铁 6 号线二期工程总布置图

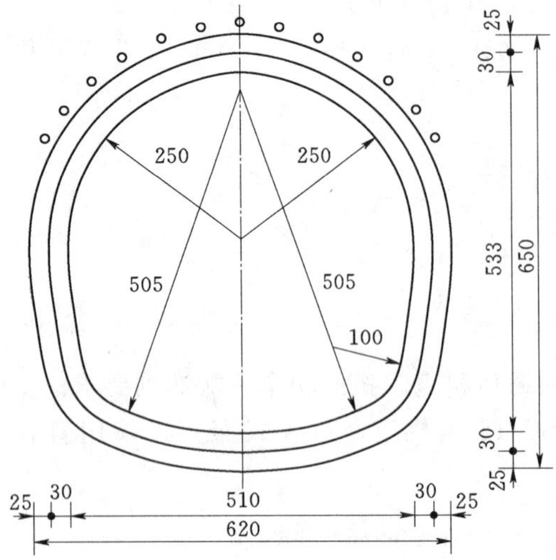

图 6-90 北京地铁 6 号线隧道结构断面图（单位：cm）

矿山法施工，缺乏盾构壳体的保护，自身施工存在一定风险；④地表建筑物密集，施工过程中安全问题更加严峻。因此在既有地铁线正常运营条件下，采用合理施工方案确保隧道施工的工期和安全，是施工的关键。

2. 施工方案

矿山法施工的地铁 6 号线下穿既有 4 号线盾构区间有其自身特点，为确保施工过程中新建隧道和既有线安全，采取如下综合技术措施：打设竖井，开挖、支护横通道及掌子面封端。采用 WSS 工法对区间正线上半断面土体进行深孔注浆加固，同时进行横通道下导洞马头门的破除（破除时采用工字钢＋钢筋网片封闭施工面）。在小导管补注浆条件下，采用上下台阶预留核心土法进行区间正洞开挖，并在上下台阶间加设临时仰拱，按照“严注浆、早封闭、适时补强”的原则，先施工区间左线，施工时步步为营，随挖随撑，及时施作初支，左右线掌子面拉开距 10～15m。待区间过既有线隧道开挖支护 30m 后，分段拆除区间正线临时仰拱，施作区间正线二次衬砌，施作完毕后破除临时封闭的掌子面继续向前进行区间的开挖与支护。本工程案例重点介绍 WSS 工法。

二重管无收缩定向旋喷 WSS 工法是一种定压、定量、定向的地基基础处理工法，采用特殊的端点监控器和二重管喷射方式，注入系统设备简单，可靠性高。可进行一次、二次喷射切换，回路变换装置容易实行，所以能实行复合喷射。区间正线开挖前，采用二重管无收缩定向旋喷 WSS 工法对区间正线 29.765m 范围内上半断面土体进行深孔注浆加固。其注浆孔及加固范围如图 6-91 所示。

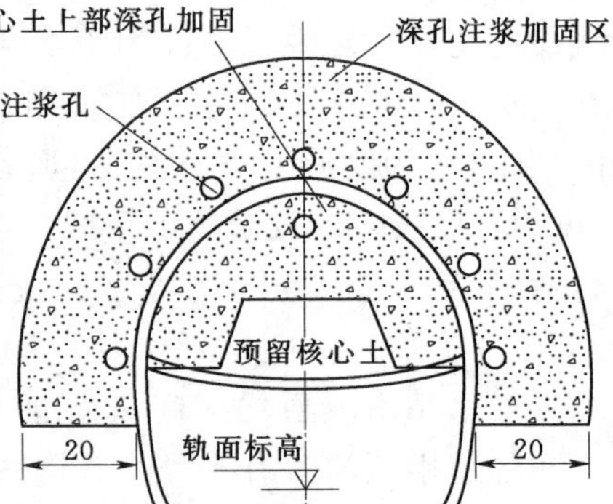

图 6-91 深孔注浆图（单位：cm）

深孔注浆加固分两段进行施工，第一注浆段长 16m，在区间进洞前施工，自横通道内向区间正线土体水平钻孔，待正线施工 14m 左右时，在正线隧道内进行第二段深孔注浆，与前一加固段搭接 2m，完成剩余约 16m 的深孔加固注浆施工，拱部注浆孔以一定的仰角打设，保证 4 号线既有隧道下方 60cm 土体不受扰动。

注浆孔采用水平钻机打设，钻机钻杆可 360°调整角度。注浆采用二重管喷射式注浆，注浆扩散半径 0.5～0.7m，注浆压力小于 1.5MPa。喷入管的设置和钻孔时的方法一样，使用的喷入管直径为 42mm，端点装有管内混合器，使浆材充分混合。用注浆泵将

A、B（C）无收缩双液浆分别压入外管和内管，并在二重管的端头混合室内混合，通过滤网在水平方向实行喷射，使浆材能浸透到地层中。其深孔注浆工艺如图 6－92 所示，双浆液配比见表 6－31。

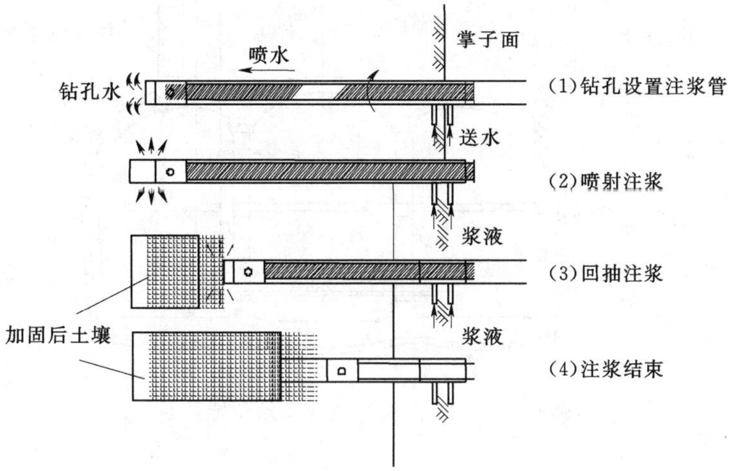

图 6－92　深孔注浆工艺流程图

表 6－31　　A、B（C）化学浆注浆材料配比表

名称	内容	密度（g/cm³）	质量（kg）	备注
A 液	硅酸钠	$\rho=1.37$	330	溶液
	稀释剂	$\rho=1$	350	
B 液	硫酸		10%～20%	混合剂，现场调配
	稀释剂		80%～90%	
C 液	水泥 425＃		341	悬浊液
	稀释剂		350	

五、桩基托换技术实例

1. 工程概况

北京地铁天坛东门站 K4＋809.705 处有 109 中学人行天桥一座，平面上位于车站主体结构的南部，距离车站南端施工横通道约 9m。该桥采用桩基，每个桥墩下面有一根摩擦桩，其中两根（图 6－93）桩已经进入主体结构站台层（中层板下 1.6～1.8m），需要托换。该天桥在天坛东路，共四跨，跨度从西到东分别为 10.0m、15.75m、15.75m、10.0m。主桥墩沿天坛东路呈梯形状，下部尺寸为 1.0m，上部尺寸为 2.1m，承台尺寸为 2.0m×1.8m×1.2m，桩径为 1.2m；该桥梁为 40 号预应力混凝土空心板简支梁，桥墩设在 1.5m 宽隔离带上。

天坛东门站为地下双层岛式车站，主体为三拱两柱双层结构，开挖宽度 23.776m，开挖高度 15.066m。该处车站地层为：上部为杂填土和粉土层，中部为粉细砂和粉质黏土层，下部为中粗砂层。

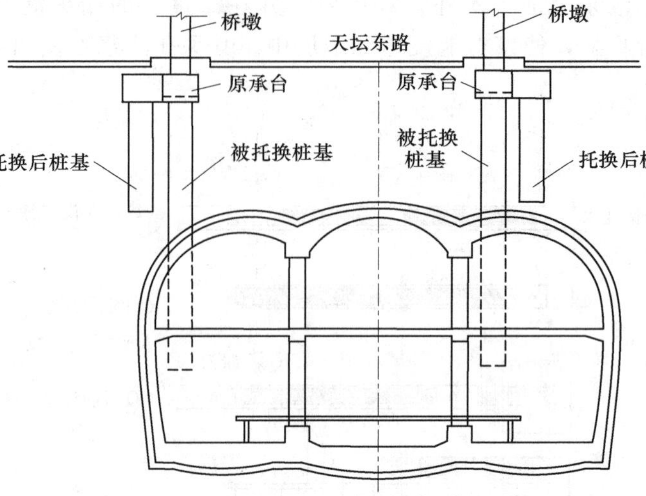

图 6-93 109天桥桩基与车站位置关系

2. 施工方案

为确保地铁施工安全和桥梁设施使用安全，施工中应采用桥梁设施地面加固、帷幕注浆和桩基托换（包括植筋、切桩、断桩、施作防水）等主要措施。桥梁设施地面加固包括增加排桩系梁、加大桩径和增大帽梁断面。帷幕注浆的主要目的是保证地铁施工时无水作业，预加固桥桩周围土体，以控制桥桩沉降。桩基托换（包括植筋、剥桩、断桩、施作托拱）的主要作用是逐步将桥桩荷载转移到地铁隧道结构以外的两层托拱体系上，保证桥梁设施安全和地铁隧道施工使用安全。

隧道开挖接近需要托换的桩基时，扩大断面，在标准断面支护的基础上增加两层钢筋混凝土结构作为托拱，由外向内依次为400mm初期支护（C20喷射混凝土）、450mm厚第一层钢筋混凝土托拱（C30混凝土）、300mm厚第二层钢筋混凝土托拱（C30防水混凝土）、15mm防水层和300mm厚钢筋混凝土衬砌（C30防水混凝土）。洞内桩基托换过程如图6-94所示。

3. 洞内桩基托换施工

（1）洞内加固。

1）当开挖距离河岸10m时，采取双层密排ϕ42小导管超前注浆加固，按“短开挖、强支护、快封闭”的原则进行施工。

2）台阶法开挖，上台阶环形开挖，预留核心土，格栅间距距离河岸10m，按80cm/榀施作，缩短台阶长度至3m，开挖进尺缩短为1m。当距河岸2m时，开挖进尺缩短为0.5m。初喷混凝土，架立钢筋格栅，拱脚施做锁脚锚管注浆，杆长4m，而后补喷混凝土至30cm，格栅间距改为50cm/榀。

3）及时进行初支拱背注浆，确保拱顶密实。

4）开挖暴露桩身。

5）对暴露桩身施作径向注浆导管注浆，加固桩身周围土体。

6）上述加固措施施工至护城河对岸向前10m处。

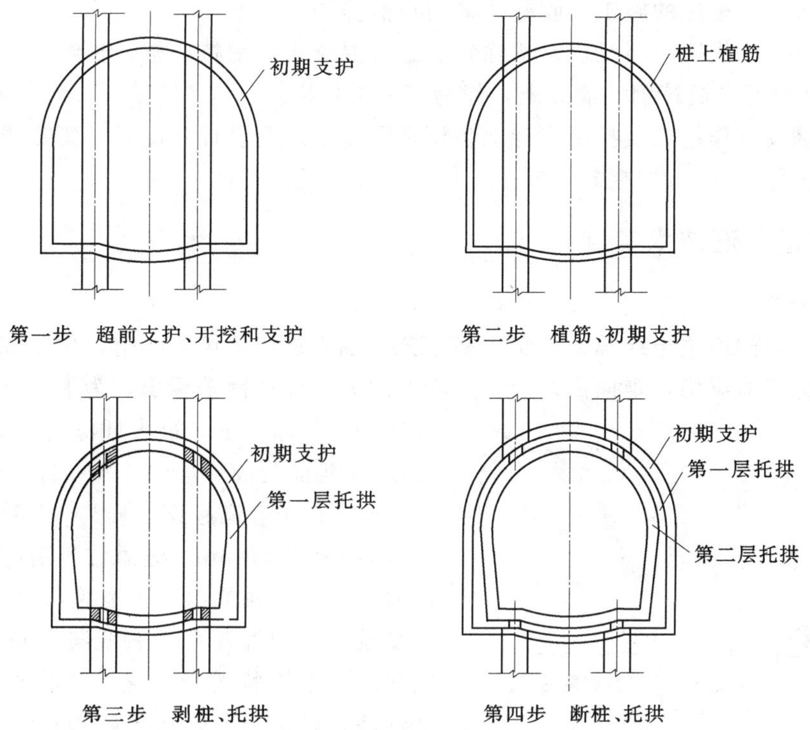

图 6-94　桩基托换施工示意图

(2) 植筋。从标准断面开挖外轮廓外扩 0.75m 为本段托换桥基范围的开挖轮廓，施做 300mm 厚初期支护，在初期支护与桩基相交部分向桩内植筋，所植钢筋与格栅主筋焊接，使之形成整体，并在初期支护中设置临时仰拱和竖隔壁，以控制桩和拱顶沉降，第一层托措施作完后再拆除临时仰拱和竖隔壁。在遇有桥桩的断面隧道格栅不能封闭成环部位，施作环向植筋，通过所植钢筋将桥桩与格栅连在一起，同时加强桥桩两侧 2.0m 范围内的格栅纵向连接筋。

植筋是桩基托换工程施工的关键工序，植筋的质量直接影响到工程施工质量和桥的安全。种植的钢筋主要承受剪切力，它起着连接桥原桩的作用。一般植筋长 400～600mm，锚入深度 200～300mm。①定位：为了保证植筋与桩的牢固连接，在定位之前需将原桩护壁混凝土凿除。凿除护壁混凝土后按设计要求沿圆周均匀布置植筋孔位。②钻孔：采用风钻钻孔，孔径 42mm。钻孔遇到桩结构内部钢筋时，孔位做一定的调整以避开钢筋。③清孔：钻孔达到设计孔深后，用压缩空气从孔底吹出粉尘，然后用硬质尼龙刷清孔壁，再用压缩空气清孔。另外必须把孔内的积水排除干净。④配胶：配胶时必须严格按设计配比称取原料配制胶凝体，主料和胶粘剂均应充分搅拌均匀，配制好的胶黏剂不能再掺加任何材料，每次配胶数量不宜多，配制的胶凝体必须在 20 分钟内使用完毕。⑤植筋：一般植入圆钢，钢筋应无锈蚀、无油渍、表面洁净。植筋时先把胶凝体挤入孔内，使胶凝体充满孔洞，然后在钢筋植入段周边抹胶，把钢筋插入孔内，并用铁锤将钢筋打入，确保钢筋的植入深度和孔隙的填充效果。⑥养护：植入钢筋后 6 小时内不得碰撞，待 6 小时后胶黏剂凝固，方可进入下一工序的施工。胶凝体采用自然养护。

(3) 剥桩及施作第一层托拱。凿除外层桩身混凝土（留核心桩，长约30cm），及时施作40cm厚全封闭的模筑钢筋混凝土，作为第一层托拱。

(4) 断桩及施作第二层托拱。待上步模筑混凝土达到设计强度后，凿除隧道断面范围内的桩基，施作300mm厚模筑混凝土，作为第二层托拱。

六、隧道进洞技术实例

1. 工程概况

同江至三亚国道主干线福鼎—宁得高速公路福安连接线湾坞隧道，位于福安市湾坞乡湾坞村东北部锅盖梁山，走向由东南方向朝西北方向穿过锅盖梁山，为上、下行分离的四车道一级公路隧道，最大埋深约220m。左线隧道起讫里程为ZK0＋233～ZK1＋380，全长1147m；右线隧道起讫里程为YK0＋250～YK1＋400，全长1148m。隧道位于沿海构造至侵蚀低山丘陵区，属低山丘陵地貌，地形切割强烈，坡度较大，沟谷发育。右线隧道进口段围岩已风化成硬土块状的全风化凝灰岩和断裂带，稳定性差，易坍塌，属铁路隧道围岩分类中的Ⅱ类围岩。在断裂带及其影响带中，含水量较为丰富，主要为大气降水补给。右线隧道进口段YK0＋278～YK0＋300，从2001年10月28日15:00开始发生严重变形，洞内已完成的初期支护出现喷混凝土开裂、钢支撑扭曲等现象，同时，地表出现严重的沉陷和裂缝。由于洞内变形过大和地表沉陷十分严重，不得已，将变形、坍陷区而全部挖开（图6-95）。由于地层差、易坍塌，如何在坍陷挖开区实现隧道正常进洞，确保隧道施工的工期和安全，是一个亟待解决的问题。

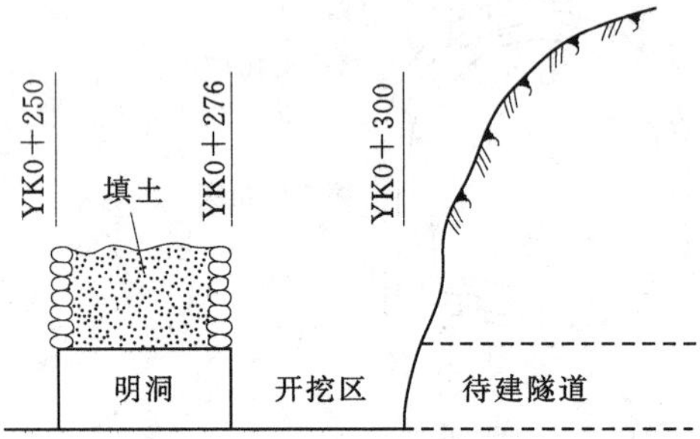

图6-95 湾坞隧道右线进口段情况

2. 施工方案

根据工程的实际情况和以往类似工程的经验（如京九铁路岐岭隧道进口段工程），确定如下总体进洞施工方案：在先行降水的基础上，采用管棚护顶、拱部预留核心土弧形开挖、钢拱架挂网喷射混凝土初期支护尽快闭合成环、早做二次衬砌的总体进洞方案。

具体进洞施工工序如图6-96所示。

(1) 沿隧道拱部开挖轮廓线外侧施打大管棚Ⅰ。布设范围为拱部2×78°。管棚采用ϕ108mm×6mm热轧无缝钢管（节长3m和6m，丝扣长15cm），长28m，环向间距30cm，外插角3°。管棚钢管均为前部钻孔的钢花管，既是管棚钢管，又是注浆钢管。管棚安设完后，在管棚钢管内压注水泥＋水玻璃双液浆，既可提高管棚钢管的刚度，又将浆液注入管棚周围的土体，提高围岩的自稳能力。水泥浆与水玻璃的体积比为1:0.5，水泥浆水灰比为1:1，水玻璃浓度为35°Bé，模数为2.4。注浆初压力为0.5～1.0MPa，终压力为2.0MPa。

(2) 上台阶拱部预留核心土弧形开挖。由于围岩稳定性差、易坍塌，故采用预留核心土弧形开挖，以稳住掌子面的土体。弧形开挖掘进进尺一次为0.5m。

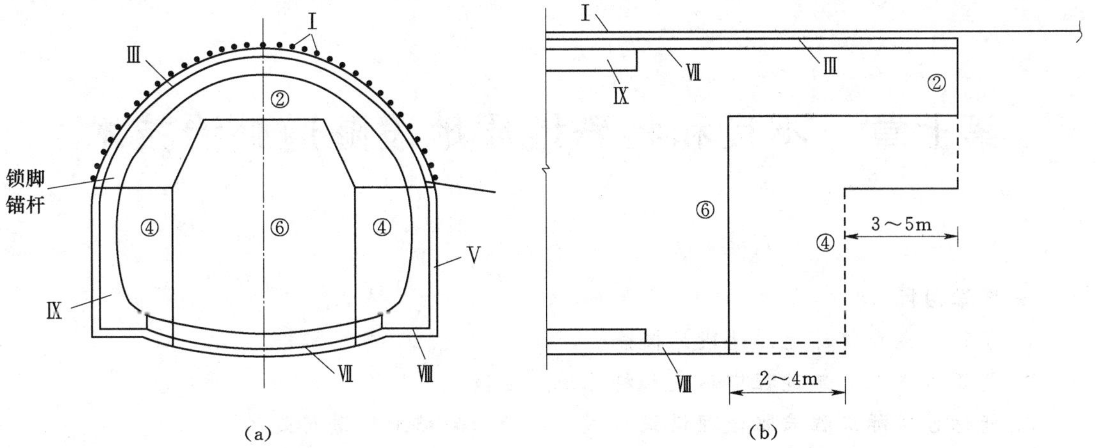

图 6-96 京九铁路岐岭隧道进洞施工工序

(a) 正视图；(b) 侧视图

(3) 拱部初期支护Ⅲ。拱部预留核心土弧形开挖完成后，迅速安设 I18 工字钢钢拱架支撑，钢拱架与钢管棚用电焊焊连，钢拱架纵向间距 1 榀/0.5m，钢拱架之间用环向间距为 1.0m 的 ϕ22mm 螺纹钢相连，以形成整体结构。钢拱架拱脚底铺垫槽钢，紧挨槽钢底部向外向下打设 ϕ42mm，长 4.0m 的锁脚锚杆，锁脚锚管纵向间距为 25cm，视现场实际情况，锁脚锚杆可为前端 2.5m 带孔的钢花管，可适当注浆，为拱部初期支护提供稳固的基础。接着挂 ϕ6mm 双层钢筋网 (20cm×20cm)，并喷射厚为 26cm 的 C20 混凝土，形成拱部初期支护。

(4) 下台阶边墙开挖。距上台阶 3～5m 开始开挖下台阶边墙部分土体，一次掘进进尺为 0.5m。

(5) 边墙初期支护Ⅴ。下台阶边墙开挖后，迅速安设边墙钢拱架，并与边墙钢拱架联结牢固。接着挂 ϕ6mm 双层钢筋网 (20cm×20cm)，并喷射厚度为 26cm 的 C20 混凝土，形成边墙和墙脚初期支护。

(6) 拉中槽。距边墙开挖 2～4m 处开始拉中槽。

(7) 仰拱初期支护Ⅶ。拉中槽后，迅速安设仰拱钢架，仰拱钢架两端与边墙钢架连接牢固，形成钢架支撑闭合环，并铺双层钢筋网，喷射 C20 混凝土，形成仰拱初期支护，同时形成整个隧道的初期支护闭合环。

(8) 铺设防水层Ⅷ。初期支护闭合环完成之后，全隧道铺设 BFP-A-1 复合防水板。防水板的铺设、焊接等要满足相应的施作要求。

(9) 二次衬砌Ⅸ。防水板铺设后，灌筑厚度为 45cm 的 C25 钢筋混凝土二次衬砌。

第七章　不良和特殊地质地段隧道处治技术

● **教学目标：**

1. 了解不良和特殊地质地段的概念。
2. 能正确判断施工过程中不良和特殊地质地段。
3. 能结合实际工程采取合理措施对不良和特殊地质地段进行处治。

在修建隧道及地下工程中，工程地质状况及水文地质情况是施工人员面临的首要对象，在一般情况下，隧道的修建速度和质量好坏取决于对地质状况的认识和掌握程度；当地质状况较好时，工程的进展就顺利，工程的工期、质量、造价等都能按计划地正常进行。当地质条件较差，遇到了特殊及不良地质地段时，如富水软弱围岩、流沙、溶洞、膨胀岩、瓦斯、高地应力等，工程就会受阻，主要表现为工期的延长、质量的下降、工程造价的剧增，同时还有可能出现大的安全事故，导致人员的伤亡，设备损坏等现象的发生，因此有必要对不良地质隧道的施工技术进行全面、系统的研究和总结。

不良和特殊地质地段处治的一般原则如下：

（1）充分利用各种手段和方法，尽可能准确掌握不良地质情况。

（2）根据掌握的不良地质情况，制订对应的施工方案及处理措施。

（3）随着施工揭露地质，施工安全性和支护措施的效果，即时修正设计，保证施工安全和隧道质量。

第一节　富水地层处治技术

一、处治原则

隧道涌水段的处治应严格贯彻“详细调查、有序施工和保护环境、灵活处治”的处治原则。

（1）详细调查。对于出现涌水情况的段落，首先应进行详细的涌水情况调查，包括涌水位置、涌水形态、涌水量的大小、涌水量的动态变化、含泥沙情况、水的侵蚀性、当地气候条件、环境条件等基础资料，以作为确定处治方案的依据。

（2）有序施工和保护环境。隧道内一旦产生积水，施工机械设备的正常运转就难以进行，喷射混凝土等施工质量也难以保证，因此应采取必要的临时措施确保洞内的施工环境良好，以正常有序地开展后续施工；对于洞顶地表存在居民或工业生产，以及隧址周围属生态保护区等环境保护要求高的地区，必须采取有效措施减小隧道涌水对环境的不利影响。

(3) 灵活处治。综合以上基础资料，灵活选用处治方法。

二、处治方案

涌水处治方案可分为两类，即排除涌水的方法（排水法）和阻止涌水的方法（止水法），具体如图 7-1 所示。实际工程中，排水和止水往往不能截然分开，因此，涌水处治应根据实际情况将排水法与止水法相互配合使用。

1. 排水法

排水法的目的是降低地下水位及工作面的涌水压力，其使用普遍、费用低、工期短。

(1) 自然排水。如果隧道开挖为上坡（顺坡施工），且坡度足够大（一般不宜小于 3%）就可采用自然排水法。具体方法是，可在隧道两侧或中心，开挖一条（或数条）排水沟。必要时，也可采用木槽、钢管等替代。排水沟（管）断面积可根据排水量、坡度及表面粗糙度，按无压流量公式进行计算。

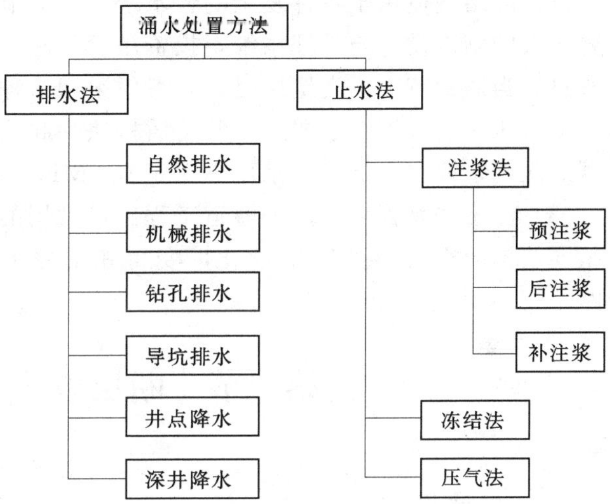

图 7-1　涌水处治方案图

(2) 机械排水。当隧道为下坡开挖（反坡施工），以及采用竖井、斜井作辅助坑道时，洞内渗水和涌水不能顺坡排出洞外，应采用机械排水。机械排水一般采用水泵排水，其布置方式包括分段开挖反坡排水沟和隔开较长距离开挖集水坑。

(3) 导坑排水及钻孔排水。导坑排水沟及钻孔排水可单独使用，也可同时使用，常与注浆法结合使用。当隧道开挖掌子面遇到很大水压时，可采用小导坑掘进，或者在主隧道左右两侧开挖横断面小的排水导坑。如这种小断面的排水导坑仍不能起到排水作用，而掌子面的掘进还是很困难时，就从掌子面上钻几个几米到几十米的排水钻孔以降低地下水位。排水导坑与正洞之间的距离，从排水效果看，应尽可能缩短。如距离太近，由于岩体的松动会影响正洞的安全。一般采用中心距离 1～20m，且较正洞低。排水导坑一般设在地下水流的上游，但也有例外，要视地质条件而定。排水导坑应在正洞前面掘进，如遇开挖崩塌，无法掘进时，则开挖面应全面支护，在它的后方 10m 左右处另开岔线，进行迂回掘进。此时可在停止的开挖面上进行钻孔排水，以保障分岔的迂回坑道的掘进。排水钻孔一般采用辅助导坑施工，长尺钻孔的场合使用大型机械，开挖时间长，为了尽可能地避免作业间的干扰，应在断面外进行开挖。钻孔长度应根据开挖目的、调查需求以及搭接长度等决定。钻孔的方向应靠近隧道，一般向上 2°～5°，向外 2°的施工场合比较多。

(4) 井点排水及深井降水。井点与深井的采用取决于隧道的覆盖土、环境、土壤性质及水压力等因素，一般适用于覆盖厚度不大和地层渗透性高的隧道中。井点法适用于未固结层（即砂砾、粗、中、细砂等地层），渗透系数范围为（$5\times10^{-7}\sim5\times10^{-3}$）m/s，设备简单，因此只要没有特殊情况，从经济上考虑，就可采用。深井降水法的特点是可以在大范围内大幅度地降低水位，但此法是重力排水方式，水流入井的渗透速度有一定的限度，当不能将水位完全降低时，还需要采用井点补充降水。

2. 止水法

在隧道施工中，当难以用上述排水法施工时，或采用排水法效果不理想时，一般采用止水法。止水有冻结法、压气法及注浆法三种。

（1）冻结法适用于各种复杂的含水地层（尤其适用于深厚的冲积层），且安全。但它需要庞大的制冷设备与管理系统，投资昂贵，施工期较长，混凝土衬砌在低温下作业。故一般只有当遇到特别不良地层时，才考虑采用这种方法。

（2）压气法多用在软弱层，常与盾构法一起使用。由于人员在气压下作业受 0.3MPa 气压的限制，故它只能用在水压不大于 0.3MPa 的场合，而且一次作业时间也有限制。

（3）注浆法是目前国内外隧道工程中最常用的一种止水方法。它可通过浆液使原来松散软弱结构的围岩得到胶结硬化，变得相对密实；使裂隙、空洞封闭，截断围岩渗水通路。

第二节 断层破碎带处治技术

一、处治原则

（1）断层破碎带的处治，应首先查明断层的倾角、走向、破碎带的宽度、岩体破碎程度、地下水活动等有关基础资料，以便选择正确的施工方法和处治措施。

（2）断层破碎带的调查应首先采用超前地质预报。当使用 TSP 或地质雷达等物探手段不能准确查明前方的地质情况时，应采用超前地质钻探或超前导坑。

（3）超前地质钻应钻透断层破碎带。如断层破碎宽度大，破碎程度及裂隙充填物情况复杂，且有较多地下水时，可在隧道中线一侧或两侧开挖调查导坑，调查导坑穿过断层破碎带的中线与隧道中线平行，线间距不小于 20m，调查导坑穿过断层破碎带后，再掘进一段距离转入正洞，处理断层破碎带同时，在前方开辟新工作面，加快施工进度。

（4）断层破碎带的处治应根据断层破碎带的分布宽度、围岩破碎程度、地下水情况等因素综合确定，不同的围岩情况应制订不同的处治方案。

二、处治方案

根据断层破碎带的规模，断层分为小断层、中断层、大断层，处治时应根据不同的规模及断层物质组成成分采取不同的处治措施（图 7-2）。

1. 小断层

小断层：沿隧道纵向断层宽度小于 5m 的断层带。对小断层，岩体组成物为坚硬岩块且挤压紧密，围岩稳定性相对较好时，隧道通过这样的断层，不宜改变施工方法，与前后段落的施工方法一致，避免频繁变更施工方法，影响施工进度。但通过断层带要加强初期

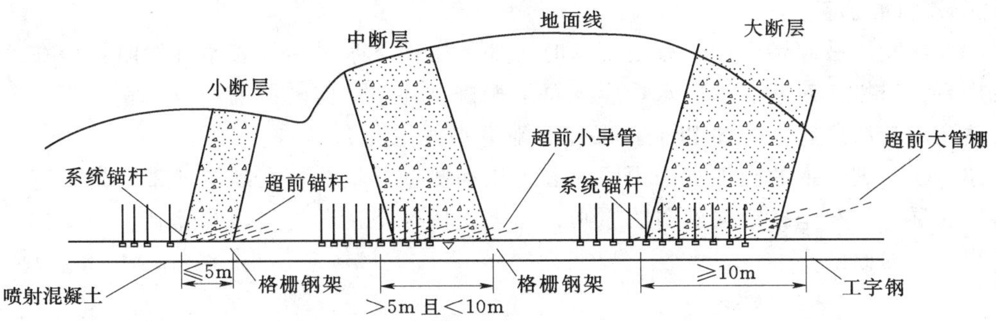

图 7－2　断层破碎带处治示意图

支护和适当的辅助施工措施渡过断层带。如超前锚杆与系统锚杆配合，加厚喷射混凝土，并增设钢筋网等措施。必要时可增设格栅钢架。超前锚杆在拱部设置，锚杆直径一般为22m，长 3.5m，环向间距 40cm，外插角约为 10°，每 2m 设一环，保证环间搭接水平长度大于 1.0m，用早强砂浆作为超前锚杆杆体与岩层孔壁间的胶结物，以及早发挥超前支护作用，在超前支护下掘进。开挖后立即施作径向锚杆，挂钢筋网，喷射混凝土等初期支护。

2. 中断层

中断层：沿隧道纵向断层宽度为 5～10m 的断层带。对中断层，岩体破碎时，宜采用超前小导管、钢筋网、喷混凝土、格栅钢架等加强初期支护，并在拱部施作超前小导管周壁预注浆，对洞周岩体进行预加固和超前支护。在超前支护下，宜采用上下台阶留核心土或上下台阶法开挖。在台阶上部施作超前小导管，上部开挖后及时施作拱部初喷混凝土，径向锚杆，挂钢筋网和格栅钢架。在做好拱部初期支护后方能开挖台阶下部。超前小导管管径根据钻孔直径选择，一般选用直径为 42～50mm 的直热轧钢管，长 3.5～5.0m，外插角 10°～20°，管壁每隔 10～20cm，交错钻眼，孔口 150cm 段不钻孔，眼孔直径 6～8mm，采用水泥砂浆或水泥水玻璃浆液灌注，导管环向间距 30～50mm，纵向两组导管间水平搭接长度不小于 1.0m。

3. 大断层

大断层：沿隧道纵向断层宽度大于 10m 的断层带。对大断层，岩体破碎时，宜采用超前管棚和钢架进行联合支护。管棚长度一般 10～40m，能一组管棚穿过断层破碎带，则采用一组管棚，但受地质和施工条件限制，断层宽度大，可分组设置，纵向两组管棚的搭接长度不小于 3.0m。管棚用钢管直径为 80～150mm，一般多采用 ϕ108 厚壁热扎无缝钢管，环向钢管中心间距为管径的 2～3 倍，即 30～40cm，钢架根据地质情况，可采用型钢或格栅钢架，其间距 0.5～1.0m 一榀，在管棚支护下，采用上下台阶留核心土法开挖，在做好上台阶的锚、网、喷、钢架等到初期支护后，才能开挖下台阶。

4. 其他情况

（1）当断层出露于地表沟槽，且隧道为浅埋时，宜采用地面砂浆锚杆结合地面加固和排泄地表水及防止地表水下渗等措施处治。地面锚杆垂直设置，锚杆间距 1.0～1.5m 按矩形或梅花形布置，锚杆直径为 18～22mm，长度根据覆盖厚度确定，锚固范围根据地形和推测破裂面确定。

(2) 当断层破碎带内伴随有地下水时，如断层地下水是由地表水补给时，应在地表设置截排系统引排。对断层承压水，应在每个掘进循环中，向隧洞前进方向钻凿不少于2个超前钻孔，其深度宜在4 m以上，以探明地下水的情况。

(3) 断层破碎带的施工宜采用留核心土法和侧壁导坑法，在断层地带开挖后应立即进行初喷混凝土，并坚持宁强勿弱的原则，加强支护，坚持短进尺、弱爆破、强支护、勤量测、快衬砌的原则。

第三节　岩溶地段处治技术

一、岩溶分类

(1) 根据溶蚀洞穴的发育规模，其总体可分为小型溶洞和大型溶洞两类。

1) 小型溶洞一般指发育有限（溶洞洞径小于1/2，隧道开挖洞径或溶洞洞径小于6m)、充填物易于清理的溶蚀洞穴。

2) 大型溶洞一般指洞穴深浚（溶洞洞径不小于1/2，隧道开挖洞径或溶洞洞径不小于6m)，且充填丰满，难于回填或不宜填塞的溶蚀洞穴。

(2) 根据溶洞充填物特征，可将溶洞分为充填型、半充填型和无充填型三类。

1) 充填型溶洞指溶洞内有充填物充填的溶洞。

2) 半充填型溶洞指溶洞内既有部分充填物，又有一部分空腔的溶洞。

3) 无充填型溶洞指溶洞内无充填物的溶洞。

二、岩溶总体处治方案

1. 总体处治方案

根据隧道内岩溶的表现形态，隧道岩溶段的处治方案可按溶洞空腔、岩溶水或管道和溶洞充填三种形态制订处治方案。

(1) 表现为溶洞空腔的岩溶段的处治应根据溶蚀洞穴与隧道的相互位置关系及其自身的洞穴发育规模等信息制定。一般地，大型溶洞可采用跨越方案和支顶加固方案，小型溶洞可采用护拱、封闭、换填和回填等方案。

(2) 表现为岩溶水或管道的岩溶段的处治方案应根据最大涌水量、补给条件、地下水流向等因素制定。一般可采用堵水、引排和打引水导洞等措施。包括预注浆堵水、后注浆堵水、依靠隧道自身的排水系统排水以及泄水洞排水等措施。

(3) 表现为溶洞充填的岩溶段的处治，应根据岩溶洞穴与隧道的相互位置关系及发育规模、围岩和溶蚀充填物的地质条件，一般可采用超前支护、超前注浆、周边径向注浆、基础换填、基础加固等措施，也可采用跨越的方式进行处理。

2. 小型溶洞的处治

对于小型溶洞的处治，应综合考虑岩溶洞穴的充填特征、所处位置以及方便现场施工，制订相应的处治方案。

（1）对于无充填或半充填型岩溶洞穴，首先应清除溶洞表面浮土或洞穴内的充填，然后对岩溶洞穴采取回填处理，如图 7-3 所示。

1）出露于隧道拱部上方的小型溶洞，应清除洞内充填物，如有条件，宜对溶穴腔壁进行适当的喷锚防护，并保证锚杆嵌入基岩不少于 1.0m。在隧道衬砌施工后，浇筑混凝土护拱，护拱应加设锁脚锚杆，最后吹（堆）砂充填。

2）出露于隧道边墙侧部的小型溶洞，应在隧道衬砌施工前，先浇筑 C15 片石混凝土或 M7.5 浆砌片石护墙，后墙背以干砌片石回填。

3）出露于隧道底板（路面或仰拱）下方的小型溶洞，应在隧道底板（路面或仰拱）浇筑前，先清除溶蚀充填物，并自下而上以干砌片石、C15 片石混凝土换填。

（2）对于充填型小溶洞，应根据溶洞所处的位置及方便现场施工，采取相应的换填或加强防护措施。

1）当岩溶洞穴位于隧道拱部和边墙位置时，若施工过程中岩溶洞穴内充填物已发生滑落，应在岩溶洞穴内充填物清除后，采用喷射 C25 混凝土或水泥砂浆回填；若施工过程中岩溶洞穴充填物未发生滑落，应在岩溶洞穴位置采取喷锚网防护。

2）当岩溶洞穴位于隧道基底位置时，应在清除岩溶洞穴内的充填物后，采用混凝土回填密实的处治方案。

（3）对于隐伏型溶洞，隧道施工过程中应采用综合地质超前预报技术对隧道周边，特别是基底进行隐伏岩溶普查，当普查揭示出隧道开挖轮廓线外附近存在隐伏岩溶洞穴时，应采取局部注浆措施，对隐伏岩溶进行注浆回填或注浆固结，如图 7-3 所示。

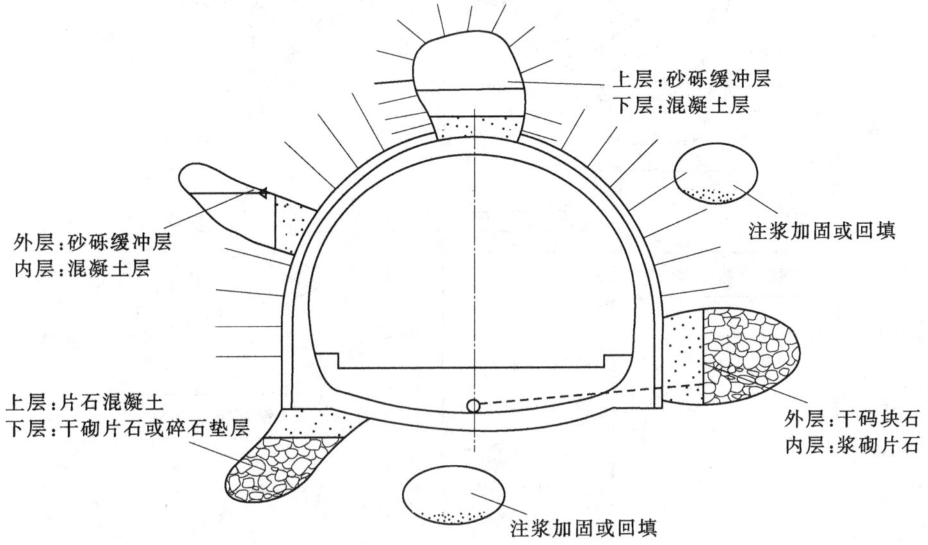

图 7-3　小型溶洞处治示意图

3. 大型溶洞的处治

对于发育于隧道周边不同部位的大型溶洞，原则上应因地制宜，利用“梁、柱、墙、桩”等结构，采用“引、堵、越、绕”等措施进行处理，如图 7-4 和图 7-5 所示。

（1）对洞体深浚充填丰满、或难于回填、或不宜填塞的大型干溶洞，应因地制宜进行处理。原则上，拱部及边墙主要采取回填措施，基底处治应根据其不同的发育特点采取有针对性的处治方案。

1）型钢混凝土＋板跨的处治方案。当隧道基底处的溶洞深度很深，同时溶洞纵向跨度不大（一般小于3m）时，并且隧道弃渣回填量大，并有可能影响地下水通道，宜采用型钢混凝土＋板跨处治方案。型钢多采用钢轨、工字钢能强度较高的钢材。

2）托梁＋板跨的处治方案。隧道基底处的溶洞，可采取洞渣回填后，采用“托梁＋钢筋混凝土板”的跨越结构处治溶洞，托梁断面一般采用宽1～1.5m×高1～1.8m，托梁两端置于完整基岩上的长度不小于2m，钢筋混凝土板厚度一般为0.8～1.5m。

3）钢管群桩加固方案。当隧道基底处的溶洞深度较深（5～20m）时，宜采用钢管群桩加固处治方案。

4）桩基＋承台的处治方案。当隧道基底处的溶洞纵向发育范围较大，基底深度较深（20～30m）时，宜采用桩基托梁处治方案。在制订处治方案时，首先要对溶洞的地质情况做详细的调查，先对溶洞做一定的防护处理后，再采用桩基托梁处治方案。设计时，要计算桩的承载力，通过计算，确定桩基布设方案和承台厚度。如图7-4所示。

5）填筑方案。当隧道基底处的溶洞规模大，发育深度很深（≥30m）时，宜采用填筑方案，可采用路基形式通过。施工时，要填筑密实，可采用分层填筑夯实的方案。

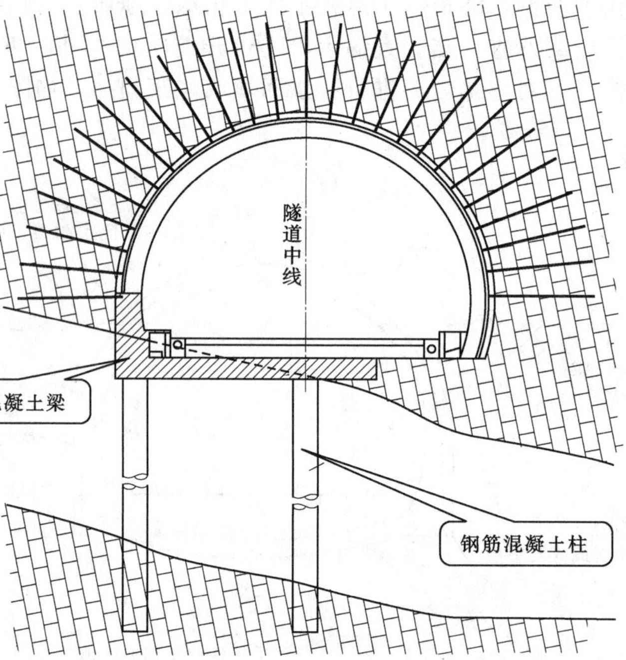

图7-4　桩＋承台溶洞处治示意图

（2）对大型充填型溶洞应根据充填物的性质，采取不同的处治技术。

1）充填淤泥型。在隧道施工中，采取综合超前地质超前预报表明前方存在大型充填淤泥质溶洞时，应停止施工，封闭掌子面。然后采用超前预注浆加固淤泥质地层，并采取超前大管棚支护，上下台阶留核心土或侧壁导坑法开挖。开挖后及时进行径向补充注浆，及时施作加强型二次衬砌结构。如图 7-5 所示。

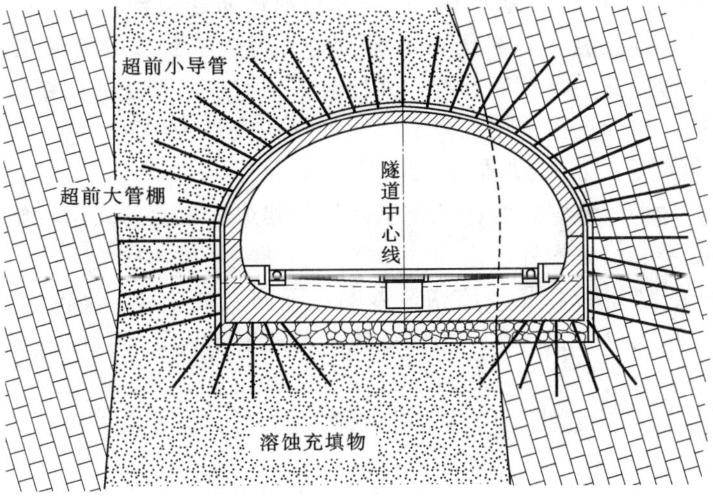

图 7-5　大型填充型溶洞处治示意图

工作面预注浆法如下：

a. 注浆材料：采用水泥单液浆或者普通水泥—水玻璃双液浆。

b. 注浆顺序：注浆施工顺序应遵循以下两个原则，即注浆按由外到内的原则进行；充分考虑水源影响因素，按由下到上、由左到右的注浆顺序进行。

c. 注浆工艺：采取前进式分段注浆工艺。

d. 注浆控制：注浆结束标准可以以注浆压力控制。

e. 超前大管棚：在超前预注浆结束后，采取超前大管棚支护，以确保隧道施工安全。

地表预注浆法。若隧道埋深不大，一般应小于 100m，并且通过地表钻孔、水化学分析、连通试验、地面沉降和地下水位变化观测等手段，确定了溶管或溶洞的位置和方向，如果岩溶发育情况比较简单，可通过地面局部注浆、帷幕注浆等方法阻断岩溶水下渗的通道并对地层进行加固，确保隧道开挖不受岩溶的影响。地表预注浆的注浆压力应随着钻孔深度而变化，一般不超过上覆土压和水压之和的 0.5 倍。值得注意的是，进行地面注浆时，一定要严格控制注浆压力和浆液扩散范围，防止对煤层采空区、采矿巷道、附近建筑物造成负面影响和对井、泉、农田造成污染或破坏。

2）充填粉质黏土型。在隧道施工中，采取综合超前地质超前预报表明前方存在大型充填粉质黏土层时，鉴于粉质黏性土层有一定的自稳能力，对于拱部及边墙的溶洞可采用超前小导管支护，必要时在隧道拱部设大管棚超前支护，分步开挖，制订钢架支撑的处治方案。开挖后及时进行径向加固注浆。基底的溶洞可采取钢管群桩或高压旋喷桩进行加固处治。加固后及时施作二次衬砌结构，根据水压力测试结果确定是否采取抗水压二次衬砌结构型式。

3）充填粉细砂型。在隧道施工中，当综合超前地质超前预报表明前方存在大型充填粉细砂层溶洞，应挖之前，再采取超前大管棚支护，然后开挖，开挖时采用留核心土法或侧壁导坑法，开挖后立即进行径向补充注浆，然后进行水压力测试，根据测试结果，确定是否采用抗全水压二次衬砌结构型式。

4）充填块石土型。在隧道施工中，当综合超前地质超前预报表明前方存在大型充填块石土型溶洞时，应停止施工，封闭掌子面。先采用全断面超前预注浆的形式加固块石土，再采取超前大管棚支护，然后开挖，开挖时采用留核心土法或侧壁导坑工法，开挖后立即进行初期支护，初期支护采用加强型（增加钢架支撑或者缩短钢架支撑间距），必要时采用C30钢筋混凝土二次衬砌结构型式。

（3）对于大型含水型溶洞，为保证施工及隧道建成后运营的安全，施工中应根据溶洞含水量的多少，以采取相应的处治措施。

1）充水型溶洞（溶槽）。受地质构造影响，不同岩性之间，有时会出现层间宽张裂隙，张裂隙内充填有大量的岩溶水。为保证施工及隧道建成后运营的安全。施工中应采取以注浆加固堵水为主的处治原则。

注浆加固堵水处治可根据涌水量多少、水压力高低、隧道施工特点，选择采取超前预注浆堵水和揭示后径向注浆堵水两种方式处治。

a. 当隧道采取顺坡施工时，通过综合超前地质预报确定掌子面前方涌水量不大（$Q\leqslant 300m^3/h$），水压不高（$P\leqslant 0.5MPa$），水量比较稳定时，可采取爆破揭示后局部注浆或者径向注浆处治方案。采用后处治方式既能满足隧道快速施工要求，也能达到注浆堵水加固要求。

b. 当隧道采取顺坡施工时，通过综合超前地质预报确定掌子面前方涌水量大（$Q>300m^3/h$），水压高（$P>0.5MPa$），采用后处治方式施工难度大，注浆堵水效果差，因此采用超前于注浆堵水的处治方案。

c. 当隧道采取反坡施工时，通过综合超前地质预报确定掌子面前方涌水量不大（$Q\leqslant 100m^3/h$），水压不高（$P\leqslant 0.5MPa$），水量比较稳定时，可采取爆破揭示后局部注浆或者径向注浆处治方案。

d. 当隧道采取反坡施工时，通过综合超前地质预报确定掌子面前方涌水量大（$Q>100m^3/h$），水压高（$P>0.5MPa$），应采用超前于注浆堵水的处治方案。

2）过水型溶洞（暗河）。过水型溶洞，多为该隧道所在位置的地下水水系的一部分，如果堵塞，将破坏该位置的地下水水系，同时也给隧道衬砌上附加了很大的水压力，因此，对于过水型溶洞，处治的原则是“宜通不宜堵”。常用的是形式是泄水洞、梁跨（拱跨）、迂回导坑。

a. 泄水洞方案（图7-6）。泄水洞应设置为上坡，坡度应结合地形条件设置，一般以1%～3%为宜。

泄水洞断面应能满足排水要求，断面的设置应按水文地质条件进行估算。

若泄水洞长度$L\leqslant 500m$，泄水洞断面尺寸原则上按照满足现场机械配置和施工通风的要求进行确定。采取无轨运输时宜为4.5m×4.6m（宽×高），采用有轨运输时宜为3.5m×4.2m（宽×高）。若泄水洞长度$L>500m$，泄水洞断面尺寸原则上按照有轨运输和施工通风的要求进行确定。

b. 梁跨或者拱垮方案。对于大跨度过水型溶洞，溶洞周围岩体相对完整时，可根据溶洞的具体地质条件，采用隧道内梁（拱）桥跨越的处治方案。

c. 迂回导坑方案。对涌水量大的溶洞或岩溶带等复杂情况，一时难以处理，为使开挖工作不致停顿，可采取迂回导坑绕避溶洞，继续进行隧道前方开挖。同时在溶洞两段进行探测，借以查明溶洞大小或岩溶带的分布范围、岩溶水补给来源等，再来进行研究，确定相应的处理方案。

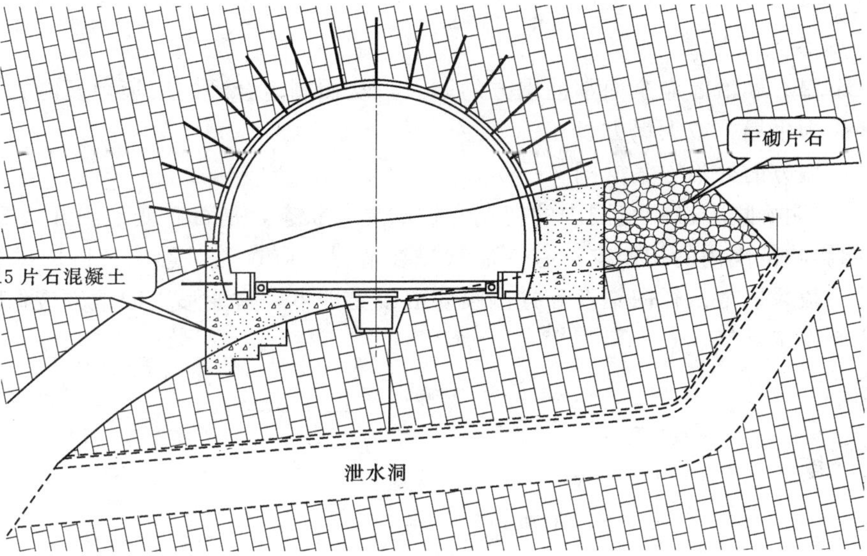

图 7-6　设置泄水洞的溶洞处治措施

第四节　塌方处治技术

一、塌方处治原则

（1）塌方的处理应贯彻安全第一、预防为主、不留后患的方针，应严格按隧道施工安全技术操作规程和安全规则组织预防处治。

（2）根据不同的地质情况、塌方范围应制订不同的处治方案。塌方的处治应坚持先加固，防扩展，后处理，稳通过的原则（即先锁口后治理），要求“治塌先治水”，处理塌方要宁早勿迟，宁强勿弱。

（3）塌方处理前应确保塌方状况相对稳定，确保人员和设备安全。在塌方状况相对稳定后，及时准确查明塌方的范围和现状、塌方的原因和产生机理以及地质条件、地下水情况、设计情况和施工情况，以便制定与之相应的处治对策。

（4）塌方的处治一般可采用临时支撑、加固塌体、先护后清、排除地下水，也可在正洞旁开一迂回导坑，绕过塌方位置向前继续施工，然后再回头处理塌方等方法。塌方处治时应根据塌方规模、塌方原因和位置等因素综合确定对应的处治措施及处治方法。

（5）塌方处治应按小塌方、中塌方和大塌方采取不同的处治措施及方法。根据塌方体积或塌腔高度可将塌方分为小塌方、中塌方和大塌方三类。

1）小塌方是指塌方高度不大于 3.0m 或塌方体积小于 $30m^3$ 的塌方。

2）中塌方是指塌方高度为 3.0～6.0m 或塌方体积为 30～$60m^3$ 的塌方。

3）大塌方是指塌方高度为不小于 6.0m 或塌方体积不小于 $60m^3$ 的塌方。

二、塌方处治措施

1. 小塌方处治措施

（1）小塌方处治前应全面掌握塌方的原因，从而制定合理的对策，及时处理，防止小塌方发展成为中塌方或大塌方。

（2）小塌方的处治方案（图 7－7）。

1）首先明确塌方影响范围内的初期支护的受力状态，是否有变形和开裂等现象。

2）如影响范围内的初期支护有变形和开裂情况，应首先对影响范围内的初期支护进行加强，一般采取增设径向锚杆和挂网喷射混凝土即可，对变形大的地方应考虑采用小导管注浆或增设工字钢。

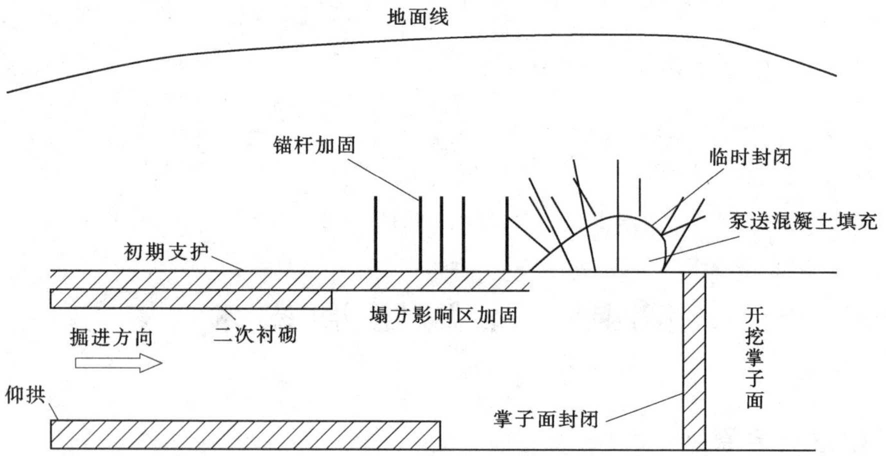

图 7－7　小塌方处治方案示意图

3）对开挖掌子面进行封闭加固。为防止塌方的扩大，待塌方体相对稳定后，立即对塌体掌子面进行加固。一般掌子面可以采用喷锚防护等措施。

4）对塌腔面进行封闭加固。塌腔表面采用喷射混凝土封闭，喷射混凝土厚度不宜小于 15cm，有条件的情况下可以沿塌腔表面打设锚杆或小导管注浆，稳定塌腔上部围岩。

5）塌方段可采取先施作初期支护保护壳以后再作二次衬砌。

6）二次衬砌完成后再向塌腔内采用 C25 泵送混凝土充填。

2. 中塌方处治措施

（1）中塌方处治前应全面掌握塌方的原因，从而制定合理的对策，及时处理，防止中塌方发展成为大塌方。

（2）中塌方的处治方案（图 7－8）。

1）掌子面加固。为防止塌方的继续发展，待塌方体相对稳定后，立即对塌方体掌子面进行加固。一般可以采用洞渣回填反压、止浆墙、中空锚杆或小导管注浆等措施加固。

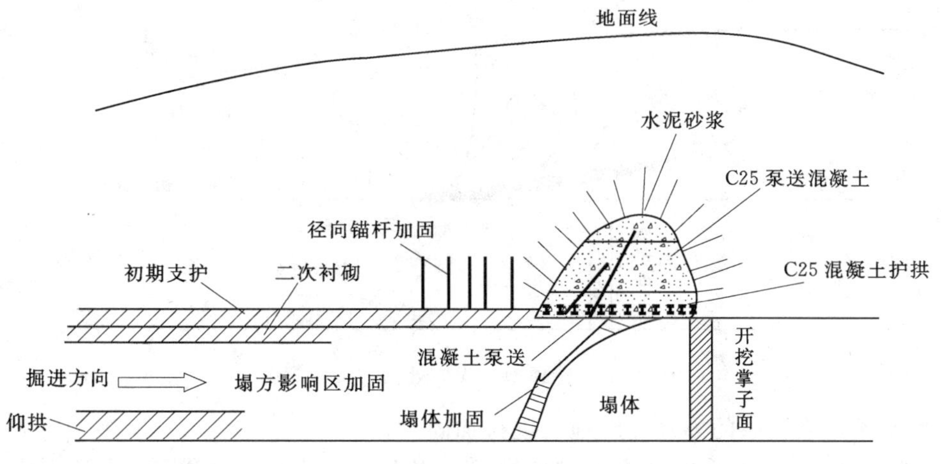

图 7-8　中塌方处治方案示意图

2）对塌方影响段处理。为防止塌方向已做好初期支护的段落延伸，应及时对塌方影响段进行锁口处理。一般可以采用临时钢支撑、支撑木朵、沙袋堆载封闭坍塌体，或采用径向小导管注浆、钢筋网喷射混凝土等措施对坍塌体影响段的初期支护进行综合加固。

3）塌方段的处理。塌方段的处理宜采用“护拱法”。首先观察塌方的规模和大小，清除塌腔表面的危岩，并在塌腔内出水口按设排水管，将水引至隧道纵向排水沟；然后对塌腔表面尽可能采用喷射混凝土封闭，厚度不宜小于 15cm，有条件的情况下可以沿塌腔表面打设锚杆或小导管注浆，稳定塌腔上部围岩。

4）塌方段的开挖和支护。采用大管棚、超前小导管、超前锚杆等措施进行超前支护，采用分部开挖、短进尺的方式，变大断面为小断面进行开挖掘进，及时施作强有力支撑，采用工字钢支护，每次 2～3 榀，当两侧壁有稳定岩层时，工字钢底部可以采用锚杆锁脚，锚杆进入稳定岩层不小于 1.5m，当两侧壁无稳定岩层时，应设置中空注浆锚杆或注浆小导管进行锁脚，长度一般不宜小于 4.5m，一般数量不少于 3 根。在二次衬砌浇注完成后，浇注混凝土护拱，护拱厚度不宜小于 1.5m，并预留混凝土泵管和注浆管，并以此推进，待通过塌方体后，且待护拱达到强度的 80%后，采用吹沙的方式（厚度一般为 1m 左右）。作为缓冲层，压力一般不大于 1MPa。塌方处理好后逐步往前开挖。塌方段的开挖和支护应坚持“短进尺、少扰动、弱爆破、快封闭、勤量测”的指导方针，渡过塌方段后的施工应严格按照设计图纸施工超前支护，并做加强，避免再次塌方的出现。

3. 大塌方处治措施

根据大塌方是否贯通地表，将大塌方按冒顶型大塌方和非冒顶型大塌方进行分别处治。冒顶型大塌方一般发生在洞口和洞身浅埋段，非冒顶形大塌方一般发生在埋深较大的地段。

（1）对冒顶型大塌方的处治方案（图 7-9）。

1）地表预处理。地表预处理宜在塌坑周围设置截排水沟，并对裂缝和塌坑进行封闭，裂缝封闭可采用 M30 水泥砂浆，喷混凝土，塌坑封闭一般采用彩条布覆盖或搭设遮雨棚，防止地表水直接流入塌腔，使坍塌进一步下陷。对于地层非常松散且塌方区域较大的地段

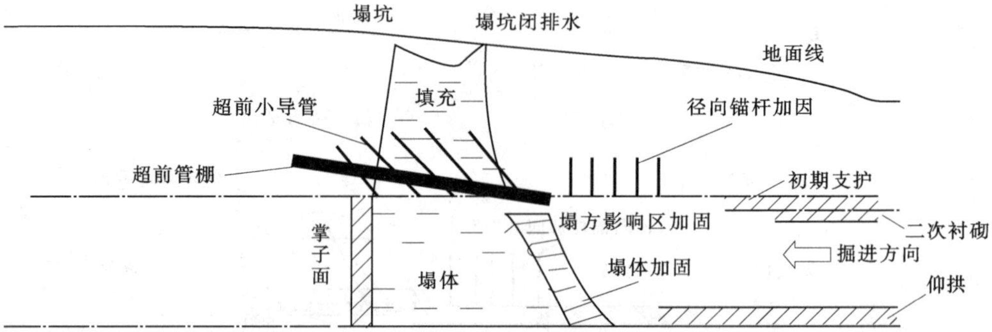

图 7-9　冒顶型大塌方处治方案示意图

可以考虑采用地表注浆的方式先对地表进行加固。

2）掌子面加固。为防止塌方的继续发展，立即对塌体掌子面进行加固。一般可以采用洞渣回填反压、止浆墙、支撑木朵、沙袋堆载封闭坍塌体。

3）对塌方影响段处理。为防止塌方向已做好初期支护的段落延伸，掌子面稳定后应及时对塌方影响段进行处理。一般可以根据受影响程度，采用工字钢、径向小导管注浆、钢筋网喷射混凝土等措施进行综合加固。

4）塌方段的预处理。塌方段的处理宜采用超前大管棚、超前小管棚、超前小导管预注浆，以及超前自进式锚杆等超前预支护措施。大管棚是采用 ϕ108 的钢管内设钢筋笼，并在管内注满砂浆。当大管棚注浆对塌体加固效果不理想时，可以结合超前小导管超前注浆进行联合超前预支护。

5）塌方段的开挖和支护。塌方段的开挖宜采用上下台阶留核心土、先拱后墙或侧壁导坑法的方式开挖。开挖不应采用爆破开挖，宜采用半人工开挖，每循环进尺 0.5～1.0m，施作上半断面工字钢，当两侧壁有稳定岩层时，工字钢底部可以采用锚杆锁脚，锚杆进入稳定岩层不小于 1.5m，当两侧壁无稳定岩层时，应设置中空注浆锚杆或注浆小导管进行锁脚，长度一般不宜小于 4.5m。塌方段的开挖和支护应坚持“管超前、短进尺、少扰动、弱爆破、快封闭、勤量测”的指导方针。

6）地表处理。洞内处理好后，回填地表塌坑，并进行夯实，并在其上喷 20cm 厚 C20 早强混凝土将塌方体封闭，保持地表塌方体的稳定。

（2）对非冒顶型大塌方的处治方案（图 7-10）。

1）对浅埋段大塌方应首先检查地表裂缝及变形情况。如有裂缝，对裂缝应进行封堵，如有塌坑，应对塌坑进行回填封闭，并做好周边的截排水措施。

2）掌子面加固。为防止塌方的继续发展，待塌方体相对稳定后，立即对塌体掌子面进行加固。一般可以采用洞渣回填反压、止浆墙、中空锚杆或小导管注浆等措施加固。

3）对塌方影响段处理。为防止塌方向已做好初期支护的段落延伸，掌子面稳定后应及时对塌方影响段进行处理。一般可以根据受影响程度，采用工字钢、径向小导管注浆、钢筋网喷射混凝土等措施进行综合加固。

4）塌方段的处理。塌方段的处理宜采用“护拱法”。首先在靠近塌腔位置安设横向和纵向钢支撑，稳定靠近塌腔位置围岩体；逐渐往塌腔靠近，观察塌方的规模和大小，清除

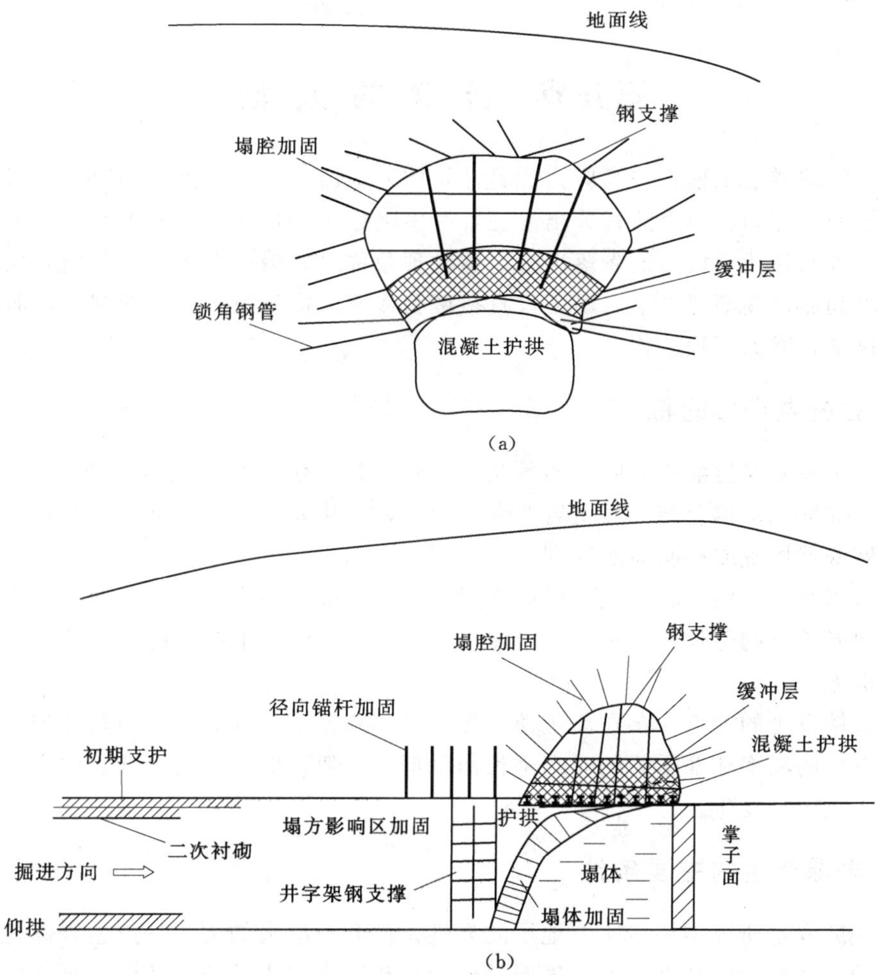

图 7-10 非冒顶型大塌方处治方案示意图

(a) 横断面；(b) 纵断面

塌腔表面的危岩，并在塌腔内出水口安设排水管，将水引至隧道纵向排水沟；然后对塌腔表面采用喷射混凝土封闭，有条件的情况下可以沿塌腔表面打设锚杆或小导管注浆，稳定塌腔上部围岩。

5) 塌方段的开挖和支护。逐步短进尺开挖塌方体的上台阶，并施作工字钢，每次2～3 榀，当两侧壁有稳定岩层时，工字钢底部可以采用锚杆锁脚，锚杆进入稳定岩层不小于1.5m，当两侧壁无稳定岩层时，应设置中空注浆锚杆或注浆小导管进行锁脚，长度一般不宜小于 4.0m。然后在塌腔内施作钢支撑，稳定塌腔，最后用钢筋混凝土护拱，并在护拱上设置缓冲层，按此方法逐步推进。塌方段的开挖和支护应坚持“短进尺、少扰动、弱爆破、快封闭、勤量测”的指导方针，渡过塌方段后的施工应严格按照设计图纸施工超前支护，并做加强，避免再次塌方的出现。

(3) 当非冒顶型大塌方完全封闭塌腔，且距隧道拱顶有较大高度，但塌腔与塌顶有空洞时，应按冒顶型大塌方的处治措施进行处治，但必须首先对空洞采用注浆或注砂处理，进行充填。

第五节　岩 爆 的 处 治

埋深较深的隧道工程，在高应力、脆性岩体中，由于施工爆破扰动原岩，岩体受到破坏，使掌子面附近的岩体突然释放出潜能，产生脆性破坏，这时围岩表面发生爆裂声，随之有大小不等的片状岩块弹射剥落出来，这种现象称之岩爆。岩爆有时频繁出现，有时会延续一段时间后才逐渐消失。岩爆不仅直接威胁作业人员与施工设备的安全，而且严重地影响施工进度，增加工程造价。

一、隧道内岩爆的特点

（1）岩爆在未发生前并无明显的预兆（虽然经过仔细找顶并无空响声）。一般认为不会掉落石块的地方，也会突然发生岩石爆裂声响，石块有时应声而下，有时暂不坠落。这与塌顶和侧壁坍塌现象有明显的区别。

（2）岩爆时，岩块自洞壁围岩母体弹射出来，一般呈中厚边薄的不规则片状。块度大小多呈几厘米长宽的薄片，个别达几十厘米长宽。严重时，上吨重的岩石从拱部弹落，造成岩爆性坍方。

（3）岩爆发生的地点，多在新开挖工作面及其附近，个别的也有距新开挖工作面较远处。岩爆发生的频率随暴露后的时间延长而降低。一般岩爆发生在16d之内，但是也有滞后一个月甚至数月发生。

二、岩爆产生的主要条件

国内外的专家研究结果表明，地层的岩性条件和地应力的大小是产生岩爆与否的两个决定性因素。从能量的观点来看，岩爆的形成过程是岩体中的能量从储存到释放直至最终使岩体破坏而脱离母岩的过程。因此，岩爆是否发生及其表现形式就主要取决于岩体中是否储存了足够的能量，是否具有释放能量的条件及能量释放的方式等。

三、岩爆的防治措施

岩爆产生的前提条件取决于围岩的应力状态与围岩的岩性条件。在施工中控制和改变这两个因素就可能防止或延缓岩爆的发生。因此，防治岩爆发生的措施主要有二：一是强化围岩，二是弱化围岩。

强化围岩的措施很多，如喷射混凝土或喷钢纤维混凝土、锚杆加固、锚喷支护、锚喷网联合、钢支撑网喷联合，紧跟混凝土衬砌等。这些措施的出发点是给围岩一定的径向约束，使围岩的应力状态较快地从平面转向三维应力状态，以达到延缓或抑制岩爆发生的目的。

弱化围岩的主要措施是注水、超前预裂爆破、排孔法、切缝法等。注水的目的是改变岩石的物理力学性质，降低岩石的脆性和储存能量的能力。后三者的目的是解除能量，使能量向有利的方向转化和释放。切缝法和排孔法能将能量向深层转移，使围岩内的应力，特别是在切缝或排孔附近周边的切向应力显著降低。同时，围岩内所积蓄的弹性应变能也得以大幅度地释放，因而，可有效地防治岩爆。

第六节　膨胀性和挤压性围岩的处治

一、概述

膨胀岩是指土中黏土矿物成分主要由亲水性矿物组成，同时具有吸水显著膨胀软化和失本收缩硬裂两种特性，且具有湿胀干缩往复变形的高塑性黏性土。决定膨胀性的亲水矿物主要是蒙脱石黏土矿物。在这类地层中修建的隧道往往会产生大变形，处理不当就会侵入净空，甚至引起支护结构的破坏。

我国是世界上膨胀土分布面积最广的国家之一。现已发现有膨胀土发育的地区遍及西南、西北、东北、长江与黄河中下游及东南沿海地区。

挤压性围岩本身并不具有膨胀性，由于强度低在高地应力作用下产生较大的塑性“剪胀”，也使坑道产生大变形。这两类大变形隧道发生的机理不一样，但一些防治措施常相同或相近。

二、膨胀性及挤压性围岩隧道处治措施

1. 加强调查、量测围岩的压力和流变特性

在该种地层中开挖隧道，除了认真实施设计文件所提出的技术要求外，在施工过程中应对围岩压力及其变形情况进行充分的调查和量测，分析其变化规律。对地下水亦应探明分布范围及规律，了解水对施工的影响程度，以便根据围岩动态采取相应的施工措施。如原设计难以适应围岩动态情况，也可据此作适当修正。

2. 合理选择施工方法

采用合理的施工方法，对隧道的稳定性有着十分重要的作用。因此，在施工中应以尽量减少对围岩产生扰动和防止水的浸湿为原则，宜采用无爆破掘进法。如采用掘进机、风镐、液压镐等开挖。在开挖过程中尽可能缩短围岩暴露时间，及时支护，以尽快恢复洞壁因土体开挖而解除的部分围岩应力，开挖方法宜不分部或少分部。

3. 防止围岩湿度变化

隧道开挖后，膨胀性围岩风干脱水或浸水，都将引起围岩体积变化，产生胀缩效应。因此，隧道开挖后及时喷射混凝土，封闭和支护围岩。在有地下水渗流的隧道，应采取切断水源并加强洞壁与坑道防、排水措施，防止施工积水对围岩的浸湿等。如局部渗流，可采用注浆堵水阻止地下水进入坑道或浸湿围岩。

4. 合理进行围岩支护

(1) 喷锚支护，稳定围岩。喷锚支护可以加强围岩的自承能力，允许有一定的变形而又不失稳。采用喷锚支护，应紧跟开挖必要时在喷射混凝土的同时，采用钢筋网。也可采用钢纤维混凝土提高喷层的抗拉和抗剪能力。当压力很大时，可用锚喷及钢架或格栅联合支护，在隧道底部打设锚杆，也可以在隧道顶部打入超前锚杆或小导管支护。尽可能使其

在开挖面周壁上迅速闭合。如果是台阶开挖，可在上半部开挖后尽快作出半部闭合，使围岩尽早受到约束。总之，不论采用哪一种类型的支护，都必须根据工程实际情况及围岩变形状态而定。

（2）衬砌结构及早闭合。该类围岩隧道开挖支护后，不仅隧道变形量大，而且变形持续时间长，变形难以稳定，所以必要时要求隧道衬砌及早施作，使围岩变形稳定。

5. 适时衬砌控制变形

高地应力软岩地质条件下，特别是围岩强度应力比较低时，围岩压力大，流变特性显著，隧道变形持续时间长，可缩式或多重支护可有效控制隧道变形，但很难稳定隧道变形，隧道变形往往持续数周乃至几年。因此，大刚度衬砌适当提前施作是稳定隧道变形的经济和有效方法。适当提前施作二次衬砌，合理施作时机十分重要。衬砌施作时机应考虑将围岩压力大部分释放，衬砌围岩压力分担比例应降低到总压力的70%以下，同时，在考虑围岩蠕变、结构可靠性和耐久性前提下，经理论分析、现场监测等综合手段进行确定。在乌鞘岭工程实践中衬砌施作时机为隧道全位移达隧道极限位移的65%～80%以后，施工实测位移与隧道极限位移比值达43%～55%，位移速率占实测总位移比值达1.0%后。

第七节　冻土的处治

一、概述

冻土是指零摄氏度以下，并含有冰的各种岩石和土壤。一般可分为短时冻土（数小时/数日以至半月）、季节冻土（半月至数月）以及多年冻土（数年至数万年以上）。地球上多年冻土、季节冻土和短时冻土区的面积约占陆地面积的50%，其中，多年冻土面积占陆地面积的25%。冻土是一种对温度极为敏感的土体介质，含有丰富的地下冰。因此，冻土具有流变性，其长期强度远低于瞬时强度特征。正由于这些特征，在冻土区修筑工程构筑物就必须面临两大危险：冻胀和融沉。

全球冻土的分布，具有明显的纬度和垂直地带性规律。自高纬度向中纬度，多年冻土埋深逐渐增加，厚度不断减小，年平均地温相应升高，由连续多年冻土带过渡为不连续多年冻土带、季节冻土带。极地区域冻土出露地表，厚达千米以上，年平均地温－15℃；到北纬60°附近，冻土厚度百米左右，地温升至－3℃～－5℃；至北纬约48°（冻土分布南界），冻土厚仅数米，地温接近0℃。在我国东北和青藏高原地区，纬度相距1°，冻土厚度相差10～20m，年平均地温差0.5℃～1.5℃。

二、冻融作用

冻土地区气温低，土层冻结，降水少，流水、风力和溶蚀等外力作用都不显著，冻融作用则成为冻土地貌发育的最活跃因素。随着冻土区温度周期性地发生正负变化，冻土层中水分相应地出现相变与迁移，导致岩石的破坏，沉积物受到分选和干扰，冻土层发生变形，产生冻胀、融陷和流变等一系列复杂过程，称为冻融作用。它包括融冻风化、融冻扰动和融冻泥流作用。

在冻土地区的岩层或土层中，存在着大小不等的裂隙和孔隙，它们常被水分充填，随着冬季和夜晚气温的下降，水分逐渐冻结、膨胀，对围岩起着很大的破坏作用，使裂隙不断扩大。至夏季或白昼因温度上升，冰体融化，地表水可再度乘隙注入。这种因温度周期性变化而引起的冻结与融化过程交替出现，造成地面土（岩）层破碎松解的现象称为冻融风化。冻融风化不仅造成地面物质的松动崩解，形成了冻土地区大量的碎屑物质，而且在沉积物或岩体中还能产生冰楔、土楔等冰缘现象。由于地表水周期性地注入到裂隙中再冻结，使裂隙不断扩大并为冰体填充，形成了上宽下窄的楔形脉冰，称为冰楔。冰楔的规模大小不一，小的楔宽只有数十厘米，深不足 1m；大的楔宽可达 5～8m，最大深度可达 40m 以上。当冰楔内的脉冰融化后，裂隙周围的沙土充填于楔内，形成沙楔。沙楔也可能是地面冻裂以后，没有形成脉冰，砂土就直接填充在裂隙中。

融冻扰动一般发生在多年冻土的活动层内。当活动层于每年冬季自地表向下冻结时，由于底部永冻层起阻挡作用，结果使其中间尚未冻结的融土层（含水土层），在上下方冻结层的挤压作用下，发生塑性变形，形成各种大小不一、形状各异的融冻褶皱，又称冰卷泥。

融冻泥流是冻土地区最重要的物质运移和地貌作用过程之一。一般发生在数度至十余度的斜坡上。当冻土层上部解冻时，融水使主要由细粒土组成的表层物质，达到饱和或过饱和状态，从而使上层土层具有一定的可塑性，在重力的作用下，沿着融冻界面向下缓慢移动，形成融冻泥流，年平均流速一般不足 1m。由于泥流顺坡蠕动时，各层流速不一，表层流速大于下层，所以有时可把泥炭、草皮等卷进活动层剖面中，产生褶皱和圆柱体等构造形态。

三、冻土对隧道的影响

（1）高原多年冻土隧道工程可借鉴的经验很少，其核心在于尽量减小气温升高对冻土的影响，避免冻土融化压缩下沉和冻胀力造成施工灾害和运营隐患。

（2）冻土的抗压强度很高，其极限抗压强度甚至与混凝土相当，冻土融化后具抗压强度急剧降低，所形成的热融沉陷和下一个寒季的冻胀作用常常造成工程建筑物失稳而难以修复。

（3）含水的松散岩体和土体，温度降到 0℃时，伴随有冰体的产生，这是冻结状态的主要标志，水结成冰时，体积增加约 9%，使土体发生冻胀，土冻胀时不仅原位置的水冻结成冰，而且在渗透力的作用下，水分将从未冻区向冻结锋面转移并在那里冻结成冰，使土的冻胀更加强烈。

（4）土在冻结过程中由于水变成冰体积增大，并引起水分迁移、析冰，土骨架位移，因而改变土的结构，再融化固结，从而引起局部地面的向下运动，即热融沉陷。

四、冻害防治措施

国内外在冻土隧道冻害理论研究的基础上，提出了大量的冻害防治的工程措施，主要分为三种类型：采用隔热保温材料防治冻害，如日本、美国、欧洲各国；采用供暖方式防治冻害，如苏联；采用防排水系统防治冻害，如中国。

日本提出了绝热处理的防治冻害方法，是根据气象统计资料并运用极限分布解析方法，计算隧道内年平均温度、年气温变化幅度、日气温变化幅度，并将其代入隧道-地层的非稳态热对流和热传导绝热处理分析模型中，在气象条件周期性和隧道地层热状况相结合的基础上，选择绝热防冻设施的材料。该方法需要的基础资料多，计算公式较为复杂，使用时有一定难度。

欧洲各国大多采用防水防冻棚和隔离墙板的方法防治冻害，是以隧道面积、长度和坡度及冷冻指数为参数，在设计时查表选用绝热层厚度。该方法适用于围岩比较稳定的地质情况，在使用比较方便，具有一定的工程推广价值。

苏联水电资源丰富，提出了隧道运营时采暖的方法防治冻害，其计算方法是求解根据岩层和机车车辆之间气流热交换的能量方程得到的热平衡方程，这种方法不仅可以计算沿整条隧道长度的年月日的平均温度分布，还可以计算隧道中列车运行时的瞬时温度分布。该方法计算公式复杂，不便于工程技术人员掌握。

我国隧道工作者在总结工程实践经验的基础上，提出了以排水为主，在排水过程中加强保温的防治冻害方法，即在实际工程中建立完善、畅通的防排水系统，并适当采取保温措施，如防寒泄水洞、防寒水沟、保温水沟等。该方法与国外相比节省了材料，节省了能源。同时，我国在利用绝热材料防治隧道冻害方面也取得了一定的进展，大坂山隧道、昆仑山隧道、风火山隧道在设计施工时就采用了隔热保温层。

工程实践表明，目前国内外防治隧道冻害的工程措施在特定环境、条件与背景下，达到了一定的预期效果，取得了一定的社会和经济效益，但具有很大的局限性，还需要更深入系统地开展研究。

第八节　黄土的处治

黄土在我国分布较广，黄河中游的河南西部、山西南部、陕西和甘肃的大部分地区为我国黄土和湿陷性黄土的主要分布区，这些地区的黄土地层分布连续、厚度较大，发育较典型。其他地区如河北、山东、内蒙古和东北各地以及青海、新疆等地亦有所分布。

一、黄土分类及其对隧道工程的影响

黄土是在干燥气候条件下形成的一种具有褐黄、灰黄或黄褐等颜色，并有针状大孔、垂直节理发育的特殊性土。

1. 黄土分类

黄土按其形成年代可分为，形成于下更新世 Q_1 的午城黄土和中更新世 Q_2 的离石黄土，称为老黄土。普遍覆盖在上述黄土上部及河谷阶地地带上更新世 Q_3 的马兰黄土及全新世 Q_4 下部的次生黄土，称之为新黄土。此外，还有新近堆积黄土，为 Q_4 的最新堆积物，多为近几十年至近几百年形成的。

根据其物理性质不同，按塑性指数（I_p）的大小可分为黄土质黏砂土（$1<I_p\leqslant7$），黄土质砂黏土（$7<I_p\leqslant17$）及黄土质黏土（$17<I_p$）。

2. 黄土地层对隧道工程的影响

(1) 黄土节理影响。在红棕色或深褐色的古土壤黄土层，常具有各方向的构造节理，有的原生节理呈 x 型，成对出现，并有一定延续性。在隧道开挖时，土体容易顺着节理张松或剪断。如果这种地层位于坑道顶部，则极易产生“塌顶”。如果位于侧壁，则普遍出现侧壁掉土现象，若施工时处理不当，常会引起较大的坍塌。

(2) 黄土冲沟地段对施工的影响。当隧道在较长的范围内沿着冲沟或塬边平行走向，而覆盖较薄或偏压很大的情况下，容易发生较大的坍塌或滑坡现象。

(3) 黄土溶洞与陷穴影响。黄土溶洞与陷穴，是黄土地区经常见到的不良地质现象，隧道若建在其上方，则有基础下沉的危害。隧道若修建在其下方，常有发生冒顶的危险。隧道若修建在其邻侧，则有可能承受偏压，使围岩与衬砌处于不利的受力状态。

(4) 水对黄土隧道施工的影响。在含有地下水的黄土层中修建隧道，由于黄土在干燥时很坚固，承压力也较高，施工可顺利进行。当其受水浸湿后，呈不同程度的湿陷性，会突然发生下沉现象，使开挖后的围岩迅速丧失自稳能力，如果支护措施满足不了变化后的情况，极容易造成坍塌。

施工中洞内排水不良，洞内道路会形成泥泞难行，而且越陷越深，无论是无轨还是有轨运输都会给洞内道路的维修养护、机械的使用与保养、隧道的铺底或仰拱施工作业等方面带来很大的困难。

二、黄土隧道的施工

(1) 黄土隧道施工，应做好黄土中构造节理的产状与分布状况的调查。对因构造节理切割而形成的不稳定部位，在施工时加强支护措施，防止坍塌，以策安全施工。

(2) 施工中应遵循“短开挖、少扰动、强支护、实回填、严治水、勤量测”的施工原则，紧凑施工工序，精心组织施工。

(3) 开挖方法宜采用短台阶法或分部开挖法（留核心法），初期支护应紧跟开挖面施作。

(4) 黄土围岩开挖后暴露时间过长，围岩周壁风化至内部，围岩体松弛加快，进而发生塌方。因此，宜采用复合式衬砌，开挖时应少扰动，开挖后以喷射混凝土、锚杆、钢筋网和钢支撑作初期支护，以形成严密的支护体系。必要时可采用超前锚杆、管棚支护加固围岩。在初期支护基本稳定后，进行永久支护衬砌。衬砌背后尤其是拱顶回填要密实。

(5) 做好洞顶、洞门及洞口的防排水系统工程，并妥善处理好陷穴、裂缝，以免地面积水浸蚀洞体周围，造成土体坍塌。在含有地下水的黄土层中施工时，洞内应作良好的排水设施。水量较大时应采用井点降水等法将地下水位降至隧道衬砌底部以下，以改善施工条件，加快施工速度。在干燥无水的黄土层中施工，应管理好施工用水，不使废水漫流。

第九节　煤系地层的处治

一、概述

瓦斯是地下坑道内有害气体的总称，其成分以沼气（甲烷 CH_4）为主，其他还有少量的氢气（H_2）、硫化氢（H_2S）等。一般习惯称沼气为瓦斯。

当隧道穿过煤层、油页岩或含沥青等岩层，或从其附近通过而围岩破碎、节理发育时，可能会遇到瓦斯。如果洞内空气中瓦斯浓度已达到爆炸限度与火源接触，就会引起爆炸。对隧道施工会带来很大的危害和损失。所以，在有瓦斯的地层中修建隧道，必须采取相应措施，才能安全顺利施工。

二、防止瓦斯事故的措施

（1）隧道穿过瓦斯逸出地段，应预先确定瓦斯探测方法，并制定瓦斯稀释措施、防爆措施和紧急救援措施等。

（2）隧道通过瓦斯地区的施工方法，宜采用全断面开挖，因其工序简单、面积大、通风好，随掘进随衬砌，能够很快缩短煤层的瓦斯逸出时间和缩小围岩暴露面，有利于排除瓦斯。

（3）加强通风是防止瓦斯爆炸最有效的办法。把空气中的瓦斯浓度吹淡到爆炸浓度以下的1/5～1/10，将其排出洞外。有瓦斯的坑道，决不允许用自然通风，必须采用机械通风。通风设备必须防止漏风，并配备备用的通风机，一旦原有通风机发生故障，备用机械能立即供风。保证工作面空气内的瓦斯浓度在允许限度内。当通风机发生故障或停止运转时，洞内工作人员应撤离到新鲜空气地区，直至通风恢复正常，才允许进入工作面继续工作。

（4）洞内空气中允许的瓦斯浓度应控制在下述规定以内：洞内总回风风流中小于0.75%；从其他工作面进来的风流中小于0.5%；掘进工作面2%以下；工作面装药爆破前1%以下。如瓦斯浓度超出上述规定，工作人员必须立即撤到符合规定的地段，并切断电源。

（5）开挖工作面风流中和电动机附近20m以内风流中瓦斯浓度达到1.5%时，必须停工、停机，撤出人员，切断电源，进行处理。

开挖工作面内，局部积聚的瓦斯浓度达到2%时，附近20m内，必须停止工作，切断电源，进行处理。

因瓦斯浓度超过规定而切断电源的电气设备，都必须在瓦斯浓度降到1%以下时，方可开动机器。

（6）瓦斯隧道必须加强通风，防止瓦斯积聚。由于停电或检修，使主要通风机停止运转，必须有恢复通风、排除瓦斯和送电的安全措施。恢复正常通风后，所有受到停风影响的地段，必须经过监测人员检查，确认无危险后方可恢复工作。所有安装电动机和开关地点的20m范围内，必须检查瓦斯，符合规定后才可启动机器。局部通风机停止运转，在恢复通风前，亦必须检查瓦斯，符合规定方可开动局部风机，恢复正常通风。

（7）如开挖进入煤层，瓦斯排放量较大，使用一般的通风手段难以稀释到安全标准时，可使用超前周边全封闭预注浆。在开挖前沿掌子面拱部、边墙、底部轮廓线轴向辐射状布孔注浆，形成一个全封闭截堵瓦斯的帷幕。特别对煤层垂直方向和断层地带进行阻截注浆，效果会更佳。

开挖后要及时进行喷锚支护，并保证其厚度，以免漏气和防止围岩的失稳。

(8) 采用防爆设施。

1) 遵守电器设备及其他设备的保安规则，避免发生电火，瓦斯散发区段，使用防爆安全型的电器设备，洞内运转机械须具有防爆性能，避免运转时产生高温火花。

2) 凿岩时用湿式钻岩，防止钻头产生火花，洞内操作时，防止金属与坚石撞击、摩擦产生火花。

3) 爆破作业，使用安全炸药及毫秒电雷管，采用毫秒雷管时，最后一段的延期时间不得超过 130ms。爆破电闸应安装在新鲜风流中，并与开挖面保持 200m 左右距离。

4) 洞内只准用电缆，不准使用皮线。使用防爆灯或蓄电池灯照明。

5) 铲装石渣前必须将石渣浇湿，防止金属器械摩擦和撞击发生火花。

知 识 拓 展

一、秦岭隧道Ⅱ线岩爆处理

1. 工程概况

秦岭隧道为西安—安康铁路线上的重大控制工程，位于陕西省长安县与柞水县交界处，长 18.5km，为两条单线的铁路隧道，其中Ⅰ线采用德国 WRLTH 公司进口的全断面开胸式掘进机施工，Ⅱ线用钻爆法施工，Ⅱ线平导作为Ⅰ线隧道 TBM 施工的地质勘测导洞。隧道近南北向穿越近东西向展布的秦岭山脉，隧道埋深在 500m 以上的洞段达 9km，最大埋深达 1600m。证实了预测的结果。

2. 地质特征

隧道通过的岩石为混合片麻岩和混合花岗岩，混合岩具有强度高、脆性大的特点。隧道通过地区地处秦岭褶皱断裂带的中部，为一经历了多期构造运动的复杂构造带。区内断层发育，洞身通过段的区域性大断层就有 3 条，次一级断层有 10 条。受断裂构造的影响，区内发育一系列长大节理和节理密集带。勘测和施工阶段的地应力测试显示，隧道区为高地应力区，最大主应力方向为近南北向。

由于隧道区内岩石坚硬，性脆，地应力高，地下水少，勘测设计阶段预测在埋深 1000m 左右的Ⅱ、Ⅲ级围岩洞段可能发生较严重的岩爆，在隧道开挖过程中，43 段累计长度约 1900m 处发生了岩爆，其中有 33 段长度在 4m 以上，最长一段由 4 段不同程度的岩爆段连续组成，长达 600m，有 10 段长度在 3m 以下的岩爆。

3. 岩爆的表现特征

根据现场调查，按岩爆的强烈程度可把岩爆分为轻微、中等和强烈三级。轻微岩爆 28 段（总长为 1124m），多呈小规模零星分布，以破裂剥落型为主；中等岩爆 11 段（总长为 650m），呈较大规模的连续分布，为弹射型和破裂剥落型；强烈岩爆 4 段，累计长度为 120m，呈大规模连续分布，为强烈弹射型，并造成围岩大面积开裂失稳。

从发生岩爆的岩性看，所有 43 段岩爆中，除一段（10m）发生在混合花岗岩中，其余岩爆均发生在混合片麻岩中。混合片麻岩片麻理构造较发育，节理不发育至较发育，岩体多呈巨块状整体结构或大块状砌体结构，几乎所有岩爆段的岩体都呈干燥无水状态。

从岩爆段的垂直埋深看，最大埋深为1615m，最小埋深仅50m，但4段强烈岩爆深埋都在900m以上，轻微和中等岩爆可发生在任何埋深。岩爆在隧道断面上主要分布在两侧拱部，个别段发生在两侧边墙，4段强烈岩爆发生在整个断面。

爆落的岩块有薄片状、透镜体状、板状和块状，大小差别很大，小至数厘米，大至几米。轻微岩爆的爆块以薄片状居多，中等岩爆多为片状和透镜状爆块，大小不等，最大块长2m，在强烈岩爆中，各种形状的爆块均有，最大爆块长3.4m。轻微岩爆爆坑不明显，中等和强烈岩爆后留下相当明显的岩爆坑。对于纵向延伸较短的岩爆段，岩爆坑常呈锅底状，对于纵向延伸较长的岩爆段，岩爆坑断面多呈三角形、弧形或梯形的长槽状，长度几米至数十米，最宽4m，最深2m。岩爆坑边缘多为阶梯面，其中一组破裂面与开挖洞壁基本平行，与洞壁夹角为0°～5°，表现为明显的张性破裂；另一组与洞壁斜交，与洞壁夹角为20°～25°，表现为张剪破裂。前一组爆裂面以沿片麻理形成的新鲜破裂面为主，少数迁就原生裂隙面，后一组爆裂面多为新鲜破裂面。岩爆块断面电镜扫描分析表明，岩爆破裂面以张性为主，局部有剪切破裂的现象。

4. 施工中针对岩爆的主要措施

（1）增设临时防护设施，给主要的施工设备安装防护网和防护棚架，给施工人员配发钢盔、防弹背心等，掌子面加挂钢筋网。

（2）喷钢纤维混凝土，由于钢纤维具有较大的柔性和抗剪能力。因此，能够承受较大的变形而不使表层开裂。采用此法比较适合处理轻微至中等的岩爆。

（3）施作锚杆，是加固和治理中等强度岩爆最有效的方法之一，及时施作锚杆不仅可以加固岩体，还可以改变洞室表面岩体的应力状态，改变岩爆的触发条件，控制岩爆发生的初期发展阶段，从而达到预防和减少岩爆发生的目的。锚杆应在离掌子面两倍洞径范围内施作或超前施作：锚杆的长度一般为2.5～3.5m，间距一般视现场情况决定，锚杆的类型有机械式锚杆、摩擦锚杆、膨胀锚杆。

（4）采用喷锚网联合支护，对于中等和强烈岩爆区，效果较好。也可以采用喷钢纤维混凝土代替挂网和喷护（素混凝土）。

（5）岩爆非常剧烈时，应在危险距离范围以外躲避一段时间，直至岩爆平静下来为止。

（6）加强巡回撬顶，及时清除爆裂的危石，确保施工人员的安全。

（7）为了减轻岩爆的发生，可采用下列措施：

1）喷洒高压水，以降低岩体的强度，增加塑性，减小岩体的脆性，降低岩爆的剧烈程度，同时可以起到降温除尘的作用，利用炮孔和锚杆孔向岩体深处注水，效果更佳。

2）将深孔爆破改为浅孔爆破，减少一次装药量，拉大不同部位炮眼的雷管段位间隔，从而延长爆破时间，减轻爆破对围岩的影响，减小爆破动应力场的叠加，从而减低岩爆的频率和强度。

3）超前应力解除，在掌子面周边拱线处钻两排4.5～5.0m深的炮眼（间距40～

50cm，外插角 25°～35°)，炮眼间隔装药，每个装药的炮眼装 500～750g，直径为 40mm 的 4＃抗水铵梯岩石炸药，并与掌子面同时起爆。这样，可以在拱部 2m 以上的岩体内部形成一个爆破松动圈，截断岩体内部应力的集中，从而减小洞室岩体的切向应力，借助岩体本身可形成一种支撑层。

二、桃花源隧道塌方

（一）工程概况

桃花源隧道位于庐山南侧，为环南山的一条旅游一级公路，在二期工程 K3＋195－K3＋664 有一分离式单向行车双车道隧道（上下行），因临近著名旅游胜地桃花源而名桃花源隧道，设计速度为 60km/h。隧道净宽 10.45m，净高 7.10m，洞口开挖宽度 12.50m，开挖高度 10.25m。隧道进口段地质情况比较复杂，洞口段主要为强风化泥质粉砂岩，坡积土和冲积土层，靡凌破碎，夹泥量大，大部分富水饱和，洞内围岩为强风化泥质页岩，局部为破碎靡凌状煤矸石，洞内围岩富水，直接受地表降水影响，长期渗水，雨季水量很大。现场施工方案采用分 2 次台阶开挖，上台阶开挖方式为留核心土法开挖，围岩类别为Ⅱ类，采用工字钢支撑，挂钢筋网和喷射混凝土初期支护。

（二）塌方情况

由于隧道右线进口段地质情况较差，围岩破碎，稳定性差，强度低，施工过程中经常发生局部小的坍塌。2005 年元月 1 日晚，隧道 K3＋229 处发生一次塌方（图 7－11），塌方量约为 200m³，塌方直至地表，出现开天窗，清除塌方体后加强支护即顺利通过，但从 3 月 11 日开始，到 3 月 16 日，前后多次出现基本连续的塌方，总的塌方量超过 600m³，以 16 日的塌方为最大，当日总塌方量超过 400m³，整个隧道开挖掌子面范围全部封闭，同时伴有大量的山坡坡体积水流出，塌方原因主要是地质情况不良，地表降水渗入坡体，使围岩强度大幅度降低而产生自重滑塌，同时施工单位应急处理方式和施工工艺也是加大塌方的原因，本次塌方破坏一部分工字钢支撑和超前小导管，砸坏 3 杆风枪，所幸人员撤离迅速，没有人受伤。

本次塌方发生后，业主、代表处、驻地办 3 方人员及相邻标段隧道施工技术人员立即到现场勘察了塌方情况，由于该处隧道洞顶埋深超过 33m，地表没有出现异常，也没有出现所谓的开天窗，但整个掌子面封闭，无法探明具体塌方的高度和深度，根据塌方体的数量判断塌方高度不低于 15m，塌方体范围不小于 5m，前进方向根据开挖及打眼情况分析，长度超过 6m，塌方落块中主要是靡凌破碎的煤矸石，同时夹有棕黄色黏性土块，也有体积达 5m³ 的大孤石，可以听到水流入塌方体上部的声音，不时有从顶部掉块的声音。根据现场情况，可以判定塌方体尚未全部稳定，现场决定待塌方稳定后进行处理，并提出了处理的指导意见。

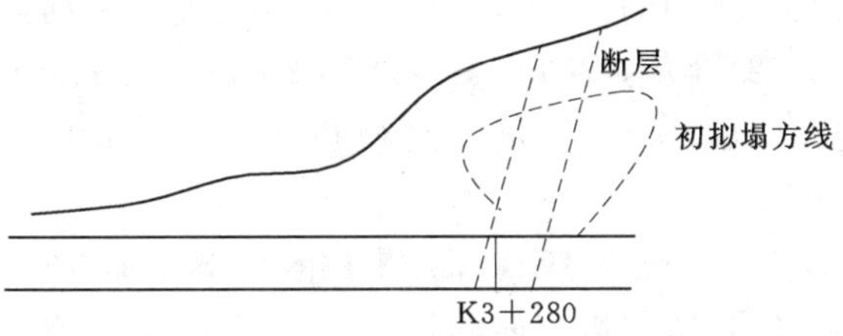

图 7－11　塌方的断面形状及地断层示意图

（三）塌方处理

1. 超前支护

（1）超前小导管：用 $\phi42$ 小导管作为超前小导管，第一循环采用 2 排小导管，第一排仰角 15°，尽量密排（施工中为保证施工作业范围，实际间距为 15～20cm），导管长 40～60m。第一排小导管从没有破坏的靠近掌子面的第一榀工字钢支架顶穿过，使得小导管与工字钢形成一个支撑体系，支撑该排导管以上的塌方破碎岩体。

（2）加强前期支护系统：检查塌方体掌子面，发现因超挖，断面位置足以新加一榀临时工字钢与未破坏的第一榀工字钢相连接，故在此临时工字钢顶增设第二排密排小导管，与第一排导管体系一起形成强有力的前期支护系统，为开挖塌方体和安装塌方位置的第一榀新的工字钢打好安全基础。

（3）加固塌方体的强度：塌方体范围开挖循环的小导管层以每进尺 1.0m，视作一个循环，每次的小导管从前一循环的工字钢顶穿过，保证工字钢与超前小导管形成统一的系统，同时通过小导管进行注浆，加固塌方体的强度，保证不至于在开挖过程中产生新的塌方，注浆浆液计划先采用单液，$W/C=(0.8\sim1.5):1$；如单液注浆效果达不到预期的目的，则采用双液注浆，水玻璃浓度为 25～40°Bé，水泥浆与水玻璃的体积比宜为 1：1～1：3。注浆时，初始浆液的水灰比适当调大，注浆压力为 0.3～0.5MPa，以后逐渐增加。

2. 侧壁的加固

加固塌体附近未塌部分，对未塌部分的边墙及拱部适当加密锚杆，以保证作业面的塌体的开挖安全稳定。

3. 开挖及支护

如密排小导管以及注浆效果良好，则采用台阶分部法。开挖尽量采用机械配合人工的方式，而不采用爆破方式，如遇破碎大的孤石必须采用尽可能少的炸药，保证不致扰动塌方体，同时尽可能多地保留核心土，以防止出现新的塌方。

（1）初期支护：先人工或用风镐将上弧形导坑开挖出来，开挖高度不超过 50cm，每次进尺 50cm，然后立即将钢拱架安装进去，进行初期支护。采用 16 工字钢作为钢拱架，间距 30～50cm，工字钢之间用 $\phi20$ 连接钢筋连接，间距为 50cm。

（2）喷射混凝土：厚度为 25cm，工字钢拱架加工时，半径调大 30cm ，待上台阶开挖完成后，立即用简易小模板浇筑 30cm 厚 C20 混凝土。另将开挖预留量由 10cm 调整为 15cm。

（3）调整系统锚杆：采用长为 3.5m 的中空锚杆，环向间距调整为 50cm。

（4）拱顶塌方体的处理：每进尺 2m，对拱顶的塌方破碎体吹注砂浆，注浆配合比为水：水泥：砂＝1：2：1.86，注浆压力 0.8 ～1.2MPa，不宜过小，以保证注浆范围及效果，同时不宜过大，以防止增加过大的压力，使得围岩发生新的变形。

（5）防止拱顶下沉：拱脚处采用工字钢托梁，用锁脚锚杆进行加固。

如注浆后塌体固结不好，小导管变形较大，有可能不能承受顶部的压力时，拟采用双侧壁导坑法开挖，其支护参数原则上和台阶法时相同，再局部进行调整。

1）喷射混凝土厚度：拱部、边墙为 25cm，侧壁导坑部位 20cm，临时仰拱 15cm。

2）预留沉降量：将开挖预留沉降量由 10cm 调整为 17cm。

3）考虑操作空间：锚杆采用长 2.0m 的中空锚杆，间距 50cm。

4）缓冲层：初支完成后，在其上浇筑 1m 厚 C20 混凝土护拱，然后砌筑 1m 以上片石缓冲层。

5）空腔注浆：拱顶空腔用 7.5 号角钢临时支撑，互相之间进行焊接。初支完成后立即对该空腔注浆填充。

6）减少对塌体过大扰动：左、右侧壁导坑必须错开一定距离（3～4m）进行施工，以减少对塌体的过大扰动。

第八章 超前地质预报及现场监控量测

● **教学目标：**

1. 了解隧道超前地质预报的原理和方法。
2. 熟悉隧道监控必测项目和选测项目。
3. 会进行监控量测断面和点位选择。
4. 能结合实际工程进行监控量测及数据处理分析。

第一节 TSP 地质超前预报

TSP 地质超前预报系统是由莱卡公司与安百格测量技术公司合作开发的隧道及地下工程探测设备，是目前国内外在这个领域里最先进的科研成果。它为方便快捷地预报掌子面前方 100～200m 范围内的溶洞、断层破碎带、暗河、软弱地层等不良地质情况提供了一种强有力的方法和工具，通过地质超前预报提前了解掌子面前方的地质变化情况，合理安排掘进速度，及时优化施工方案，加强防护措施，从而能够确保安全、顺利地通过不良地质地段，使施工真正做到科学、安全、高效。

TSP 超前地质预报系统的优点：适用范围广，适用于极软岩至极硬岩的任何地质情况；预报距离长，能准确预报掌子面前方 100～200m，最小分辨率为 1 m，适合于长距离超前地质预报；不占用工作面，对隧道施工干扰小，它只要求在接收信号时为减少噪声干扰作短暂停工；提交资料及时，在现场采集数据的第二天即可提交正式成果报告，对隧道施工具有指导意义。

一、TSP 的基本原理

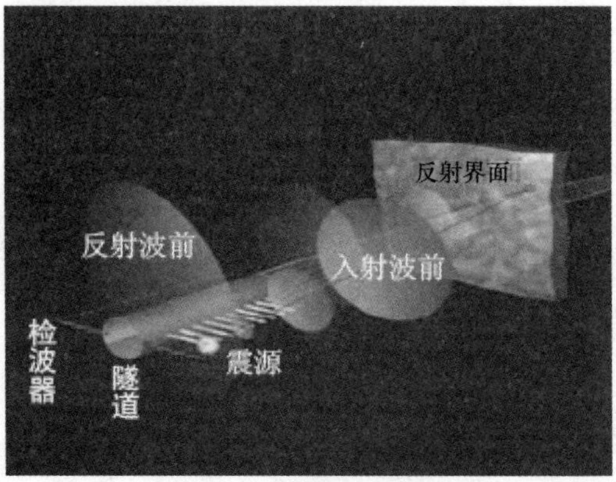

图 8-1 TSP 基本原理

TSP 地质超前预报系统是利用人工制造一系列轻微震源，产生地震波信号，地震波信号在隧道周围岩体内传播，当其遇到地层层面、节理面特别是断层破碎带界面和溶洞、暗河等不良地质界面时，会发生反射（图 8-1）。界面两侧围岩的岩性差别越大，反射信号越强。通过传感器和记录仪采集、记录反射波信号，然后将其传输至微机由分析软件进行分析、计算，形成反映地质界面的象点图，供分析人员解译。

二、TSP 系统组成

TSP 地质超前预报系统分为洞内数据采集和计算机分析处理两个部分，主要设备由记录单元、接收单元、附件和引爆设备组成。

记录单元主要是用来接收地震波信号；记录仪主要是用来记录地震波并控制测量过程，其基本组成为完成地震信号 A/D 转换的电子元件和一台便携式电脑，便携式电脑控制记录单元和地震信号记录、储存以及评估。

接收单元用来接收地质信号，接收单元安置在特制的套管中，由一个极灵敏的三分量的地震加速度检波器组成，能将地震信号转变成电信号，由于采用了能同时记录三分量的地震加速度检波器，因此可确保三维空间范围的全部记录，并能分辨出不同类型的声波信号，如 P 波和 S 波。此外，这三个组件相互正交，由此可计算出声波的入射角。

附件和引爆设备：附件中有套管安装工具箱、电子水平测量仪和接收电缆等。引爆设备是由一带有外接触发盒的传统起爆器组成，触发盒嵌入到引爆线路中，触发器一方面通过两根电缆与电雷管相连，另一方面通过引爆电缆线与记录单元连接，以确保记录单元与触发盒之间的联系。爆炸物为电雷管和炸药。TSP 系统主要组成如图 8-2 所示。

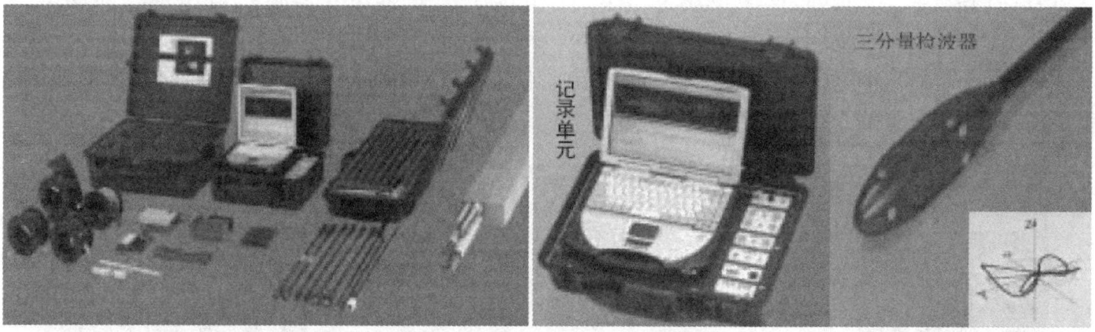

图 8-2 TSP 系统主要组成

三、TSP 现场测试

1. 现场准备

超前地质预报测试人员进入测试现场前，应充分查阅施工地区的工程地质资料，确定本次检测的主要不良地质构造现象，明确超前地质预报的目的。

工程地质师进入施工现场，仔细研究观测隧道的岩石构造、岩体的工程地质特征，根据现场实际情况，确定 TSP 超前预报探测系统进行现场测试的位置（隧道的左壁和右壁）。

2. 钻孔布置

布置超前地质预报探测钻孔：一般情况下，在测试的时候，按现场准备时选择的隧道边墙钻孔布置，如图 8-3 所示，爆破测试孔垂直于隧道壁，深 1.5m，直径 40～42mm，向下倾斜 5°～10°，间隔 1.5m，距离隧道底部 1m，从掌子面与隧道壁的交点处开始布置 1 号孔，依次后推，直到第 24 号孔。用直径 40～42mm 钻制。

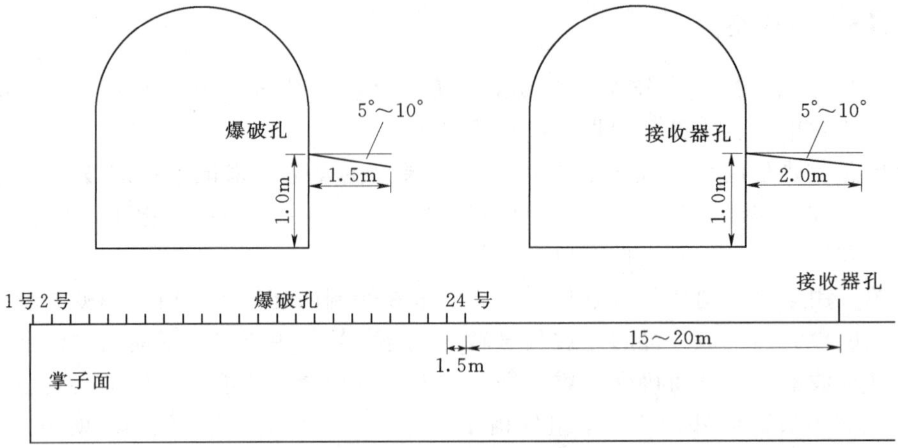

图 8-3 探测和接收器钻孔布置

布置接收器钻孔：在与爆破探测孔同侧隧道壁、同高的延长线上，距离最外一个爆破探测孔（第 24 号孔）15～20m 处，布置接收器钻孔，接收器钻孔垂直于隧道壁，深 2.0m，直径 42～45mm，向下倾斜 5°～10°，用直径大于 55mm 钻制。钻孔布置如图 8-3 所示，系统组成部分的安装如图 8-4 所示。接收器孔打好后，应立即埋没接收器套管，可采用不收缩短的快凝砂浆，将其注满钻孔，使套管壁与围岩无缝隙，套管应在测试开始 12h 前埋没，最好能提前 24h。

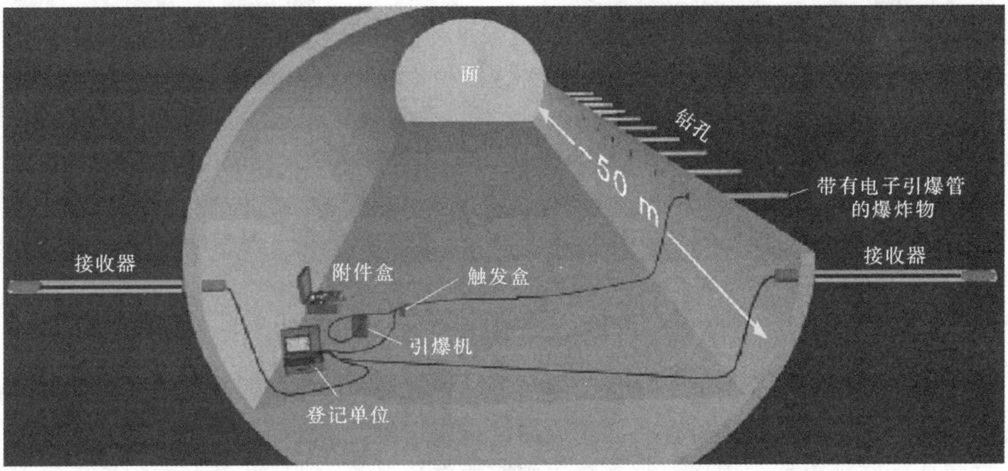

图 8-4 TSP 系统组件标准测量图示

超前地质预报测试炸药与雷管的选择：炸药选用乳化防水炸药，150g 或者 250g 一管。雷管选用毫秒瞬发电雷管。每次测试消耗炸药 3000～4000g，雷管 30 发。

3. 现场测试过程

现场测试过程如下。

(1) 将 TSP 超前预报探测系统按照说明书，进行连接调试，保证设备运行工作状况良好。

（2）隧道内暂停施工，减少噪声对 TSP 超前预报探测系统的影响。

（3）爆破手将适当药量的炸药及一枚电雷管装入 1 号爆破测试孔，并注水封闭爆破孔，撤离到安全区内。

（4）测试人员引爆炸药，采集现场测试数据。

（5）在 2 号测试孔，重复（3）、（4）两步骤，直到达 24 个孔结束。如果遇到哑炮、弱炮，则该测试孔重新测试。

（6）测试完毕后，整理设备，撤离现场，恢复隧道内施工。

四、TSP 数据处理和地质解疑

（一）数据处理

在数据处理前，需将描述隧道的基本参数，接收器孔和炮孔的坐标，掌子面里程及地震波的采集参数，各孔的倾向、倾角和与参考点的距离、各炮孔的装药量等数据确定下来。洞内测试完成后，将记录器内记录的地震波信号传输到计算机上利用 TSPWin 软件处理。数据处理流程主要包括 11 个步骤，数据处理流程如图 8－5 所示。

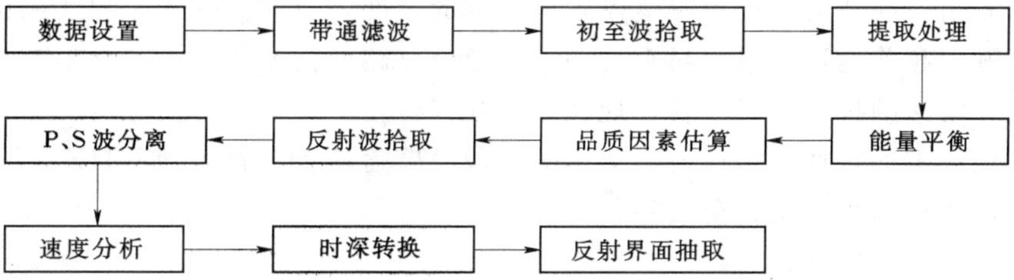

图 8－5　TSPWin 数据处理流程图

（二）地质解译

根据 TSPWin 软件处理得到的以能量图表示的象点图后，结合地质状况、地面调查等资料进行分析，准确地预测掌子面前方的围岩状况。

1. 象点图解译

象点图主要表现为由不同能量点环组成的弧形带。弧形带分为红带和黄带；红带反映由硬岩突变为软岩的界面，黄带反映由软岩突变为硬岩的界面。能量点环越大，表示界面明显，软硬岩的岩石强度差别越大；反之，表示界面不明显。

每一个弧形带，不是绝对的弧形，而是由走向接近的不同界面系列能量点环组成。每一个界面系列，则表现为带内由小点环到大点环，再到小点环的过程。多数点环弧形带反映 2～3 个界面（系列）。

2. 各种地质或结构面象点特征

象点连接要穿过一个界面（系列）内的最大能量环，尽量包含界面（系列）内的较大能量点环（＞60）。各种地质或结构面象点特征如下。

断层破碎带：红点环带与黄点环带相邻；先红点环带后黄点环带；红点环带明显，能量点环大，黄点环带不明显，能量点环小。

节理：孤立的红点环带或孤立的黄点环带。

特殊硬岩层：明显、弧立的较大黄点环带。

特殊软岩带：弧立或系列红点环带。

溶洞、暗河：不规则或规则黑洞。

第二节　地质雷达探测

地质雷达（Ground Penetrating Radar，GPR）方法是一种用于探测地下介质分布的广谱电磁技术。一套完整的探地雷达通常由雷达主机、超宽带收发天线、毫微秒脉冲源和接收机以及信号显示、存储和处理设备等组成。经由发射天线耦合到地下的电磁波在传播路径上遇到介质的不均匀体（面）后，产生反射波，接收机将接收到的回波信号送到信号显存设备，通过显示的波形或图像可以判断地下不均匀体（面）的深度、大小和特性等。与其他地下目标探测设备相比，地质雷达具有探测效率高、操作简便、分辨率高、可探测目标的种类多等优点。

该项技术的提出可以追溯到20世纪初，但直到70年代末期才得到较大的发展。在近十余年的时间内，探地雷达技术更是得到了长远的发展，目前已进入工程实用化阶段，可广泛运用于隧道超前地质预报、衬砌检测和高速公路路面检测等方面。与早期技术水平相比，当前探地雷达的技术优势主要体现在以下几点：

（1）使用频带的拓宽，探地雷达使用的频段已覆盖从HF频段到UHF频段的范围；

（2）雷达主机的小型化、全数字化；

（3）发射功率的提高；

（4）信号处理和图像处理水平的提高。

一、地质雷达原理

地质雷达利用无线电波检测地下介质分布和对不可见目标或地下界面进行扫描，以确定其内部形态和位置的电磁技术，其理论基础为高频电磁波理论，利用高频电磁波以宽频带短脉冲形式由地面通过发射天线送入地下，经地下不连续体或目的体反射后返回地面为接收天线所接收，反射电磁波经过一系列的处理和分析之后可以得到探测介质的有关信息(比如，节理、裂隙、断裂等解译)，其探测原理如图8-6所示。从反射波的连续性特点看，电磁波在正常衰减过程中因遇到较强的反射界面时，波幅会骤然增加，同相轴明显，之后恢复正常变化规律。反之，若目标体中存在许多杂乱无章的界面，雷达接收到的这些界面的反射回波信号时波幅小、波形杂乱无章，同相轴将很不连续。

如果介质的介电常数 ε 是已知的话，根据公式

$$V=\frac{C}{\sqrt{\varepsilon}} \tag{8-1}$$

式中，C（km/s）为电磁波在真空中的传播速度，可以得到电磁波在介质中的传播速度 V（km/s），再根据记录的从发射经岩体界面反射回到接收天线的双程走时 t，可以精确求得目标体的位置和深度。通过步进式或连续的探测可以得到一组雷达反射波，经过数据处理，可以得到探测地质体的地质雷达剖面图，进而探测掌

子面前方的不良地质现象的位置和分布特征。

二、探测设备

地质雷达系统主要由以下几部分组成（图 8-7）：

（1）控制单元。控制单元是整个雷达系统的管理器，计算机（32 位处理器）对如何测量给出详细的指令。系统由控制单元控制着发射机和接收机，同时跟踪当前的位置和时间。

（2）发射机。发射机根据控制单元的指令，产生相应频率的电信号并由发射天线将一定频率的电信号转换为电磁波信号向地下发射，其中电磁信号主要能量集中于被研究的介质方向传播。

（3）接收机。接收机把接收天线接收到的电磁波信号转换成电信号并以数字信息方式进行存储。

（4）电源、光缆、通信电缆、触发盒、测量轮等辅助元件。

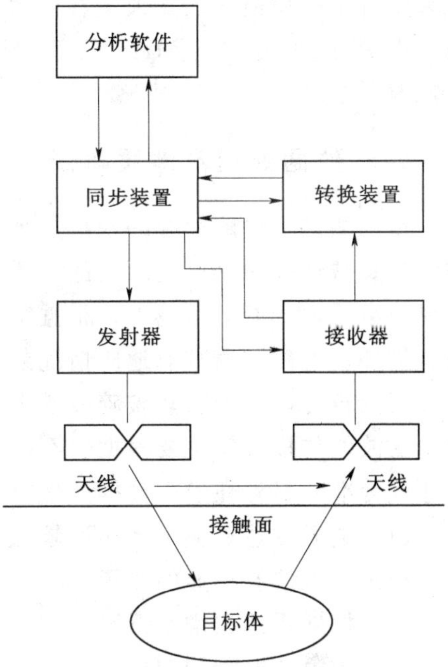

图 8-6 地质雷达探测原理示意图

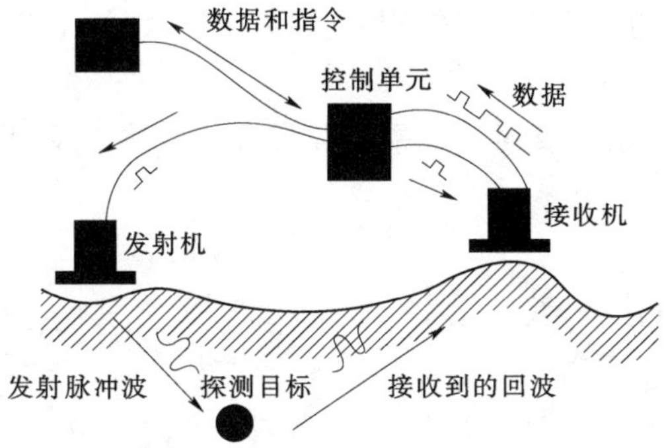

(a)

(b)

图 8-7 雷达系统组成图

（a）示意图；（b）sir-20 地质雷达实物图

三、现场测试

地质雷达在进行超前预报时，一般在隧道掌子面上布置三条水平横测线和一条纵测线，三条水平横测线根据隧道断面情况而定，一般在拱腰、墙腰和距隧道底部高 1.5～2m 处各布置一条，纵向测线一般设置在隧道中心。

天线多选用 100MHz 屏蔽天线，天线底部接触掌子面，雷达时间窗口设为 300～500ns，采集方式根据掌子面平整情况可选择自由采集和点采两种方式，平整情况较好的可采用自由采集模式；点采集在测线上按 0.1～0.2m 步距进行采集，点测的叠加次数一般不得少于 64 次。100MHz 屏蔽天线能够较为准确地预报出掌子面前方 20m 范围内的地质情况。

四、数据处理及地质解疑

雷达测试资料的解释的根据是现场测试的雷达图像。根据电磁波的异常形态特征及电磁波的衰减情况对测试范围内的地质情况进行推断解释。一般来说反射波越强则前方地质情况与掌子面的差异就越大，根据掌子面的地质情况就可对掌子面里面的地质情况作出推断。另外，电磁波衰减对地质情况判断也极为重要，因为完整岩石对电磁波的吸收相对较小，衰减较慢，当围岩较破碎或含水量较大时对电磁波的吸收较强，衰减较快。解释过程中电磁波的传播速度主要根据岩石类型进行确定，在有已知地质断面的洞段则以现场标定的速度为准。另外在进行数据处理时还应注意以下事项：

（1）地质雷达资料中多次波较强，应加以识别和消除，如反褶积子波压缩对消除多次波，突出有效波有明显的作用。

（2）探地雷达因增益设置不当易造成假反射层，应采用水平平滑加以消除。

（3）隧道两壁沿轴向探测的雷达剖面上，对发现的断层应按其与隧道轴心的交角在解释时向掌子面前方延伸。

（4）分解微细结构是地质雷达的优越之处，较小的断裂或较发育的岩石节理面，在地质雷达剖面上均有较好的显示，而我们更关心的是那些对隧道掘进能构成危害的地质构造，因此，在预报中应排除这些较小的构造。

（5）破碎带的反映多为在剖面上出现条带状杂乱反射，如果破碎带含水较多，反射波波形会明显变宽，功率谱分析中出现更多的低频成分。

第三节　监　控　量　测

一、监控量测目的

（1）掌握围岩力学形态的变化和规律。

（2）掌握支护结构的工作状态。

（3）为理论解析、数据分析提供计算数据与对比指标。

（4）为隧道工程设计与施工积累资料。

二、监控量测内容

隧道监控量测的项目应根据工程特点、规模大小和设计要求综合选定。量测项目一般分为必测项目和选测项目两大类。

1. 必测项目

必测项目包括主要包括：①洞内、外观察；②衬砌前、后净空变化量测；③拱顶下沉；④地表下沉（浅埋隧道必测，$H_0 \leqslant 2B$ 时）。见表 8-1。

表 8-1　监控量测必测项目

序号	监测项目	测试方法和仪表	测试精度（mm）	备　注
1	洞内、外观察	现场观察、地质罗盘、数码相机		
2	衬砌前、后净空变化量测	隧道净空变化测定仪（收敛计、全站仪）	0.1	一般进行水平收敛量测
3	拱顶下沉	水准测量的方法，精密水准仪、钢挂尺或全站仪	1	
4	地表沉降	水准测量的方法，精密水准仪、铟钢尺或全站仪	1	隧道浅埋段

注　H_0—隧道埋深，B—隧道最大开挖宽度。

2. 选测项目

选测项目包括：①隧底隆起；②围岩压力；③钢架内力；④喷射混凝土内力；⑤二次衬砌内力；⑥初期支护与二次衬砌间接触压力；⑦锚杆轴力；⑧围岩内部位移；⑨隧底隆起；⑩爆破振动；⑪孔隙水压力；⑫水量；⑬纵向位移。见表 8-2。

表 8-2　监控量测选测项目

序号	监控量选测项目	测试方法和仪表	测试精度	备注
1	隧底隆起	水准测量的方法，水准仪、铟钢尺或全站仪	1mm	
2	围岩内部位移	多点位移计	0.1mm	
3	围岩压力	压力盒	0.001MPa	
4	二次衬砌接触压力	压力盒	0.001MPa	
5	钢架受力	钢筋计、应变计	0.1MPa	
6	喷混凝土内力	混凝土应变计	$10\mu\varepsilon$	
7	锚杆轴力	钢筋计	0.1MPa	
8	二次衬砌内力	混凝土应变计、钢筋计	0.1MPa	
9	爆破振动	振动传感器、记录仪		临近建筑物
10	围岩弹性波速度	弹性波测试仪		
11	孔隙水压力	水压计		
12	水量	三角堰、流量计		
13	纵向位移	多点位移计、全站仪		

三、量测断面和测点选择

（一）量测断面选择

进行量测的断面有两种，一是单一的测试断面，二是综合的测试断面。在隧道工程测试中各项量测内容与手段，不是随意布设的。把单项或常用的几项量测内容组成一个测试断面，了解围岩和支护在这个断面上各部位的变化情况，这种测试断面即为单一的测试断面。另一种，把几项量测内容有机地组合在一个测试断面里，使各项量测内容、各种量测手段互相校验，综合分析测试断面的变化，这种测试断面称为综合测试断面。

应测项目按一定间隔设置量测断面，常称为一般量测断面。由于各量测项目要求不同，其量测断面间隔亦不相同，在应测项目中，原则上净空位移与拱顶下沉量测应布置在同一断面上。量测断面间距视隧道长度、地质条件和施工方法等确定，具体可参考表 8-3。

对于土砂、软岩地段的浅埋隧道要进行地表下沉量测，沿隧道纵向布置测点的间距可视地质、覆盖层厚度、施工方法和周围建筑物的情况确定。其量测断面间距可按表 8-4 选用。

表 8-3　　净空位移、拱顶下沉的测试断面间距

条　　件	量测断面间距（m）
洞口附近	10
埋深小于 $2B$	10
施工进展 200m 前	20（土砂围岩减小到 10）
施工进展 200m 后	30（土砂围岩减小到 10）

注　B 为隧道开挖宽度。

表 8-4　　地表下沉测试断面间距

覆盖层厚度 H	测点间距（m）
$H>2B$	20～50
$2B>H>B$	10～20
$H<B$	5～10

注　1. 当施工初期、地质变化大、下沉量大、周围有建筑物时取最低值。
2. B 为隧道开挖宽度。

（二）测点的布置

在测试断面上测点的布置，主要是依据断面形状、围岩条件、开挖方式、支护类型等因素进行布置。在量测中，可根据具体情况决定布设数量，进行适当的调整。

1. 净空位移量测的测线布置

由于观测断面形状、围岩条件、开挖方式的不同，测线位置、数量亦有所不同，没有统一的规定，具体实施中可参考图 8-8。

拱顶下沉量测的测点，一般可与净空位移测点共用，这样既节省了安设工作量，更重要的是使测点统一，测试结果能够互相校验。

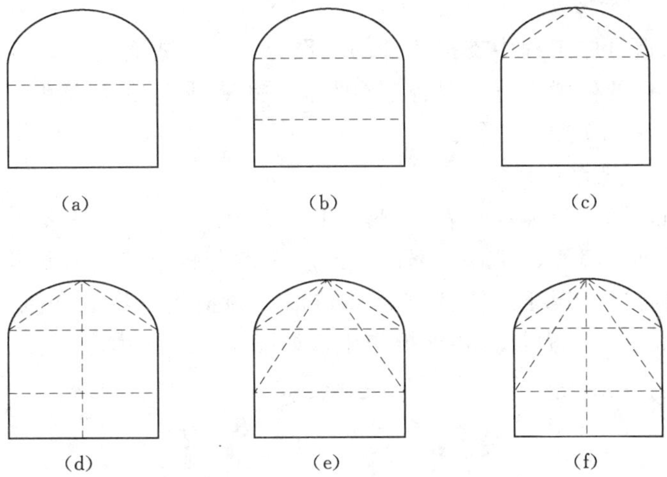

图 8-8 净空位移测线布置

(a) 一条测线；(b) 两条测线；(c) 三条测线；
(d) 五条测线；(e) 六条测线；(f) 七条测线

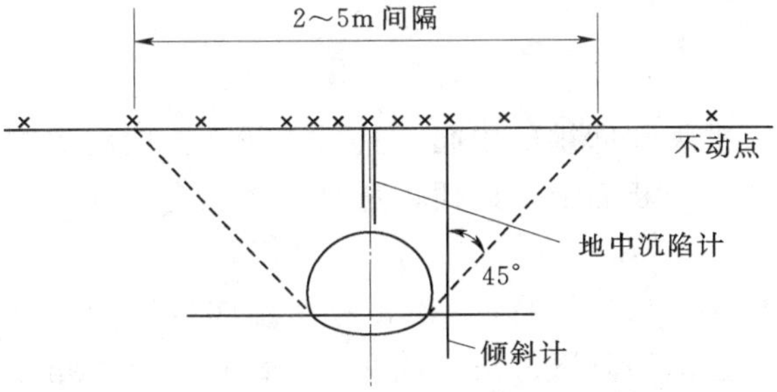

图 8-9 地表下沉量测点布置

2. 地表沉降测点布置

地表、地中沉降测点，原则上主要测点应布置在隧道中心线上，并在与隧道轴线正交平面的一定范围内布设必要数量的测点，如图 8-9 所示。并在有可能下沉的范围外设置不会下沉的固定测点。

3. 围岩内部位移测孔的布置

围岩内部位移测孔的布置，除应考虑地质、隧道断面形状、开挖等因素外，一般应与净空位移测线相应布设，以便使两项测试结果能够相互印证，协同分析与应用。一般每 100～500m 设一个量测断面，测孔布置如图 8-10 所示。

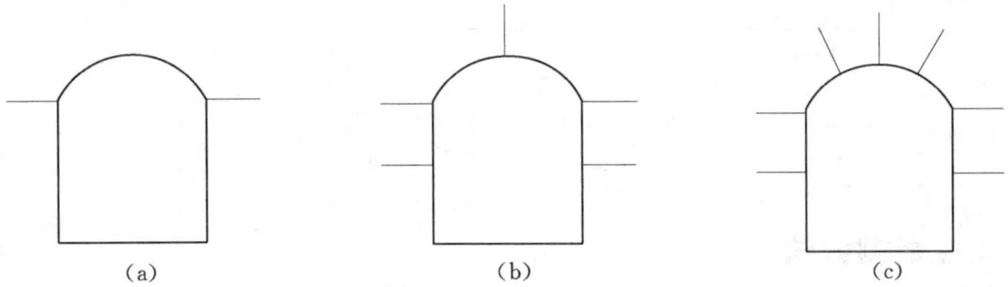

图 8-10 围岩内部位移测孔布置

(a) 三测孔；(b) 五测孔；(c) 七测孔

4. 锚杆轴力量测的布置

量测锚杆要依据具体工程中支护锚杆的安设位置、方式而定，如局部加强锚杆，要在加强区域内有代表性的位置设量测锚杆。全断面系统锚杆（不包括仰拱），量测锚杆在断面上布置可参见图 8－10 方式进行。

5. 喷层（衬砌）应力量测布置

喷层应力量测，除应与锚杆受力量测孔相对应布设外，还要在有代表性部位设测点，如拱顶、拱腰、拱脚、墙腰、墙脚等部位，并应考虑与锚杆应力量测作对应布置。另外，在有偏压、底鼓等特殊情况下，则应视具体情形，调整测点位置和数量。以便了解喷层（衬砌）在整个断面上的受力状态和支护作用，如图 8－11 所示。

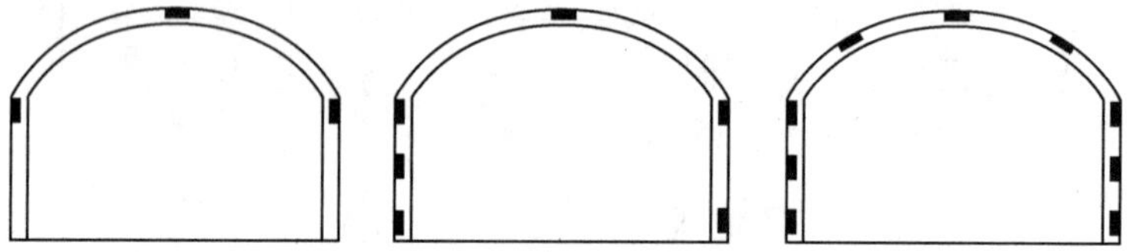

(a)　(b)　(c)

图 8－11　喷层应力量测点布置

(a) 三测点；(b) 六测点；(c) 九测点

6. 围岩压力量测测点布置

围岩压力量测的测点一般埋设在拱顶、拱脚和仰拱的中间，其量测断面一般和支护衬砌间压力以及支护、衬砌应力的测点布置在一个断面上，以便将量测结果相互印证。

7. 声波测孔布置

声波测孔宜布置在有代表性的部位（图 8－12）。另外，还要考虑到围岩层理、节理的方向与测孔方向的关系。可采用单孔、双孔两种测试方法；或在同一部位，呈直角相交布置三个测孔，以便充分掌握围岩结构对声波测试结果的影响。

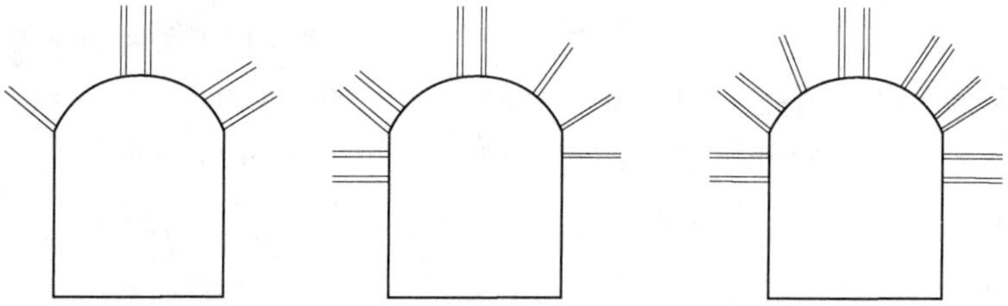

(a)　(b)　(c)

图 8－12　声波测试孔布置

(a) 五测孔；(b) 九测孔；(c) 十三测孔

四、监控量测方法

监控量测方法见表 8－5，下面介绍几项主要量测项目的量测方法。

（一）地质素描

地质现场素描，首先应对掌子面及掌子面附近开挖段进行详细观察。首先从岩性、岩体完整性、出水量大小等方面进行大范围、前后左右对比，宏观把握地层岩性等的变化。对于地层颜色、软硬程度、节理裂隙发育状况、出水量与周围岩体发生明显差异的部位，进行重点详细观察，通过手触、锤击、采集样本详细观察查明差异的性质，分析造成差异的原因。地质素描应记录以下信息。

表 8-5　　隧道现场监控量测项目及量测方法

序号	项目名称	方法及工具	布置	量测间隔时间			
				1～15d	16d～1个月	1～3个月	3个月以上
1	地质和支护状态观察	岩性、结构面产状及支护裂缝观察和描述，地质罗盘等	开挖后及初期支护后进行	每次爆破后进行			
2	净空位移	各种类型收敛计	每5～100m一个断面，每断面2～3对测点	1～2次/d	1次/2d	1～2次/周	1～3次/月
3	拱顶下沉	水准仪、水准尺、钢尺或测杆	每5～100m一个断面	1～2次/d	1次/2d	1～2次/周	1～3次/月
4	地表下沉	水准仪、水准尺	每5～100m一个断面，每断面至少11个测点，每隧道至少2个断面。中线每5～20m一个测点	开挖面距量测断面前后＜2*B*时，1～2次/d 开挖面距量测断面前后＜5*B*时，1次/2d 开挖面距量测断面前后＜2*B*时，1次/周			
5	围岩内部位移（地表设点）	地面钻孔中安设各类位移计	每代表性地段一个断面，每断面3～5个钻孔	同上			
6	围岩内部位移（洞内设点）	洞内钻孔中安设单点、多点杆式或钢丝式位移计	每5～100m一个断面，每断面2～11个测点	1～2次/d	1次/2d	1～2次/周	1～3次/月
7	围岩压力及两层支护间压力	各种类型压力盒	每代表性地段一个断面，每断面宜为15～20个钻孔	1次/d	1次/2d	1～2次/周	1～3次/月
8	钢支撑内力及外力	支柱压力计或其他测力计	每10榀钢拱支撑一对测力计	1次/d	1次/2d	1～2次/周	1～3次/月
9	支护、衬砌内应力、表面应力及裂缝测量	各类混凝土内应变计、应力计、测缝计及表面应力解除法	每5～100m一个断面，每断面宜为11个测点	1次/d	1次/2d	1～2次/周	1～3次/月
10	锚杆或锚索内力及抗拔力	各类电测锚杆、锚杆测力计及拉拔计	必要时进行	—	—	—	—
11	围岩弹性波测试	各种声波仪及配套探头	在代表性地段设置	—	—	—	—

1. 工程地质信息

（1）地层岩性。描述地层时代、岩性、产状、层间结合程度、风化程度等。

（2）地质构造。描述褶皱、断层、节理裂隙特征等。断层的发育位置、产状、性质、破碎带的宽度、物质成分、含水情况以及与隧道的关系；褶皱的性质、形态、地层的完整程度等；节理裂隙的组数、产状、间距、充填物、延伸长度、张开度及节理面特征，分析组合特征、判断岩体完整程度。

节理裂隙的描述首先应根据其产状特征进行分组归类，一般产状差异不大的节理应划分为一组。对于成组出现的节理，应示意性地标示在图纸上，图纸采用的节理倾角应为换算的视倾角，标注的产状为真实产状，图示节理间距应能表明其真实发育程度（即不同发育程度的节理组，在图纸上显示节理间距应不同）。对于零星发育的节理应作为随机节理描述，贯通性好、对岩体稳定性影响大的随机节理（包括岩脉）应重点描述，并按其实际出露位置标示在图纸上。

(3) 岩溶。描述岩溶规模、形态、位置、所属地层和构造部位，充填物成分、状态，以及岩溶展布的空间关系。

(4) 特殊地层。煤层、沥青层、含膏盐层、膨胀岩和含黄铁矿层应单独描述。

(5) 人为坑洞。正在使用或废弃的各种坑道和洞穴的分布位置及其与隧道的空间关系。

(6) 地应力。包括高地应力显示性标志及其发生部位，如岩爆、软弱夹层挤出、探孔饼状岩心等现象。

(7) 塌方。应记录塌方部位、方式与规模及其随时间的变化特征，并分析产生塌方的地质原因及其对继续掘进的影响。

(8) 有害气体及放射性危害源存在情况。

2. 水文地质信息

出水段落及范围、出水形态及出水量大小［渗水、滴水、滴水成线、股水（涌水）、暗河］。必要时进行地表相关气象、水文观测，判断洞内涌水与地表径流、降雨的关系。

3. 影像信息

隧道内重要的和具代表性的地质现象应进行摄影或录像。

（二）净空位移

1. 量测原理

隧道开挖后，围岩向坑道方向的位移是围岩动态的最显著表现，最能反映出围岩（或围岩加支护）的稳定性。因此对坑道周边位移的量测是最直接、最直观、最有意义、最经济和最常用的量测项目。为量测方便起见，除对拱顶、地表下沉及底鼓可以量测绝对位移值外，坑道周边其他各点，一般均用收敛计量测其中两点之间的相对位移值，来反映围岩位移动态。

2. 收敛计

收敛计（图 8-13）是利用机械传递位移的方法，将两个基准点间的相对位移转变为数显位移计的两次读数差。当用挂钩连接两基准点 A、B 预埋件时，通过调节螺母，改变收敛计机体长度可产生对钢尺的恒定张力，从而保证量测的准确性及可比性，机体长度的改变量由数显电路测出。当 A、B 两点随时间发生相对位移时，在不同时间内所测读数的不同，其差值就是 A、B 两点间的相对位移值。当两点的相对位移值超过数显位移计有效量程时，可调整尺孔销所插尺孔，仍能继续用数显位移计读数。

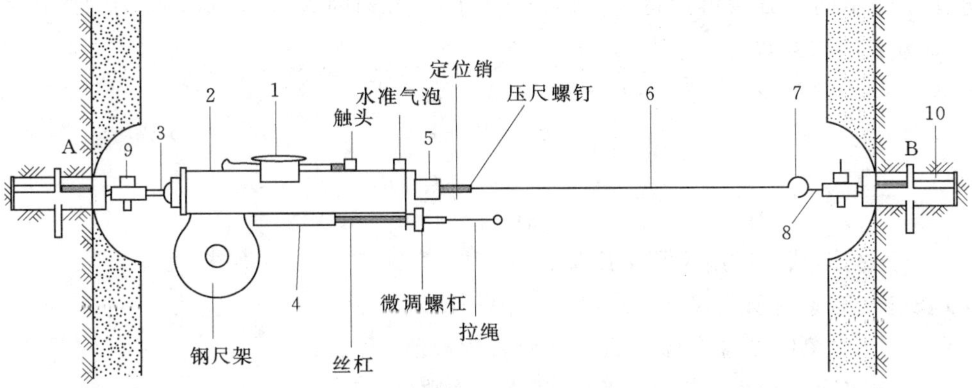

(a)

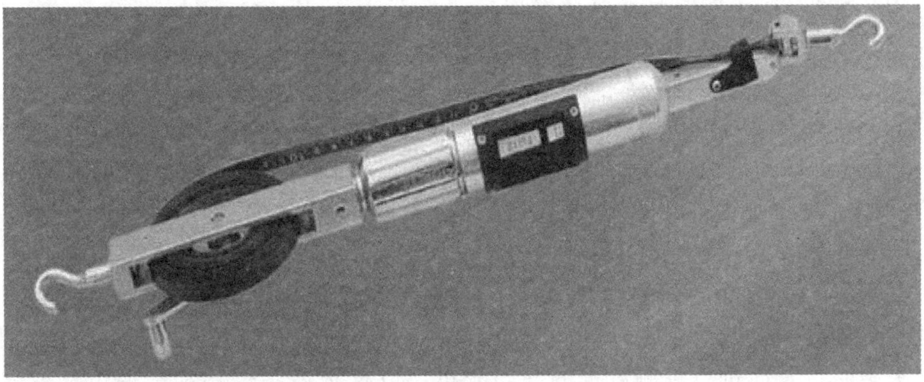

(b)

图 8-13　QJ—81 型球铰连接弹簧式收敛计

(a) 构造示意图；(b) 实物图

1—百分表；2—收敛计架；3—钢球；4—弹簧秤；5—内滑管；6—带孔钢尺；7—连接挂钩；8—羊眼螺栓；9—连接销；10—预埋件

3. 量测方法

(1) 开挖后尽快埋设测点，并测取初读数，要求 12h 内完成。

(2) 测点（测试断面）应尽可能靠近开挖面，要求在 2m 以内。

(3) 读数应在重锤稳定或张力调节器指针稳定指示规定的张力值时读取。

(4) 当相对位移值较大时，要注意消除换孔误差。

(5) 测试频率应视围岩条件、工程结构条件及施工情况而定，一般应按表 8-5 的要求而定。

(6) 整个量测过程中，应做好详细记录，并随时检查有无错误。记录内容应包括断面位置、测点（测线）编号、初始读数、各次测试读数、当时温度以及开挖面距量测断面的距离等。两测点的连线称为测线。

4. 数据处理

当仪器安装完成后，利用弹簧秤、钢丝绳、滑管给钢尺施加固定的水平张力（弹簧秤拉力 90N），并在百分表读得初始数值 X_0；因第一次量测的初始读数是关键性读数，应反复测读；当连续量测 3 次的误差 $R \leqslant 0.18$mm（R 值根据收敛计不同而异）时才能继续爆破掘进作业。用同样方法可读得间隔时间 t 后的 t 时刻的 X_{tt} 值，则 t 时刻的周边收敛值 U_t 即为百分表两次读数差

$$U_t = L_0 - L_t + X_{tt} - X_{t0}$$

$$X_{tt} = X_t + \varepsilon_t$$

$$X_{t0} = X_0 + \varepsilon_{t0}$$

$$\varepsilon_t = \alpha(T_0 - T)L$$

式中　L_0——初读数时所用尺孔刻度值；

L_t——t 时刻时所用尺孔刻度值；

X_{tt}——t 时刻时经温度修正后的百分表读数值；

X_{t0}——初读数时经温度修正后的百分表读数值；

X_t——t 时刻量测时百分表读数值；

X_0——初始时刻百分表读数值；

ε_t——温度修正值；

α——钢尺线膨胀系数；

T_0——鉴定钢尺的标准温度，$T_0 = 20℃$；

T——每次测量时的平均气温；

L——钢尺长度。

每次测量时要做好详细的量测记录，记录内容包括日期、时间、里程编号、环境温度、量测数据等，并及时根据现场测量数据绘制时态曲线和空间关系曲线。当位移时间曲线趋于平缓时，及时进行量测数据的回归分析，以推求最终位移和掌握位移变化的规律。目前，常采用的回归函数如下：

对数函数　$U = A + B\ln(t+1)$ 或 $U = A\ln\left(\dfrac{B+T}{B+t_0}\right)$

指数函数　$U = Ae^{-B/t}$ 或 $U = A(e_0^{-Bt} - e^{-BT})$

双曲函数　$U = A\left[\left(\dfrac{1}{1+Bt_0}\right)^2 - \left(\dfrac{1}{1+BT}\right)^2\right]$

式中　U——变形值，mm；

A、B——回归系数；

t——量测时间，d；

t_0——测点初读数时距开挖时的时间，d；

T——量测时距开挖时的时间，d。

（三）拱顶下沉和地表沉降

由已知高程的临时或永久水准点（通常借用隧道高程控制点），使用较高精度的水准仪，就可观测出隧道拱顶或隧道上方地表各点的下沉量及其随时间的变化情况。隧道底鼓也可用此法观测。通常这个值是绝对位移值。另外也可以用收敛计测拱顶相对于隧道底的相对位移。值得注意的是，拱顶点是坑道周边上的一个特殊点，其位移情况具有较强的代表性。

拱顶下沉量测采用水准测量法进行，后视点可设在稳定衬砌上，用水平仪进行观测

（图 8－14）。将拱顶初始相对高差与 t 时刻相对高差相减变得拱顶下沉量，即 $Ut=(Q_0+P_0)-(Q+P)=(Q_0-Q)+(P_0-P)$。若 U_t 为正值，则表示拱顶下沉；若 U_t 为负值，则表示拱顶向上位移。

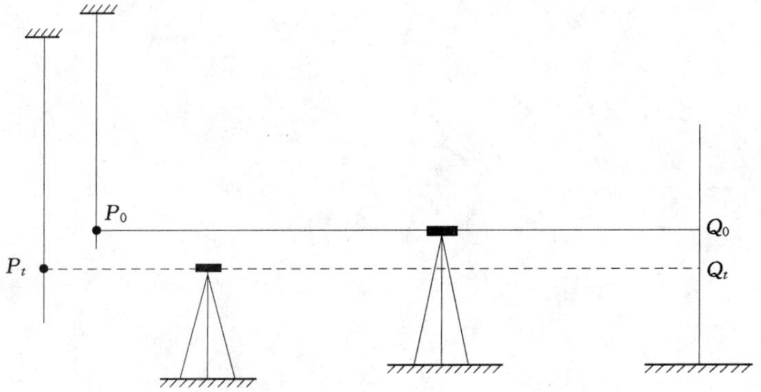

图 8－14　拱顶下沉观测示意图

拱顶下沉量测数据的处理方法同洞周收敛量测。

（四）围岩内部位移

1．量测原理

围岩内部各点的位移同坑道周边位移一样是围岩动态表现。它不仅反映了围岩内部的松弛程度，而且更反映了围岩松弛范围的大小，这也是判断围岩稳定性的一个重要参考指标。在实际量测工作中，先是向围岩钻孔，然后用位移计量测钻孔内（围岩内部）各点相对于孔口（岩壁）一点的相对位移。

2．位移计（图 8－15、图 8－16）

（1）位移计有两种类型，一类是机械式，另一类是电测式。其构造是由定位装置、位移传递装置、孔口固定装置、百分表或读数仪等部分组成。

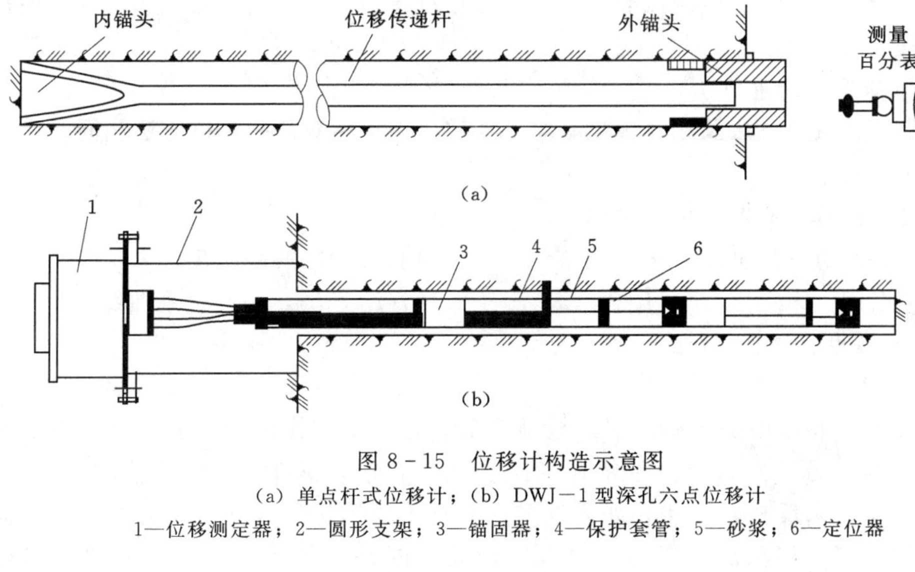

图 8－15　位移计构造示意图

（a）单点杆式位移计；（b）DWJ－1 型深孔六点位移计

1—位移测定器；2—圆形支架；3—锚固器；4—保护套管；5—砂浆；6—定位器

（2）定位装置是将位移传递装置固定于钻孔中的某一点，则其位移代表围岩内部该点位移。定位装置多采用机械式锚头，其形式有楔缝式、支撑式、压缩木式等。

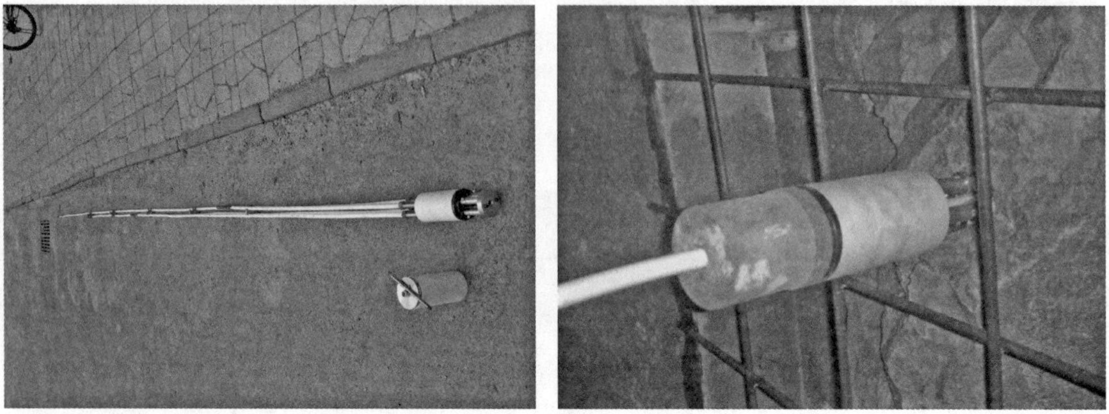

(a)　　(b)

图 8-16　GBW-50 型多点位移计实物图

（3）位移传递装置是将锚固点的位移以某种方式传递至孔口外，以便测取读数。传递的方式有机械式和电测式两类。其中机械式位移传递构件有直杆式、钢带式、钢丝式；电测式位移传感器有电磁感应式、差动电阻式、电阻式。

直杆式位移计结构简单，安装方便，稳定可靠，价格低廉；但观测精度较低，观测不太方便，一般单孔只能观测 1～2 个测点的位移。钢带式和钢丝式位移计则可单孔观测多个测点，如 DWJ-1 型深孔钢丝式位移计可同时观测到单孔中不同深度的 6 个点位。

电测式位移计的传感器须有读数仪来配合输送、接收电信号，并读取读数。电测式位移计多用于进行深孔多点位移测试，其观测精度较高，测读方便，且能进行遥测，但受外界影响较大，稳定性较差，费用较高。

（4）孔口固定装置。一般测试的是孔内各点相对于孔口一点的相对位移，故须在孔口设固定点或基准面。

3. 测试方法及注意事项

围岩内部位移测试方法及注意事项基本上与坑道周边相对位移测试方法相同。

4. 数据整理

数据整理方法基本同前，可整理出：

（1）孔内各测点（L_1，L_2，…）位移（u）——时间（t）关系曲线；

（2）不同时间（t_1，t_2，…）位移（u）——深度（L_1，L_2，…）关系曲线。

（五）锚杆应力及锚杆抗拔力

1. 量测原理

系统锚杆的主要作用是限制围岩的松弛变形。这个限制作用的强弱，一方面受围岩地质条件的影响，另一方面取决于锚杆的工作状态。锚杆的工作状态好坏主要以其受力后的应力—应变来反映。因此，如果能采用某种手段测试锚杆在工作时的应力—应变值，就可以知道其工作状态的好坏，也可以由此判断其对围岩松弛变形的限制作用的强弱。

实际量测工作中，采用与设计锚杆强度相等，且刚度基本相等的各式钢筋计来观测锚杆的应力—应变值。

2. 钢筋计

(1) 钢筋计（图 8-17 和图 8-18）多采用电测式，其传感器有电磁感应式、差动电阻式、电阻片式三种。

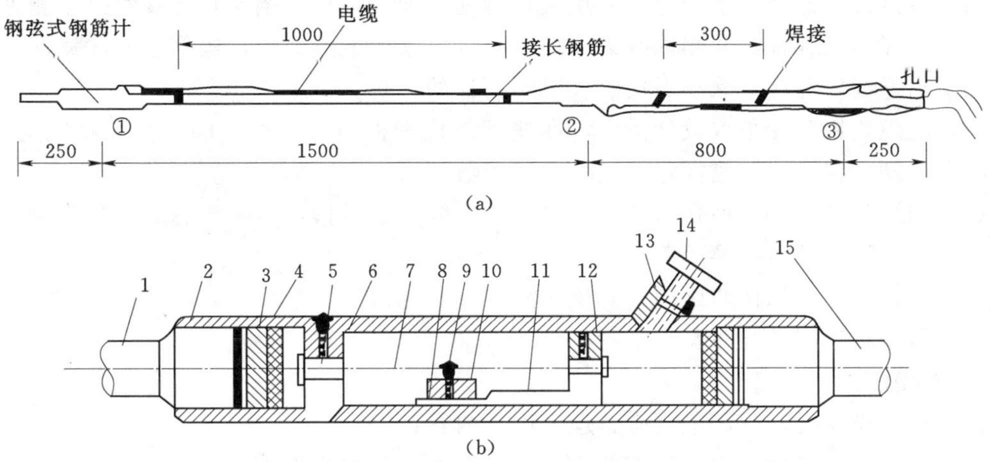

图 8-17 钢弦式量测锚杆构造（单位：mm）

(a) 钢弦式量测锚杆；(b) JD-1 型钢弦式钢筋计

1—拉杆；2—壳体；3—端封板；4—橡皮垫；5—定位螺丝；6—夹线柱；7—钢弦；8—线圈架；9—铁芯；10—线圈；11—支架；12—支承堵头；13—密封圈；14—引线嘴；15—拉杆

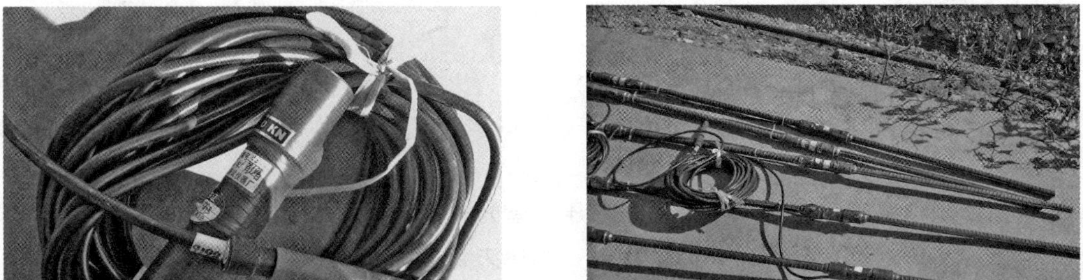

图 8-18 GML-3 型钢弦式锚杆测力计实物

(2) 根据测式要求，可将几只传感器连接或粘贴于锚杆不同的区段，可以观测出不同区段的应力—应变值。

(3) 读数仪可自动率定接收到的电信号，并显示应力—应变值。

电磁感应式钢筋计又称钢弦式钢筋计，它须使用电脉冲发生器（周期仪）测试，这种钢筋计的构造不太复杂，性能亦较稳定，耐久性较强，其直径能较接近设计锚杆直径，经济性较好，是一种比较有发展前途的钢筋计。

差动式钢筋计性能较稳定，耐久性也较强，但其直径较大，且构造复杂，价格也较高。

电阻片式钢筋计实际上是将传感用的电阻片粘贴于实际的锚杆上，并做好防潮处理。其构造简单，安装、测试方便，价格低，故工程测试中常应用。

3. 测试方法及注意事项

（1）电感式和差动式钢筋计，需用接长钢筋（设计锚杆用钢筋）将其对接于测试部位（区段），制成测试锚杆，并测取空载读数。对接可采用电弧对接，操作中应注意不要烧坏和损伤引出导线，并注意减小焊接温度对钢筋计的影响。

（2）电阻式钢筋计是取设计锚杆，在测试部位两面对称车切、磨平后，粘贴电阻片，做好防潮处理，制成测试锚杆，并测取空载读数。

（3）测试锚杆安装及钻孔均按设计锚杆的同等要求进行，但应注意安装过程中不得损坏电阻片、防潮层及引出导线等。

（4）测试频率及抽样的比例、部位应按表 8-5 执行。

（5）做好各项记录，并及时整理。

4. 数据整理

数据整理应及时进行，主要应整理出以下内容：

（1）不同时间锚杆轴力（N 或应力 σ）—深度（l）关系曲线。

（2）不同深度各测点锚杆轴力—时间（t）关系曲线。

5. 拉拔器可检测锚杆的抗拔力

抽样测试比例应按表 8-5 执行，但应注意仪器调校，测试过程中应做好各项记录，并及时整理。

（六）压力

1. 量测原理

支护（喷射混凝土或模筑混凝土衬砌）与围岩之间的接触应力大小，既反映了支护的工作状态，又反映了围岩施加于支护的形变压力情况，因此，围岩压力的量测就成为必要。

这种量测可采用盒式压力传感器（称压力盒）进行测试。将压力盒埋设于混凝土内的测试部位及支护—围岩接触面的测试部位，则压力盒所受压力即为该部位（测点）压力。

2. 压力盒

（1）压力盒有液压式和变磁阻调频式等多种形式。

（2）液压式压力盒又称格鲁茨尔（Gbozel）压力盒，其传感器为一扁平油腔，通过油压泵加压，由油泵表可直接测读出内应力或接触应力，如图 8-19（a）所示。

（3）变磁阻调频式压力盒的工作原理是：当压力作用于承压板上时，通过油层传到传感单元的二次膜上，使之产生变形，改变了磁路的气隙，即改变了磁阻，当输入 L—（振荡电信号）时，即发生电磁感应，其输出信号的频率发生改变，这种频率改变因压力的大小而变化，据此可测出压力的大小，如图 8-19（b）所示。

（4）变磁阻调频式压力盒的抗干扰能力强，灵敏度高，适于遥测，但在硬质介质中应用，存在着与介质刚度匹配的问题，效果不太理想。

液压式压力盒减小了应力集中的影响，其性能比较稳定可靠，是较理想的压力盒，国内已有单位研制出机械式油腔压力盒。

bf－e 振弦式土压力计实物如图 8－20 所示。

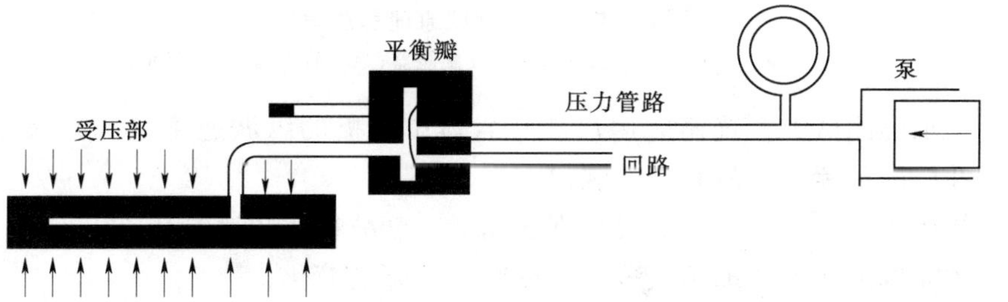

(a)

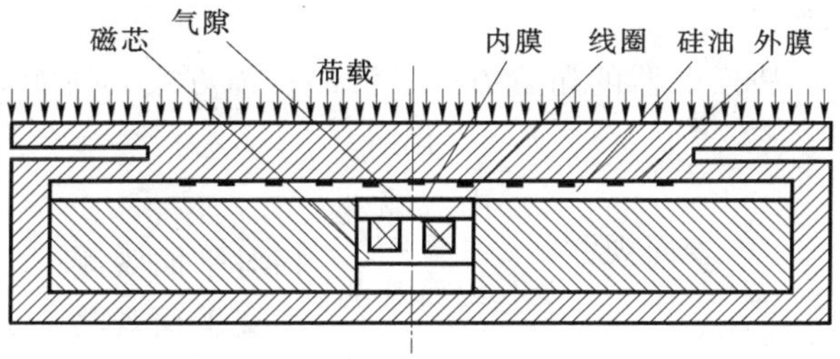

(b)

图 8－19　压力盒构造

(a) 液压式压力盒；(b) 变磁阻调频式压力传感器

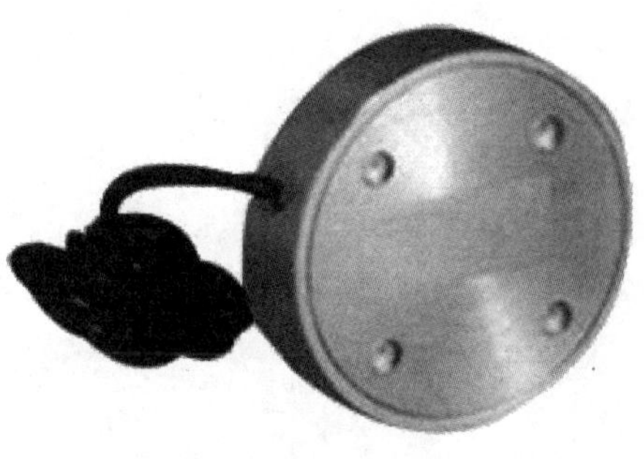

图 8－20　bf-e 振弦式土压力计实物

3. 测试方法及注意事项

(1) 将压力传感器按测试应力的方向埋设于测试部位，在喷射混凝土或模筑混凝土振捣过程中，应注意不要损伤导线或导管。

(2) 液压式压力盒系统还应在适当部位安设管路连接头及阀门。

(3) 测试频率应按表 8－5 要求执行。

4. 数据整理

测试过程中应随时做好各项记录，并及时整理出有关图表，如接触应力分布图。

(七) 声波测围岩的弹性波速度

1. 量测原理

声波测试是地球物理探测方法的一种。它是在岩体的一端激发弹性波，而在另一端接收通过岩体传递过来的波，弹性波通过岩体传递后，其波速、波幅、波频均发生改变。对于同一种激发弹性波，穿过不同的岩层后，发生的改变各不相同，这主要是由于岩体的物理力学性质各不相同所致。因此，弹性波在岩体中的传播特征就反映了岩体的物理力学性质，如动弹性模量、岩体强度、完整性或破碎程度、密实度等。据此可以判别围岩的工程性质，如稳定性，并对围岩进行工程分类。其原理如图 8－21 所示。

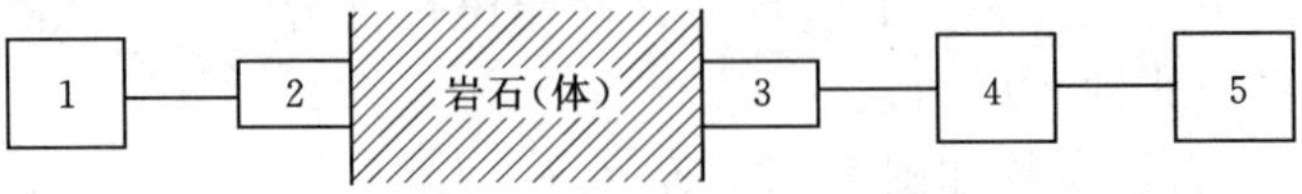

图 8－21　声波测试原理示意图

1—振荡器；2—发射换能器；3—接收换能器；4—放大器；5—显示器

目前，在工程测试中，普遍应用声波在岩体中传播的纵波速度（v_P）来作为评价岩体物理力学性质的指标。一般有以下规律：

（1）岩体风化、破碎、结构面发育则波速低、衰减快、频谱复杂；

（2）岩体充水或应力增加则波速高、衰减小、频谱简化；

（3）岩体不均匀和各向异性则其波速与频谱也相应表现出不均一和各向异性。

2. 测试方法及注意事项

声波测试方法较多，从换能器的布置方式、波的传播方式、换能器的组合形式三个方面包括以下内容。

- 按换能器布置方式分为
  - 表面观测
    - 共面观测
    - 不共面观测
      - 相对平面观测
      - 正交平面观测
  - 内部观测
    - 钻孔
      - 单孔测试
      - 双孔测试
    - 埋设

- 按波的传播方式分为
  - 直透法——直达波法
  - 平透法
    - 折射波法
    - 反射波法

- 按换能器组合分为
  - 一发一枚
  - 一发多枚
  - 多发多枚

声波测试应注意以下几点：

（1）探测区域的选择要有典型性和代表性。

（2）测点、测线、测孔的布置要有明确的目的性，要根据实际工程地质情况、岩体力学特性及建筑形式等进行布设。

（3）声波测试一般以测纵波速度（v_P）为主，但应根据实际要求，可测其横波速度（v_S），记录波幅，进行频谱分析。

3. 数据整理

隧道工程中多采用单孔平透折射波法测试围岩在拱顶、拱脚、墙腰三个部位的径向纵波速度。根据测试记录应及时整理出每个测孔的 v_P—L 曲线。常见的曲线形式可以归纳为以下四种类型（图 8－22）。

（1）“—”型，无明显分带，表示围岩较完整。

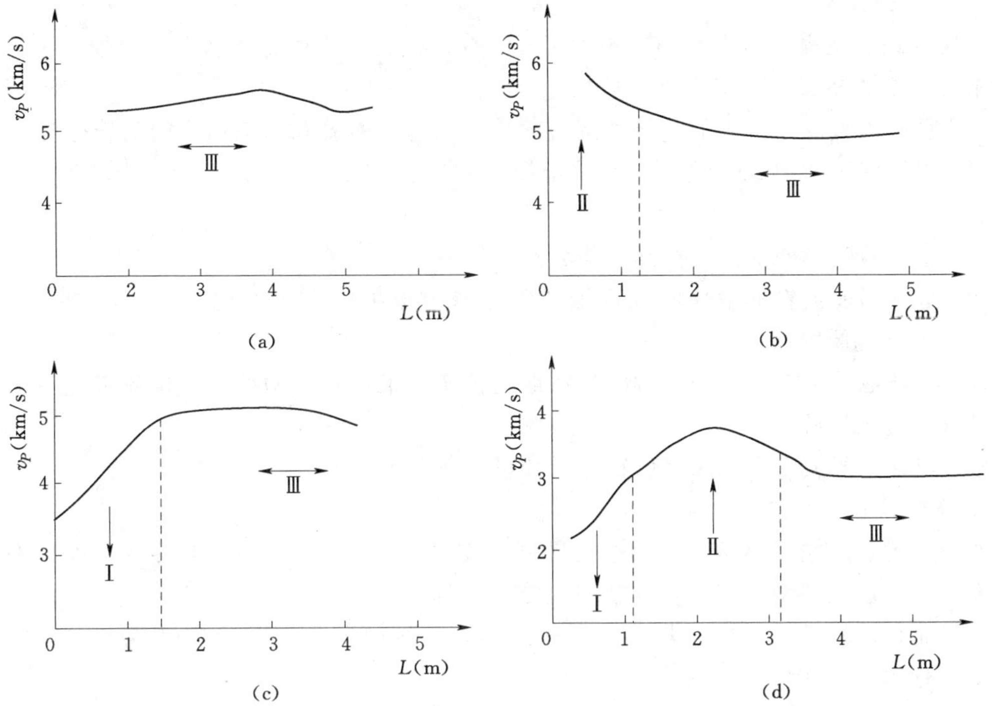

图 8-22　波速与孔深关系曲线类型

(a)"—"型；(b)"L"型；(c)"厂"型；(d)"凸"型

(2)"L"型，无松弛带，有应力升高带，表示围岩较坚硬。

(3)"厂"型，有松弛带，应分析区别是由于爆破引起的松动还是围岩进入塑性后的松动。

(4)"凸"型，松弛带、应力升高带均有。

以上所述只是一般情形。但有时波速高并不反映岩体完整性好，如有些破碎硬岩的波速就高于完整性较好的软岩，因此，国家标准《锚杆喷射混凝土支护技术规范》中还采用了岩体完整性系数 $K_v=(v_{mp}/v_{rp})^2$ 来反映岩体的完整性（v_{mp} 为岩体的纵波速度，v_{rp} 为岩块的纵波速度）。K_v 越接近 1，表示岩体越完整。

另外，在软岩与极其破碎的岩体中，有时无法取出原状岩块，不能测出其纵波速度，这时可用相对完整系数 K_x 代替 K_v。

五、监控量测数据反馈

量测数据反馈于设计、施工是监控设计的重要一环，但目前尚未形成完整的设计体系。当前采用的量测数据反馈设计的方法主要是定性的，即依据经验和理论上的推理来建立一些准则。根据量测的数据和这些准则即可修正设计支护参数和调整施工措施。量测数据反馈设计、施工的理论法，目前正在蓬勃兴起，那就是将监控量测与理论计算相结合的反分析计算法，这里，简要介绍根据对量测数据的分析来修正设计参数和调整施工措施的一些准则。

1. 地质预报反馈

地质预报就是根据地质素描来预测预报开挖面前方围岩的地质状况，以便考虑选择适当的施工方案调整各项施工措施。包括：

(1) 在洞内直观评价当前已暴露围岩的稳定状态，检验和修正初步的围岩分类。

(2) 根据修正的围岩分类，检验初步设计的支护参数是否合理，如不恰当，则应予修正。

(3) 直观检验初期支护的实际工作状态。

(4) 根据当前围岩的地质特征，推断前方一定范围内围岩的地质特征，进行地质预报，防范不良地质突然出现。

(5) 根据地质预报，并结合对已作初期支护实际工作状态的评价，预先确定下循环的支护参数和施工措施。

(6) 配合量测工作进行测试位置选取和量测成果的分析。

2. 净空位移反馈

如前所述，净空位移是围岩动态的最显著表现，所以隧道工程现场量测主要以净空位移作为围岩稳定性评价及围岩稳定状态判断的指标。

一般而言，坑道开挖后，若围岩位移量小，持续时间短，其稳定性就好；若位移量大，持续时间长，其稳定性就差。

以围岩位移作为指标来判断其稳定状态，有赖于对实际工程经验的总结和对位移量测数据的分析。

(1) 判断标准用围岩的位移来判断其稳定状态，关键是要确定一个“判断标准”（或称为“收敛标准”），即是判断围岩稳定与否的界限。它包括三个方面：位移量（绝对或相对）、位移速率、位移加速度，见第五章第三节有关内容。

(2) 根据以上判断标准，如果围岩位移速度不超过允许值，且不出现蠕变趋势，则可以认为围岩是稳定的，初期支护是成功的。若表现出稳定性较好，则可以考虑适当加大循环进尺。浅埋隧道暗挖法施工时，应特别注意对拱顶下沉及地表下沉量的控制，其控制标准可参见表 8-6。

表 8-6　量测数据管理基准参考值

指标内容	日本、法国、德国规范综合值	推荐基准值	
		城市地铁	山岭隧道
地面最大沉陷	50mm	30mm	60mm
地面沉陷槽拐点曲率	1/300	1/500	1/300
地层损失系数	5%	5%	5%
洞内边墙水平收敛	20～40mm	20mm	(0.1～0.2)B%
洞内拱顶下沉	75～229mm	50mm	(0.3～0.4)B%

注　B—开挖洞室最大跨度（m）。

如果位移值超过允许值不多，且初期支护中的喷射混凝土未出现明显开裂，一般可不予补强。如果位移与上述情况相反，则应采取处理措施，如在支护参数方面，可以增强锚杆，加钢筋网喷混凝土、加钢支撑、增设临时仰拱等；施工措施方面，可以缩短从开挖到支护的时间，提前打锚杆，提前设仰拱，缩短开挖台阶长度和台阶数，增设超前支护等。

(3) 二次衬砌（内层衬砌）的施作时间。按新奥法施工原则，当围岩或围岩加初期支护后基本达成稳定后，就可以施作二次衬砌。

应当特别指出的是，在流变性和膨胀性强烈的地层中，单靠初期支护不能使围岩位移收敛时，就宜于在位移收敛以前，施作模筑混凝土二次衬砌，做到有效地约束围岩位移。

3. 地表下沉反馈

对于浅埋隧道，可能由于隧道的开挖而引起上覆岩体的下沉，致使地面建筑的破坏和地面环境的改变。因此，地表下沉的量测监控对于地面有建筑物的浅埋隧道和城市地下通道尤为重要。

如果量测结果表明地表下沉量不大，能满足限制性更求，则说明支护参数和施工措施是适当的；如果地表下沉量大或出现增加的趋势，则应加强支护和调整施工措施，如适当加喷混凝土、增设锚杆、加钢筋网、加钢支撑、超前支护等，或缩短开挖循环进尺、提前封闭仰拱，甚至预注浆加固围岩等。

另外，还应注意对浅埋隧道的横向地表位移观测，横向地表位移带发生在浅埋偏压隧道工程中，其处理较为复杂，应加强治理偏压的对策研究。

4. 围岩内部位移反馈

与净空位移同理，如果实测围岩的松动区超过了允许的最大松动区（该允许松动区半径与允许位移量相对应），则表明围岩已出现松动破坏，此时必须加强支护或调整施工措施以控制松动范围。如加强锚杆（加长、加密或加粗）等，一般要求锚杆长度大于松动区范围。如果与以上情形相反，甚至锚杆后段的拉应力很小或出现压应力时，则可适当缩短锚杆长度或缩小锚杆直径或减小锚杆数量等。

5. 锚杆轴力反馈

根据量测锚杆测得的应变，即能算出锚杆的轴力。

$$N=\frac{\pi}{8}D^2E(\varepsilon_1+\varepsilon_2)$$

式中 N——锚杆轴力；

D——锚杆直径；

E——杆的弹性模量；

ε_1、ε_2——测试部位对称的一组应变片量得的两个应变值。

锚杆轴力是检验锚杆效果与锚杆强度的依据，根据锚杆极限强度与锚杆应力的比值 K（安全系数）即能作出判断。锚杆轴应力越大，则 K 值越小。一般认为锚杆局部段的 K 值稍小于 1 是允许的，因为钢材有一定的延性。根据实际调查发现锚杆轴应力在洞室断面各部位是不同的，表现为：

(1) 同一断面内，锚杆轴应力最大者多数在拱部 45°附近到起拱线之间；

(2) 拱顶锚杆，不管净空位移值大小如何，出现压应力的情况是不少的。

锚杆的局部段 K 值稍小于 1 的允许程度应该是不超过锚杆的屈服强度。若锚杆轴应力超过屈服强度，则应优先考虑改变锚杆材料，采用高强钢材。当然，增加锚杆数量或锚杆直径也可获得降低锚杆轴应力的效果。

6. 围岩压力反馈

由围岩压力分布曲线可知围岩压力的大小及分布状况。围岩压力的大小与围岩位移量及支护刚度密切相关。围岩压力大，即作用于初期支护的压力大。这可能有两种情况：一是围岩压力大但变形量不大，这表明支护时机，尤其是支护的封底时间可能过早或支护刚度太大，可作适当调整，让围岩释放较多的应力；二是围岩压力大且变形量也很大，此时应加强支护，限制围岩变形，控制围岩压力的增长。当测得的围岩压力很小但变形量很大时，则应考虑可能会出现围岩失稳。

7. 声波速度分析与反馈

围岩的声波速度综合地反映了岩体的物理力学特征和动态变化。根据 v_P—L 曲线可以确定围岩松动区的范围，工程中应注意将此结果与围岩内位移量测资料相对照，综合分析和判断围岩的松弛情况，以便给修正支护参数和调整施工措施提供依据和指导。

知 识 拓 展

一、地质雷达在隧道检测中的应用

1. 工程概况

在四川某隧道质量检测工作中，我们根据公路隧道质量检测相关规范的要求，沿隧道的左右边墙、左右拱腰和拱顶布置5条平行于洞轴的连续测线（图 8-23）。具体操作时，将地质雷达主机置于车上，人持天线由挖掘机送至指定测线位置处或采用操作杆由两人将天线置于测线处（图 8-24），数据采集时，车与挖掘机或车与操作人员同时匀速缓慢移动，以采集数据。

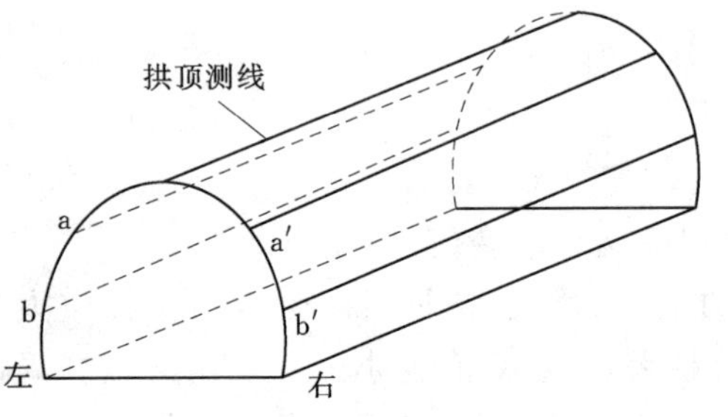

图 8-23 质量检测五测线布置图

图 8-24 地质雷达实际操作图

对于隧道相关检测来说，主要用到的目标介质及其物性参数主见表 8-7：

以混凝土为例估算测量时窗值，其相对介电常数 $\varepsilon=6.4$，电磁波在其中的传播速度为 $v=0.12\text{m/ns}$，衬砌的最大厚度 H 为 1.10m 左右，由此根据公式 $w=1.32(2H/v)$ 估算测量时窗值为 25ns；外设天线取双置式 900MHz 天线；数据采集方式采取线测，局部异常区域采用点测补测；增益方式采用 5 点自动增益。

表 8－7　　与公路有关的介质物性参数

介质	相对介电常数	速度（m/ns）
空气	1	0.3
水	81	0.033
黏土	8～10	0.06
泥灰岩	6	0.12
石灰岩	7	0.11
砂岩	4	0.15
混凝土	6.4	0.12

2. 数据处理及解疑

（1）隧道右边墙 DK1318＋615－622 的雷达如图 8－25 所示。

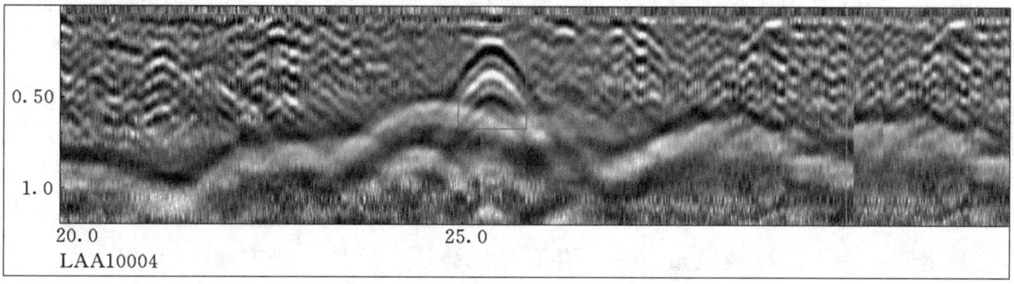

图 8－25　隧道右边墙 DK1318＋615－622 的雷达图

在距测量原点 4m 的里程上，深度是 30cm，有一衬砌内部的空洞存在。

（2）隧道右边墙 DK1319＋261－274 的雷达如图 8－26 所示。

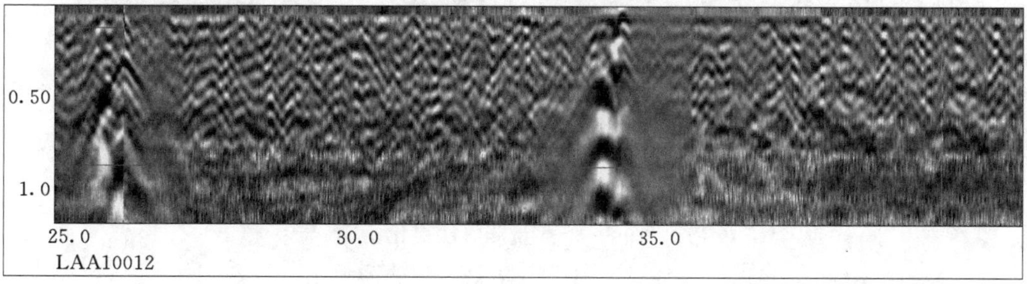

图 8－26　隧道右边墙 DK1319＋261－274 的雷达图

在距测量原点 0～0.85m 的里程上衬砌有蜂窝的现象，在距测量原点 8m 的里程上可能是两段衬砌的接缝处，有纵向的裂缝发育。

（3）某隧道右边墙 DK1319＋287－295 的雷达如图 8－27 所示。

在距测量原点 1.7～3.4m 的里程上衬砌内部有异物，圆柱形异物可能是锚杆。

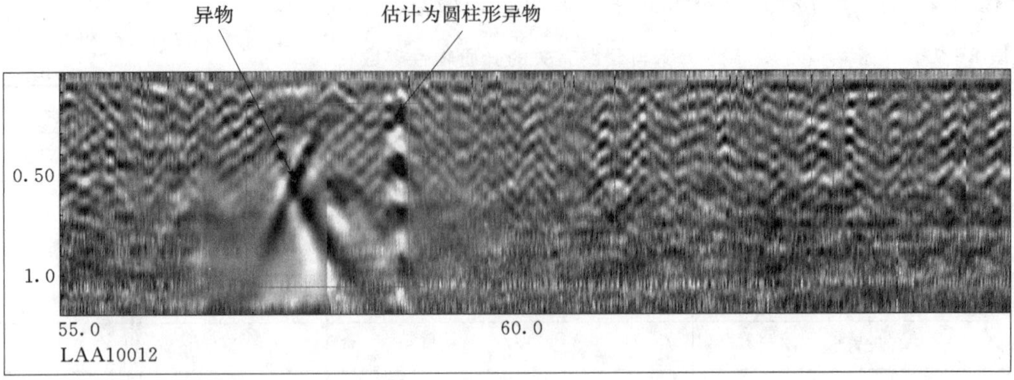

图 8-27　某隧道右边墙 DK1319+287—295 的雷达图

二、某隧道无接触量测

传统的隧道施工位移监测多采用钢尺式收敛计，但这种方法已有明显的局限性，如现场操作困难，对施工干扰大，测量精度下降等问题。随着国内光电测距技术的迅速发展，隧道工程施工中已广泛采用无接触（无尺）量测技术，该监测系统采用全站仪＋反射片（规格 20mm×20mm）组成现场观测系统，具体施做步骤：埋设测点→设置仪器→测点量测→处理数据→反馈指导施工。无尺量测法主要用于围岩变形量测（图 8-28 为传统净空收敛量测与无接触量测对比），具有以下优点：①自动化程度高，操作简便，大大减少了因人工操作而引起的误差；②系统精度高，左右两侧进行复测复核，能够满足量测要求；③非接触量测，在大跨度隧道量测中具有明显优势；④软件操作方便，可及时反馈信息。

(a)

(b)

图 8-28　量测方法对比
（a）传统收敛计量测；（b）无接触量测

第九章　隧道营运管理与常见病害防治

● **教学目标：**

1. 了解隧道营运管理的含义。
2. 理解隧道水害及防治，隧道衬砌裂损及防治。

第一节　隧道营运管理

在隧道中，车辆行驶产生的冲击和排放的废气会使衬砌结构产生这样或那样的病害，但车辆运行对隧道结构产生的影响并不是主要的，危害主要来自地下水、围岩的恶化、设计有不合理的地方以及施工未按设计要求进行等。在这些因素的长期综合作用下，隧道结构就可能逐渐出现病害。

铁路隧道的营运管理较为简单，因列车总是按照路局编制的运行图行驶，很有规律，照明要求也不高，除了设置机械通风的长大隧道需要控制通风设施的运转外，其他没有说明过多的管理要求。

相比之下，公路隧道的营运管理更复杂一些。因此，本节主要介绍公路隧道的营运管理。公路隧道的营运管理包括两个方面：一是严格按照交通法规进行管理，减小在隧道内发生灾害的机会，在国家交通管理条例的指导下，还可制定针对该隧道本身特点的管理条例；二是必须保证在洞内一旦发生事故，司机或当事人能够立即报警请求援助，并有条件进行自救，以减轻灾害程度。这就必须在隧道内设置相应的附属设施，并保证这些设施随时都能正常使用。附属设施是硬件，管理法规是软件，只有硬件与软件都抓好了，才能保证隧道的畅通无阻。

公路隧道管理设施随着隧道的重要程度而不同，设置标准可以有很大的差异。广义地讲，营运通风、营运照明、监控设施、安全管理设施等均属营运管理设施的范畴。这些设施的设置标准，在一定程度上反映了隧道的服务水平。

一、安全管理设施

1. 按钮式通报设施

当隧道内发生交通事故或火灾时，事故现场人员可以使用按钮式通报装置迅速向隧道管理所紧急报警。它由按钮式开关和指示灯组成，沿隧道边墙每隔 15m 设置一个。当用手掀按钮保护板时，在管理所内的指示灯就会闪亮报警，其设置高度在路面标高以上 1.2～1.5m。如洞内设有人行道，则设置位置应高于行人平均肩高 0.1m 以上，以免行人阻挡视线，但以不超过 1.8m 为宜，否则可能身材较矮的人不方便揭掉按钮保护板。考虑到事故常可能引起火灾，因此应该让报警者能在报警的同时取到灭火器，故报警按钮最好与灭火器设置在一起。

2. 应急电话

应急电话属于通报设施的范畴，供隧道内发生交通事故时当事人与隧道管理所直接对话。这种电话必须是专线，取下不需拨号即可通话。由于隧道内的行车噪声级一般在80dB左右，当噪声强度超过65dB时，就很难听清电话，所以在线路中应有增音设施。为了方便当事人迅速找到电话，应在电话处设置指示灯，在设置电话机的墙面上，每隔25m设一个标志牌，其高度为1.5m左右，指示应急电话的方向和距离。应急电话的目的主要是报告交通事故，因交通事故后果的严重性远不及火灾，故其设置间距可以大于按钮式通报设施的间距，太密了不经济，可相隔200m设置一台。

3. 紧急警报设施

紧急警报装置由警报显示板、警报色灯或音响报警器及操作控制系统组成，安装在两端洞口和隧道内，每隔500m设置一个，当洞内发生事故时，通知后续车辆或对向车辆不要开往洞内，以便进行事故处理和减轻事故影响程度。它们可以与通报装置联网，也可以非联网，但必须事先通报，即只有在管理所接到通报装置的通报以后，才能开始紧急报警工作。

4. 火灾探测器与火警自动报警控制器

火灾探测器能探测到燃烧时的烟、热和光，并将其转换成电信号传递给火警自动报警控制器，发出火灾报警。

二、灭火设施

除了信息报警系统外，在隧道内还必须设置消防系统，力求一旦发生火灾，能在最短时间内开始灭火，将损失降至最低。消防系统基本上由化学灭火器和消火栓组成，置于衬砌边墙上。灭火器分为固定式和移动式两类。其中移动式又可分为车载式、手提式。灭火方法可分为常规方法和自动灭火系统两种。常规方法指人工灭火，由消防员操作；自动灭火系统包括火灾自动报警系统和消防联动控制系统，灭火及时、有效，但造价很高，维护保养费用也高。也可以采用混合方式，即由火灾自动报警系统报警，以提高火灾监控能力，然后由人工灭火。

1. 灭火器和灭火剂

隧道内的火灾情况既不属于露天，也不属于密闭，是一种介于两者之间的特殊情况。所以在选择灭火器种类时，既不能像露天场所那样无所顾忌，也不必像完全密封场所那样过分担心。从火灾类型上看，应该以可燃液体为主，实际上是按汽车发动机火灾和油箱火灾来进行考虑。所以，只有快速进行早期灭火，就完全可以控制火势，如果失去早期灭火的机会，发生油箱起火爆炸，火灾就难以控制了。至于车载可燃液体，一旦发生火灾，就会是大规模的，后果严重，必须在交通管理方法上予以严格控制（如对进入隧道给予一定的限制条件的等）。至于车载普通货物火灾，大多数情况下不会比发动机火灾更快更猛，所以只要考虑到灭火器的数量和灭火剂的灭火能力就可以了。

不同的物质发生的火灾是不一样的，火灾类型见表9－1。选择灭火剂时应注意火灾

的类型，如磷酸二氢铵干粉能扑灭各种类型的火灾，但碳酸氢钠干粉就只能扑灭 BCE 三类火灾

表 9-1 火灾类型

火灾类型	产生火灾的材料
A 类火灾	能产生火焰的固体物质，如木材、纺织品、橡胶制品等
B 类火灾	可燃液体，如汽油、润滑油、石油、液化石油气等
C 类火灾	可燃气体，如乙炔气、丙烷气、丁烷气等
D 类火灾	镁铝合金火灾
E 类火灾	电压在 130kV 以下的电器设备火灾

2. 消火栓

这是一种采用阀门供水的消防设备，箱内配减压稳压消火栓两个、水枪两支、快速接扣两副，水带形式为鼓轮式橡胶水带或架式帆布水带，水带长度 30m，采用喷雾水枪。阀门出水方向宜与设置消火栓的墙面相垂直，设置间隔为每 50m 一个，放水量 130L/min。为了让当事者能迅速找到消火栓，应该给它以醒目的标志。此外，为了能在灭火的同时迅速报警，还应在箱内设置火灾报警按钮一个。

3. 泡沫自动喷淋灭火系统

该系统备用状态时，管道内充满压力水，发生火灾时，输出控制器上的热敏元件（玻璃泡）破裂喷水，水流指示器动作，报警阀开启，同时压力水经过控制阀管道使泡沫液控制阀自动开启。泡沫罐内的泡沫液通过比例混合器按一定的混合比进入系统管道至泡沫喷头进行灭火。

4. 供水系统

在隧道进、出口处各设置一套由集水池、加压泵站、蓄水池和供水管网组成的给水系统。在集水池附近设置钢筋混凝土结构取水泵房 1 座，泵房内设置压力过滤器 1 套、吸水泵 2 台（一用一备）、用于排除集水坑中积水的潜水电泵 1 台、供维修安装用的电动葫芦 1 只。在洞口附近的山涧溪水取水汇入集水池，采用压力过滤器过滤后存于高位蓄水池内，供灭火时用。蓄水池为钢筋混凝土结构，设有进出水管、放空管、溢流管、水位标尺及通气管，平时由其水位高低控制启动消防水泵供水。火灾发生时，通过隧道内消火栓箱人工启动水泵经高位水池向管网供水。蓄水池容量应满足 2h 火灾延续时间内消防用水总量的要求。

三、公路隧道交通监控系统

隧道是一种长而狭窄且隐蔽的特殊交通通道，一旦发生事故，不易被管理部门发现，从而延误处理，导致交通干道的阻塞。虽然前面已介绍了报警系统等安全设备，但那都是在发生了事故之后才报的警，而如果能及时发现隧道内的交通事故苗头，提前将事故消弭于无形，才是最好的办法。公路隧道的交通监控系统就是这样一种行之有效的系统，由于它采用电视监控，具有身临其境的真实特点，交通管理人员可以根据车辆的不正常行驶状况迅速采用必要的措施，这就为防止事故创造了条件，争取了时间。此外，一旦发生事故，还可配合录像进行事故分析，为处理肇事者提供了有力的证据。

监控系统是一个特定的有线闭路电视系统，它的基本组成有摄像机、信号传输电缆（或光缆）、视频信号处理器、监视器等。

隧道中的摄像机应设在通视良好的地方，一般可以挂于行车道的上方，也可设在检修道上方的角隅处。设置间隔取决于摄像机的性能，以在监视器上观看不费力为宜，一般为200～300m。

四、公路隧道交通信号系统

隧道交通信号控制是整个道路交通信号控制的重要组成部分，属于干线道路控制类型，目的是为隧道内安全行车提供通行权。

交通信号系统主要由交通信号灯的设置来实现。隧道内交通信号的设置方式可分为三种，即对向交通信号、单向交通信号、可变向交通信号（可按需要改变行车流向的交通信号）。具体的设置可参看交通工程方面的书籍。

1. 隧道内交通信号控制系统的特点

（1）一般情况下，隧道属于无交叉路口地段。

（2）隧道交通信号控制区段应包括引线段在内。

（3）城市隧道洞口附近及引线段上，可能有平交路口。

（4）在隧道内不论交通方式如何，信号灯均应分段设置，分段的最大长度以救援能力控制。

2. 对交通信号的基本要求

（1）交通信号灯能分段控制，以便在道路被阻塞时，按分段控制运行车辆的行止、便道、疏散及退避等。

（2）合理设置前后信号灯的间距，保证行进中的车辆在设计交通密度条件下能同时看到两组信号灯，即当前一组信号灯尚未离开视野之前，后一组信号灯已经进入视野范围，以使驾驶员始终在信号灯的指示下前行，这就保证了行车安全。

（3）保证在发出紧急警报（火灾或交通事故）时，洞外的后续车辆不再涌入隧道。

（4）信号灯使用不间断电源，并有应急电源保证。

3. 对隧道内行驶车辆的管理要求

（1）在正常行驶条件下，所有车辆必须各行其道，不得变道。除非有事故车占道，并有信号指令方可变道。

（2）在隧道内禁止超车，所以隧道内的路面分道标志线必须是实线。

（3）隧道车行道上不得停车。紧急停车应停在紧急停车带内。

（4）对装载易燃、易爆物质（如油罐、汽罐、炸药、液体化学品等）的车辆，必须经安全检查后，根据具体情况，或限速通过隧道，或在严格防范的条件下，在指定的时间（如夜间）通过隧道，或根本禁止进入隧道。

五、其他设施

1. 紧急闸门

在隧道两端洞口、洞内行人通道的中间、车行道的中间应考虑设置金属闸门，在发生火灾并及时疏散了人群之后，予以关闭，以隔断火源，减少损失。

2. 紧急电源

在规划隧道供电时，必须考虑公用电源突然停电的异常情况，为维持隧道内交通的正常运行，应当为隧道配备紧急电源。

3. 内装饰

与铁路隧道不同，在公路隧道中为了增强照明效果、协调环境。需要在衬砌壁上作内装饰，颜色以淡黄和浅绿为宜，使人看了感到愉悦，有利行车安全。如果没有内装，则衬砌壁面上很容易吸附汽车发动机排放废气中的黏稠油物质，而灰尘就容易沾在上面，从而污染隧道，因而这也是营运管理的一项内容。内装材料一般采用瓷砖等表面光洁、耐腐蚀、耐水的材料，但要注意不用有镜面反射效果的材料，因其会在一定反射角度时，直射刺激司机的眼睛，不利行车。内装高度限于边墙，而拱圈一般应涂厚 10mm 左右的防火涂料。

4. 消音

高速公路和一级公路的隧道宜采用消音设施，隧道长度在 300～500m 时可只敷设洞口段消音设施。由于隧道内的混音时间较长，在交通流量大时，噪声会长时间地维持在隧道内，需要将噪声控制在可以用紧急电话与管理处通话的程度，最好是在 65dB 以下，至少不应大于 80dB。采用的吸声材料应与内装一起考虑。

安装侧壁吸音板一般高为 3～4m，顶板吸音板一般宽度为 5～8m。敷设长度为：洞口两端各 40～60m，洞内每隔 40～60m 敷设长 40～60m，并在适当地段安装噪声检测器。

各种营运管理设施根据隧道的等级来设置，可参照表 9-2。

表 9-2　各种营运管理设施的设置标准

隧道分类 设施名称	特长隧道	长隧道	中隧道	短隧道
通报设施	√	√	√	
警报设施	√	√	√	
交通信号设施	√	√	√	
灭火设施	√	√		
监控设施	√			
消音设施	高速公路和一级公路宜设，但短隧道可不设			

注　√表示需要设置，空格表示不需要设置。

第二节　隧道常见病害防治

隧道是铁路、道路、水渠、各类管道等遇到岩、土、水体障碍时开凿的穿过山体或水底的内部通道，是“生命线”工程。铁路隧道、公路隧道和地铁隧道属交通隧道，是主要的隧道类型。

铁路隧道、公路隧道和地铁隧道都是在岩土天然介质中开挖形成，处于相同或类似的地层环境中。铁路隧道和公路隧道的施工方法、支护结构相同，只是断面形式有差别；地铁隧道和铁路隧道、公路隧道有许多共同之处。

铁路隧道、公路隧道和地铁隧道的主体是人工地下结构，处于天然介质的环境中，在运营中会出现渗漏水（水害）、衬砌裂损、隧道冻害、衬砌腐蚀、震害和洞内空气污染等病害，还有火灾威胁。这些病害和危害，对隧道的安全、舒适、正常运营有重要影响和威胁。因此，在隧道规划和设计阶段要预防可能的病害、危害，进行合理设计；在隧道施工阶段要采用合理的施工工艺、方法、措施和材料，以保证施工质量；在隧道运营阶段要及时检查、发现病害，分析病害成因，采用合理的整治设计和施工方法。因此，才能保证铁路隧道、公路隧道和地铁隧道这些生命线工程的安全、畅通运营。

据来自各方面的统计资料表明，到2005年年底，我国大陆即已建成铁路隧道7500座，总延长4300km，“十一五”（2006—2010年）期间修建超过3000km的铁路隧道，其中客运专线隧道超过270km；从最近几年的建设规模和速度来看，铁路隧道和公路隧道分别以每年300km和200km或更快的建设速度在增长。18.004km的陕西省秦岭终南山公路隧道、8.67km的湖北省龙潭隧道等竣工以后，从我国的隧道数量、规模和建设速度来看，我国已成为世界上隧道和地下工程最多、最复杂、今后发展最快的国家。

但是，我国地域自然条件差异较大，隧道穿越的山体工程地质条件、气候条件、水文地质和设计、施工、运营等条件复杂多变，早期修建的隧道经常出现隧道拱顶开裂、边墙开裂、拱顶空洞、衬砌损坏、隧道渗漏水、隧道冻害、围岩大变形、衬砌厚度薄、混凝土强度低、隧道内空气污染等病害；另外，由于各方面原因，隧道内部的照明设施不足等引发交通事故，也是可能引发灾难性火灾事故的隐患所在，甚至部分隧道在投入使用前期就出现比较严重的隧道病害。

最近，日本的一些有识之士提出“2020年的警钟”，即“日本将从一个土建大国变成修缮大国”。2020年的结构物维护费用和改建费用，仅建设费用就超过2兆亿日元，是现在的3倍，维护费用将是国家财政的巨大负担。我国铁路修建历史已经100余年，公路隧道的快速发展也超过了10年，目前隧道的运营状况十分堪忧，在我国的道路交通网络基本建成的近几年，隧道和其他地下建筑的维护和修缮问题将成为土木工程的主要任务，虽然我国目前多采用新奥法进行隧道设计与施工，隧道的建设成就世界瞩目，但是隧道施工单位的良莠不齐和“重建设、轻维护”的理念，目前隧道健康问题严重。另外，由于我国隧道建设与维护的经验相对国外来讲，目前尚存在一定的差距，对隧道健康的认识存在严重的不足，从目前现有的资料来看，只能满足结构物功能要求的混凝土的耐久性可能只有60年左右，喷射混凝土就更低了，只能满足30年不维护的要求。而一般混凝土结构物的使用寿命，都应该在100年以上，对于高速公路和国家动脉的铁路来讲，隧道的寿命更应该成为道路建设中的重中之重，成为隧道建设和维护的咽喉工程，延长隧道结构的寿命，成为今后地下工程工作者的首要任务。

因此，要保证现有和即将交付使用的铁路隧道、公路隧道与地下铁道的安全、畅通运营，必须对隧道可能出现的病害、灾害进行预防和整治。

一、隧道病害概况

1. 铁路隧道

为了掌握运营隧道的技术状态，铁路工务部门每年秋季对隧道的技术状态进行一次全面检查，根据检查结果把病害严重需进行大修的隧道定为“失格”隧道，原铁道部颁发的《铁路桥隧建筑物大修维修规则》中隧道状态失格标准见表9-3。

表9-3　　隧道技术状态失格标准

病害项目	单位	失格标准	附注
严重漏水及严寒地区渗水	处/m	拱部滴水、边墙淌水、隧底冒水、有冻害地区隧道渗水	包括季节性漏水、渗水、滴水不成线者不计
仰拱或铺底变形损坏	处/m	裂缝、错牙、变形、下沉	经整治已稳定者不计
衬砌严重腐蚀裂损	处/m	严重腐蚀、裂缝、错牙、变形	腐蚀深度大于10mm，$f_{积}>0.3$m为严重腐蚀
塌方落石	处/m	洞门仰坡落石，危及行车安全	
整体道床损坏	m	道床下沉、上凸、变形、损坏、翻浆	
限界不足	座	隧道限界不能满足国标要求	经整治已稳定，轨距、水平无变化者不计
通风不足	座	有害气体浓度超过规定的容许浓度值	
照明不良	座	未按规定安装照明或照明设施损坏不能正常使用	

根据1997年隧道技术状态检查统计，我国运营铁路有隧道5000余座，总延长2500km左右，这些隧道大部分存在不同程度的病害，有的还相当严重，失格隧道3270座，占运营隧道总数的65％。其中：严重漏水的1502座，占失格隧道的46％；衬砌严重腐蚀裂损的7100座，占22％；仰拱或铺底变形损坏的318座，占9.8％；塌方落石的404座，占12.4％。陇海、成昆、襄渝、阳安、宝成、贵昆、焦柳、京原、襄黔等干线隧道的主要失格项目见表9-4。

表9-4　　铁路干线的隧道失格率

线别	隧道总座数（座）	严重漏水（座）	衬砌裂损（座）	仰拱、铺底损坏（座）	塌方落石（座）	失格数/失格率（％）
陇海	232	80	134		33	207/89.2
成昆	276	170	58	28	36	235/85.1
襄渝	400	224	88	117	86	333/83.8
阳安	148	92	48	3	18	122/82.4
宝成	344	66	17	4	37	267/77.6
贵昆	180	63	32	34	31	134/74.4

续表

线别	隧道总座数（座）	严重漏水（座）	衬砌裂损（座）	仰拱、铺底损坏（座）	塌方落石（座）	失格数/失格率（%）
焦柳	436	95	27	4	8	195/44.7
京原	28	19	4	1	6	83/64.8
襄黔	319	33	3	43	5	117/36.7

我国铁路营业隧道病害之所以如此严重，设计标准偏低、设计方案不完善和施工工艺水平不高是主要因素。以设计为例，隧道勘测中地质钻孔较少，工程及水文地质资料不足，对隧道通过的断层带、破碎带的位置判断不准，设计中大多套用定型图，缺乏针对性的加强设计。因此尽管隧道富水等特殊地层只是部分地段，但处理不当会对整座隧道带来危害。寒冷地区的隧道，缺少完善的保温设施，导致冻害产生；对辅助坑道亦缺乏有效的利用和管理，如成昆线沙木拉达隧道、贵昆线梅花山隧道，施工时都有水平导洞，均未考虑用来作为运营排水；相反，隧道交付运营后水平导洞因未衬砌而坍塌积水倒灌正洞，导致隧道水害严重，长期限速运行。

隧道水害及大量排水引发地质灾害事件时有发生，以著名的大瑶山隧道为例。由于长期大量排水引发严重的地质灾害，隧道四周班古坳地区 1999 年发生大面积地面下陷，造成 4.5hm^2 农田下陷，139 间房屋损坏，16 户居民拆迁。铁路部门为此补偿给当地群众 1371.77 万元。据有关部门查明，其地陷原因为：大瑶山隧道穿越地段有变质的碎屑岩与石灰岩，地质构造复杂、岩层松散。隧道在施工中至 1988 年通车后，9 号断层及周围裂隙大量涌水，水涌砂出。因 9 号断层沟通岩溶地层，岩溶水大量排出，使这一带地下水遭到破坏。由于地下水位下降，原来地表土体失去浮力支撑，加上列车振动及加压，促使地下水涌出。地面土体在重力作用下，发生了常见的地质灾害——地陷，给人民生命财产带来巨大损失。

2. 公路隧道

公路隧道普遍存在渗漏水现象，20 世纪 60 年代以前修建的隧道大多未作防水处理，渗漏水问题突出。近 10 年来一些新建的公路隧道，也存在较严重的渗漏水问题。公路隧道渗漏水已被列为公路工程十大通病之一。

公路隧道内以内燃机动车为主，废气、有害气体排放量大，通风不良引起的洞内空气污染问题普遍存在。另外，由于照明设计或运营管理不善，隧道内部亮度及照度达不到规范要求，导致交通事故。这些问题极有可能引发灾难性的火灾事故。

3. 地铁隧道

一般来讲，采用盾构法施工的单洞圆形地铁隧道，每环衬砌由 5～7 块管片组成，每一环的接缝长度为 20～30m。在饱和软土中的隧道，受盾构施工工艺、地铁运营循环荷载、土质分布不均等影响，在水头压力作用下，渗漏水是目前地铁隧道的通病，随着服务期限的增加，其他病害也会出现。除此之外，地铁隧道人流密集，通风不良引起人的感觉不适；火灾引发重大伤亡事故的威胁始终存在。

二、隧道病害防治

隧道病害给隧道的正常运营和安全都带来影响，有时影响十分严重；而且，病害整治和保持运营之间矛盾突出，病害整治干扰正常运营，造成运营损失，而病害整治在空间、时间和施工条件都局限的条件下进行，困难重重。因此，首先要预防为主，必须在设计阶段就要采取预防措施，防治病害产生；另外，对出现的病害须查清病害原因，采取合理的措施进行整治，提高隧道病害整治的工程质量和经济效益。同时，还应反馈信息，改进和优化新建隧道的设计方法和施工工艺。针对目前存在的问题，隧道病害维修管理的要点就是“预防为主”“早期发现”“及时维护”“对症下药”。

1. 隧道病害防治的原则

随着对隧道病害产生后果、病害机理认识的深化以及对环保和运营舒适度要求的提高，人们对隧道病害防治原则的认识不断深化，趋于科学合理。以隧道防水为例，以前为降低工程成本，片面强调“以排为主”。《地下工程防水技术》（GB 50108—2008）提出：地下工程防水的设计和施工应遵循“防、排、截、堵，刚柔并济，因地制宜，综合治理”的原则，还提出：地下工程防水的设计和施工必须符合环境保护的要求，并采取相应措施，传统采用的排水型隧道设计日益受到质疑。再如，以前对隧道防火认识尚显不足，连接意大利、法国的穿越阿尔卑斯山的勃朗峰隧道火灾、韩国大邱地铁大火使人警醒，深感隧道防火的重要性和迫切性。

2. 隧道病害防治技术

隧道病害防治技术进步显著，特别表现在病害防治设计和施工趋于规范化，新材料和新技术不断出现，相对来讲病害防治理论尚待进一步深化。

（1）隧道病害防治理论。由于隧道病害类型较多，成因往往十分复杂，理论研究有一定困难。但是，理论和机理研究是隧道病害防治的基础。以隧道震害为例，不清楚地震作用下隧道变形模式和规律，设计则缺乏可靠基础。因此，加强对各种类型隧道病害的产生机理、影响因素及其影响规律的研究十分重要。

（2）隧道病害防治设计与施工。为使隧道病害防治的设计和施工符合确保质量、技术先进、经济合理、安全适用的要求，国家和铁路、公路、市政各行业部门都制定了相应的技术规范，规范隧道病害防治的实际与施工。

以隧道防排水为例，国家标准《地下工程防水技术规范》早在1987年就发布实施了，1998年和2001年分别进行修订，现行国家标准为（GB 50108—2001）。原铁道部2000年发布了行业标准《铁路隧道防排水技术规范》（TB 10119—2000）。

（3）隧道病害防治新材料与新技术。随着材料科学的长足进步，许多新材料、新技术被引入隧道病害防治，病害防治设计和施工有了更多的选择。以隧道防水为例，许多新型的性能优异的防水堵漏材料和柔性防水层近年来引入隧道防水。

三、隧道病害与防治发展

铁路隧道、公路隧道和地铁隧道这些交通隧道投入运营后，一旦出现病害，整治成本高、难度大，施工与运营互相干扰。因此，隧道病害重在预防，提高工程地质、水文地质勘测水平和质量，根据隧道实际条件采用先进可靠的预防病害的设计，这是做好隧道病害防治的基础和关键。随着人的认识水平的提高，病害防治观念和原则会进一步深化、完善，通过修订的技术规范、规则，最终反映在隧道病害预防的设计上。所以，加强隧道病害防治理论研究非常重要。

隧道病害防治受技术和经济水平控制，并不是成本越高、越保险越好，而要和隧道结构特点、功能和设防等级相适应，综合考虑技术、经济及环境因素，确保隧道技术质量、经济合理，并具有可持续性。

隧道病害防治是一项系统工程，要求业主、设计、施工、材料供应、运营等单位紧密配合，既要求设计在业主的支持下，采用先进可靠的预防技术和优化设计，又要求施工在现场监理的严格监督和密切配合下，严格施工工艺，保证设计意图的实现。

隧道病害和灾害的检测、预警对防治十分重要，探地雷达应用于隧道病害检测已取得良好效果，类似的无损检测技术、自动化预警系统、信息技术在未来隧道病害和灾害防治中能够发挥更重要的作用，促使运营隧道的管理实现现代化和信息化。

我国已成为拥有隧道数量和长度最多的国家，同时也是隧道病害最严重的国家之一，隧道病害防治的工作任重道远。

知 识 拓 展

一、两伊铁路线隧道病害与防治

1. 工程概况

两伊铁路北起内蒙古呼伦贝尔市鄂温克旗伊敏镇，南到兴安盟伊尔施镇，南出口与白阿线相连。线路位于呼伦贝尔草原和大兴安岭山脉西缘上，属大陆性亚寒带型气候，冬季漫长酷寒，夏季短促炎热，昼夜温差较大。全年冰冻期和霜期最长达 8 个月，一般每年 9 月中下旬开始下雪，到次年的 4 月底才能开始融化，最冷月平均气温－26℃，土壤最大冻结深度 3.2m。林区多雨、多雪，雨量比较充沛，雨量多集中在 6～8 月，多为连阴天，气候特别潮湿。

铁路全长 185.4km，工程于 2005 年 9 月开工，2009 年 12 月竣工。全线隧道共 6 座，总长 10.064km。最长隧道为哈布特盖隧道，长度 3564m。隧道建筑限界采用“隧限—2A”，单线电化复合式衬砌结构。防排水设计根据《铁路隧道设计规范》（TB10003—2005），考虑到严寒地区排水条件，设置了中心深埋水沟，中心水管设置隧道正下方。洞口 500m 采用中心深埋水管，直径 50cm，轨面至管底高度 4.2m，其余段轨面至管底高度 3.2m。为便于中心管检查、清理，隧道中心每 60m 设计一口检查井，检查井顶面与轨底平齐，检查井内设置 50cm 厚聚苯乙烯保温层。

2. 病害

两伊铁路通车以后，2009 年 11 月至 2012 年 4 月的冬季检查中，发现部分隧道出现衬砌开裂和中心水沟冻结的情况，病害范围较广，给行车安全造成了隐患。

根据现场调查，存在衬砌开裂现象的有 4 座隧道，分别是哈布特盖隧道、格吉格特隧道、呼吉日延 1 号、2 号隧道。裂缝的总体表现较为一致，发生在两侧水沟盖板面上方

2～3m 的边墙上，呈纵向对称状，裂缝宽度 0.5～6mm，从洞口向里由宽渐窄，个别处伴有竖向开裂，裂缝宽度 0.5～2mm，洞口段局部有错台，错台宽度 0.5～1.5mm。根据观察，裂缝宽度随冻融循环而有所变化，每年最冷月 12～1 月中裂缝宽度达到最大值，夏季裂缝宽度有明显减小，有些裂缝甚至很难发现。见表 9-5。

表 9-5　　隧道二衬冻胀裂缝统计表

序号	隧道	裂缝范围	裂缝段/m	裂缝总长/m	裂缝宽度/mm	二衬类型	备　注
1	哈布特盖（3564m）	DK130+560～DK131+200	470	767	0.5～6	C30 素混凝土	2010 年进行裂缝封堵、贴碳纤维补强治理
2	格吉格特（1080m）	全隧分布	945	1491	0.5～4	C30 素混凝土	2010 年进行裂缝封堵、贴碳纤维补强治理
3	呼吉日延 1 号（910m）	进、出口段不均匀分布	360	415	1～4	C30 素混凝土	未处理
4	呼吉日延 2 号（1845m）	主要分布在出口端 325m，洞身少量分布	460	688	0.5～4	C35 钢筋混凝土	2009 年更换钢筋混凝土二衬，2010 年裂缝封堵治理

两伊铁路自 2010 年 2 月至 2012 年的几个冬季，根据调查统计，全线隧道约 160 口检查井，除杜拉尔隧道的其余 5 座隧道均发生了中心水沟冻结情况。主要表现为：每年春节前后，中心检查井内开始发生冰凌堆积现象，如不清理最终将导致检查井口堵死，个别井口有水冒出，在道床上漫开结冰。现场需组织人力对冻结严重的检查井进行清掏、抽水，防止影响行车安全。

3. 病害处治

根据专家会意见，由中铁咨询公司设计隧道裂缝治理方案，两伊公司组织参建各方开展了隧道裂缝治理工作，主要措施及工作如下：

（1）呼吉日延 2 号隧道于 2009 年夏季，对出口段 103m 的病害段落进行了更换钢筋混凝土二衬处理。

（2）哈布特盖隧道、格吉格特隧道于 2010 年夏季，进行了环氧树脂裂缝修补、贴碳纤维补强处理。

（3）哈布特盖隧道出口段 50m 范围，全环施做了 6cm 厚聚氨酯保温试验段。

但是在 2012 年冬季检查中发现，处理过的段落有碳纤维布与混凝土表面撕开现象，或者碳纤维粘贴良好，附近混凝土又产生新裂缝的现象。呼吉日延 2 号隧道钢筋混凝土段落也有新的裂缝出现。保温层试验段经过一个冬季没有发现明显的开裂和撕扯现象。

为彻底解决隧道冻害对铁路运营安全的隐患，根据 2012 年 4 月 10 日哈尔滨铁路局对两伊铁路现场检查的会议精神，及 2012 年 6 月 13 日由哈尔滨铁路局组织召开专家研讨会形成的《两伊铁路隧道冻害整治方案专家论证会意见》，考虑工程现状并结合国内外相似条件下治理的经验，提出本线隧道综合整治方案——排水防冻、加强地下水疏导方案；防寒保温、设置隔热层方案；更换钢筋混凝土衬砌+增设保温层；对围岩进行注浆改良以及洞口二衬更换施工方案。

参 考 文 献

[1] 冯卫星．铁路隧道设计［M］．成都：西南交通大学出版社，1988.
[2] 朱永全，宋玉香．隧道工程［M］．北京：中国铁道出版社，2012.
[3] 关宝树．隧道工程设计要点集［M］．北京：人民交通出版社，2003.
[4] 关宝树．隧道工程施工要点集［M］．北京：人民交通出版社，2003.
[5] 关宝树．隧道工程维修要点集［M］．北京：人民交通出版社，2004.
[6] 王毅才．隧道工程［M］．北京：人民交通出版社，2000.
[7] 陈小雄．隧道施工技术［M］．北京：人民交通出版社，2011.
[8] 王梦恕．中国隧道及地下工程修建技术［M］．北京：人民交通出版社，2010.
[9] 周爱国．隧道工程处现场施工技术［M］．北京：人民交通出版社，2005.
[10] 李德武．隧道［M］．北京：中国铁道出版社，2004.
[11] 陈豪雄，殷杰．隧道工程［M］．北京：中国铁道出版社，2003.
[12] 况世华．隧道施工技术［M］．北京：高等教育出版社，2009.
[13] 唐鹏，张志．隧道工程技术［M］．北京：中国水利水电出版社，2013.
[14] 王国庆．隧道［M］．北京：人民交通出版社，2011.
[15] TBJ10003—2005 铁路隧道设计规范［S］. 北京：中国铁道出版社，2005.
[16] JTG D70—2004 公路隧道设计规范［S］. 北京：人民交通出版社，2004.
[17] 于书翰，杜谟远．隧道施工［M］．北京：人民交通出版社，1999.
[18] 王海亮．铁路工程爆破［M］．北京：中国铁道出版社，2002.
[19] 铁道部第二勘测设计院．铁路工程设计技术手册　隧道［M］．北京：中国铁道出版社，1995.
[20] 铁道部第二工程局．铁路工程施工技术手册　隧道［M］．北京：中国铁道出版社，1995.
[21] TB 10108—2002 铁路隧道喷锚构筑法技术规范［S］．北京：中国铁道出版社，2003.
[22] T. D 奥罗克．隧道衬砌设计指南［M］．侯学渊，李桂花译．北京：中国铁道出版社，1987.
[23] 黄成光．公路隧道施工［M］．北京：人民交通出版社，2002.
[24] 陈豪雄，殷杰．隧道工程［M］．北京：中国铁道出版社，1995.
[25] 王道远，崔光耀，杨彦岭，等. 钢-玄武岩混杂纤维混凝土隧道衬砌承载特性及抗震性能研究［M］. 北京：中国建材工业出版社，2020.
[26] 王道远，崔光耀，袁金秀，等. 高烈度艰险山区交通隧道洞口结构抗减震技术［M］. 北京：中国水利水电出版社，2017.
[27] 王道远，崔光耀，袁金秀，等. 罕遇地震后交通生命线快速重建保障技术［M］. 北京：中国水利水电出版社，2017.